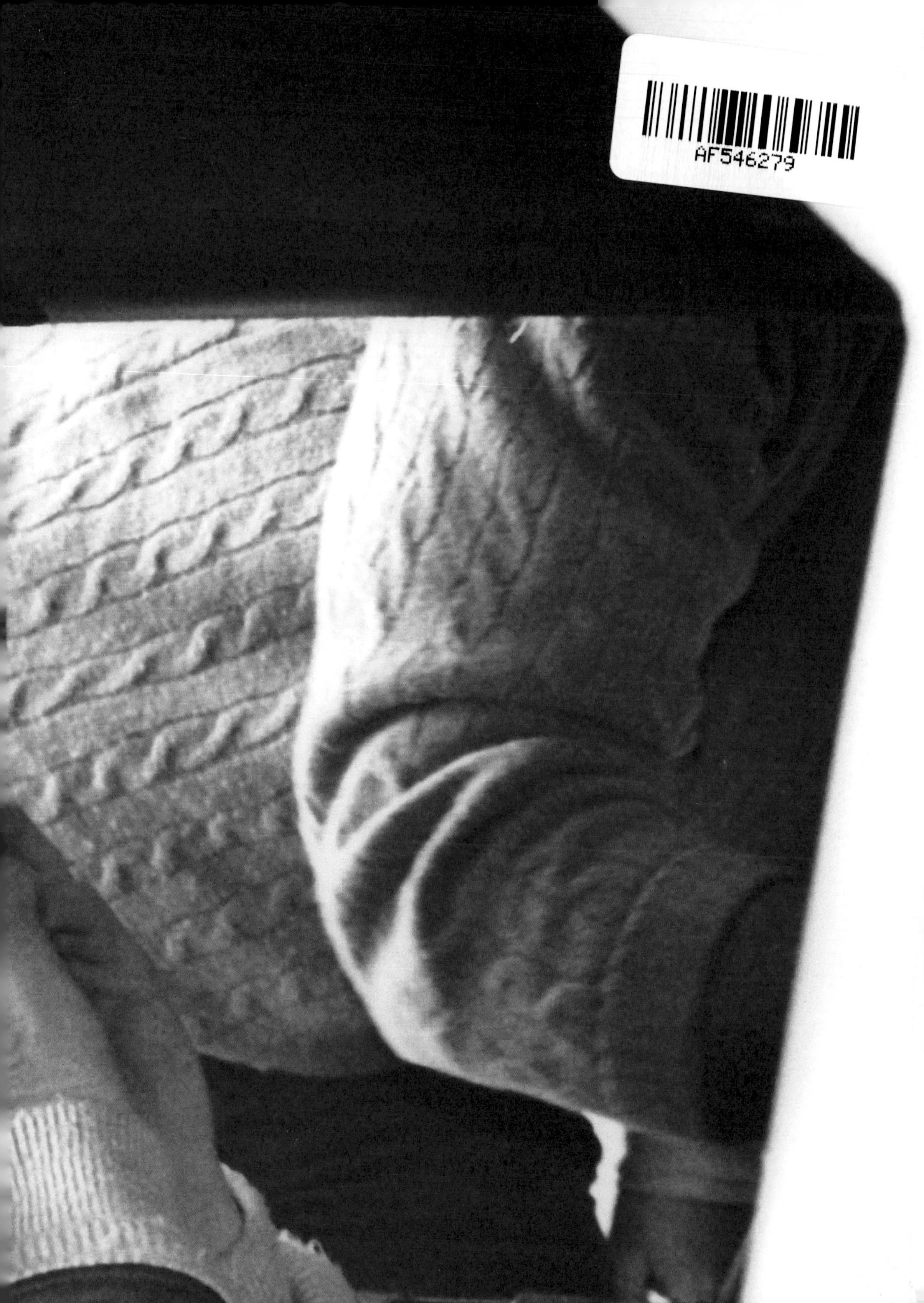

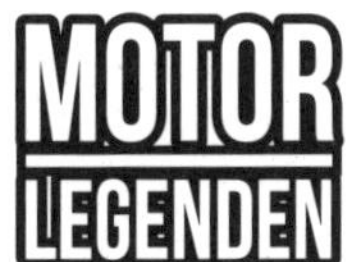

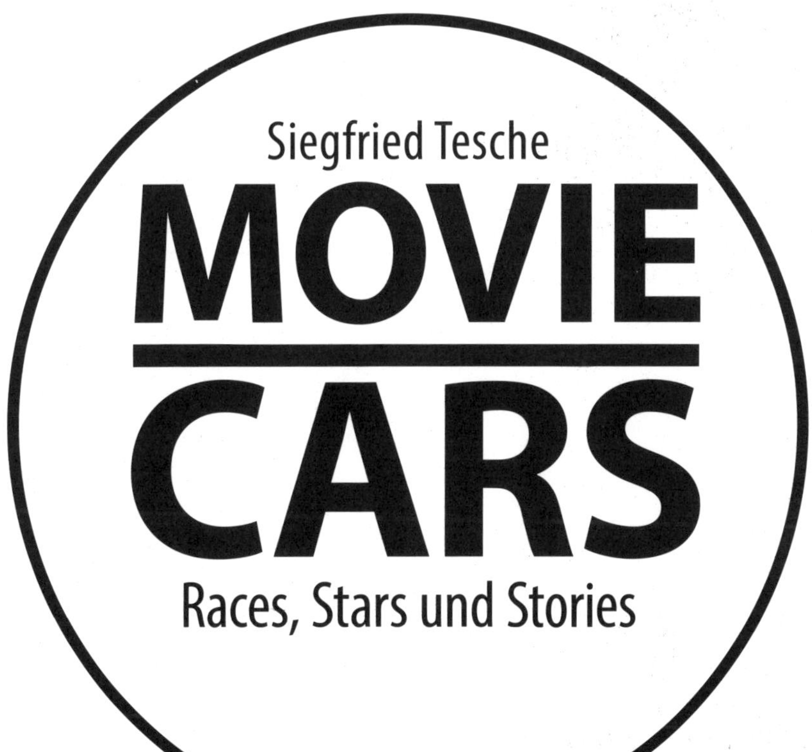

Motor
buch
Verlag

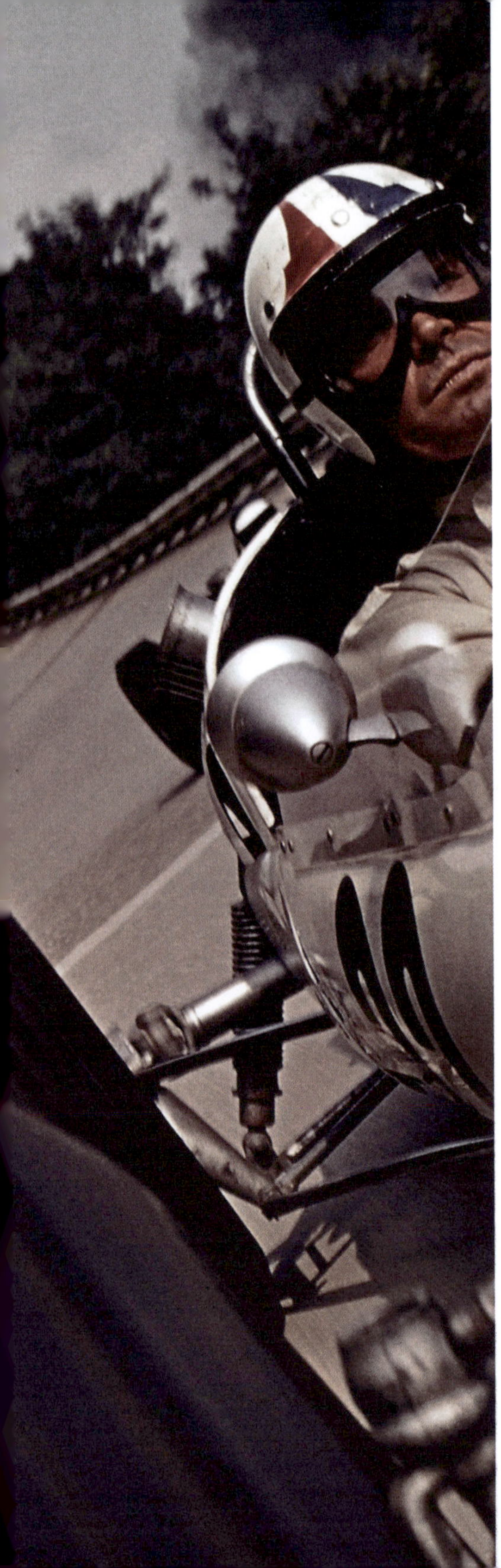

Einbandgestaltung: Luis dos Santos unter Verwendung von Motiven von Alamy und Getty Images

Bildnachweise auf Seite 188

ISBN: 978-3-613-04677-1

Postfach 103743, 70032 Stuttgart
Ein Unternehmen der Paul Pietsch Verlage GmbH & Co. KG

1. Auflage 2024

Sie finden uns im Internet unter
www.motorbuch-verlag.de

Lektorat/Redaktion: Bernd Keidel
Innengestaltung: Sven Rauert
Druck und Bindung:
Graspo CZ, 763 02 Zlín
Printed in Czech Republic

INHALTSVERZEICHNIS

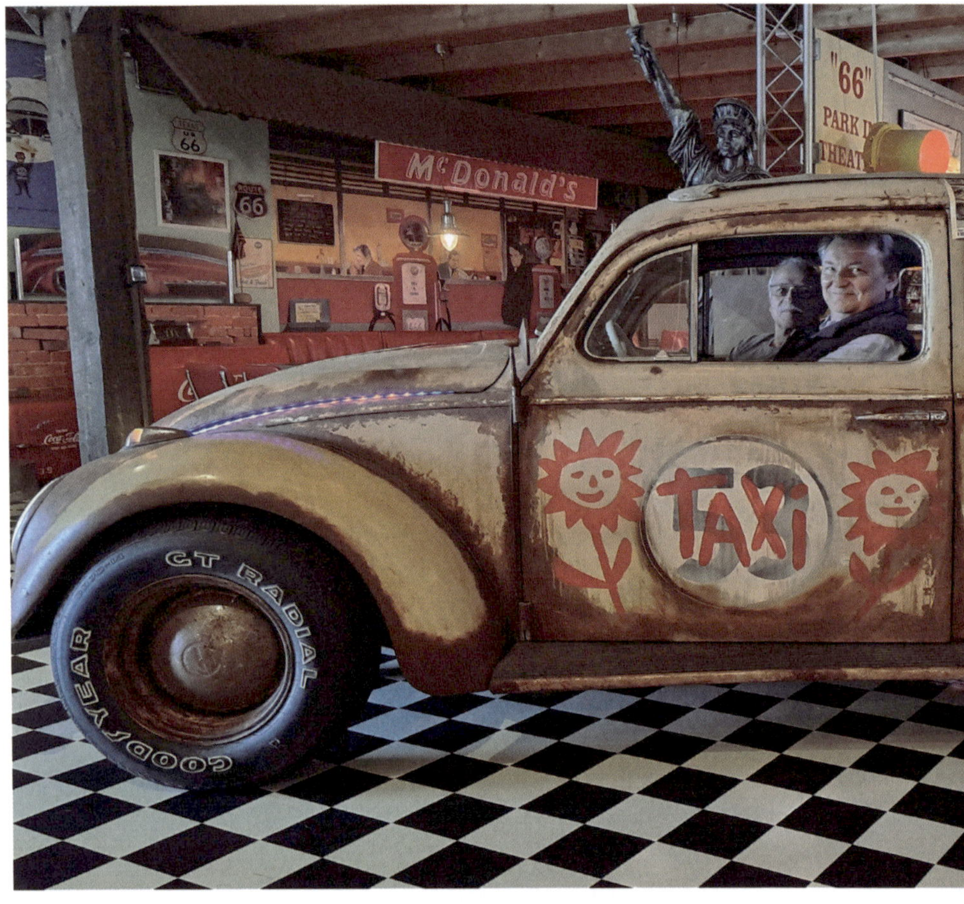

»LADIES AND GENTLEMEN: START YOUR ENGINES!«

Am Montag, dem 13. November 2023 ist in New York vom Auktionshaus RM Sotheby´s ein roter Ferrari 250 GTO für 51,7 Millionen Dollar (etwa 48,3 Millionen Euro) versteigert worden. Es war aber auch eine Rarität, eines von nur 39 gebauten Exemplaren. Das hat noch kein Film Auto geschafft. Aber 14 Millionen Dollar sind ja auch nicht wenig Geld. Die erzielte ein Porsche 917 K aus dem Rennfahrer Film »Le Mans«. Und ein Ford Gulf GT 40 aus demselben Steve McQueen Klassiker brachte es immerhin auf elf Millionen Dollar. Erzielte Preise von weiteren teuren Kino-Pretiosen offenbart eine Liste am Schluss dieses Buches.

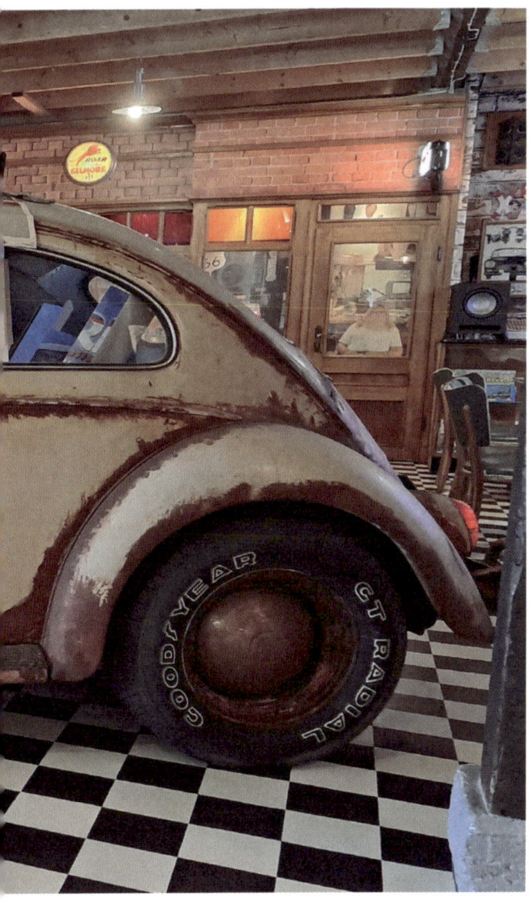

Traugott Grundmann (links), Eigentümer eines der Original-Herbies, und Autor Siegfried Tesche (rechts).

Doch teure Einkäufe waren nicht der Ausgangspunkt für diesen jüngsten Band meiner Bücher in der Reihe »Motorlegenden«. Es war das langgehegte Interesse, sich endlich einmal mit den Autos auseinanderzusetzen, die mich im Laufe der letzten Jahrzehnte auf der großen Leinwand begeistert haben. Meine Leidenschaft begann im Alter von zwölf Jahren, als meine Eltern mich mit in ein Kino in Hannover nahmen und wir den Film »Ein toller Käfer« sahen. Wenn sie wüssten, was sie damit ausgelöst haben … Über 50 Jahre später beschäftige ich mich immer noch mit Fahrzeugen, die zum Teil, neben den Akteuren, zu mobilen Hauptdarstellern wurden und diese sporadisch sogar in den Schatten stellten. Wer erinnert sich nicht gern an die Vehikel, die nicht nur rasten, sondern auch Kapriolen schlugen, schwammen, tauchten, schossen oder sogar fliegen konnten?

Interessanterweise ist vieles von dem, was man in der Hinsicht heutzutage auf der Leinwand sieht, schon gestern oder sogar schon vorgestern zu sehen gewesen. Trotz sehr beschränkter technischer Hilfsmittel, selbstverständlich ohne Computer oder CGI, entstanden schon in den 1910er- und 20er-Jahren haarsträubende Autojagden, spektakuläre Stunts, und so manches Auto drängte auch damals die leidenschaftlich agierenden Akteure an den Straßenrand. Pures Drama eben.

Zu Anfang der sehenswerten Dokumentation »Once Upon A Wheel« aus dem Jahr 1971, steigt Paul Newman aus einem Rennwagen und hält vor der leeren Tribüne einer Rennstrecke. Dann sagt er sehr treffend: »Dies erinnert mich an ein Theater. Es hat sein Publikum,

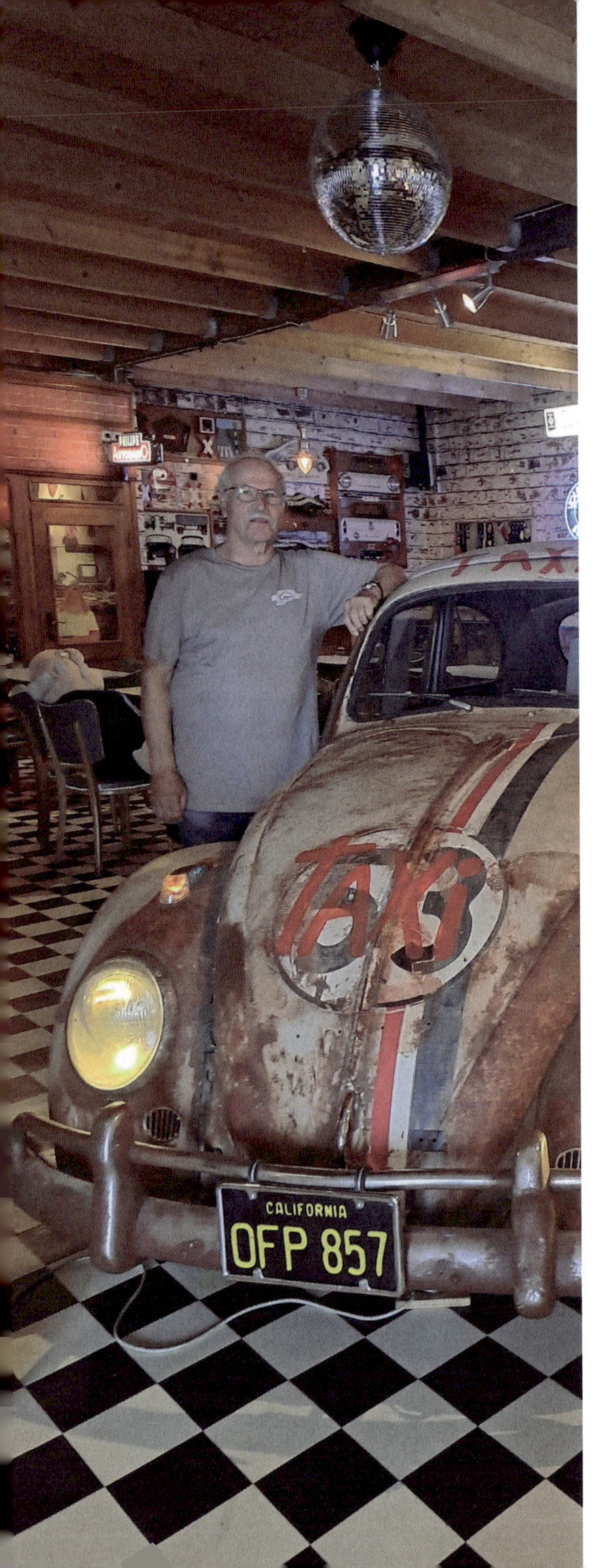

seine Akteure, Drama, Komödie – und manchmal auch Tragödie. Das Spektakel hier ist ein bewegliches Stück auf einer Asphaltbühne mit allen Requisiten, Produzenten und Regisseuren in den Kulissen, Musik, Komödianten, die Guten, die Bösen und die Stars: die Darsteller, die versuchen das Beste herauszuholen und alles dafür geben.«

So ist auch dieses Buch zu verstehen. Ich als Autor versuche so viel möglich zu entdecken und zu erzählen, damit Sie als Leser ein maximales Vergnügen daran haben. Auf meinem Weg dorthin gab es Höhen und Tiefen, gute Quellen und solche, die wieder versiegten. Dramen liefen ab, aber auch Erfolge waren zu verzeichnen. Helfer unterstützten mich, andere warfen mir Steine in den Weg, und manche Hürden waren aus zeitlichen oder finanziellen Gründen einfach nicht zu überwinden. Herausgekommen ist eine auf mehrere Bände angelegte Reihe. Die Filme werden dabei bewusst nicht alphabetisch, sondern thematisch sortiert. Und erstmals in der Literatur über die Movie Cars beschäftigen sich diese Bücher auch mit den Hauptdarstellern und Regisseuren, die nicht nur eine immense Leidenschaft für Filme haben oder hatten, sondern auch für Autos. Es geht auch um prominente Autoliebhaber und diejenigen, die sogar von Filmen inspiriert wurden, auch im Privatleben Autorennen zu fahren. Schon jetzt erwähnt seien hier James Garner, Steve McQueen und Paul Newman, der am 26. Januar 2025 exakt 100 Jahre alt geworden wäre. Wie lautete doch gleich sein markanter Kommentar, als der 82-Jährige im Jahr 2007 bei einem Rennen in Watkins Glen den vierten Platz belegte: »Ich wünschte, ich wäre 81«.

Blicken wir also gemeinsam sowohl in die Filmgeschichte als auch in die Garagen der Stars. Schauen wir hinter die Kulissen, um herauszufinden, wie es dazu kommen konnte, dass viele Autos es geschafft haben, zu Hauptdarstellern zu werden und die zum Teil sehr gut bezahlten menschlichen Akteure blass aussehen zu lassen.

Was sagte doch der Porsche-, Jensen-, Aston Martin und Bentley-Fahrer Sean Connery 1996 bei der Verleihung des Cecil B. DeMille Award im Rahmen der Golden Globes so treffend: »Wenn Sie als Publikum von den Geschichten berührt sind, die wir Ihnen hoffentlich bieten, dann ist das der wahre Erfolg. Es ist das was zwischen den Schlägereien, den Schießereien und den Auto-Kollisionen passiert, das wirklich zählt. In anderen Worten: Ich ziehe es vor, dass mein Publikum gerührt ist – und nicht geschüttelt.« Dem kann ich mich nur anschließen und hoffe, dass mir dies in diesem ersten Band über die Movie Cars mit »Races, Stars und Stories« auch gelingt.

Siegfried Tesche im Herbst 2024

»NIEMALS LÄSST SICH AUS BÜCHERN LERNEN, WAS MAN NICHT MIT EIGENEN AUGEN SIEHT.« – FJODOR DOSTOJEWSKI

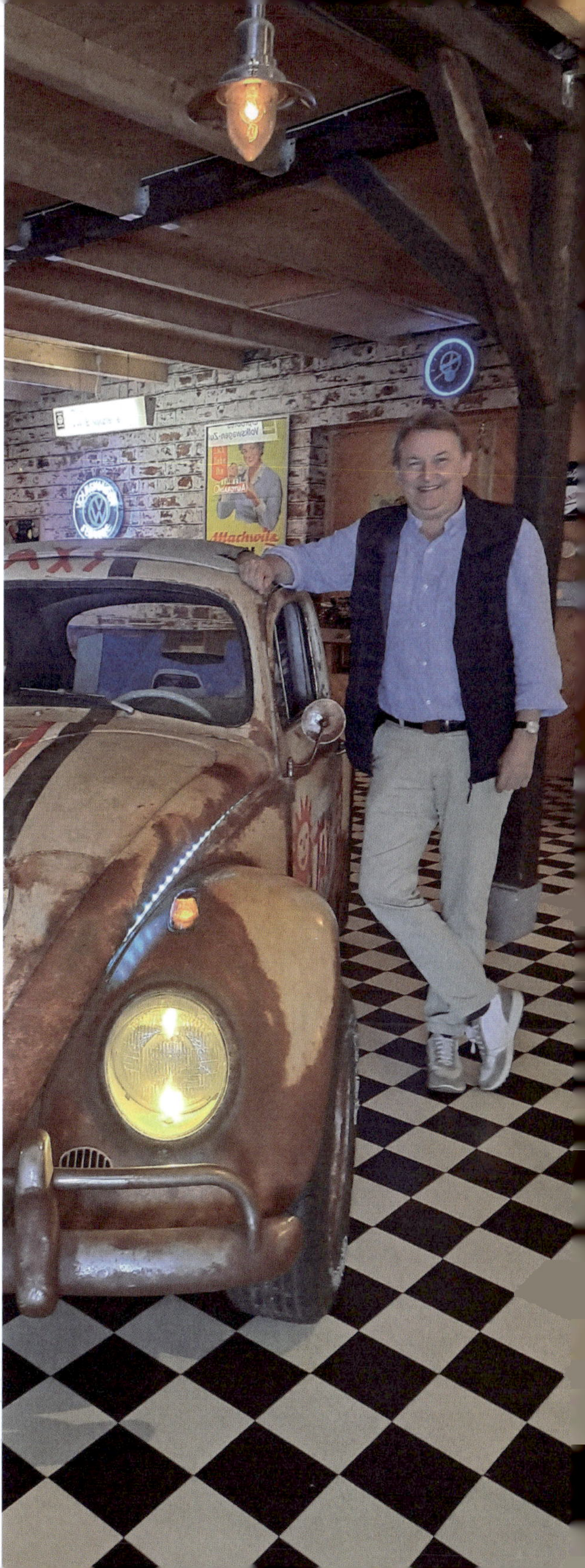

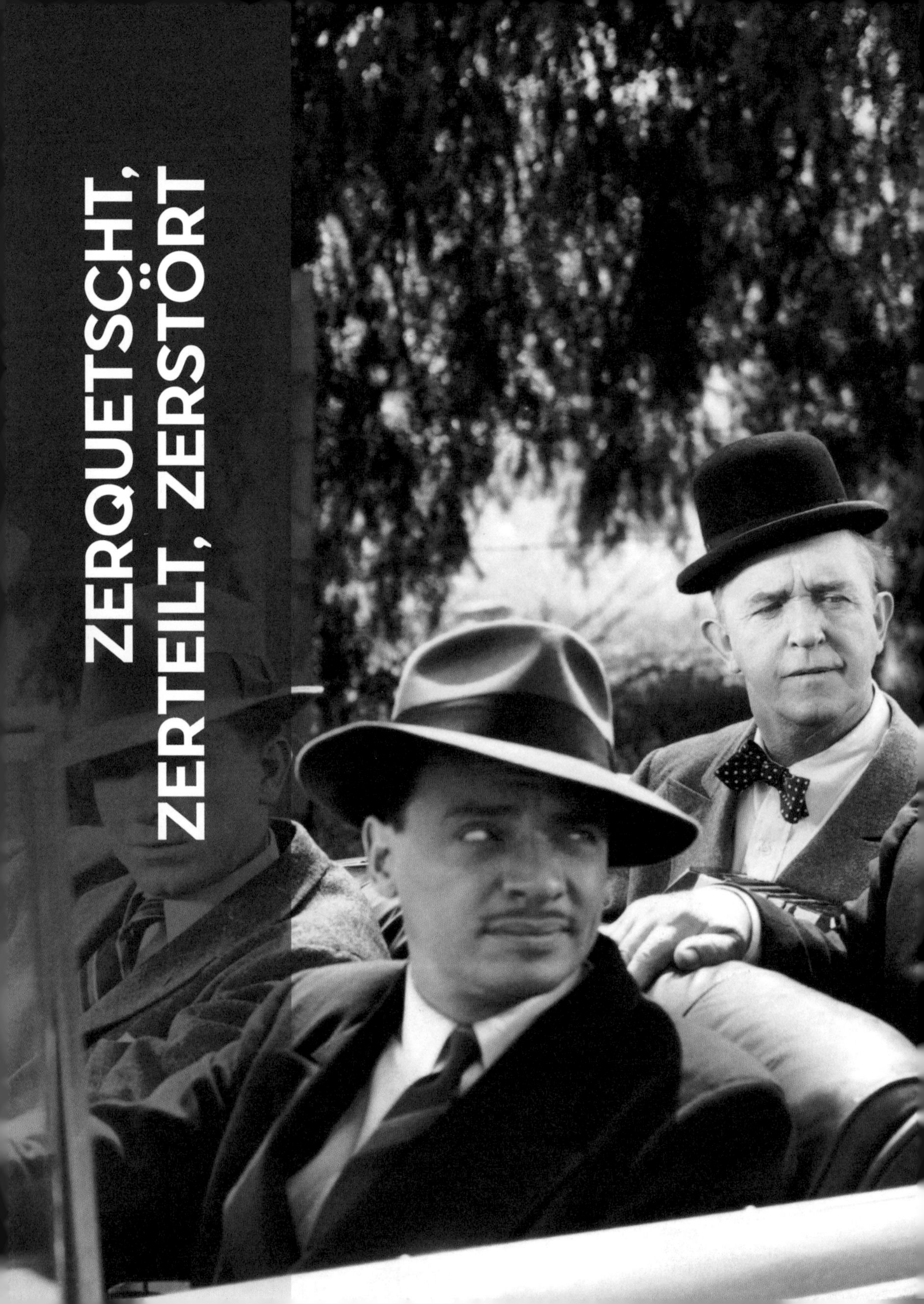

ZERQUETSCHT, ZERTEILT, ZERSTÖRT

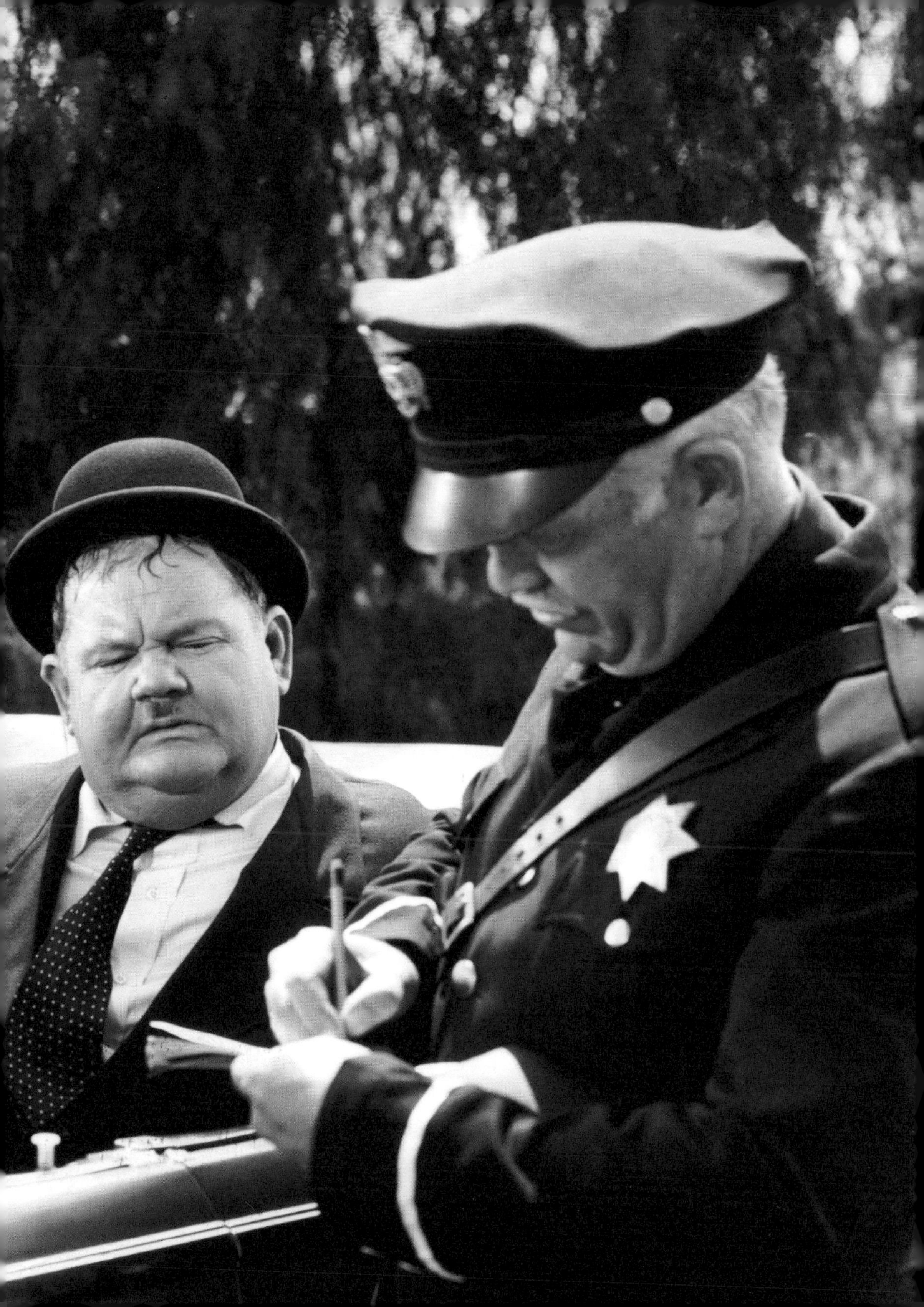

ZERQUETSCHT, ZERTEILT, ZERSTÖRT - AUTOS IN DER FILMFRÜHGESCHICHTE

Am 12. Dezember 1903 fing alles an. An dem Tag wurde der amerikanische Stummfilm »Runaway Match«, der auch den Titel »Marriage by Motor« trug, erstmals gezeigt. Darin stand nicht nur ein Auto im Mittelpunkt eines Films, es war auch die allererste Verfolgungsjagd auf der Leinwand zu sehen.

Der fünfminütige Kurzfilm besteht nur aus neun Einstellungen, verfügt aber über viele Bestandteile, die auch fast alle jüngeren Kurz- und Spielfilme in denen Autos eine wichtige Rolle spielen, ausmachen. Erzählt wird von einem Paar, das in einem Auto flieht, um zu heiraten. Ihr reicher Vater ist dagegen, doch sein Wagen bricht unterwegs zusammen, sodass er die Eheschließung nicht verhindern kann. Er kommt zu spät und versöhnt sich letztlich mit dem Paar.

HAARSTRÄUBENDE VERFOLGUNGSJAGDEN

Neun Jahre später waren Autos schon ein integraler Bestandteil der Filmgeschichte, denn die sogenannten »Keystone Kops« erschienen erstmals auf der Leinwand. Schöpfer Mack Sennett hatte herausgefunden, dass rasende Polizisten, die in ihrem Auto in alle möglichen gefährlichen Situationen geraten beim Publikum gut ankamen. Der Begriff »Keystone Chase« entstand, denn die von der Firma Keystone produzierten Filme verfügten immer über kurze oder lange Verfolgungsjagden in denen Komiker und Stuntmen in aberwitzige Sequenzen zu sehen waren. Die liefen haarsträubend ab und setzten zuweilen die physikalischen Gesetze außer Kraft.

Bis zum Jahr 1917 entstanden so über 20 Kurz- und Langfilme. Hier kam häufig das Model T von Ford, aber auch andere Fabrikate zum Einsatz. Fords Schöpfung setzte sich bald durch und war auch in den Stummfilmen der damaligen Stars Buster Keaton, Harold Lloyd und Fattie Arbuckle zu sehen. Charlie Chaplin, einer der ganz großen der Filmgeschichte, nutzte das Auto zwar nicht als Fahrer, um damit Gags zu zünden, aber er alberte 1914 erstmals vor Fahrzeugen rum, um das Publikum zu amüsieren. »Kid Auto Races at Venice« lautet der Titel des Stummfilms, der am 7. Februar erschien. Darin nervt er einen Kameramann gewaltig, in dem er sich bei einem Seifenkistenrennen immer wieder ins Bild drängelt. Das Besondere war, dass es der erste Auftritt in der Figur des »Tramp« war, die ihn später berühmt machen sollte. Die Keystone Studios schufen auch diesen sechsminütigen Kurzfilm.

1927 erschien mit dem zwölfeinhalbminütigen Kurzfilm »Stepping On The Gas« ein wegweisendes Werk, das auch

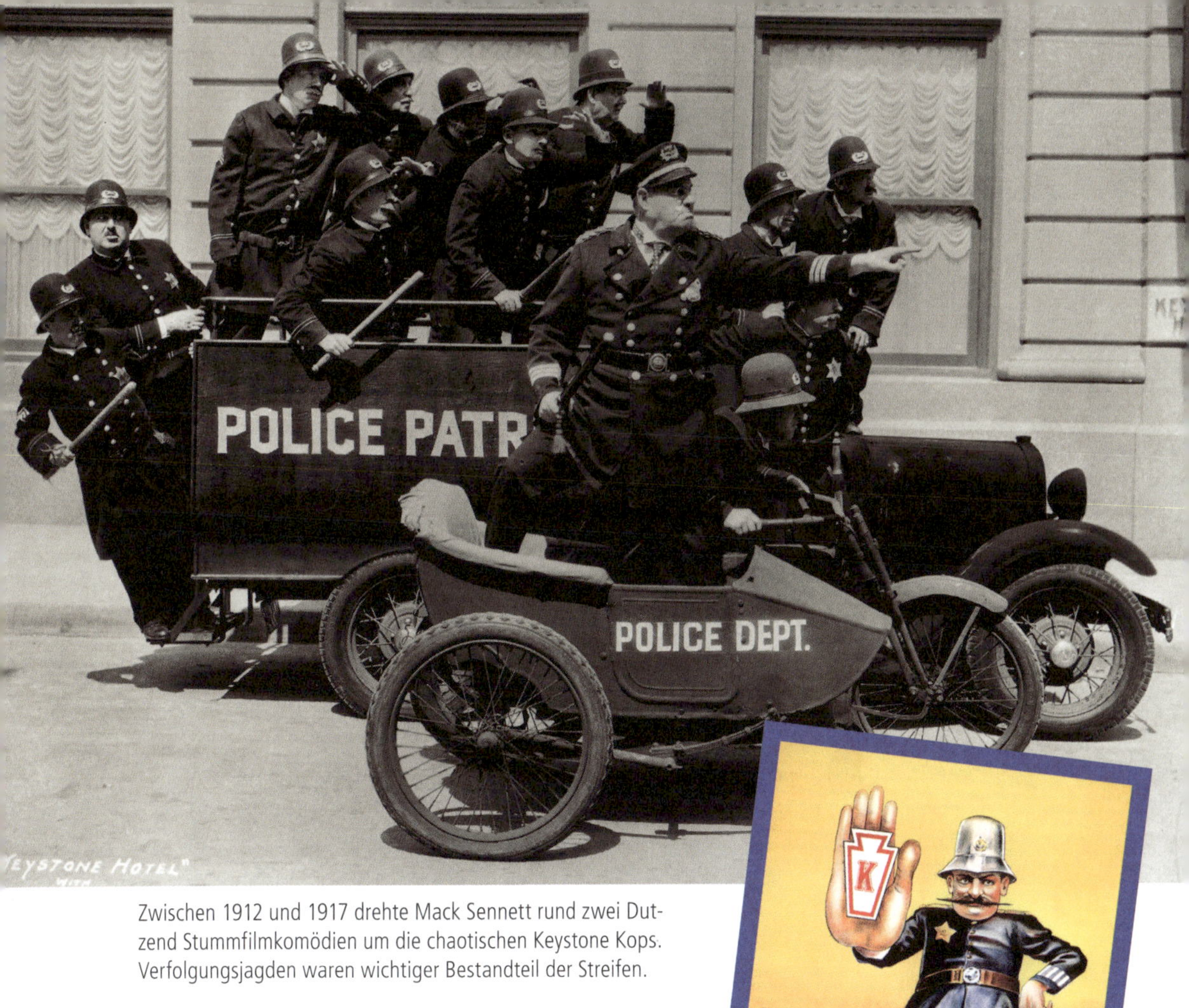

Zwischen 1912 und 1917 drehte Mack Sennett rund zwei Dutzend Stummfilmkomödien um die chaotischen Keystone Kops. Verfolgungsjagden waren wichtiger Bestandteil der Streifen.

aus Rennen bestand. Es beginnt damit das Bud Gasket in seinem 40 PS »Snoozenberg« eine Straße entlangrast. Autohistoriker werden daran verzweifeln, den Hersteller dieses Vehikels zuzuordnen, denn es ist ein motorisiertes Bett, das unterwegs einen Abhang herunterstürzt, kurze Zeit »fliegt« und samt »Fahrer« (oder Pilot?) neben einem Pkw landet. Auch andere Vehikel sind zu sehen, so etwa ein »Bellflower special« mit einem an einer Stange montiertem Sitz neben dem Beifahrersitz, der dazu dient, einem Widersacher die Frau abspenstig zu machen. Sie wird kurzerhand während der Fahrt eingefangen. Unterwegs wehrt sie sich, gelangt hinter das Steuer und katapultiert den stürmischen Verehrer aus dem Wagen. Es sind eher kurze, sehr komische Geschichten zu sehen und keine durchgehende Handlung. Dazu zählt der Versuch von Autowerkstattbetreibern der »Black Cat Garage« die potenziellen Kunden samt Auto mit Seil und Anker zu fangen. An einem Wagen wird so stark gezogen, dass er etwa fünfmal so lang wird. Höhepunkt des Ganzen ist ein Straßenrennen über 250 Meilen. Dem Gewinner winken 25.000 Dollar. Einer der sechs teilnehmenden Wagen nimmt gleich zu Anfang den Holzturm mit, von dem aus zwei Männer ihre Durchsagen machen wollen ... Eine flache Brücke sorgt dafür den lästigen Hochsitz loszuwerden. Wie bei späteren Filmen auch (»Das große Rennen rund um die Welt«, »Monte Carlo Rallye«) versuchen sich die Kontrahenten möglichst einen Vorteil zu verschaffen, indem sie Abkürzungen nehmen, ein Hindernis auf die Strecke legen oder Schilder ändern. Am Ende gehen alles sechs Autos zu Bruch, das übliche Unterhaltungselement in vielen weiteren Filmen der damaligen Zeit.

FORD MODEL T ALS ERSTER FILM-AUTO-STAR

Es waren Stan Laurel und Oliver Hardy, die die Tin Lizzy zu ihrem Co-Star erkoren. Eine langjährige Partnerschaft zwischen den Schauspielern und ihrem Fahrzeug begann. Seit ihrem siebenminütigen Kurzfilm »Dick und Doof auf Heimaturlaub« (Two Tars) aus dem Jahr 1928 bildeten sie eine Einheit. Darin

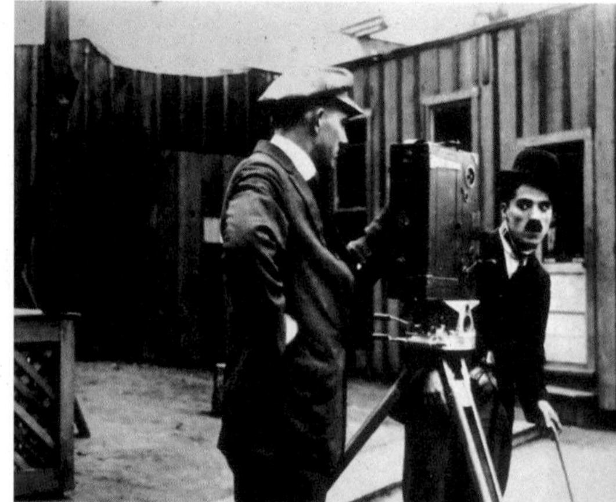

Charlie Caplins erster Auftritt in der Figur des Tramp war 1914 im Film »Kid Auto Races at Venice«.

Laurel und Hardy machten Fords Model T im Film berühmt, hier eine Szene aus »Panik auf der Leiter« (Hog Wild) aus dem Jahr 1930.

gibt es eine äußerst komische Szene in dem die beiden Männer in einen Eisenbahntunnel geraten und von dem herannahenden Zug an die Tunnelwand gedrückt werden. Sie kommen dennoch wohlbehalten aus dem Tunnel heraus – auch wenn der Wagen nur noch halb so breit ist. Fahren kann er immer noch. Ein Jahr später erschien der Stummfilm »Das große Geschäft« (Big Business) in dem das Paar versucht, aus dem Auto heraus Weihnachtsbäume zu verkaufen – im Sommer. Die beiden Schlaumeier geraten an einen ungehaltenen Mann, der nach und nach ihr Auto zerlegt, während sie aus Ärger darüber sein Haus malträtieren. 1930 zeigte »A Perfect Day« eine Reihe von automobilen Einfällen des Model T. In diesem

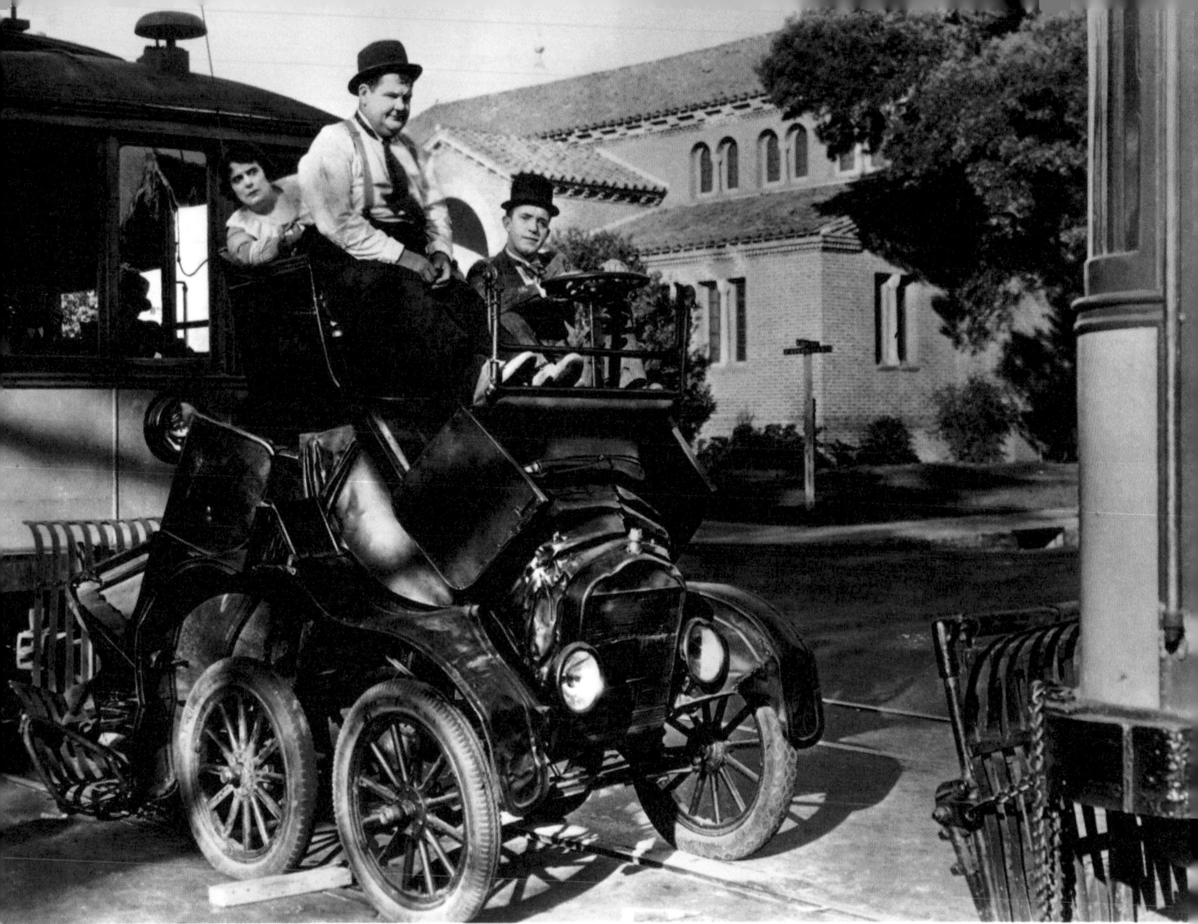

dritten Tonfilm von Laurel und Hardy übersteht der Wagen sogar eine Fahrt in ein so großes Wasserloch, dass er samt der drei Passagiere fast komplett darin untergeht.

Im selben Jahr waren Laurel und Hardy noch in einem anderen aufwändigen Autostunt zu sehen. In »Panik auf der Leiter« (Hog Wild) steht Ollie auf einer Leiter im Auto, als Stan zufällig auf das Gaspedal tritt und den Wagen, samt seinem Freund in mehrere bedrohliche Situationen im Straßenverkehr bringt. Die geplante Installation einer Dachantenne misslingt, der Ford wird zwischen zwei Straßenbahnwaggons zerquetscht, fährt aber noch. Genau dieser Wagen war bis zum Jahr 2011 in dem nordenglischen Museum »Cars of the Stars« ausgestellt und wird seit dessen Schließung in einem Museum in Florida gezeigt. In späteren Filmen wurde der Ford mal in der Mitte geknickt, fuhr aber selbstverständlich noch, wurde beschossen, wurde in der Mitte der Länge nach zersägt, fiel auseinander oder explodierte zum Teil.
Ein weiteres Highlight ist der Kurzfilm »Im Krankenhaus« (County Hospital)

aus dem Jahr 1932. Der mit einem Gipsbein versehene Ollie will nach einem Krankenhausaufenthalt selbst fahren, sieht aber ein, dass das nicht funktioniert. Allerdings ist Stan so müde, dass er ständig am Steuer einschläft. In den letzten drei Minuten des 19-minütigen Films fährt er daher chaotisch durch den Verkehr, ehe der Wagen zwischen zwei Straßenbahnen steckenbleibt und so stark getroffen wird, dass er nur noch in Kreis fahren kann. In »Frischer Fisch« von 1932 schiebt ein Bootsanhänger ihren Wagen so zusammen, dass er nur noch Schrott ist. Nicht nur in »Angeheitert« (The Blotto) explodiert ihr Auto sogar und zerfällt in seine Einzelteile.

Einer der Wagen der beiden Komiker, aus welchen Filmen ist nicht mehr genau nachzuvollziehen, wurde am 18. Juni 2011 in Los Angeles versteigert. Er stammte aus der Sammlung der Schauspielerin Debbie Reynolds. Sie hatte den Wagen 1970 bei einem Verkauf von MGM (Laurel und Hardy hatten von

Laurel und Hardy in »Dick und Doof auf Heimaturlaub« (Two Tars) aus dem Jahr 1928.

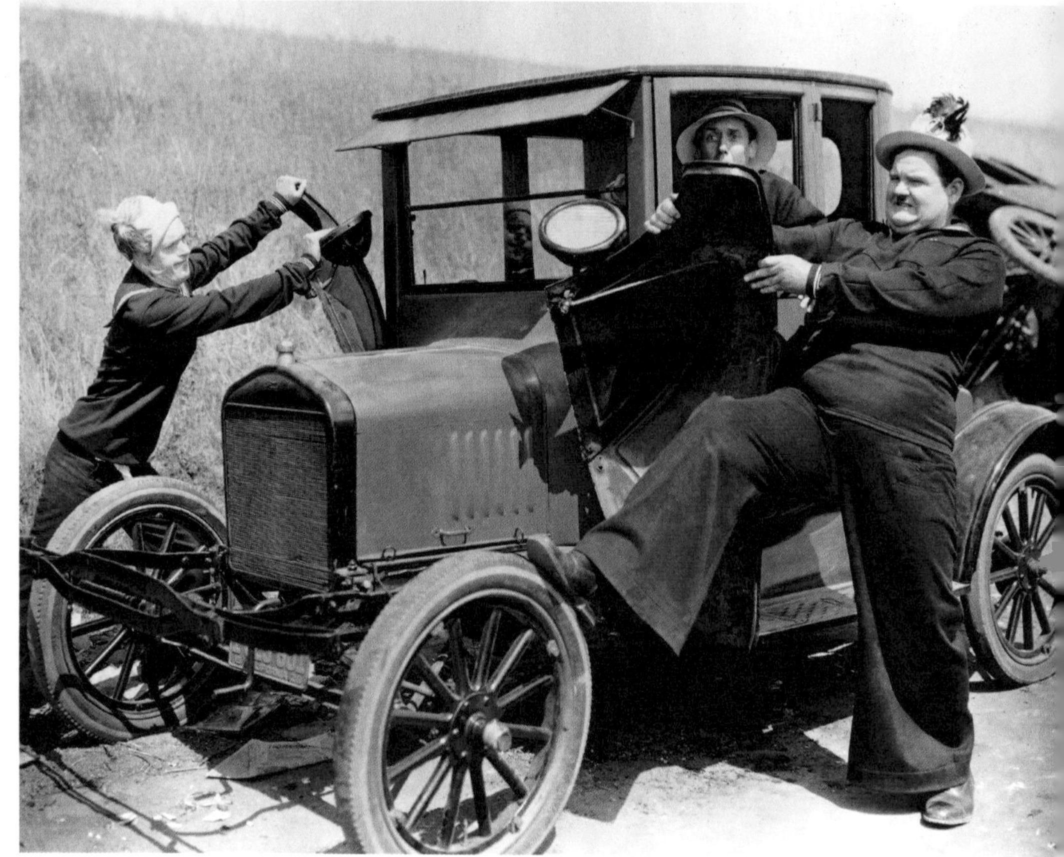

1941 bis 1944 für das Studio gearbeitet) erstanden und 2001 restaurieren lassen. Lot 20 erzielte 35.000 Dollar.

KAPUTT? FÄHRT ABER TROTZDEM

Nach Angaben von Alessandro Uzielli, dem Chef der Ford Markenabteilung, war das Model T der »Wagen, den man in den 20er-Jahren haben musste. Es war der meistverkaufte Wagen der Zeit und auch jeder in Hollywood wollte einen haben.« Leider sorgte die Massenproduktion aber auch dafür, dass man mit den Fahrzeugen, speziell bei Filmaufnahmen, nicht besonders pfleglich umging. Es gab ja genug. Wenn also 1933 in »Dick und Doof und die Wundersäge« (Big Bodies), ein Wagen von einem senkrechten Sägeband zerteilt wurde, dann war das tatsächlich der Fall. Um aber die Akteure nicht zu gefährden, nutzte man einen speziellen optischen Trick: Der Gag wurde dank des sogenannten »Split Screen«-Verfahrens umgesetzt. Die Aktionen der beiden Stars wurden separat aufgenommen und realisiert, indem ein optischer Drucker sie auf der Leinwand als ein Bild erscheinen lässt. Der Wagen verfügte vor der Teilung über ein besonderes Extra. Auf der linken Seite des Motorraums befand sich ein Plattenspieler, der von innen per Seilzug gestartete wurde. Wenn Ollie dann »turn on the radio« sagte, musste Stan nur kurz daran ziehen. Wunderbar ist auch das Ende des Films: zwar liegt das Auto in zwei Teilen neben ihnen, aber als Stan an dem Seil zieht … läuft der Plattenspieler wieder an.

»GUT, DASS ICH KEINEN UNFALL HATTE. SONST WÄRE ICH NIE ANGEKOMMEN.«

W. C. FIELDS ALS UNCLE BILL NACH EINEM SELBST VERURSACHTEN UNFALL IN »GIB KEINEM TROTTEL EINE CHANCE«

1941 gab es einen weiteren Höhepunkt früher Filmautoszenen zu sehen. In »Gib keinem Trottel eine Chance« (Never Give a Sucker an Even Break) mit dem Komiker W.C. Fields in der Hauptrolle, soll der als Taxifahrer die Mutter einer schwangeren Frau zum Krankenhaus bringen. Er geht aber irrtümlich davon aus, dass sie die Schwangere ist. Also missachtet er sämtliche Verkehrsregeln und rast in seinem 1933er Ford V 8 durch den überlasteten Verkehr von Los Angeles. Er wird von zwei Polizisten auf Motorrädern verfolgt, fährt in der falschen Richtung durch einen

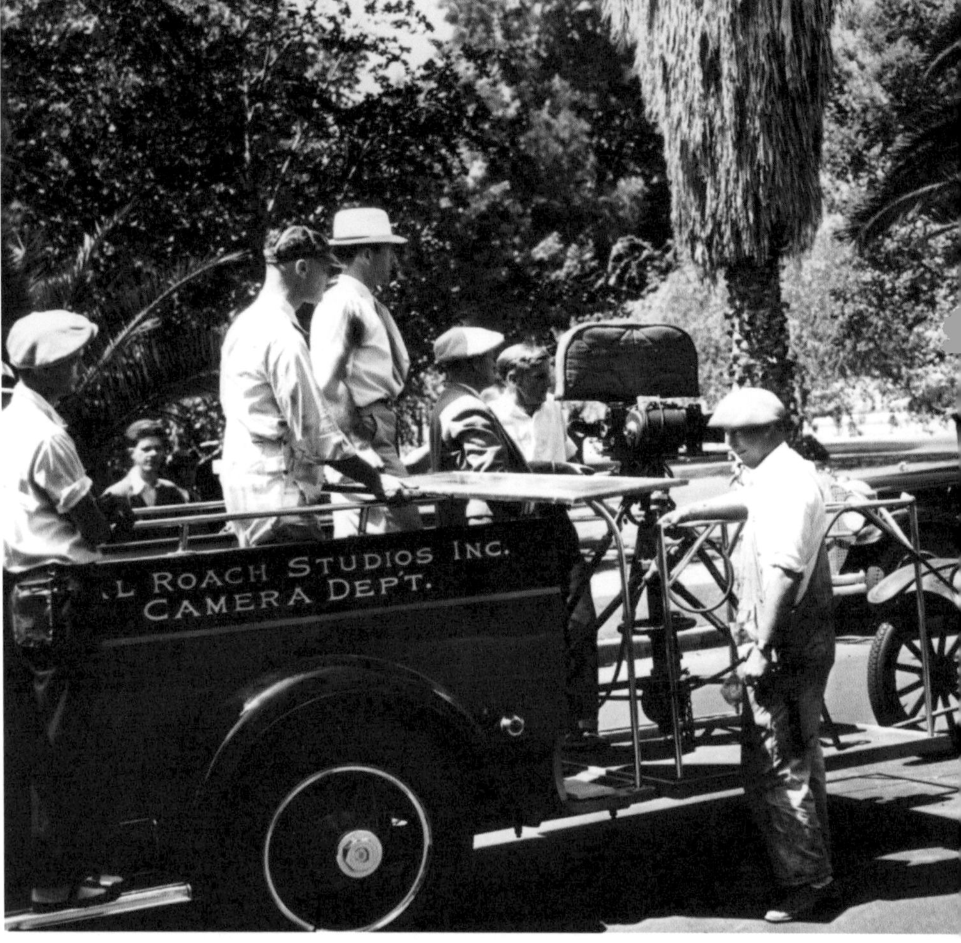

Laurel und Hardy 1933 bei den Dreharbeiten zu »Am Rande der Kreissäge« (Busy Bodies). Am Ende des Films wird ihr Ford von einer Bandsäge zerteilt.

Tunnel, bringt einen Feuerwehrwagen in große Schwierigkeiten und hängt sogar zeitweise an dessen ausfahrbarer Leiter. Am Ende der fünf Minuten und zehn Sekunden ist der Ford total zerstört – aber immerhin ist die Passagierin am Ziel. Da das Kennzeichen wechselt, wird deutlich, dass mehrere Fahrzeuge zum Einsatz kamen.

Prinzipiell waren in diesen ersten 40 Jahren des letzten Jahrhunderts schon sehr viele Stunts im Film zu sehen. Im Laufe der folgenden 80 Jahre wurden diese Sequenzen dank höherer Budgets, immer besserer Effekte und der neuen CGI-Technik zwar verändert und weiterentwickelt, zum Teil aber auch nur variiert und in abgewandelter Form für immer neue Filme wiederverwendet. Die Basis für alle folgenden Auto-Stunts und die entsprechenden Filme, wurde jedoch schon zu Anfang der Filmgeschichte geschaffen.

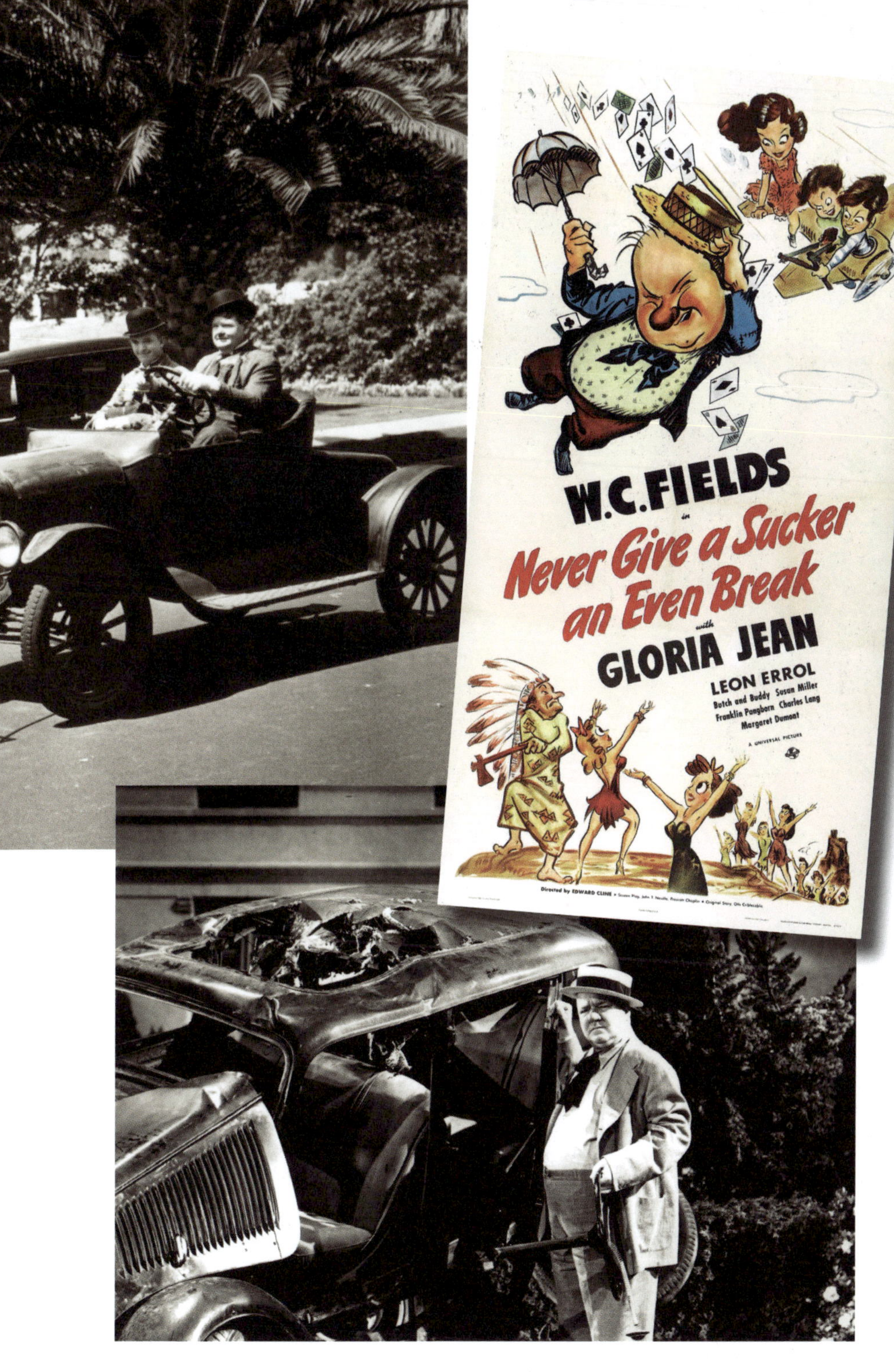
W.C. FIELDS
in
Never Give a Sucker an Even Break
with
GLORIA JEAN
LEON ERROL
Butch and Buddy Susan Miller
Franklin Pangborn Charles Lang
Margaret Dumont
A UNIVERSAL PICTURE
Directed by EDWARD CLINE

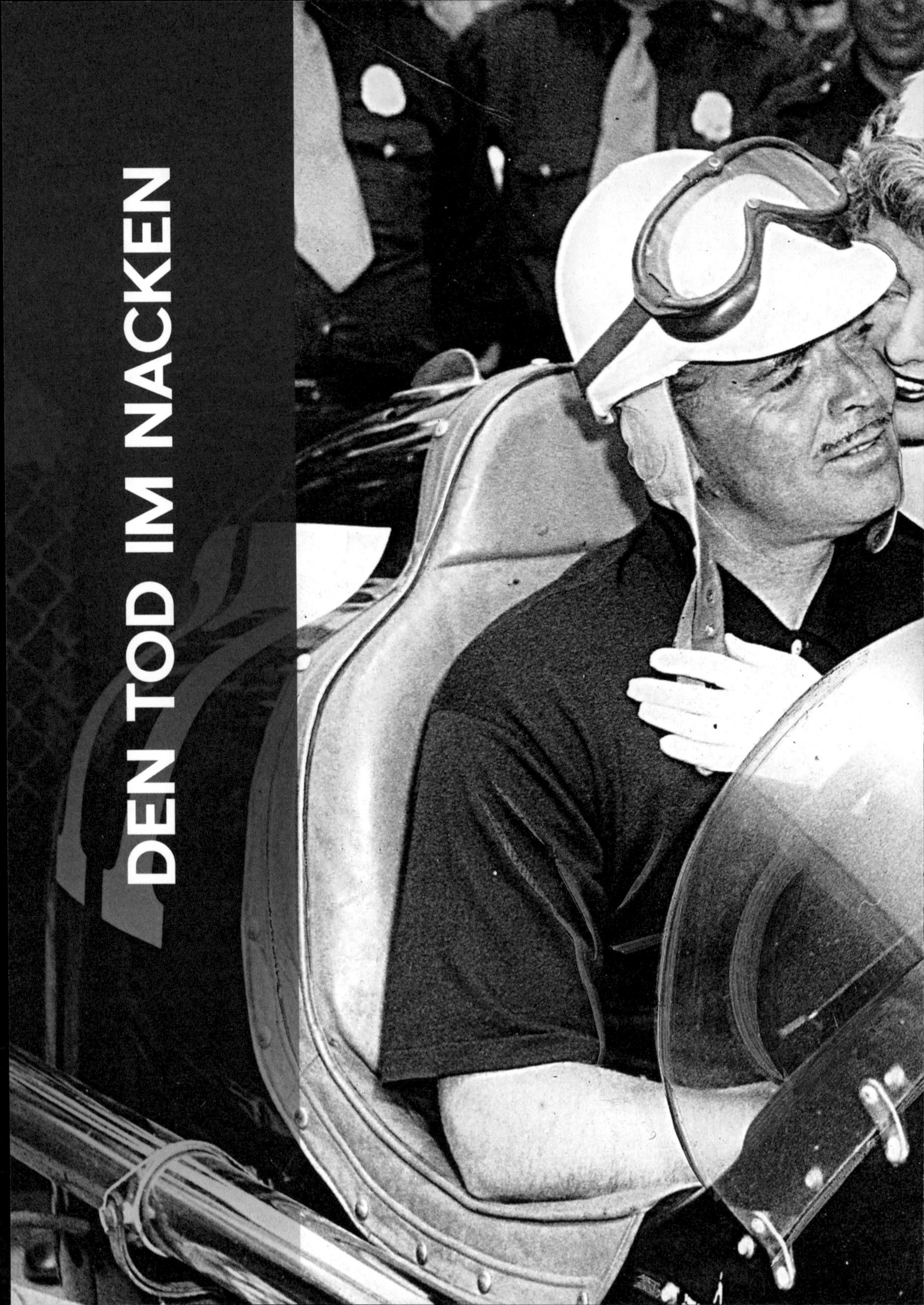

DEN TOD IM NACKEN

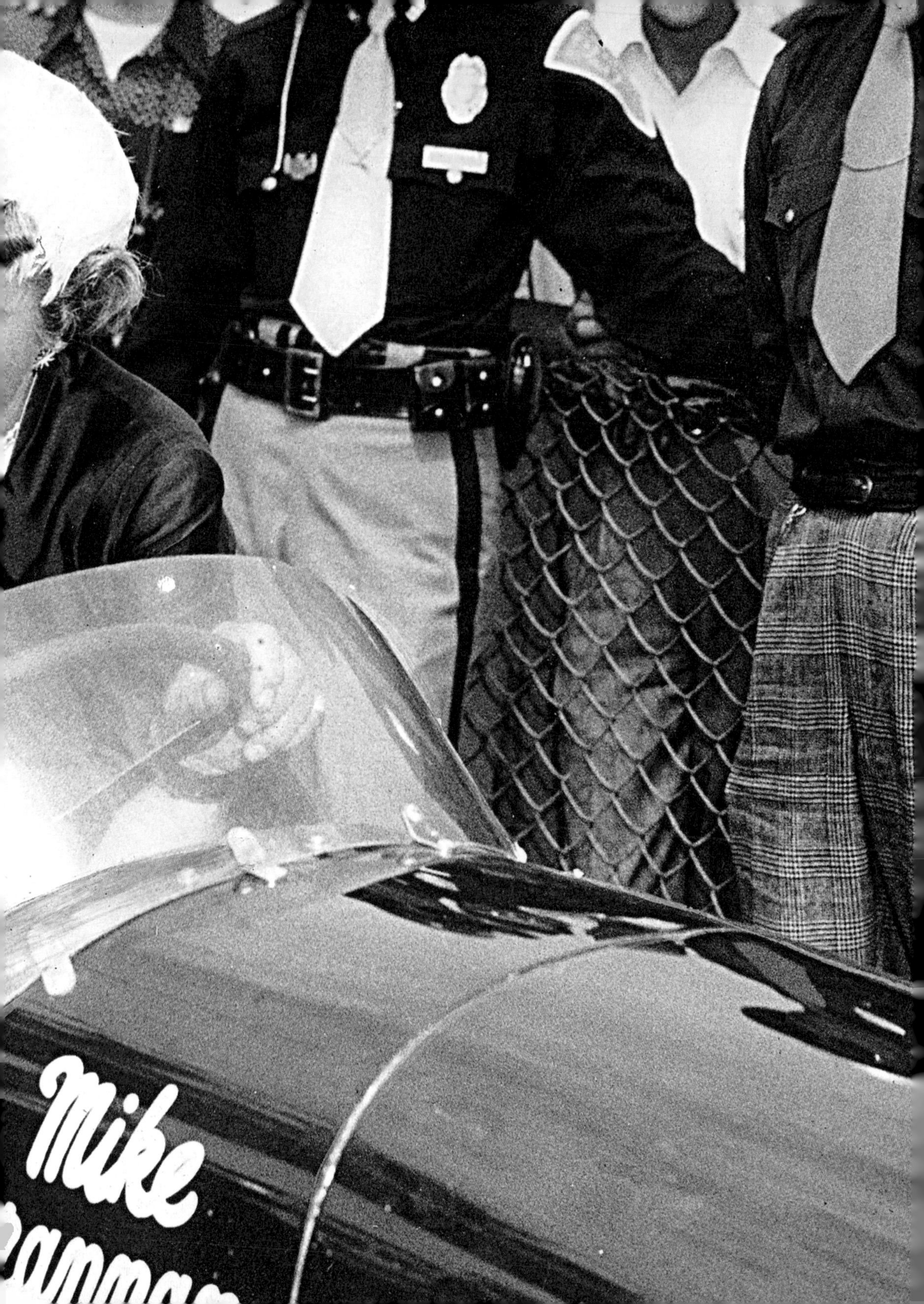
Mike

DEN TOD IM NACKEN – DIE RENNFAHRER-FILME DER 30ER- BIS 50ER-JAHRE

»Die Rolle eines Rennfahrers hat etwas von Abenteuer – Schutzbrille, sorgfältig um den Hals gewickelter Schal, eine Lederjacke mit vielen Reißverschlüssen«, schreibt der amerikanische Autor Andrew Bergman in seiner Biografie über James Cagney und dessen Film »Der Schrei in der Menge« / »Der Schrei der Masse« (The Crowd Roars) aus dem Jahr 1932. Und weiter heißt es: »Man denkt unwillkürlich an Douglas Fairbanks, Erroll Flynn, Tyrone Power, vielleicht an Clark Gable.«

Tatsächlich spielten einige der größten Stars der 30er- bis 50er-Jahre tollkühne Fahrer. Dafür verließen sie die Gangsterfilme oder ihre Mantel- und Degenabenteuer. Dazu zählten auch Stanley Baker, James Cagney, Tony Curtis, Kirk Douglas, Mickey Rooney und James Stewart. Der setzte sich 1936 in dem Film »Speed«, hinter das Steuer eines Rennwagens. Die Teststrecke von Chrysler wurde dafür genutzt. Auslöser für die Geschichte war die Tatsache, dass der englische Rennfahrer Malcolm Campbell am 3. September 1935 auf den Salzflächen der Bonneville Salt Flats in Utah mit dem »Blue Bird« einen neuen Geschwindigkeitsweltrekord aufstellte. Er fuhr 484,62 km/h. MGM ließ eine Geschichte schreiben, drehte aber aus finanziellen Gründen im kalifornischen Muroc. Eine Variante dieses Rekords ist Teil des Films, denn Stewart spielt einen Testfahrer. Ein wichtiger Schauplatz war schon damals das berühmte Rennen von Indianapolis, die Indy 500. In die Sequenzen, die dort spielen, wurden dokumentarische Originalaufnahmen integriert – ein Stilprinzip, das sich in den nächsten beiden Jahrzehnten nicht ändern sollte. So sieht man in »Speed« Rennwagen, die vorwärts oder rückwärts aus den Kurven fliegen, sich auf der Strecke drehen, zusammenstoßen, sich überschlagen oder unterwegs ein Rad verlieren. Auch die später so häufig verwendet Dreiecksgeschichte ist dabei. Zwei Männer konkurrieren nicht nur auf oder abseits der Strecke, sondern auch um eine Frau.

»DIE ROLLE EINES RENNFAHRERS HAT ETWAS VON ABENTEUER.«

AUTOR ANDREW BERGMAN IN SEINER BIOGRAFIE ÜBER JAMES CAGNEY

INDIANAPOLIS UND EINE SELBSTBEWUSSTE FRAU AM STEUER

Schon in dem Film »The Racing Strain« von 1932 war Indianapolis gegenwärtig,

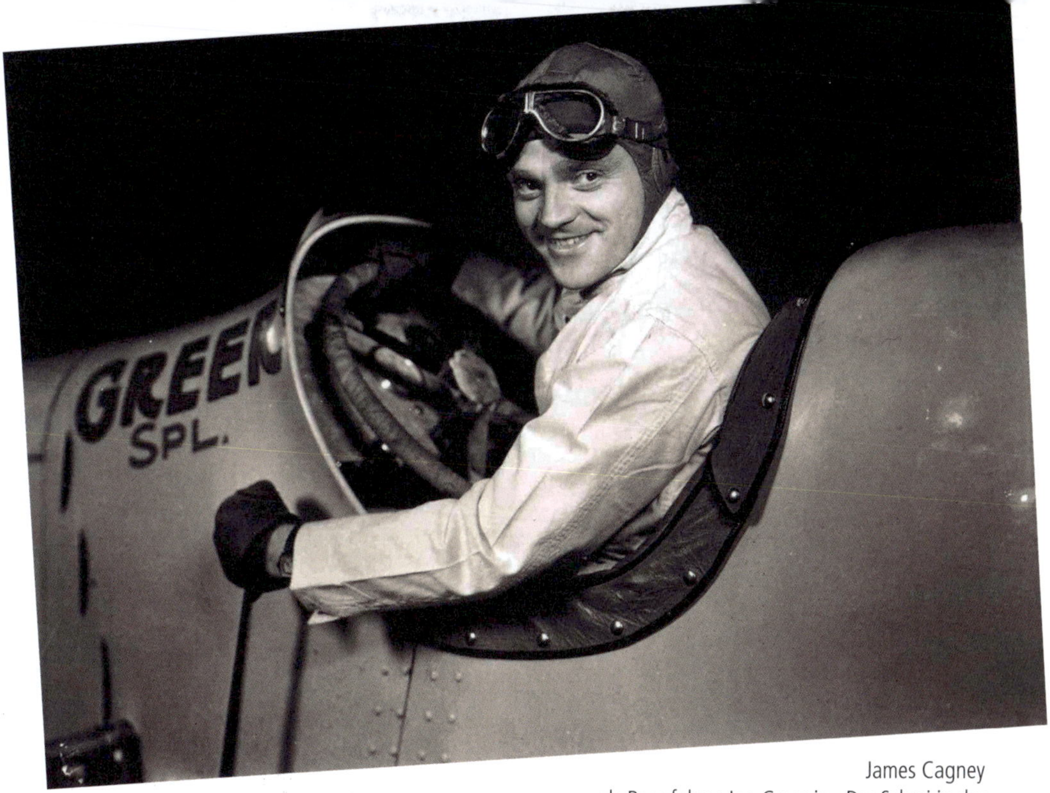

James Cagney als Rennfahrer Joe Greer in »Der Schrei in der Menge« (The Crowd Roars). Eine ganze Reihe zeitgenössischer Rennfahrer hatte in dem Film von 1932 Gastauftritte.

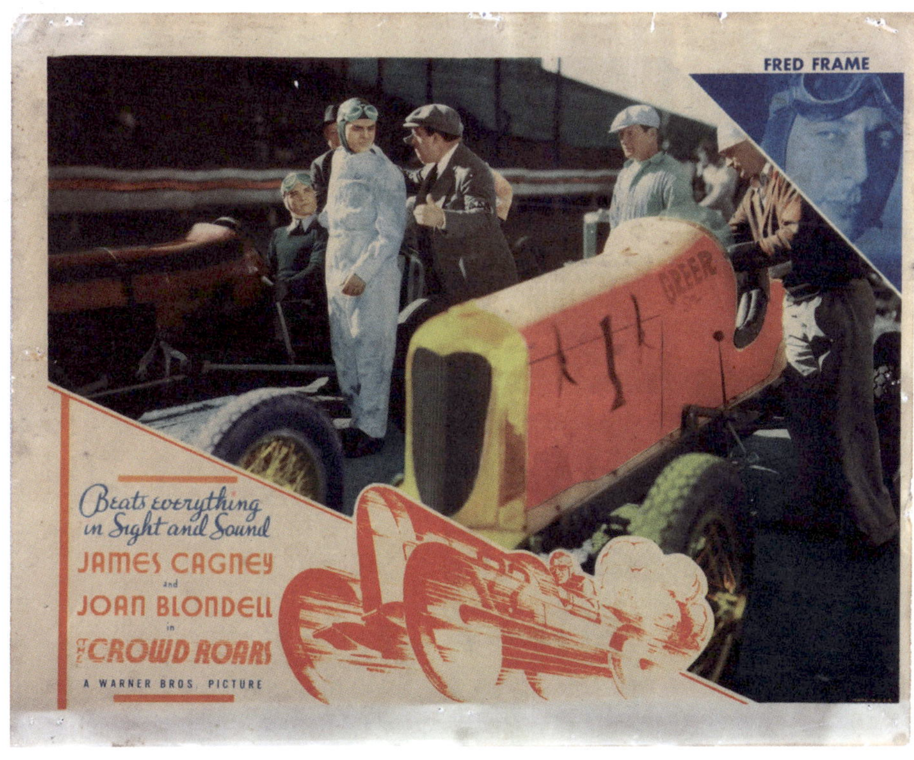

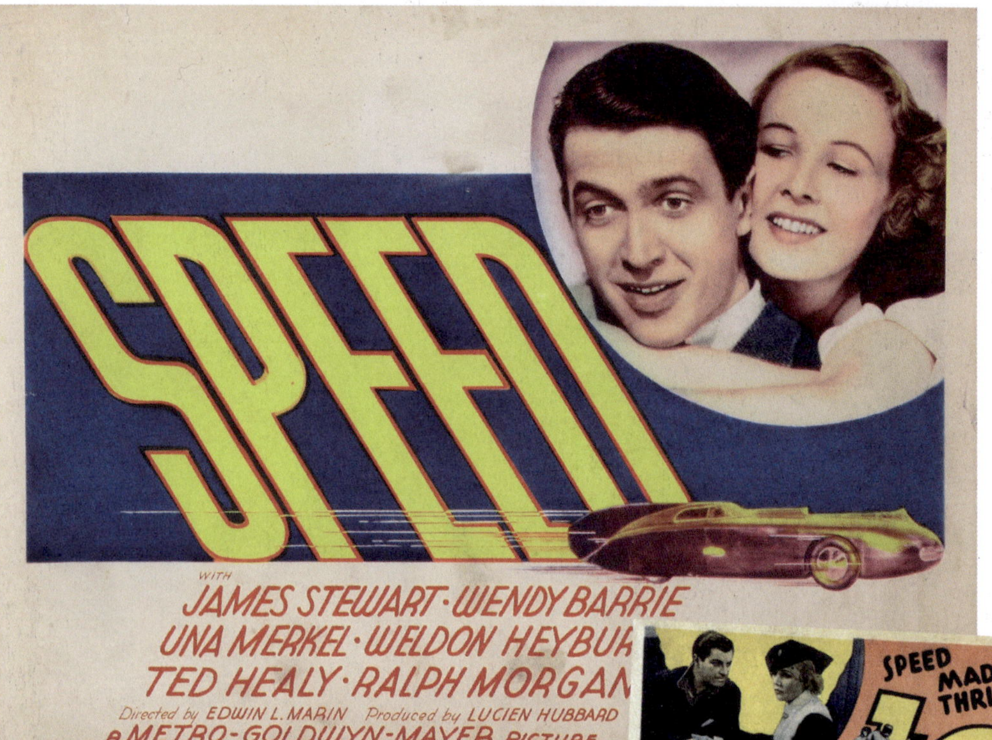

auch wenn dort nicht gedreht wurde. Er beginnt mit dem Tod eines Mannes, der sich bei einem Rennen überschlägt und stirbt. Neu ist hier das Thema Sabotage, das auch in späteren Werken immer wieder auftauchte. Hier werden einem Fahrer K.-o.-Tropfen in den Drink gemischt, damit er nicht an einem wichtigen Rennen teilnehmen kann. Schauplatz ist vor allem der Legion Ascot Speedway, der zwischen 1924 und 1936 geöffnet war, aber geschlossen wurde, nachdem dort 24 Fahrer starben. Schlimmes passiert auch in dem Film »Roaring Roads« von 1935. Es wird auf den Reifen eines Konkurrenten geschossen und ein Rennwagen manipuliert. Interessant ist auch, dass erstmals eine selbstbewusste junge Frau am Steuer eines Rennwagens zu sehen ist.

»Oh, you are a girl«, sagt er, als er sieht, wer am Steuer sitzt.
»Anything strange about that?«, antwortet sie.

Industriespionage, Einbruch, Diebstahl und Schmiergeldzahlungen sind die

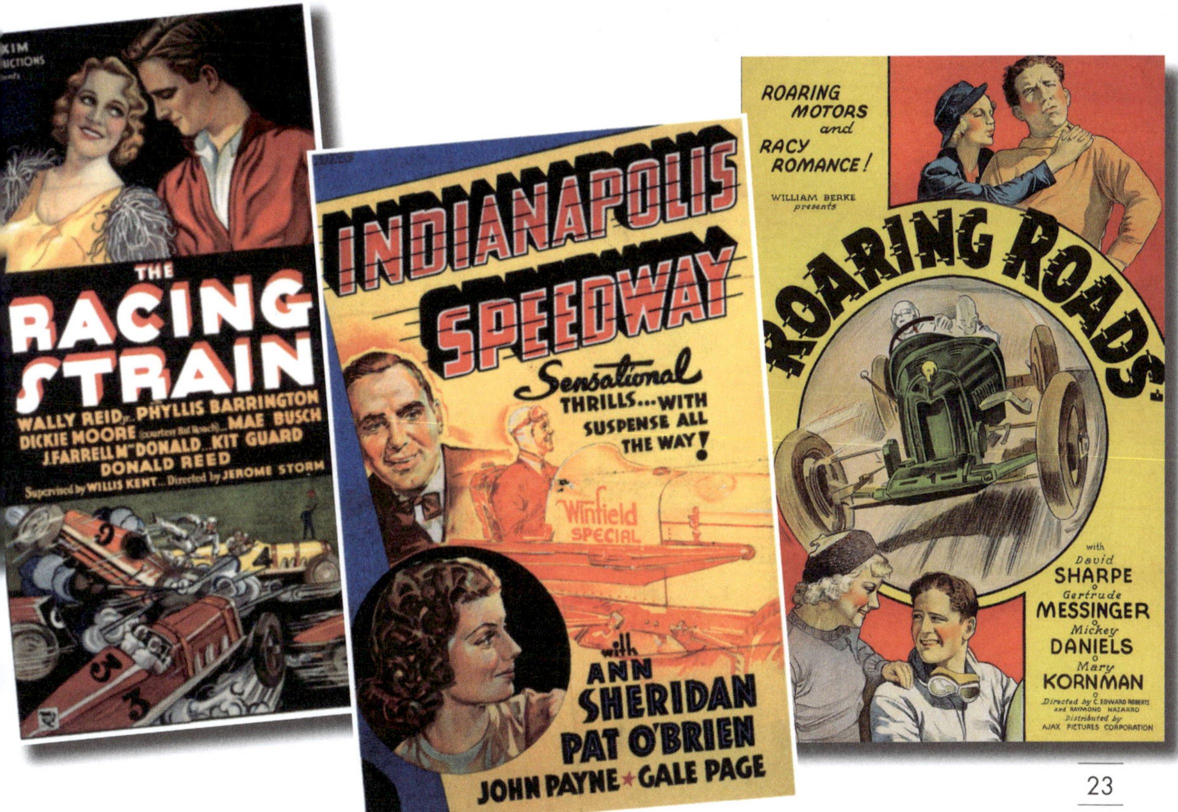

In den 1930er-Jahren hatten Renn-Filme Hochkonjunktur: Plakate zu »Speed« (1936), »The Racing Strain« (1932), »Ten Laps to Go« (1938), »Indianapolis Speedway« (1939) und »Roaring Roads« (1935).

Themen des 1938 erschienenen Dramas »Ten Laps To Go«, der sich ausführlich dem sogenannten »Midget Car Racing« widmet; gemeint sind Rennen, in denen sehr kompakte Rennwagen mit 300 bis 400 PS gegeneinander antreten, um in einem großen Oval zu fahren. Anfangs waren die Strecken unbefestigt, und es wurden Highschool Stadien, wie etwas das von Loyola in Los Angeles, dafür genutzt. Dort fand am 4. Januar 1933 das erste offizielle Rennen dieser Klasse statt. Für den Film wurde das von dem britischen Schauspieler und späteren Oscar-Preisträger erschaffene Victor McLaglen Stadion genutzt. Er war 1925 nach Hollywood gekommen und hatte zehn Jahre später 10.000 Dollar in die Anlage in Los Angeles investiert. 1935 gründete er die »Victor McLaglen Motor Corp Members«, eine Gruppe von Motorradfahrern, die spektakuläre Showeinlagen und Stunts vorführten. In »Ten Laps To Go« werden beispielsweise die Konstruktionspläne eines Motors gestohlen, und es wird sowohl

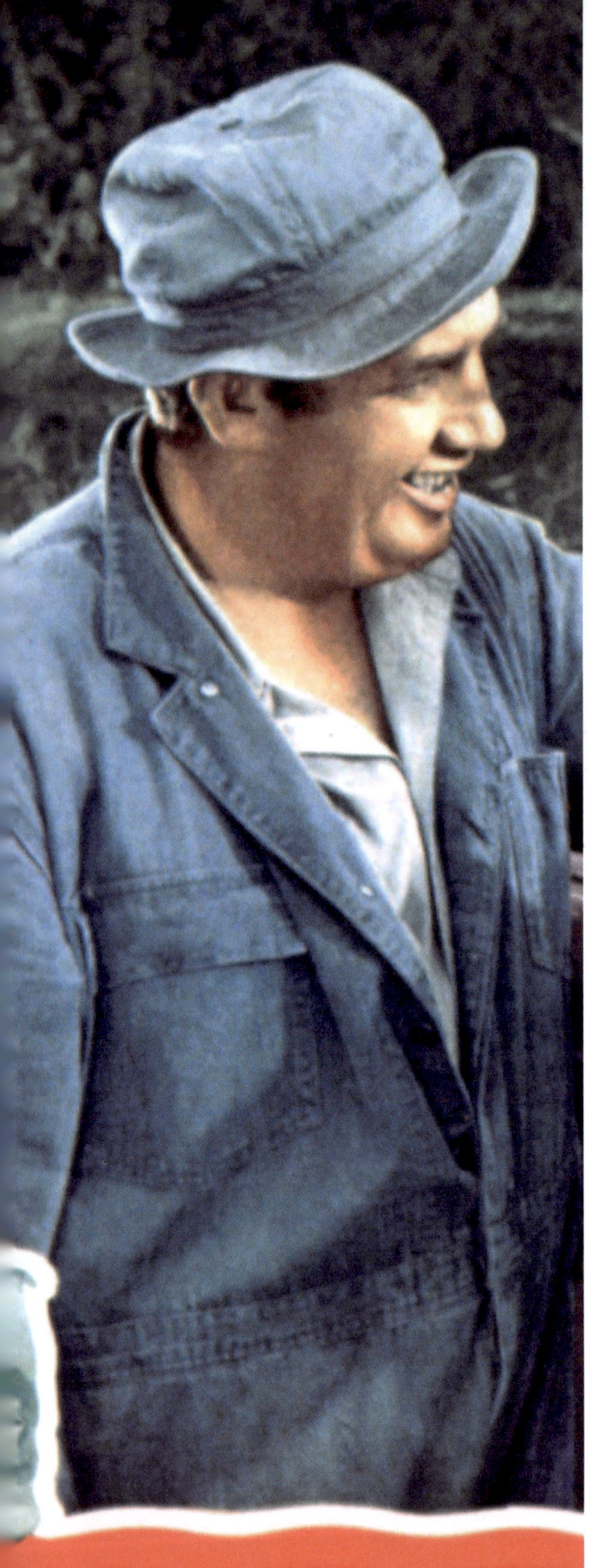

Richard Arlen und Andy Devine in »Danger On Wheels« aus dem Jahr 1940.

auf Dirt Tracks als auch auf befestigten Strecken gefahren.

1939 kam bereits die erste Variante eines früheren Rennfahrerfilms in die Kinos. »Indianapolis Speedway« ist ein Remake von »Der Schrei der Masse« – auch: »Der Schrei der Menge« (The Crowd Roars). Es wurden sogar Szenen aus dem Vorgänger verwendet. Das Besondere an dem 1932er-Film war, dass die erfolgreichen Indy Rennfahrer Billy Arnold, der 1930 die Indy 500 gewonnen hatte, und Harry Hartz für James Cagney und Eric Linden bei diesem Brüder-Drama in den Autos saßen. Außerdem ungewöhnlich war, dass der gebürtige Deutsche Autokonstrukteur August Samuel Düsenberg eine Zugstange erschuf, damit man Szenen drehen konnte in denen die Fahrer Räder verlieren … Gedreht auf dem Legion Ascot Speedway und dem Nutley Velodrome in New Jersey, ein Duesenberg Indy Racer und ein Miller 91, beide aus 1927, bestritten die Rennen. Komische Anekdote am Rande: Es wurde Filmmaterial aus dem späteren Film irrtümlich in den früheren Film geschnitten. So sind dort Fahrzeuge zu sehen, die erst sieben Jahre später auftauchen … Auch in dem Remake geht es um zwei konkurrierende Brüder: den dreimaligen Indy Champion Joe, der fährt, um seinem Bruder Eddie zu unterstützen. Doch der verlässt die

Schule, um selbst Rennen zu fahren. Ärger gab es mit der Zensur in England und Neuseeland. Als einer der Fahrer nicht nur in seinem Rennwagen starb, sondern vorher auch noch schrie, mussten diese Szenen geschnitten werden.

Gleich zu Anfang des 1940er-Films »Danger On Wheels«, bedanken sich die Filmemacher bei den »wagemutigen Stuntfahrern« und das ganz zu Recht, denn bezüglich der packend gefilmten Rennszenen ist diese weitere Testfahrergeschichte wirklich einzigartig. Stuntman Earl Moseman »Lucky« Teeter begann schon 1932 mit seinem gefährlichen Job. In diesen Film wurden Aufnahmen seiner Shows integriert. Dazu zählen auch Fahrten mit 80 Meilen durch eine brennende Wand, ein Sprung über sieben Autos, seitlich rollende Autos sowie mehrere Überschläge. Er war auch als Stuntfahrer in dem James Stewart Film »Speed« mit dabei und starb am 5. Juli 1942 bei einem Autostunt in Indianapolis, allerdings bei einer der Shows auf den Veranstaltungen auf der Indiana State Fair und nicht auf der Rennstrecke.

Midget Racing und Indianapolis bildeten erneut den Hintergrund, jedoch hat Hauptfigur Johnny Randall nicht nur mit Konkurrenten zu kämpfen, sondern gleich mit zwei Traumata. Er hat seinen Vater bei einem Rennen verloren und die Geliebte ihren Bruder. Das Drama wird gleich zu Anfang in der Hinsicht befeuert, dass die Midget Racer

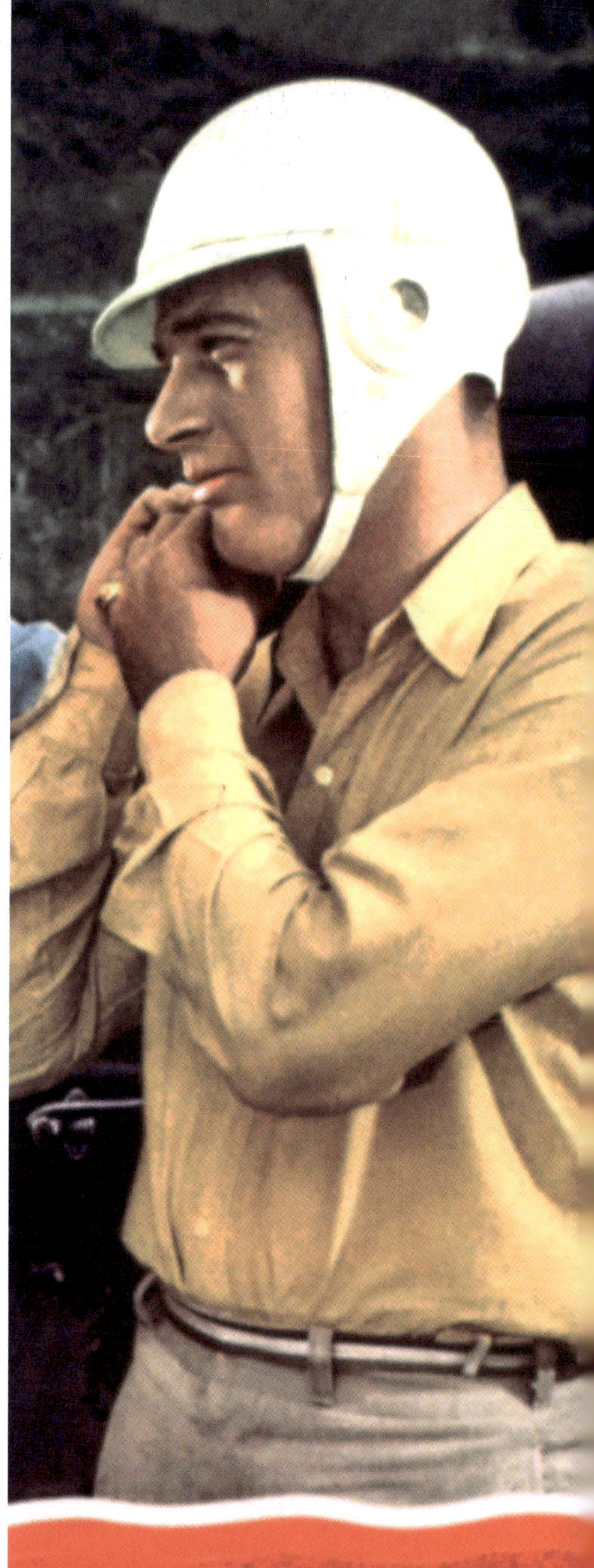

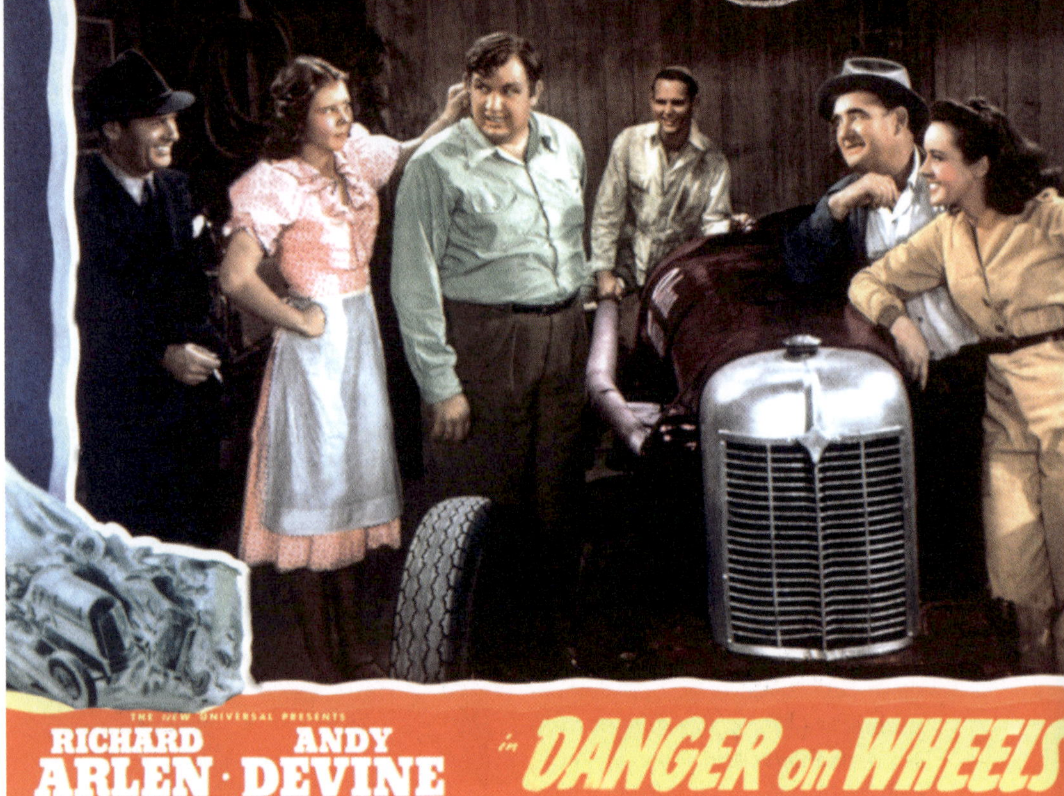

Richard Arlen, Mary Treen, Andy Devine, John Holmes, Herbert Corthell und Peggy Moran in »Danger On Wheels«.

als »Bullet on Wheels«, als Pistolenkugel auf Rädern bezeichnet werden. Der Erfolg dieser Rennwagen, deren Veranstaltungen bis zu 45 Millionen Besucher pro Jahr anlockten, sorgte dafür, dass Hollywood vielfach auf Stories rund um die kleinen Raketen setzte. Nicht zufällig heißt die Basis für Geschichte »Hell on Wheels« – Hölle auf Rädern.

MÄNNER, MOTOREN, SENSATIONEN

»Es ist der aufregendste und gefährlichste Sport der Welt. Von diesen Männern darf man jedes Mal eine Sensation erwarten.« Mit diesen Worten beginnt »Tod im Nacken« (To Please A Lady), mit Clark Gable und Barbara Stanwyck, der 1950 herauskam. Es ist nicht nur die

»MANCHE MEINER SCHWÄCHEN LIEGEN NICHT AUF DER RENNSTRECKE«
CLARK GABLE ALS MIKE BRANNAN IN »TOD IM NACKEN«

Story eines Rennfahrers, der zum Teil rücksichtslos agiert und den Tod eines Konkurrenten mit verursacht, sondern auch die einer landesweit gelesenen Kolumnistin, die dafür sorgt, dass er lange Zeit auf den Rennstrecken gemieden wird. Auch sie ist rücksichtslos. Er wird Stuntfahrer und verdient so viel, dass er bei den Indy 500 mitfahren kann. Sie überdenkt ihre Texte. Gedreht wurde auf dem Dirt Track in Arlington Downs in Texas, dem Carroll Speedway in LA und in Indianapolis. In einer Werkstatt ist auch ein Jaguar XK 120 Roadster zu sehen. Gable besaß selbst zwei (siehe: Clark Gable und seine Autos). Der Star hatte sich schon lange bei MGM darum bemüht einen Rennfahrer zu spielen, nachdem er 1947 erstmals in Indianapolis dabei war. Er drängte trotz der im Film zu sehenden Aufprojektionen (dem Spielen vor der Leinwand) auf mögliche Authentizität. Die Rennszenen wurden erstmals bei voller Geschwindigkeit gedreht, währenddessen es zuvor immer Zeitrafferaufnahmen gab. Indianapolis zu besuchen war emotional schwierig für ihn. Seine dritte Frau Carole Lombard kam aus Indiana und starb bei einem

Clark Gable in der Rolle des Rennfahrers Mike Brannan vor seinem Ewing-Rennwagen in »Tod im Nacken«.

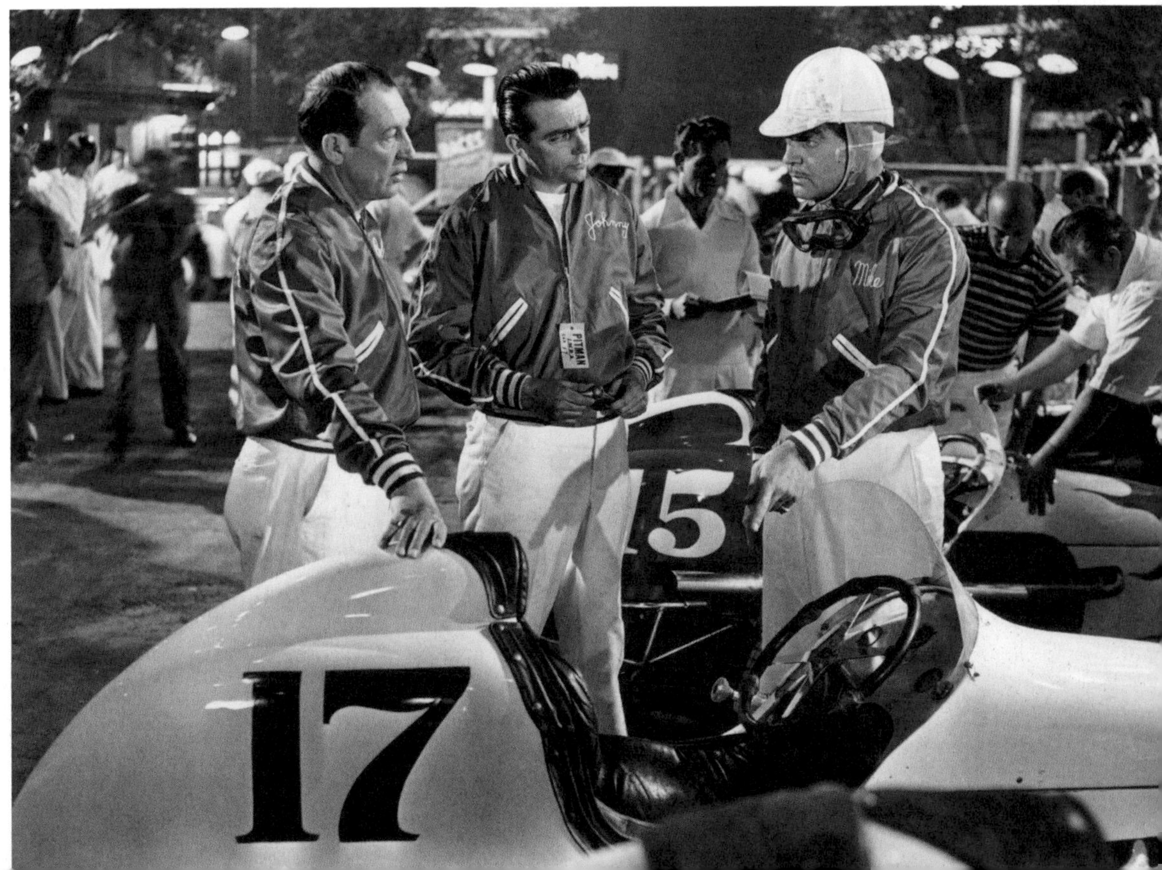

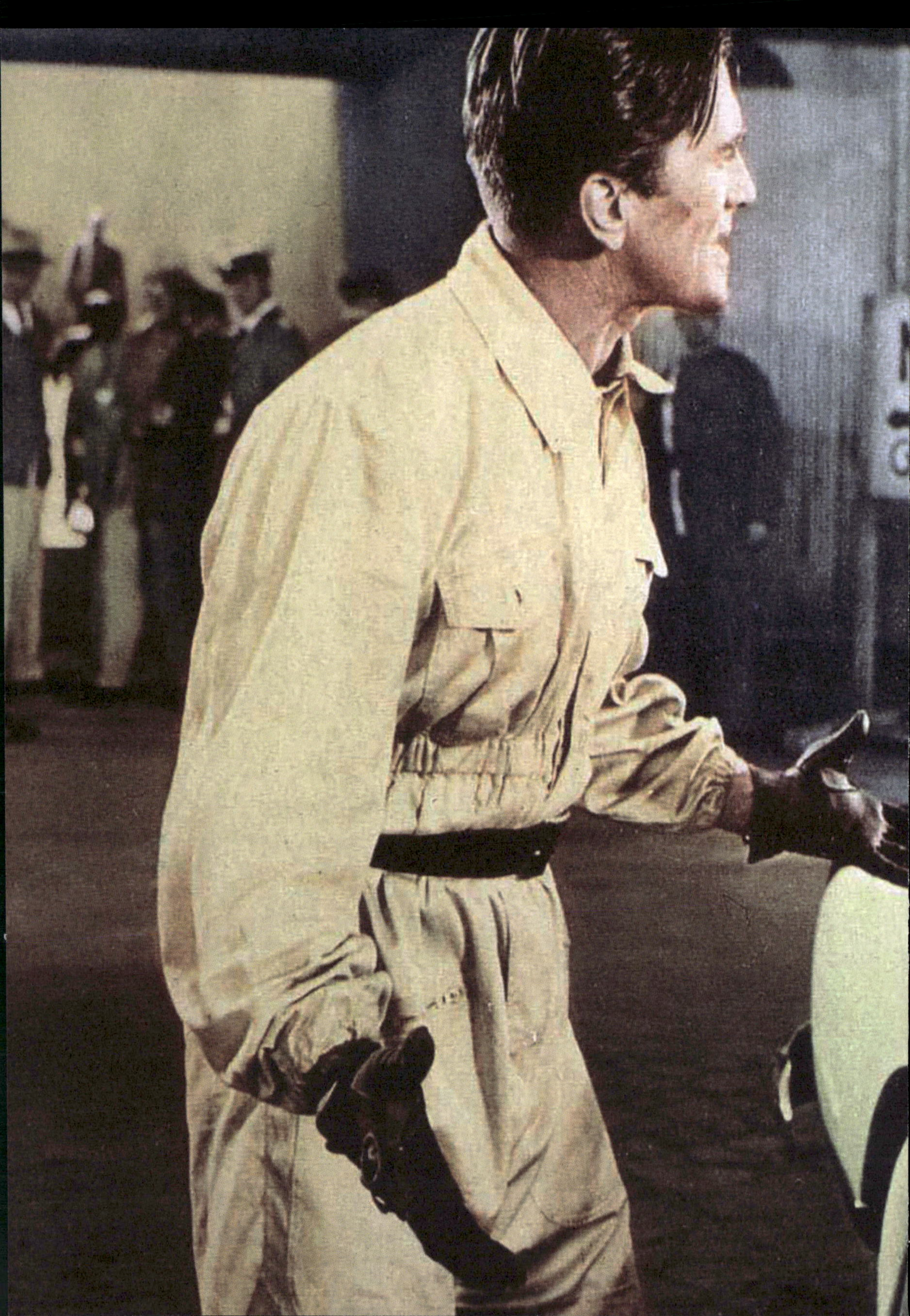

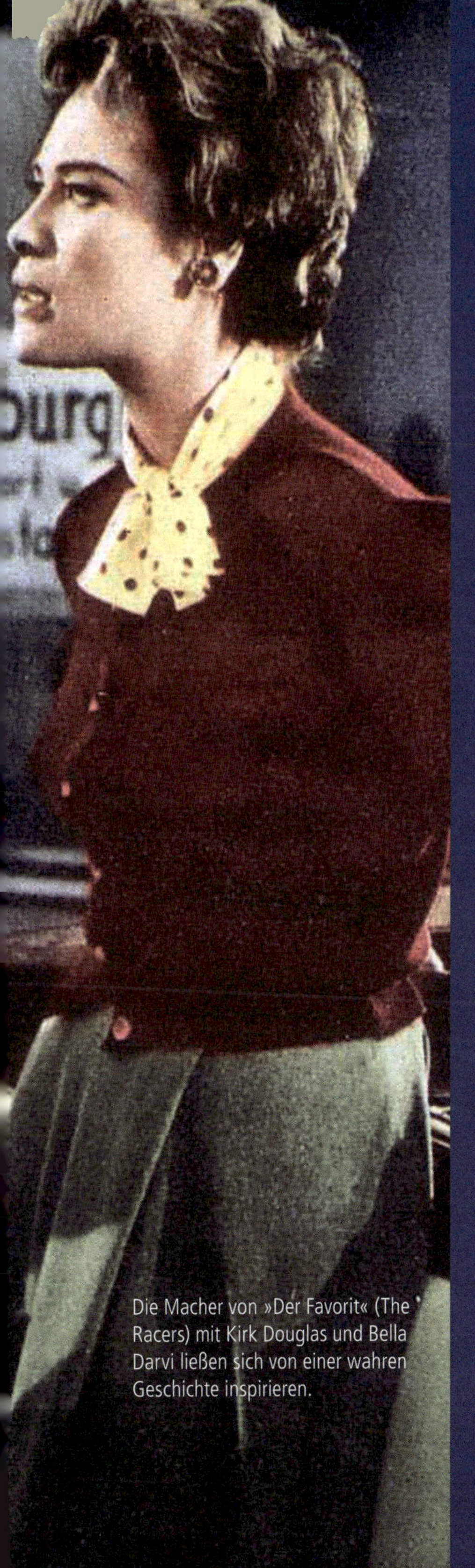

Die Macher von »Der Favorit« (The Racers) mit Kirk Douglas und Bella Darvi ließen sich von einer wahren Geschichte inspirieren.

Flugzeugabsturz in Nevada – aus Indianapolis kommend. Gable versuchte sich daraufhin angeblich mit einem Motorrad das Leben nehmen, doch das misslang.

EUROPAS RENNSTRECKEN STATT INDIANAPOLIS

Nicht zufällig rückte Indianapolis im Verlauf der 50er-Jahre als Schauplatz in den Hintergrund und die europäischen Rennstrecken in den Vordergrund. Der Grund war, dass die Automobil-Weltmeisterschaft ab 1950 ausgetragen wurde, die ab 1980 als »Formel-1-Weltmeisterschaft« firmierte. Zu der Zeit hatte man außerhalb der Weltstädte New York und Los Angeles so gut wie nichts von ausländischen Sportwagen und Autorennen gehört hat. Im Jahr 1954 produzierte die Autostadt Detroit mit den sogenannten »Big Three« (Ford, General Motors, Chrysler) rund 5,5 Millionen Fahrzeuge. Dagegen betrugen die Autoimporte nur 25.786 Stück, wovon die meisten von VW kamen (6.344). Lediglich neun Ferraris reisten in die USA.

»Monte Carlo, der Spielplatz der Welt, ruft.« Mit diesem Off-Kommentar beginnt der Film »Der Favorit« (The Racers) aus dem Jahr 1955. Was folgt ist eine Geschichte, die sich an der des Rennfahrers Rudolf Caracciola aus den 30er-Jahren orientiert, aber in die 50er verlegt wurde. Es geht um den von Kirk Douglas gespielten Gino Borgesa, der beim Grand Prix von Monaco aufgrund eines Hundes von Nicole nach einem Unfall seinen Wagen verliert (US-Rennfahrer John Fitch doubelte Kirk Douglas in seinem HWM). Nicoles Ex-Liebhaber bezahlt für den Schaden, so dass er bei der Mille Miglia mitfahren kann. Er gewinnt. Es folgen weitere Rennen in Brüssel, bei dem Gino schwer verletzt wird, in Monza, Spa, Le Mans und am Nürburgring (mit Schwarz-Gold-Roter-Flagge ...). Generell geht es um einen verbissen kämpfenden Fahrer, der aus der Anonymität ins Rampenlicht aufsteigen will. Basis für den Film ist ein Buch des Italo-Schweizers Hans Ruesch, der als Journalist begann, von der Rennleidenschaft infiziert wurde, bei der Mille Miglia mitfuhr und viele Autorennen gewann. 1937 schrieb er seinen ersten Roman mit dem Titel »Gladiatoren«, den er in den 50ern umschrieb, und der 1953 als »The Racer« auf Englisch erschien. Gedreht wurde zwar im Jahr 1954 während der Mille Miglia und auf den europäischen Grand Prix Kursen, aber ohne die Stars. Nur die Kamerateams waren unterwegs. Der US-Rennfahrer Phil Hill, der ab 1953 in Le Mans mitfuhr, wirkte als

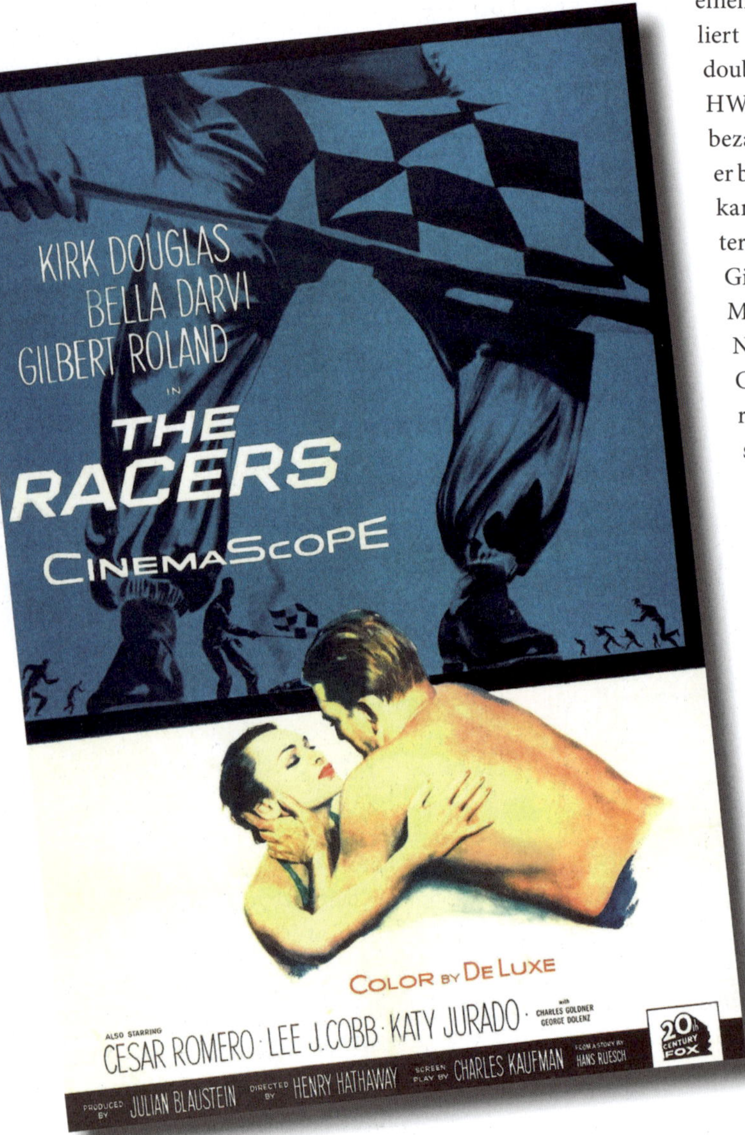

Als Vorlage diente Regisseur Henry Hathaway das Buch »Rennfahrer« von Hans Ruesch, nach dem Leben des deutschen Rennfahrers Rudolf Caracciola

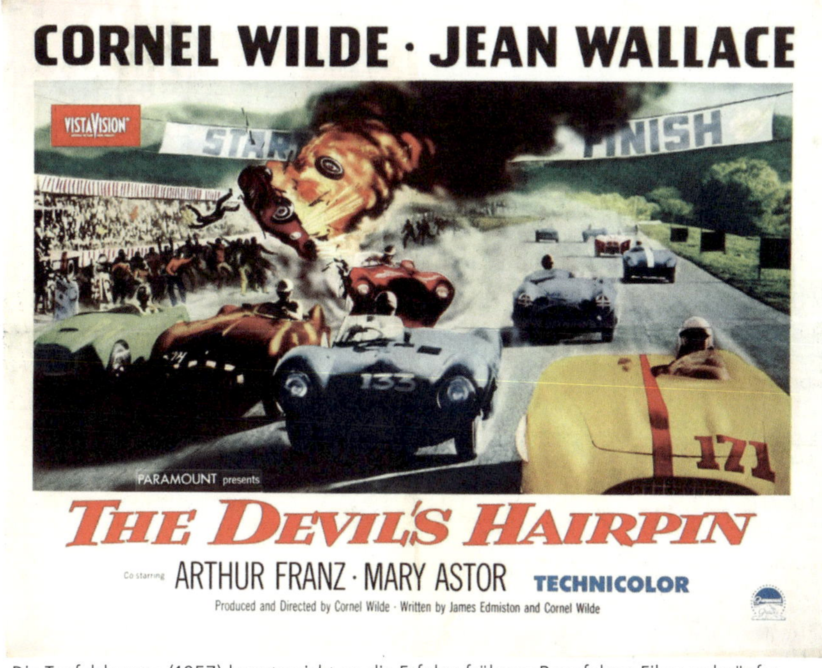

»Die Teufelskurve« (1957) konnte nicht an die Erfolge früherer Rennfahrer-Filme anknüpfen.

technischer Berater mit. Die Akteure agierten auf dem 20th Century Fox Studiogelände in Rennwagen wie Maserati 4CLT/48 und Ferrari 212 Export. Douglas fährt einen HWM Alta F2 und einen Ferrari 166 MM/53. Für die Nahaufnahmen der Fahrer wurden extra konstruierte Cinemascope Kameras auf den Wagen installiert und zum Teil ferngesteuert. Interessanterweise werden nicht nur Unfälle und ihre Folgen thematisiert, wenn z.B. die beinahe Amputation von Ginos Bein ansteht, sondern auch die Abhängigkeit von Medikamenten. In US-Filmtheatern kam es zu Szenenapplaus als Phil Hill genannt wurde und europäische Rennstrecken erstmals ihre Pracht und Gefährlichkeit entfalteten.

Als für den 1957 entstandenen Film »Die Teufelskurve« (The Devil´s Hairpin) lediglich die Rennstrecke der Paramount Ranch genutzt, zeichnete sich schnell ein Misserfolg ab. Das Drama bewies, dass man ohne vielfältige Sequenzen aus Europa nicht mehr auskommen konnte. Es half auch nicht, dass die Hauptdarsteller Cornel Wilde und Jean Wallace zur Weltpremiere im Victory Auto-Kino in North Hollywood mit einem Rennwagen vorfuhren. Die Zeit der günstig produzierten schwarzweißen Rennabenteuer in denen vor allem im Oval oder im Kreis gefahren wird, war zu Ende. Die Rennfahrerfilme der 1960er-Jahre mussten etwas völlig Neues bieten und das taten sie auch.

»ICH WAR SCHON IMMER EIN FAN VON AUTOS – VOR ALLEM SCHNELLEN«

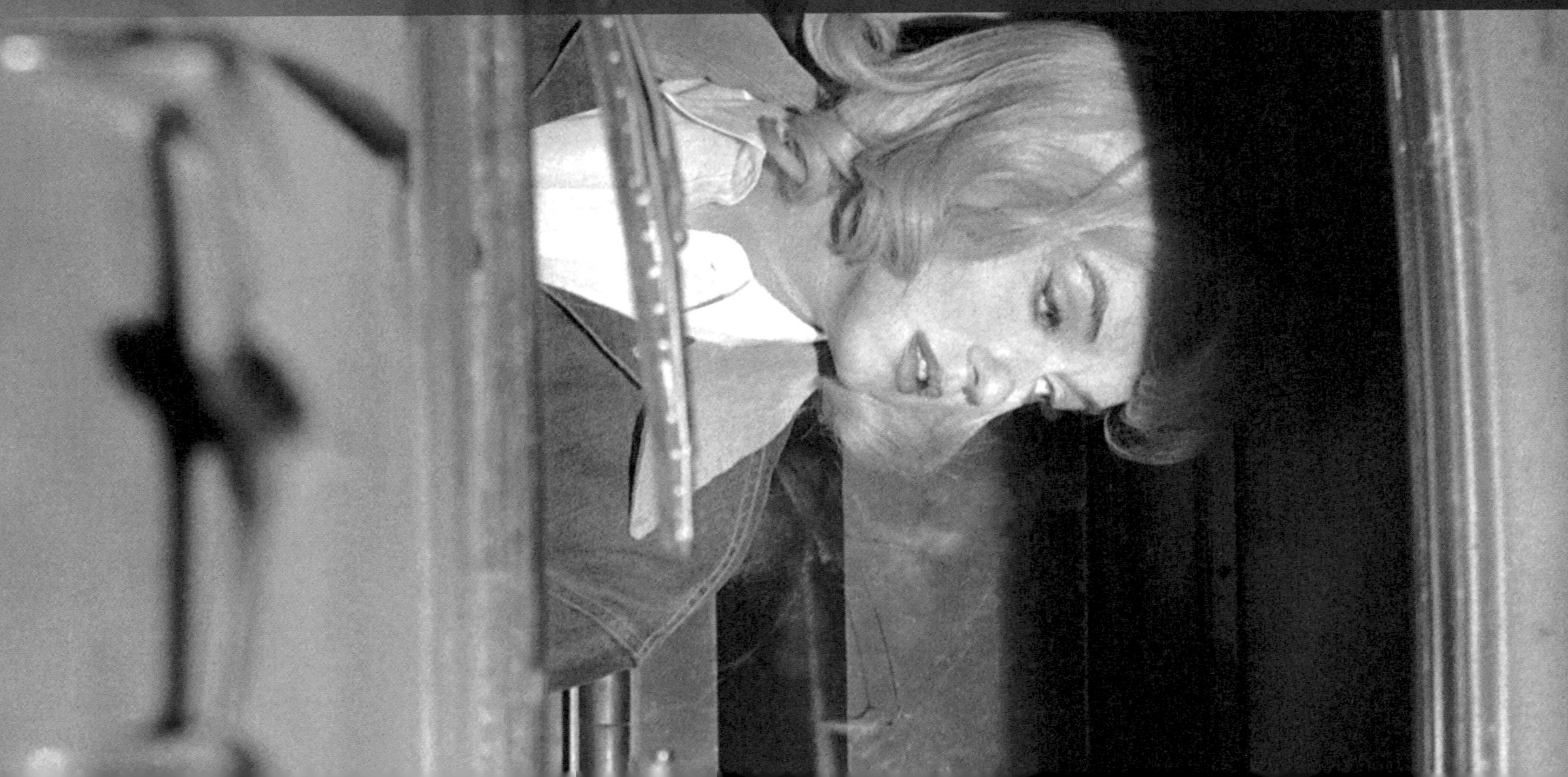

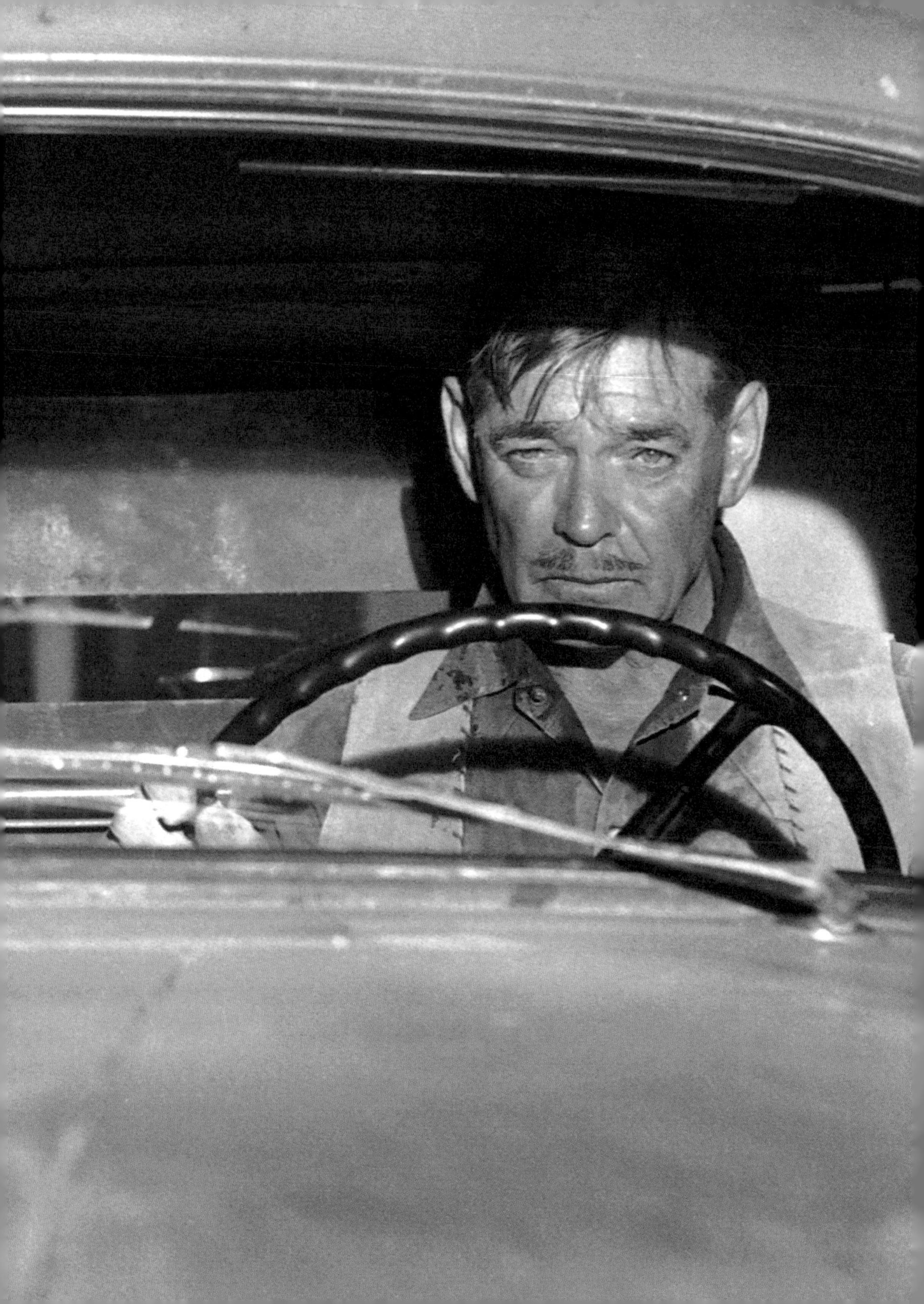

»ICH WAR SCHON IMMER EIN FAN VON AUTOS – VOR ALLEM SCHNELLEN« CLARK GABLE UND SEINE AUTOS

Bevor er als Schauspieler Karriere machte, jobbte er als Holzfäller, Journalist, Verkäufer und Lkw-Fahrer. Das erste Auto, das Clark Gable besaß, war ein Packard Twin Six (V12) Convertible Coupé von 1932, das er im Laufe der Jahre immer wieder überarbeiten ließ. 1934 gab er es in Zahlung und leistete sich 1935 einen seltenen cremeweißen Duesenberg JN, ein Cabrio-Coupé, von dem in dem Jahr nur zehn Stück (andere Quellen vier) entstanden (Chassis: 2585, Kennzeichen: IN 36 04). Da das Dach nicht ganz dicht war, brachte er das seltene Stück zur Karosseriebaufirma Bohman & Schwartz in Pasadena, wo auch eine Reihe von Umbauten vorgenommen wurden, die Gable bestimmte und mitgestaltete. Dazu zählten eine längere Motorhaube mit stärker geneigter Windschutzscheibe, Belüftungsdüsen auf der Haube, Verkleidungen der Hinterräder, zwei Ersatzräder auf dem Heck oberhalb der Stoßstange, sowie ein netzartiger

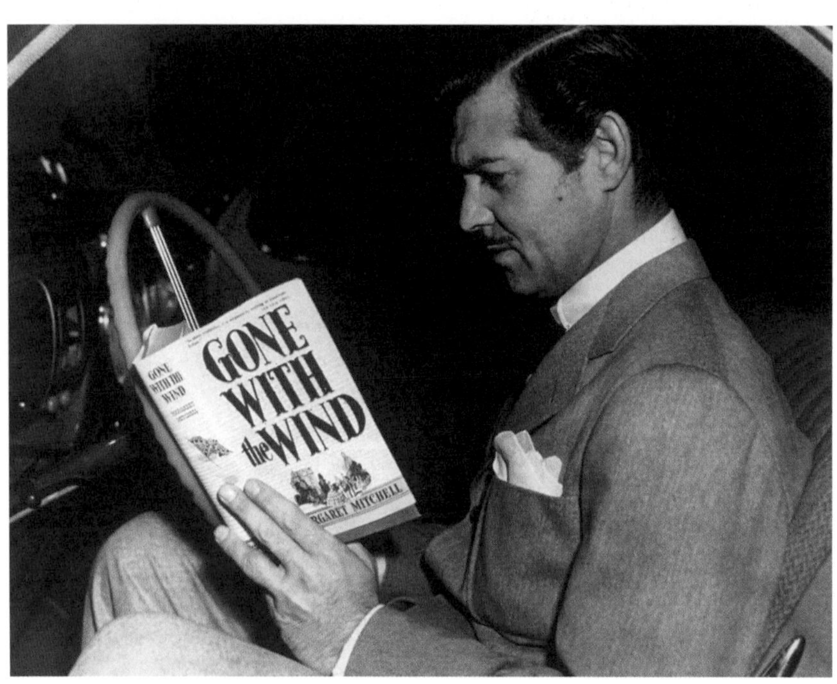

Der Roman-Verfilmung »Vom Winde verweht« machte Clark Gable zum Weltstar.

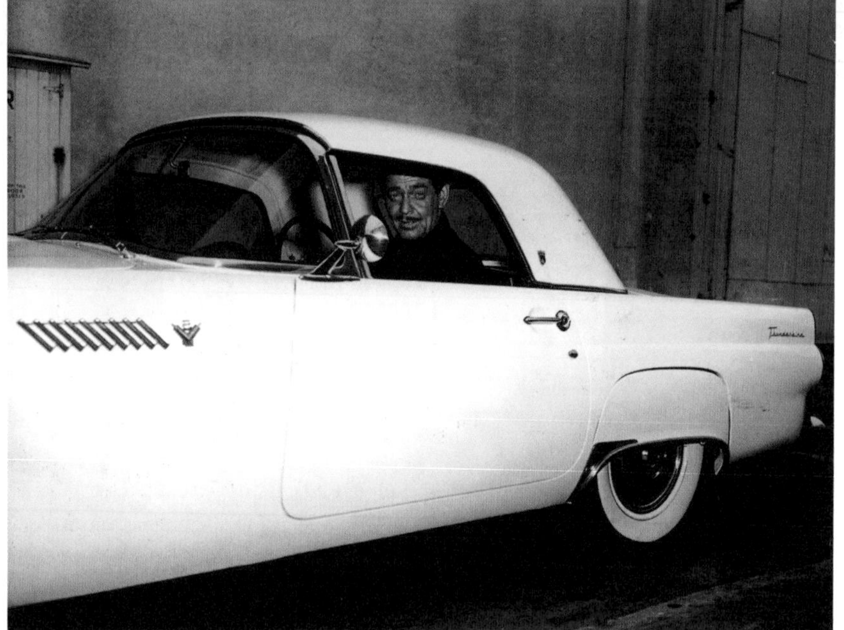

Clark Gable in einem 1956er Ford Thunderbird.

Frontgrill und außenliegende Auspuffrohre. So entstand ein absolutes Einzelstück. Am 25. Januar 1936 fuhr er damit zum »White Mayfair« Ball in Beverly Hills und traf auf Carole Lombard. Vier Jahre zuvor hatten sie bereits einen Film zusammengedreht. Er war zwar verheiratet, die beiden wurden aber dennoch ein Paar und lebten auf einer Ranch im Stadtteil Encino in Los Angeles mit großen Stallungen und mehreren Garagen. Lombard, die durch einem Autounfall Ende 1926 zwei Narben auf der rechten Wange davongetragen hatte, schenkte ihm einen speziell für ihn gebauten 1937er La Salle Speedster in weiß mit roter Innenausstattung. Die renommierte Firma »Frank Kurtis of Hollywood Coachworks« übernahm die Ausführung. Später kaufte der Schauspielkollege, Musiker und Radiokommentator Doodles Weaver, der 1949 auch den Sprecher der Indy 500 karikierte, den LaSalle. Gable und Lombard heirateten im März 1939. Das Paar war viel mit dem Duesenberg JN in Hollywood unterwegs und genoss die Aufmerksamkeit, die der Wagen auf sich zog. 1940 fuhren sie damit nach Vancouver und mit dem Zug zurück. Sie ließen den Wagen dort, um ein anderes Mal die lange Reise zurück anzutreten. Doch dazu kam es nicht mehr, da Lombard am 16. Januar 1942 bei einem Flugzeugabsturz ums Leben kam. Gable fuhr nie wieder mit dem Wagen und verfügte, dass er nach außerhalb von Kalifornien verkauft werden müsse, damit er ihn nicht mehr sehen müsse.

In den 1930er-Jahren war Gable zwar in Anzeigen für den Autohersteller Dodge zu sehen, doch es waren keins Dodges sondern zwei Ford, die Gables Sammlung

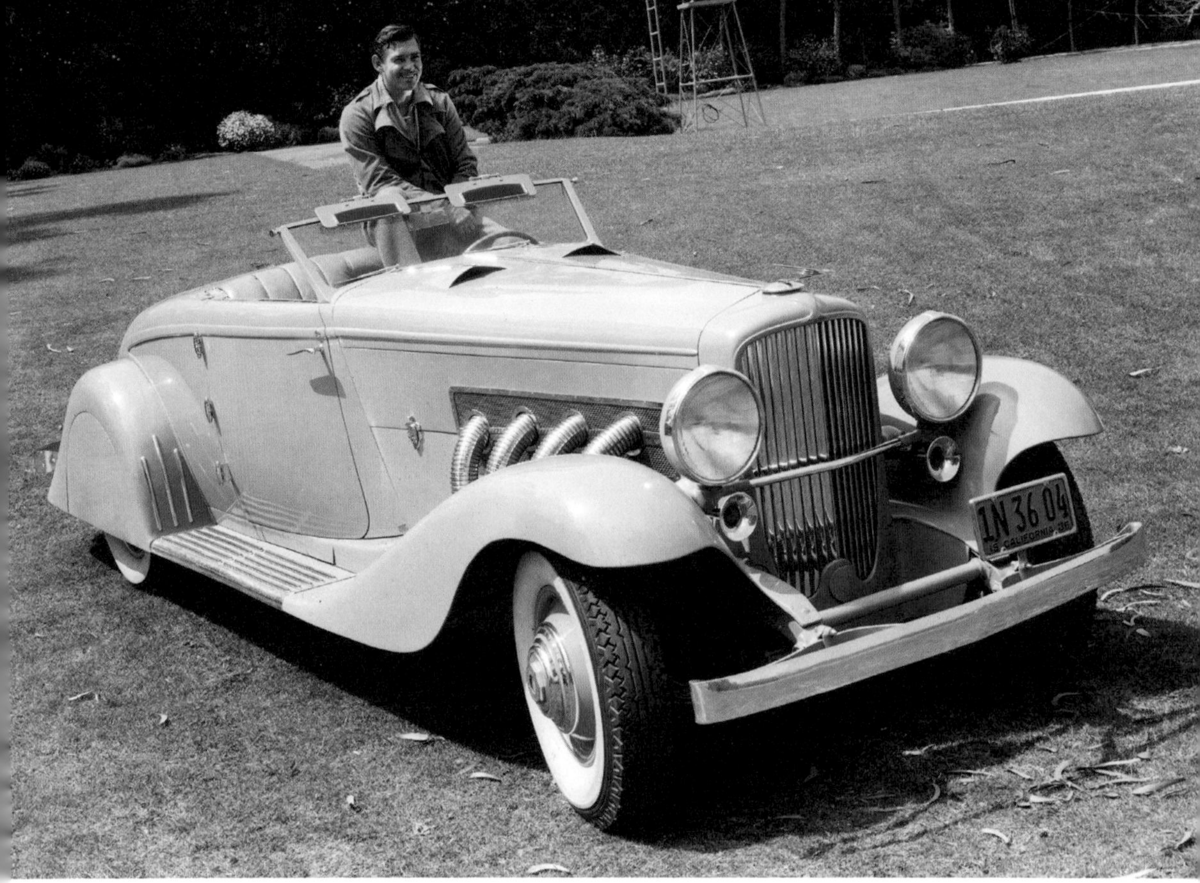

Gable ließ seinen Duesenberg JN mit Hinterrad-Verkleidungen und Lüftungsschlitzen individuell gestalten.

bereicherten: 1937 ein Ford Lincoln-Zephyr V 12, (Kennzeichen: 3S 74 38) und ein Ford Station Wagon (Kennzeichen: PCH 5262). Nach verschiedenen Quellen besaß er außerdem einen 1937 neu gekauften Packard-V12 und einen 1938er Packard Eight »Darrin« Convertible Victoria, den er aber schnell wieder verkaufte, weil er damit (zu viel) weibliche Aufmerksamkeit erregte. Manche Verehrerinnen sollen sogar versucht haben, während der Fahrt in den Wagen zu springen. Schließlich hatte er 1935 schon einen Oscar für die Komödie »Es geschah in einer Nacht« gewonnen und war dank »Die Meuterei auf der Bounty« im selben Jahr und »Vom Winde verweht« vier Jahre später zu einem der Topstars in Hollywood aufgestiegen.

Außerdem war Gable der zeitweilige Besitzer eines von nur zwei gebauten Duesenberg SSJ aus dem Jahr 1935, die vom Hersteller beide im Dezember an Gable und seinen Kollegen Gary Cooper (Chassis: 2594) ausgeliehen wurden. Duesenberg versprach sich davon aufgrund schleppender Verkäufe mehr Aufmerksamkeit. Der SSJ Cooper war sandfarben, aber da dessen Frau dies nicht mochte, wurde er in dunkelgrün und silbern umlackiert. Gable bekam den anderen Wagen in den Farben »Yukon Gold« und »Chocolate Brown«. Nach sechs Monaten wurden den Schauspielern beide Fahrzeuge zu je 5.000 Dollar zum Kauf angeboten – ein Schnäppchen, da sie sonst 15.000 kosteten. Doch Gable lehnte ab. Er hatte ja den JN.

Am 15. März 1946 war Gable am Kreisel Sunset Boulevard und Bristol Avenue in Los Angeles in einen Unfall verwickelt, aber mit welchem Wagen er fuhr ist strittig. Er wurde von einem anderen Fahrzeug getroffen, dessen Fahrer vermutlich mit dem Kreisel überfordert war. Der Wagen des Filmstars wurde erst auf den Bordstein geschoben, knallte gegen einen Baum und Gable gegen das Lenkrad. Aufgrund von Verletzungen an der Brust und Schnitten am rechten Bein, die genäht werden mussten, behandelte man ihn im Cedars of Lebanon Krankenhaus. Der Unfallverursacher flüchtete.

> »ICH BIN KEIN HELD. ICH SPIELE NUR HELDEN AUF DER LEINWAND.«
> CLARK GABLE

In den 40er-Jahren wandte sich Gable anderen Automarken zu. Zunächst hatte er einen Cadillac Series 62 von 1941 in schwarz mit beigefarbenem Dach und Weißwandreifen, aber auch ein Jaguar Mark IV Drophead Coupé. Er besaß einen linksgelenkten Wagen mit dem 3,5-Liter-Motor aus dem Jahr 1948. Dass er ihn im April 1948 bekam, war ein Glücksfall. Autohändler Charles Hornburg hatte für den letzten von vier Wagen, die er verkaufen konnte, zwei prominente Interessenten: den Verleger Harcourt und Gable. Er warf eine Münze und Gable gewann. Fasziniert von dem Jaguar, blieb er der Marke mehrere Jahre lang treu. Doch speziell die Geschichten um seinen (oder seine?) Jaguar XK 120 Fahrzeuge sind zum großen Teil sehr verworren.

Auf der Londoner Earls Court Motor Show vom 27. Oktober bis zum 6. November 1948 feierte der Jaguar XK 120 Premiere, der diese Bezeichnung trug, weil er 120 Meilen pro Stunde (193 km/h) schnell war. Das war damals eine Sensation und machte ihn zum schnellsten Straßenwagen der Welt. Gable war fasziniert und erwarb eines der Autos aus der ersten Serie, die als »coachbuilt« galten, d.h. sie wurden auf einen Holzrahmen aufgebaut, der mit Aluminium beplankt war. Heute werden sie als XK 120 Alu bezeichnet.

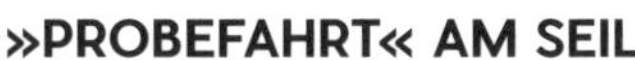

»PROBEFAHRT« AM SEIL

Gable wollte den ersten XK 120 bekommen, der in die USA geliefert wurde, doch der war als reines Ausstellungsobjekt vorgesehen und hatte keine

Kurbelwelle. Da er so nicht fahrfähig war, bot man ihm eine »Fahrt« an, die einzigartig war: Der Jaguar wurde mit einem Seil hinter einen Truck gebunden und durch LA gezogen. Als das Seil schließlich gelöst wurde, konnte er zumindest in das Autohaus hineinrollen. Zufrieden »grinste Gable von einem Ohr zum anderen Ohr« als diese merkwürdige »Probefahrt« zu Ende war, so Roger Barlow vom Autohaus Hornburg in Los Angeles – dem ersten Jaguar Händler in den USA.

Aus Unterlagen des Jaguar Daimler Heritage Trust geht hervor, dass der Wagen, der Gable (mit Kurbelwelle) geliefert wurde, am 5. Januar 1949 gebaut und an Hornburg verschifft wurde. Der XK den Gable dort erwarb (Chassis Nr. 670054), hatte Scheibenbremsen mit hinten abgedeckten Rädern. Er wurde 1949 in »suede green« (wildleder grün) geliefert, doch Gable hat ihn umgehend nach dem Kauf in »silver gray« umlackieren lassen.

»MEISTERSTÜCK IN DESIGN UND KONSTRUKTION«

Im März 1950 erschien ein Artikel von Gable im Magazin »Road & Track« (My Favorite Sports Car …), in dem er seinen Alu-Roadster mit den Sportwagen verglich, die er zuvor besaß. »Ich war schon immer ein Fan von Autos – vor allem schnellen«, schreibt er dort. »Ich besaß und/oder fuhr die meisten davon.« Um herauszufinden, was der Wagen so leisten konnte, testete er ihn auf einem der ausgetrockneten Seen in Südkalifornien, erreichte 124 mph und nannte ihn »ein Meisterstück in Design und Konstruktion.« Für ihn war der Wagen in jeglicher Hinsicht der Beste.

Nach Angaben der Classic Jaguar Association, war es der erste (von angeblich vier) Jaguar XK 120 Wagen, den er besaß. Später war der Wagen mehr als 40 Jahre lang Eigentum von Joe Cotrofu von der kalifornischen Halbinsel Rancho Palos Verdes und wurde von Fachleuten als einer der »originalgetreuesten, nicht restaurierten Aluminium XK 120« beschrieben. Er ist inzwischen wieder »suede green« (außen und innen). Das Dach des Roadsters und die Rahmen der Seitenscheiben sind »tan«, also beige, gehalten. Er wurde am 14. August 2009 von Bonhams im kalifornischen Carmel angeboten (Kennzeichen: ITC 843), doch niemand wollte die geschätzten 250.000 bis 300.000 Dollar bezahlen.

Zur Verwirrung trägt bei, dass sich Gable in den USA mit Jaguar Chef William Lyons neben einem XK 120 in »battleship grey« in den MGM-Studios fotografieren ließ (Kennzeichen S6A 2 443). Welcher Wagen das genau ist und welche Chassis Nr. dazu gehört, ist bis heute fraglich. »Niemand kennt die Chassis-Nummer«, so der erfahrene Schweizer Jaguar Kenner Georg Dönni. »Große Jaguar-Historiker haben die Welt auf den Kopf gestellt […] und nichts passt. Der Wagen passt nicht zu Gables Autos.« Und das große Rätsel geht noch weiter:
Irgendwann tauchte eine Information

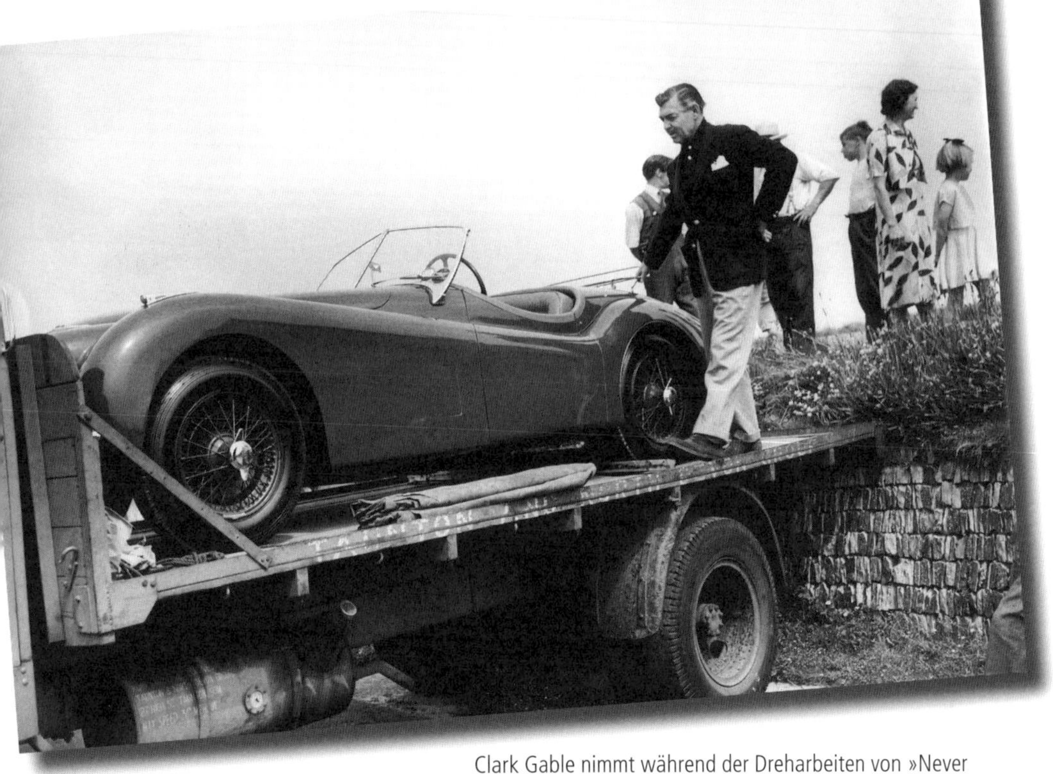

Clark Gable nimmt während der Dreharbeiten von »Never Let Me Go« im englischen Cornwall einen Jaguar XK 120 in Empfang.

der Firma JD Classics Limited aus dem englischen Chelmsford auf. Sie behaupteten, dass sie genau dieses erste Alu-Auto entdeckt und restauriert habe – mit dem Kennzeichen S6A 2 443. Ein (unbekannt gebliebener) Amerikaner lieferte dazu ein Schreiben, dass er sich »angeblich genau an den Wagen erinnert«, so Dönni. Er gibt allerdings zu bedenken, dass Jaguar über alle Autos und ihre Spezifikationen genau Buch geführt hat. Daraus geht hervor, dass keines dieser ersten 242 Autos in die USA geliefert wurde. JD Classics fand zusätzlich jemanden, der schwört, dass er Gables Wagen in grau umlackiert habe, das sogenannte »Clark Gable grey«. Die Firma ließ den Wagen danach in Pebble Beach ausstellen. Seltsamerweise hat das Auto eine sogenannte »Badge Bar«, einen Bügel mit Abzeichen der Clubs in denen man Mitglied ist. Darauf ist auch ein ACS-Badge vom Automobilclub der Schweiz, aber Gable war 1949 nicht in der Schweiz. »Hier wurde die Wahrheit verbogen«, so Dönni. So entstand der Mythos, dass dies Gables erster XK 120 war – doch das stimmt wohl nicht.

EIN JAGUAR XK 120 ALS GESCHENK VON MGM

Ausführlich belegen und dokumentieren lässt sich allerdings die Geschichte eines anderen Jaguar XK 120 (Chassis

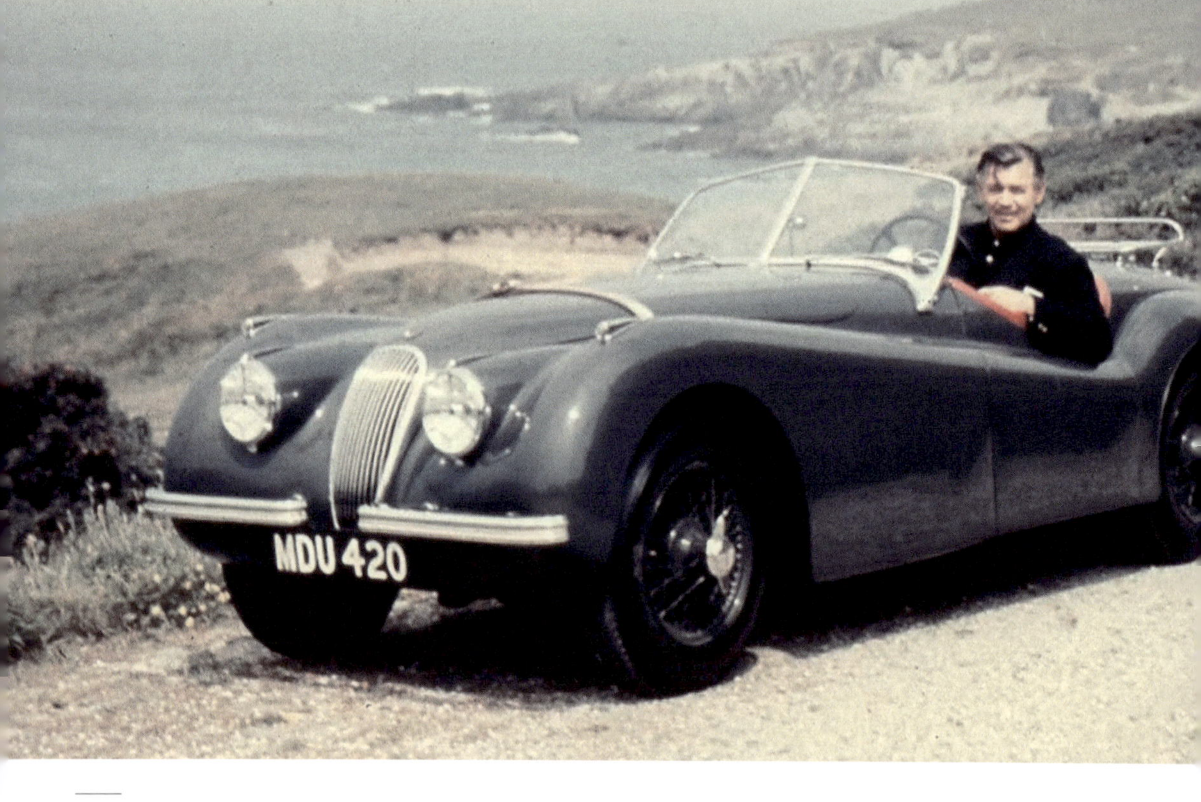

Nr. 672282), den Clark Gable dank MGM bekam. Die Filmfirma drängte den Mann, der damals schon den Zenit seiner Karriere überschritten hatte, in dem Drama »Never Let Me Go« (»Es begann in Moskau«), das in England entstehen sollte, die Hauptrolle zu spielen. Als »Kompensation« für sein Entgegenkommen verlangte er, dass er dort einen Jaguar XK 120 bekam, einen Wagen, wie er ihn schon zuhause hatte. MGM sagte zu, so dass ihm der Wagen im Mai 1952 direkt an den Drehort im englischen Mullion Cove geliefert wurde. Er war »battleship grey« (Schlachtschiffgrau) und verfügte über eine rote Lederinnenausstattung (Kennzeichen: MDU 420). Gable drehte von Mitte Juni bis zum 27. August in dem Land und genoss es, zum Teil sogar mit 100 Meilen pro Stunde, die schmalen und kurvenreichen Straßen entlang zu fahren. Doch schon bald war er mit einigen Dingen unzufrieden. Er wandte sich ans Werk in Coventry und äußerte Sonderwünsche. Dazu zählten ein Gepäckträger, damit er seine Golfausrüstung transportieren konnte, und ein Riemen über der Motorhaube. Das war zum Teil nicht einfach zu machen, wurde aber in der Fabrik realisiert. Er bekam den Wagen zurück, hatte aber kurze Zeit später weitere Wünsche. Also kam der Jaguar erneut ins Werk. Er wollte Luftschlitze in der Haube, da ihm das Auto zu warm wurde, und Speichenfelgen mit Abdeckungen. Dieser Wunsch wurde nur widerwillig akzeptiert. Dennoch bekam er seine Abdeckungen, aber

Clark Gable in seinem Jaguar XK 120 an der englischen Südwestküste im Jahr 1952.

mit Ausschnitten für die Zentralmuttern. Für die Luftschlitze musste der Riemen wieder weg. »Alles das hat er akzeptiert und auch bezahlt«, so Georg Dönni.

EINEINHALB JAHRE FAHRTEN DURCH EUROPA

Am 2. November 1952 flog Gable nach Nairobi, weil zwischen dem 17. November 1952 und dem 20. März 1953 in Kenia die Dreharbeiten von »Mogambo« stattfanden. Zurück in England, fuhr er mit seiner damaligen Freundin, dem 27-jährigen, französischen Fotomodell Suzanne Dadolle D´Abadie, durch Europa mit dem Ziel, das Filmfestival in Cannes zu besuchen (15. bis 29. April). Die beiden verließen die Insel, kamen in Le Havre an, fuhren nach Paris, dann nach Luzern und übernachteten im Hotel National. Er ließ den Wagen von der dortigen National Garage warten. Danach ging es weiter über den Gotthard Pass. Wahrscheinlich ist ihm auf der Tremola Straße, der alten Gotthard Passstraße, die noch aus Kopfsteinpflaster bestand, die spezielle Radabdeckung abgefallen. Er suchte den Jaguar Vertreter Gentini auf, der den Jaguar reparierte. Der nächste Stopp war im Herbst 1952 die Villa d´Este am Comer See, wo das Paar drei Wochen bleiben musste, weil die Reparatur so lange dauerte. Im Anschluss besuchten beide die Filmfestspiele in Cannes und wohnten im berühmten Hotel Carlton. Gable parkte den Jaguar direkt vor dem Haupteingang. Dass die Französin Zeitungen erzählte, dass man verlobt sei und beabsichtige zu heiraten, erfreute Clark Gable nicht. Er verließ sie, reiste nach Nizza und ließ den Wagen in die USA, vermutlich nach LA, verschiffen.

Dort verkaufte er ihn umgehend an einen Mann, der aber nicht glücklich damit war und ihn schon im März 1954 an den aus Südafrika stammenden Studenten Irving W. Robbins jr. in Palo Alto weiterveräußerte. Der glaubte dem Verkäufer erst nicht, dass es sich um Gables Auto handelt, doch er wurde eines Besseren belehrt. 1958, nach Ende seines Studiums, nahm er den XK 120 nach Südafrika mit und verkaufte ihn dort zwei Jahre später. Ende der 70er-Jahre kam der Wagen in den Kanton Appenzell in der Schweiz, aber der neue (schon sehr betagte) Eigentümer war nicht in der Lage, ihm zu neuer Blüte zu verhelfen. Sein Sohn kümmerte sich darum und gab den Wagen an die Dönni Classic Car AG weiter. Georg Dönni und seine Kollegen restaurierten ihn ab 2013 von Grund auf und recherchierten auch dessen Geschichte. Dönni zahlte sogar 5.000 Franken für die Korrespondenz zwischen Gable und dem Käufer aus Südafrika. Er fand sie in Australien. »Es ist das einzige Auto, das mit allen Dokumenten beweist, dass es Clark Gables Auto war«, so Dönni. 2016 war die Restaurierung abgeschlossen, woraufhin das seltene Stück auf dem Areal der Villa d´Este ausgestellt wurde. Am 20. Mai 2023 wurde

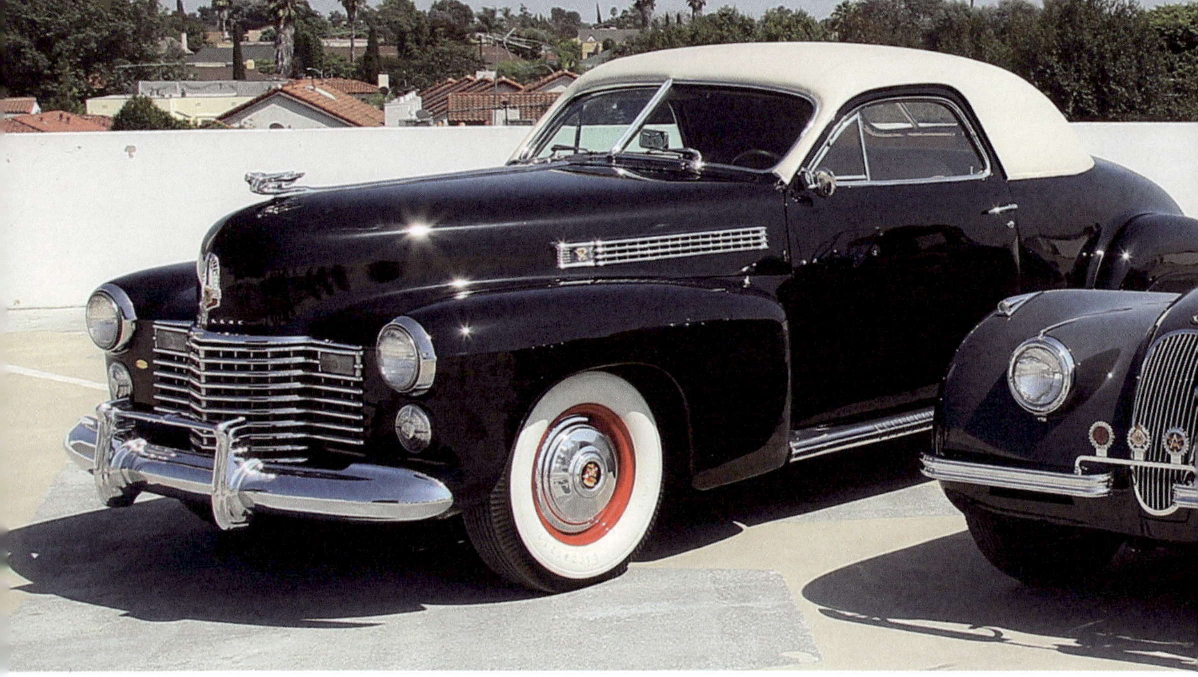

der Jaguar von RM Sotheby´s in der Villa Erba, in Kooperation mit dem Concorso d' Eleganza der Villa d'Este, für 387.500 Euro versteigert. Georg Dönni hat das Auto für einen Kunden ersteigert. Es ist jetzt Teil der Sammlung von Dr. Christian Jenny in Thalwil am Zürichsee. Er hat eine der renommiertestem Jaguar-Sammlungen der ganzen Welt. Damit ist die Geschichte dieses Autos (Chassis Nr. 672282) im Detail geklärt. »Alles andere ist nicht klar oder erfunden«, so Dönni.

Ein anderer Jaguar kann nicht belegt werden, auch nicht der, der sich eine Zeitlang in dem Besitz des zwielichtigen Tuners und Restaurators George Barris befand (siehe »Motorlegenden – James Dean«). Nach verschiedenen Quellen besaß Gable angeblich einen XK 120, den er beim Händler Hornburg oder Hollywood Motors in LA gekauft haben soll und der im Laufe der Zeit zu George Barris geliefert wurde. Dort wurde er goldfarben lackiert und bekam andere Heckleuchten-Chromverzierungen (sogenannte »spears«), so dass das hintere Nummernschild neu positioniert werden musste, und einen einzelnen Auspuffendtopf. Der Wagen mit der Chassis Nr. 672623 wurde 2010 von einem Sammler in Chicago in einer Garage entdeckt, von Jim Kakuska von »JK Restorations« restauriert und 2017 in Pebble Beach gezeigt. Im selben Jahr wurde er von dem Händler Mark Wyman in St. Louis angeboten. Im April 2020 wechselte er, mit nur 18.000 Meilen auf dem Tacho, den Besitzer. Online bezahlte jemand 276.000 Dollar dafür. Am 25.11.2022 wurde er erneut über die Webseite bringatrailer.com angeboten und erzielte. 311.111 Dollar. Was für eine Rendite – aber ob Gable den Wagen

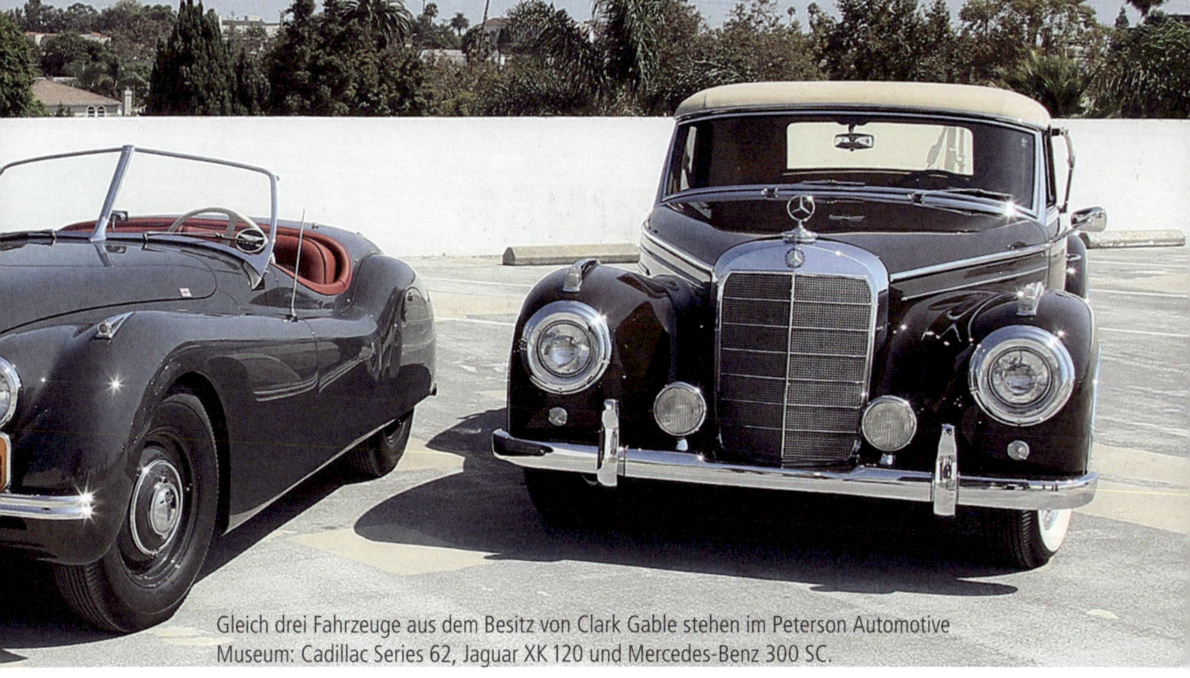
Gleich drei Fahrzeuge aus dem Besitz von Clark Gable stehen im Peterson Automotive Museum: Cadillac Series 62, Jaguar XK 120 und Mercedes-Benz 300 SC.

tatsächlich besessen hat, ist bis heute nicht belegbar.

MERCEDES ALS NEUE LEIDENSCHAFT

Nach dem XK 120 hatte Gable noch einen XK 140 DHC und wandte sich danach deutschen Sportwagen zu. Er hatte einen 55er Mercedes Mercedes-Benz 300 SL Flügeltürer und einen 57er 300 SL Roadster, die er beide bis zu seinem Tod im November 1960 besaß. Der Roadster wurde von HK-Engineering restauriert und hat eine ungewöhnliche Farbkombination: er ist hellgrün metallic, innen dunkelgrün und befindet sich in Deutschland. Der Flügeltürer wurde 2013 über das Auktionshaus Barrett-Jackson für 1,85 Millionen Dollar versteigert. Der Roadster vier Jahre später für 1,9 Millionen angeboten. Außerdem bereicherte noch ein schwarzes Mercedes 300 SC Cabrio von 1956 mit beiger Innenausstattung, beigefarbenem Dach und Kofferset seine Sammlung, das für den Schauspieler zu seinem letzten Lieblingsauto wurde. Er kaufte den Wagen bei Auto Stiegler in Beverly Hills. Zwischen Januar 1956 und Februar 1958 entstanden nur 49 Exemplare, die jeweils 12.500 Dollar kosteten – wesentlich mehr als ein Rolls-Royce damals. Seine Witwe Kay Spreckels behielt das Cabriolet (Kennzeichen: MPW 580), eingehüllt in Decken, bis 1981 und verkaufte es an den Sammler Bruce Meyer, der es immer noch besitzt. Bei der Übergabe bekam er nicht nur eine dazugehörige St. Christopher Medaille mit den Initialen CG. Sie erzählte auch, dass beide damit zur Weltpremiere des Films »Giganten« gefahren seien und Gable den Wagen nie jemandem zum Parken anvertraute. Das machte er immer selbst.

»NIE WIEDER EIN LÄCHERLICHER WAGEN«

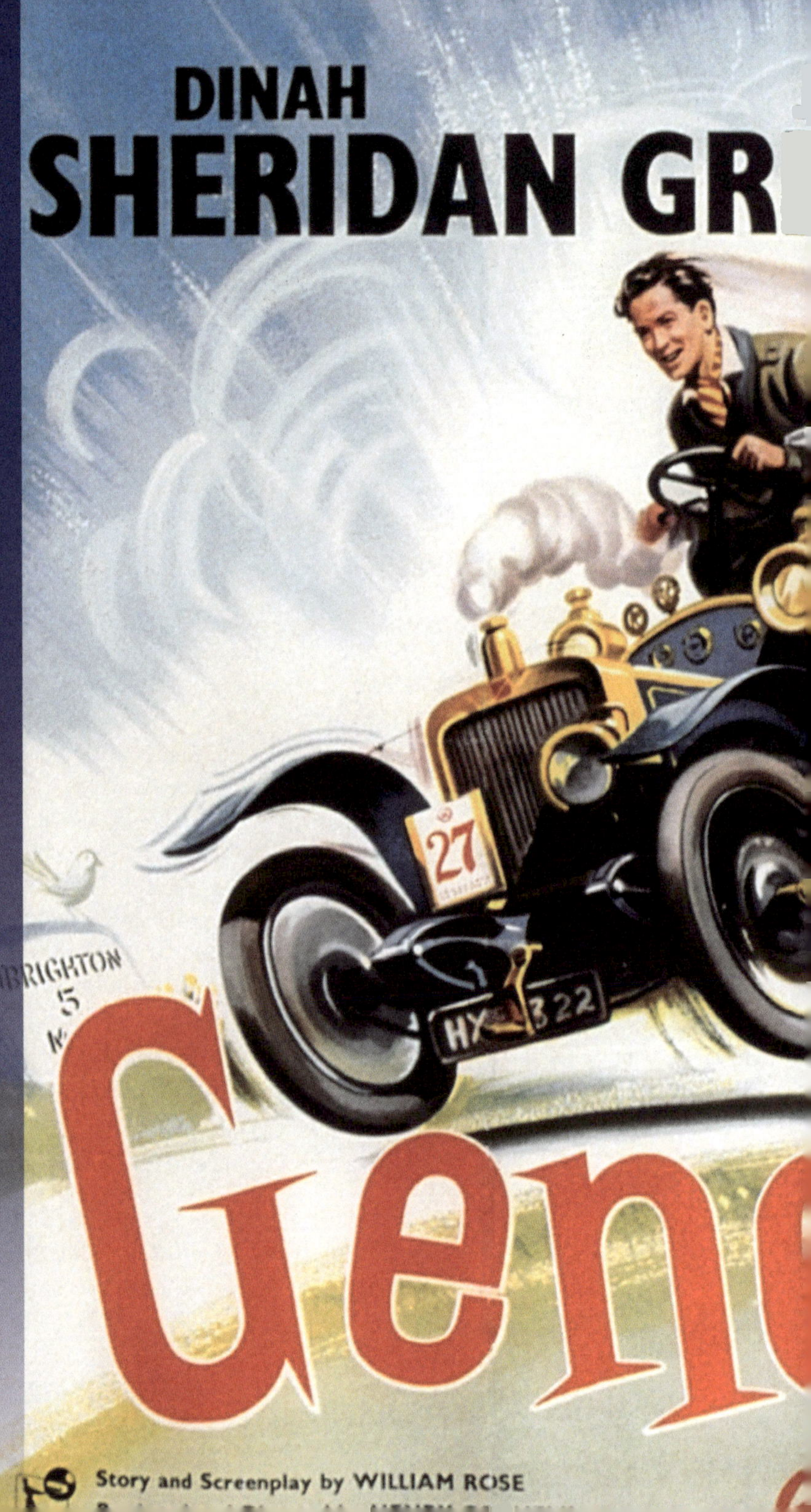

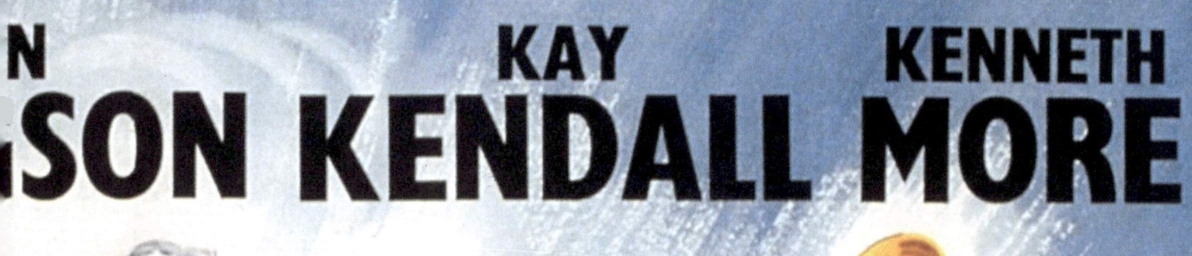
KAY
KENDALL
KENNETH
MORE
vieve
'U'
TECHNICOLOR

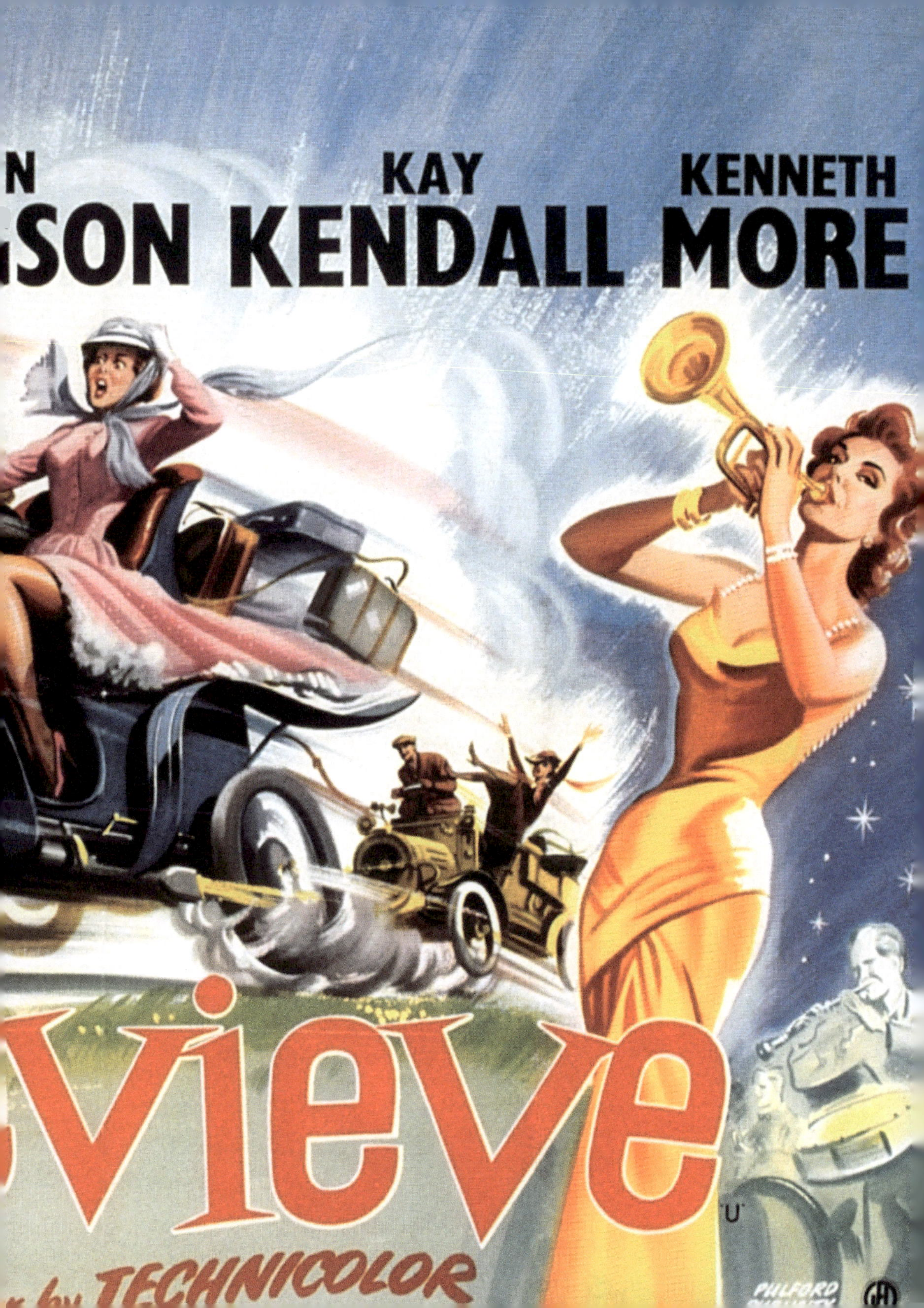

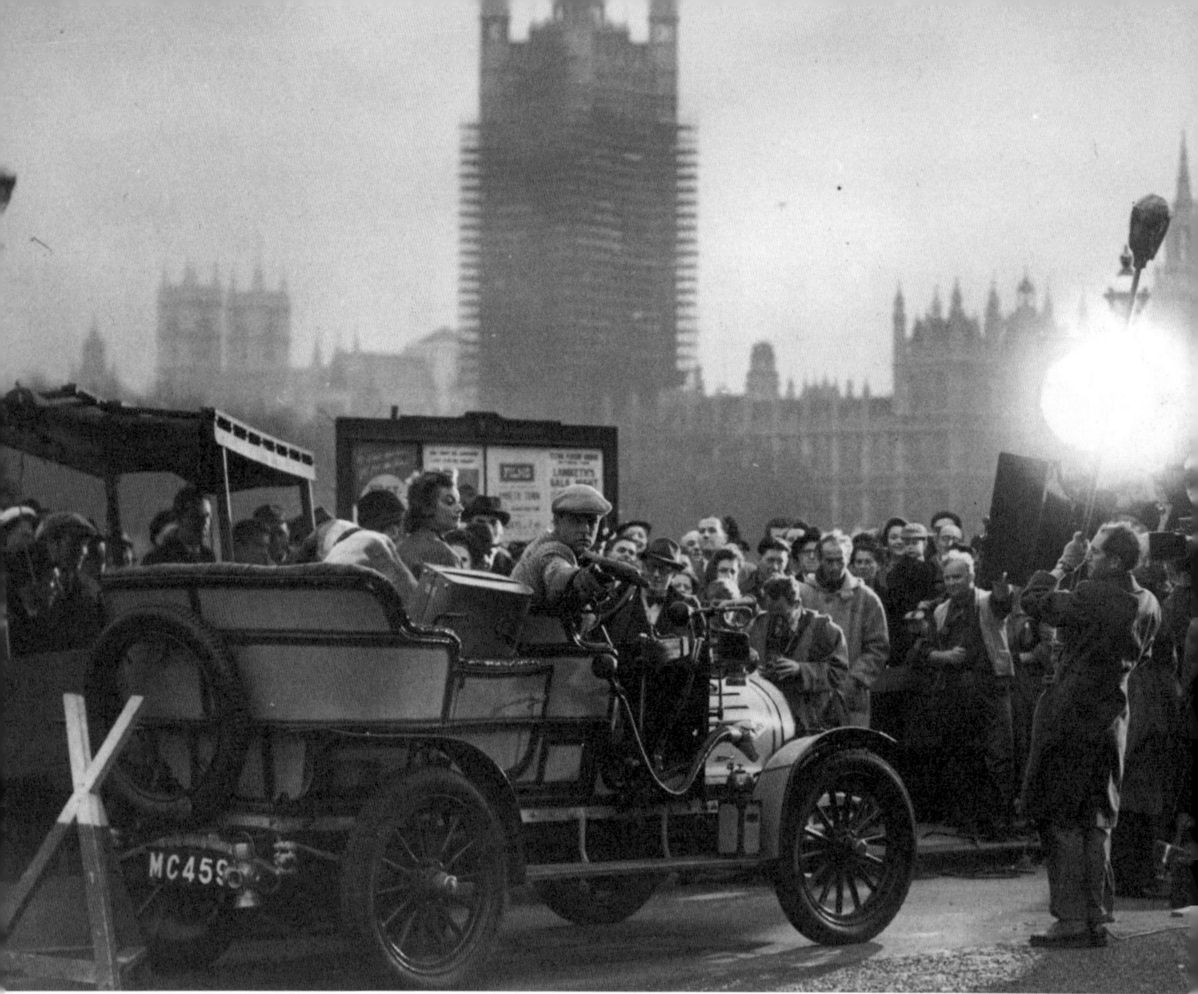

»NIE WIEDER EIN LÄCHERLICHER WAGEN« – DIE FEURIGE ISABELLA (GENEVIÈVE), 1953

Im Jahr 1952 kontaktierte der aus Südafrika stammende Filmproduzent Henry Owen Cornelius den britischen Veteran Car Club und erzählte den Verantwortlichen von einer vergnüglichen Story rund um die jährlich ausgetragene Fahrt von London nach Brighton. An der Ausarbeitung der Geschichte arbeitete der amerikanische Autor William Rose. Dabei hatte er vor allem englische Autos vom Typ Wolseley oder Humber für einen Fahrer und einen Lanchester für den anderen Fahrer im Sinn. Nach anfänglicher Zurückhaltung beschloss der Club, Cornelius zu helfen, auch weil die ursprüngliche Idee verworfen wurde, dass zwei englische Fahrzeuge gegeneinander antreten sollten. Außerdem fand

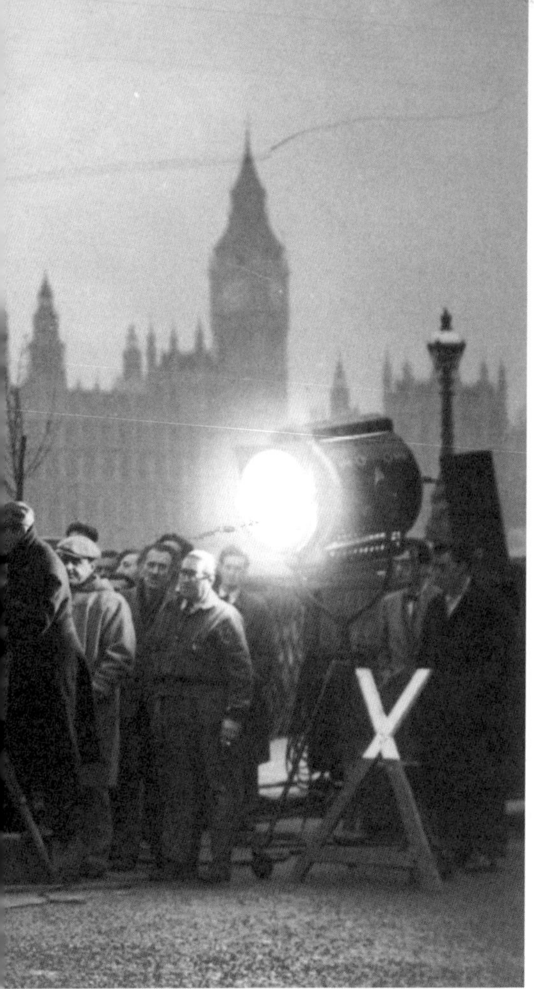

Die Dreharbeiten fanden auch in London statt, hier am 27. Oktober auf der Lambeth Bridge vor dem Palace of Westminster. Am Steuer: Kenneth More mit Kay Kendall.

Cornelius keinen Eigentümer eines Lanchester, der ihm seinen Klassiker zur Verfügung stellen wollte. So kamen ein französischer Darracq und ein holländischer Spyker zu filmischem Ruhm. Die beiden Autos haben sehr wechselvolle Geschichten hinter sich, und es ist großen Zufällen zu verdanken, dass sie überhaupt zu Filmehren kamen.

DIE AUTOS: DER 1904 DARRACQ 10/12HP

Nach Recherchen der Zeitschrift »Classic & Sports Car« wurde der Zwei-Zylinder Darracq im Jahr 1945 gefunden, als der Gerichtsvollzieher Bill Bailey aus East-London auf ein Baugelände an der Lea Bridge Road kam. Dort entdeckte er die Überreste von 15 Vorkriegsfahrzeugen. Er informierte seine Oldtimerfreunde Bill Peacock und Jack Wadsworth, die alles aufkauften und dafür lediglich 45 Pfund bezahlten. Dazu zählten auch zwei Darracqs. Einer davon bestand lediglich aus einem Rahmen. Vermutlich hatten spielende Kinder dessen Anbauteile mitgenommen. Der andere Wagen war weitgehend komplett, besaß aber ein verrostetes Chassis. Beide wurden in den Jahren 1904/5 von der Firma Darracq & Co aus Suresnes in Paris gebaut. Der Experte Peter Venning übernahm für 25 Pfund nur diese beiden Fahrzeuge und führte sie zu einem guten rollenden Chassis zusammen. Es fehlten lediglich die beiden vorderen Räder. Die ersetzte er durch die von einem Ford Model T. Er fand sie auf einer Hühnerfarm. Als Venning 1949 heiratete, zog er in den kleinen Ort Takeley in Hertfordshire zwischen London und Cambridge. Die angefangene Restaurierung brachte er auf die vier Kilometer westlich gelegene Canons Farm nahe Start Hill. In einer Scheune entdeckte er einen Teil eines Pferdewagens, der perfekt zum Chassis des Darracq passte und integrierte ihn.

Doch da seine Kenntnisse über Restaurierungen und auch seine finanziellen Mittel begrenzt waren, gab er auf und annoncierte Wagen und Teile für 35 Pfund in dem englischen Magazin »Motor Sport«. Glücklicherweise stieß der englische Ford Händler Norman Reeves auf die Annonce. Er kaufte alles, transportierte es nach Uxbridge und machte sich mit seinem Mechaniker Charlie Cadby an die Arbeit. Sie verwendeten einen anderen Kühler von einem Darracq Flying Fifteen, der problemlos seinen Dienst verrichtete. Die Sitzbank wurde erhöht, die Karosserie verändert und ein Kofferraum hinzugefügt. 1950 fuhr Reeves bei einer Rallye nach Le Torquet mit, meldete die überarbeitete Kreation beim »London to Brighton Veteran Car Run« an und fuhr am 5. November auch dort mit. Außerdem erhielt sein Vehikel einen Spitznamen: »Annie«. Reeves war es auch, der den Spyker mit ins Rennen brachte. Auf Nachfrage von Cornelius nach einem passenden Konkurrenten, empfahl er den Wagen seines Freundes Frank Reese.

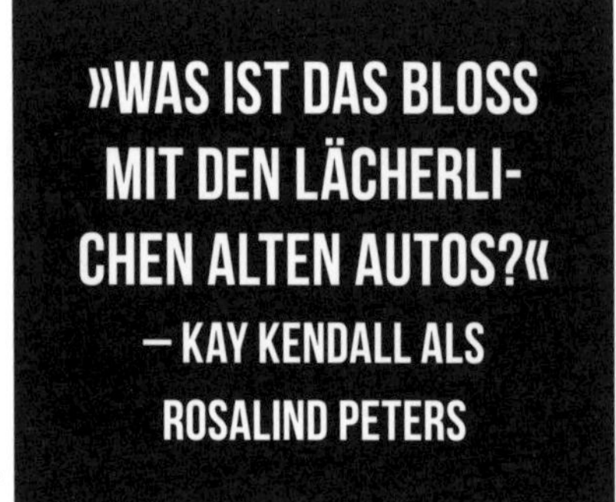

DIE AUTOS: DER 1904 SPYKER 12/16HP DOUBLE PHAETON

Auch der Spyker erlebte vor dem berühmt gewordenen Filmauftritt eine wechselvolle Geschichte. Ebenfalls in den 40er-Jahren, wann genau ist nicht bekannt, wurden dessen Überreste auf einem Schrottplatz in West London gefunden. Der Wagen war bei der holländischen Firma NV Industriëlle Maatschappij Trompenburg entstanden und wurde an deren Londoner Vertretung ausgeliefert. Der Engländer Frank Reese »rettete« den Schrott ca. 40 Jahre später, restaurierte ihn und lackierte die Karosserie grün. Im Film war er gelb.

Die Story des Films wurde von William Rose zu einem Drehbuch über zwei fast schon obsessive Autofahrer ausgearbeitet, deren mitfahrende Frauen ihre Leidenschaft nur bedingt teilen. Jurist Alan McKim (John Gregson) hat Ehefrau Wendy (Dinah Sheridan) an seiner Seite, die zunächst sagt, dass sie »nie wieder in diesen lächerlichen Wagen steigt«, doch ein Hut-Präsent stimmt sie um. Aus dem Namen »Annie« für den Darracq wurde »Geneviève« im Film, dessen Name auch nach Ende der Dreharbeiten erhalten blieb. Der Freund, und spätere Konkurrent Ambrose Claverhouse (Kenneth More), nimmt mit seiner Freundin Rosalind (Kay Kendall) im (namenlosen) Spyker an dem Rennen teil, obwohl sie eher eine Party vorgezogen hätte. Die Strecke

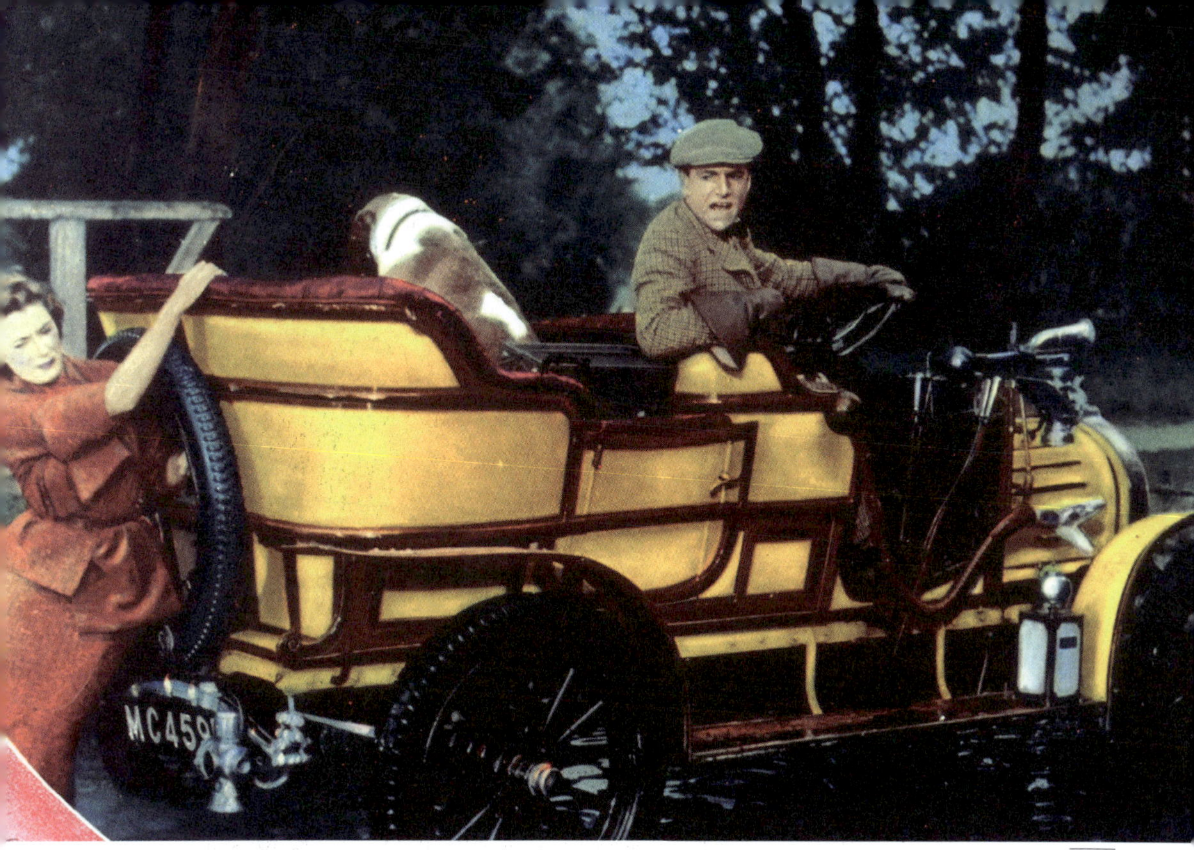

Der 1904 Spyker 12/16 hp Double Phaeton wurde eigens für die Dreharbeiten gelb lackiert.

führt vom Metropol Hotel in London bis zum Metropol Hotel in Brighton. In dessen Verlauf fangen die beiden Männer Streit an und lassen sich schließlich zu einer Wette hinreißen. Derjenige, der als Erster das Ziel erreicht, muss dem anderen 100 Pfund bezahlen.

»Was ist das bloß mit den lächerlichen alten Autos? In dem Moment, in dem sie dort einsteigen, verhalten sie sich wie Idioten«, sagt Rosalind an einer Stelle, und sie sollte Recht behalten, denn das konkurrierende Duo schenkt sich nichts: Keiner hilft dem Anderen, wenn ein Wagen mal wieder schwächelt. »Wenn der Motor das nächste Mal streikt, nimm ihn heraus und begrabe ihn«, frotzelt Ambrose Alan an. Auf der Strecke tauchen eine Reihe von technischen Problemen auf, es gibt unerwartete Polizeikontrollen, und eine Schafherde bremst die Raser aus – wenn man bei 12 – 16 PS überhaupt von »rasen« sprechen kann.

Ausgebremst wäre beinahe auch Henry Cornelius. Er hatte sich Dirk Bogarde, Guy Middleton und Claire Bloom für die Hauptrollen gewünscht, bekam aber Absagen. Nach verschiedenen Aussagen war er mit den vier Akteuren, die die Hauptrollen schließlich spielten nicht

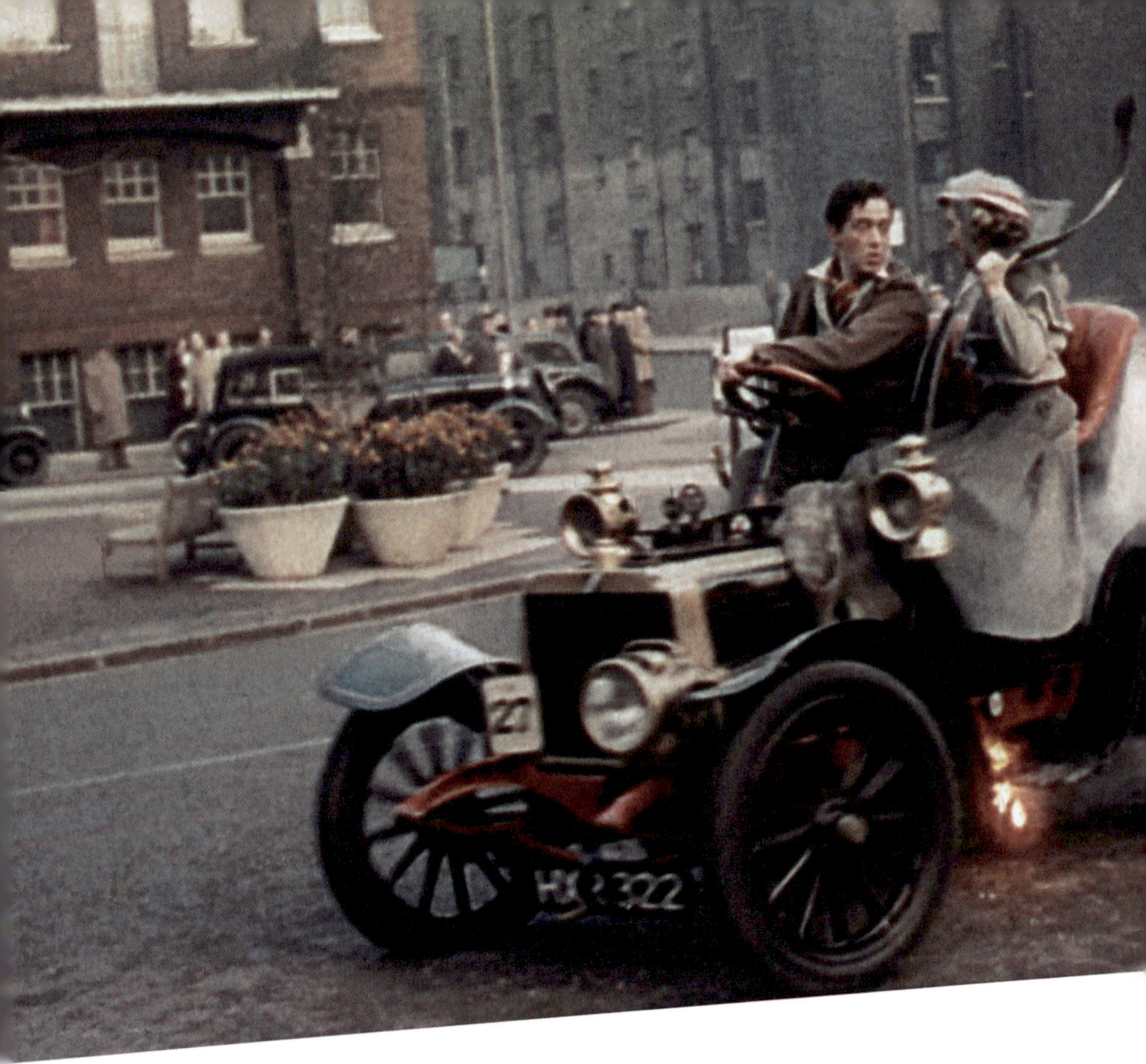

gerade glücklich und ließ sie das auch spüren. Weil er keinen günstigen Regisseur fand, inszenierte er kurzerhand selbst. Währenddessen führte sein Perfektionismus dazu, dass er das geringe Budget (ca. 120.000 – 135.000 Pfund) auch noch überzog. Er belieh sein Haus, um den Film zu finanzieren. An einen großen Erfolg glaubte sowieso niemand. Gedreht wurde von September bis November 1952 - auch am Tag des Rennens am 2. November 1952 im Londoner Hyde Park und auf dem Madeira Drive am Ziel in Brighton. Weitere Aufnahmen entstanden in den Pinewood Studios und rund 20 Kilometer drumherum. Dafür wurden falsche Wegweiser an der Strecke postiert und zwei Pubs in Slough zu Drehorten auserkoren. Sie lagen nur rund acht Kilometer von den Studios entfernt. Mechaniker

Bis die Funken fliegen: John Gregson als Alan McKim und Dinah Sheridan als Wendy.

Charlie Cadby diente während der Aufnahmen als helfende Hand. Damit der Dreh nicht plötzlich unterbrochen werden musste, wurde je eine Replik der Fahrzeuge angefertigt. Für die Fahraufnahmen kamen die Wagen auf langsam fahrende Lkws mit einer niedrigen Laderampe. Das ersparte Schauspieler John Gregson auch den Führerschein, denn der hatte zu der Zeit weder den erwähnten »Lappen« noch ein Auto. Damit er wenigstens einigermaßen realistisch agieren konnte, sandte ihn die Produktion vorab zu einem Schnellkurs, aber auch Cadby und seine Film-Ehefrau Dinah Sheridan erklärten ihm den Umgang mit dem Veteranen. Die sagte später in einem Interview: »Ich verbrachte viel Zeit, damit während der Aufnahmen zu verdecken, dass ich ihn instruiere und achtete darauf, dass meine Mundbewegungen nicht zu sehen sind. Am Ende der Dreharbeiten, hätte er eine Fahrschulprüfung mit Geneviève bestanden, aber er konnte immer noch kein modernes Auto fahren.«

Auch der Verleih glaubte nicht an einen Erfolg, und setzte zunächst eine Preview im Londoner Stadtteil Camden Town an. Als die sich als sehr vielversprechend entpuppte, wurde am 27. Mai 1953 eine Premiere am berühmten Leicester Square im Zentrum der Hauptstadt gefeiert (und am 30. Oktober 1953 in den USA). Nach dem landesweiten Kinostart bahnte sich eine Sensation an: »Geneviève«, der in Deutschland am 24. September 1954 unter dem Titel »Die feurige Isabella« in die Kinos kam, wurde trotz aller Umstände, zu einem Publikumsmagneten und zum erfolgreichsten Film des Jahres in England. Im amerikanischen Colorado wurde als Hommage an den Film, ein Rennen von Denver in die nahegelegene Stadt Brighton unternommen, die zufällig genauso hieß, wie das Ziel in England. In Melbourne lief er mehrere Monate lang im Kino. Eine alte Dame besuchte jede Nachmittagsvorstellung – 13 Wochen lang. Man belohnte sie mit Freikarten. Dem holländischen Rallye-Piloten Maurice Gatsonides, der 1953 die Rallye Monte-Carlo gewonnen hatte, kam die Ehre zuteil »Geneviève« am 1. November

»WENN DAS AUTO ANSPRINGT, WIRST DU VON DER EUPHORIE DEINER EIGENEN GESCHWINDIGKEIT BERAUSCHT SEIN.«
– KENNETH MORE ALS AMBROSE CLAVERHOUSE

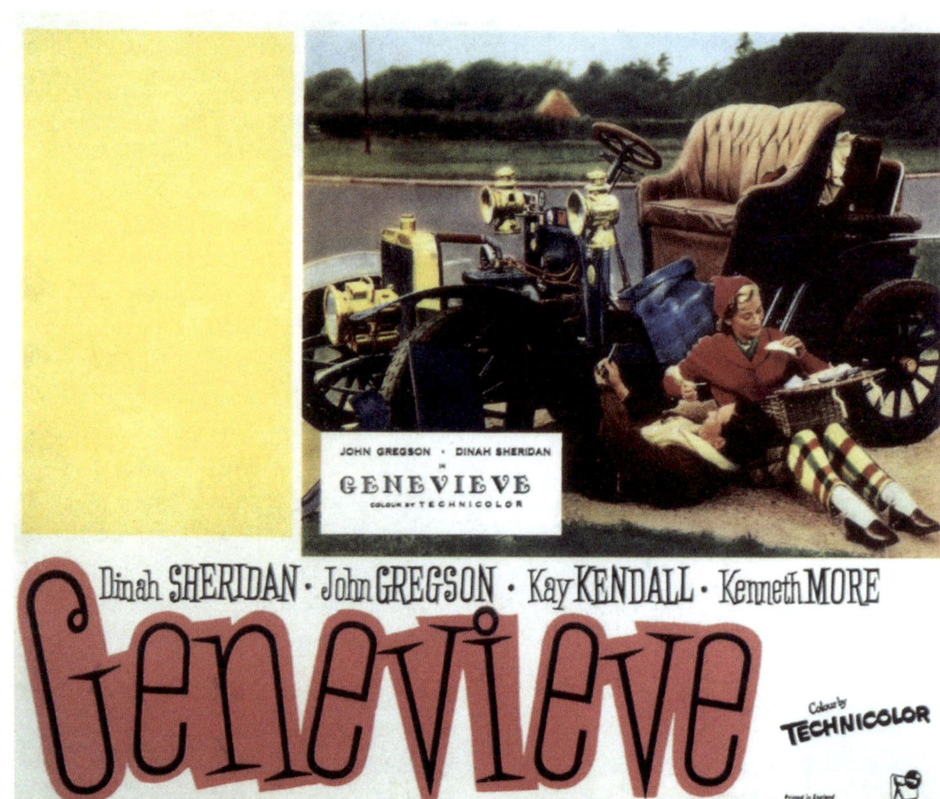

Der eigentliche Held des Films ist der auf den Namen Geneviève getaufte 1904er Darracq.

1953 die rund 86 Kilometer lange Strecke von London nach Brighton zu chauffieren. Der Film gewann einen BAFTA (British Academy Film Award) für den besten britischen Film des Jahres, einen Golden Globe für den besten ausländischen Film und zwei Oscar-Nominierungen. Die Autos landeten nie wieder auf dem Schrottplatz. Es folgten weitere wechselvolle Geschichten.

Nach verschiedenen Promotion-Terminen, bot Reeves den Darracq Henry Cornelius und dessen Frau Margery für 450 Pfund an, doch das Paar lehnte ab. Später begründeten sie die Entscheidung mit den Worten: »Wir hatten keine passende Garage für den Wagen und hätten nie gedacht, dass der Film den Wagen so berühmt machen würde. Außerdem hatten wir unseren letzten Penny in den Film gesteckt.« Auch der Bürgermeister von Brighton lehnte einen Kauf ab. Er empfand die geforderten 1.200 Pfund als zu hoch. Schließlich verschiffte Reeves das berühmte Stück 1958 nach Australien und nahm an der dortigen Blue Mountain Rallye teil. Dort konnte er den neuseeländischen Sammler George Gilltrap begeistern und lieh ihm den Wagen.

Gilltrap stellte ihn zunächst ab 1958 im Rotorua Car Museum seines Heimatlandes aus und kaufte ihn später. Als er feststellte, dass er dann aber hohe Importsteuern dafür zahlen musste, zog er mit der ganzen Kollektion um und verlagerte seinen kompletten Museumsbestand nach Coolangatta in das australische Queensland.

Gilltrap starb 1966, doch der Wagen blieb bis 1989 in der Familie. In dem Jahr übernahm ihn der australische Geschäftsmann Paul Terry, der den Klassiker für sein Motor Extravaganza Museum in Albany in West-Australien erwarb. Er zahlte unglaubliche 285.302 Pfund ($ 465.000) dafür – das war damals ein Rekordpreis für den Kontinent und ein Fahrzeug aus einem Jahr vor 1919. Terry nannte den Kauf »ein Schnäppchen«. Im Juni 1991 ließ er den Darracq von Ken Taylor aufwändig restaurieren und investierte nochmals 40.000 Pfund ($ 65.000). Der Motorblock hatte einen Riss und musste geschweißt werden, die hintere Radachse wurde ebenso überholt wie das Getriebe. Außerdem kamen Zwölfspeichen-Felgen eines Ford Model T hinzu – auch wenn vergleichbare Autos nur Räder mit zehn Speichen hatten. Er verfügte, dass er für immer den filmischen Look beibehalten und nie wieder so aussehen sollte, wie er 1904 den Autohersteller verlassen hatte. »Der Wagen ist schließlich als Geneviève viel bekannter als ein Darracq aus dem Jahr 1904. Es ist der berühmteste importierte Auto Veteran der ganzen Welt«, so Terry.

1992 kehrte »Geneviève« nach London zurück und nahm am 1. November erstmals wieder am »London to Brighton Veteran Car Run« teil. Paul Terry wollte an einer Wohltätigkeitsveranstaltung teilnehmen und später auch in London mitfahren, aber er starb kurz zuvor in den USA bei einem Hubschrauberabsturz – seinem ersten eigenen Flug als Pilot. So fuhr Dinah Sheridan ohne Terry mit, die einzige überlebende Hauptdarstellerin des damaligen Quartetts. »Geneviève« absolvierte die London-Brighton-Fahrt problemlos, 36 Jahre nach ihrer ersten Teilnahme. Ein Jahr später kam das berühmte Vehikel auf den Markt. Am 2. Dezember 1993 bot das Auktionshaus Brooks das weitgereiste Schmuckstück an. Evert Louwman, der Eigentümer des Louwman Museums im niederländischen Den Haag, erhielt den Zuschlag

Autor William Rose, der für »Geneviève« seine erste von vier Oscar-Nominierungen erhielt, schrieb später auch das Drehbuch zu »Eine total, total verrückte Welt« über das (illegale) Rennen einer Gruppe von Menschen, die zufällig an einem Unfallort zusammenkommen und danach einem Schatz von 350.000 Dollar hinterherjagen. Den erwähnt der Verunfallte kurz bevor er stirbt.

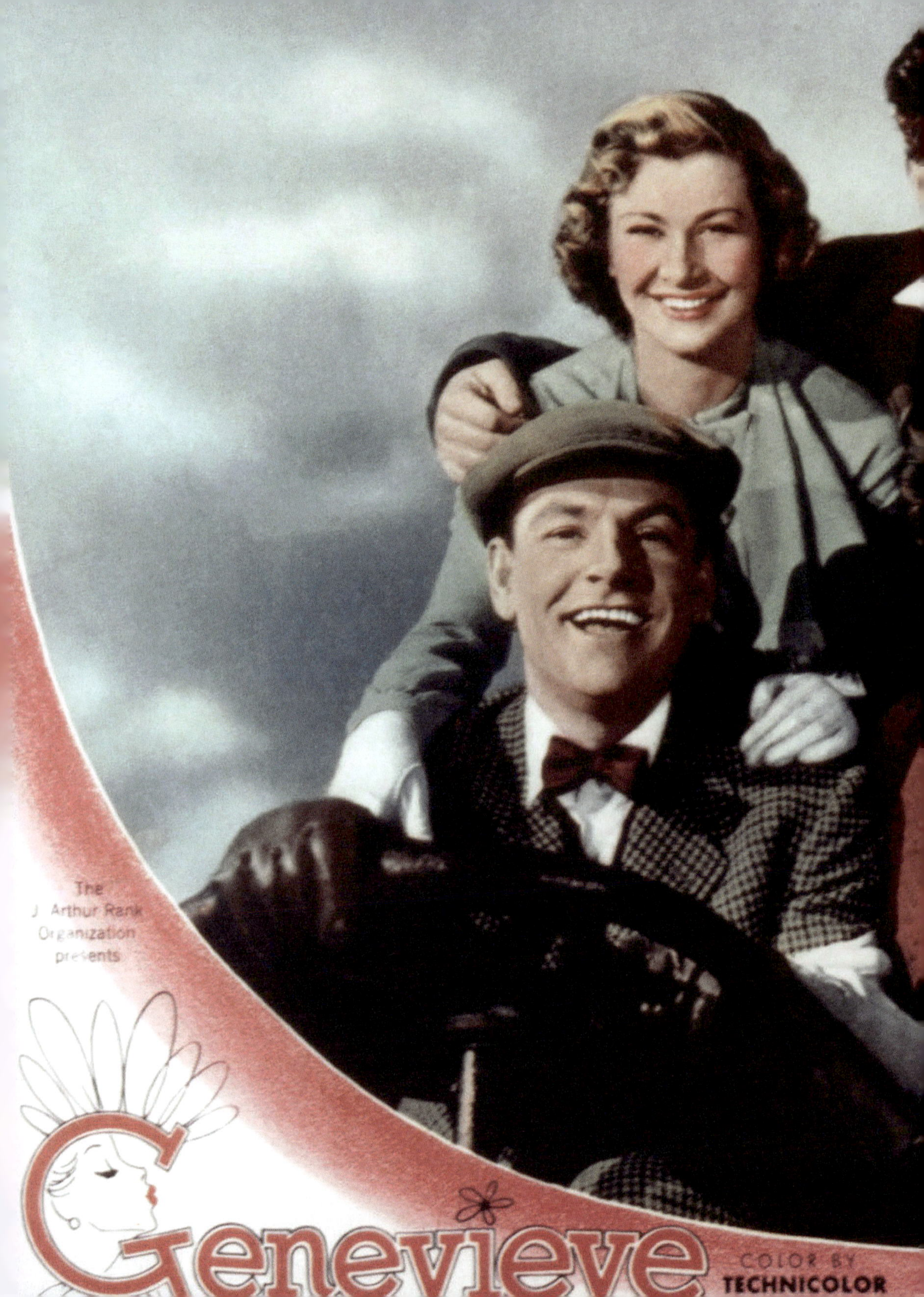
The
J. Arthur Rank
Organization
presents
Genevieve
COLOR BY
TECHNICOLOR

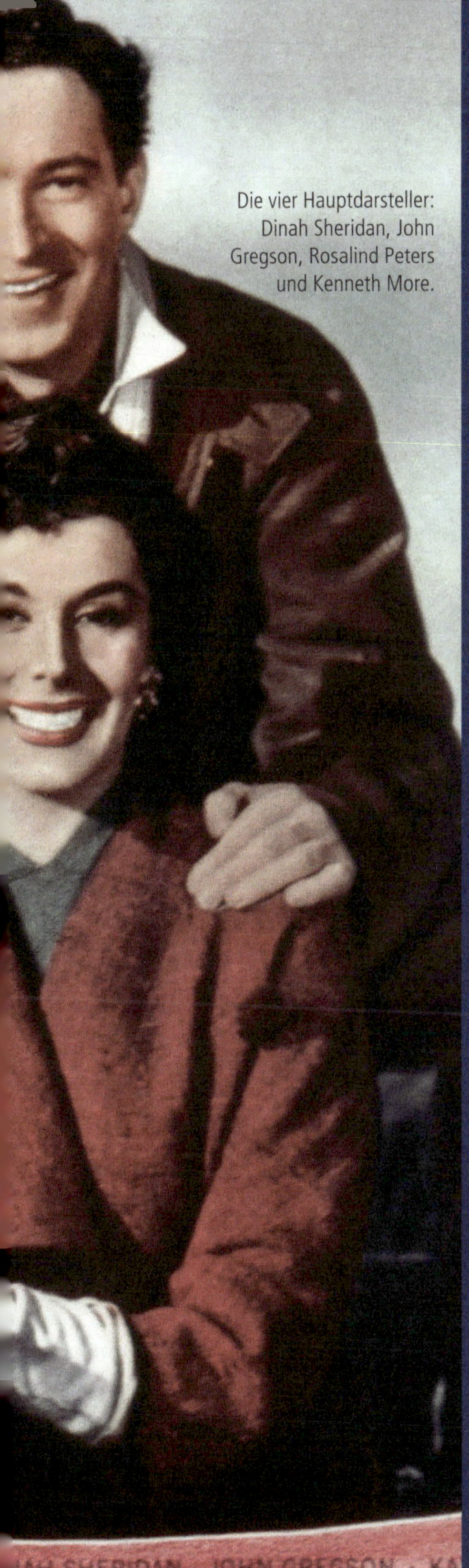

Die vier Hauptdarsteller: Dinah Sheridan, John Gregson, Rosalind Peters und Kenneth More.

und bezahlte 150.000 Pfund ($ 244.000).

Der Spyker von Frank Reese erlebte nach dem Kinoerfolg ein paar ganz andere Abenteuer. Die Filmfirma lackierte den Wagen in Grün um und baute auch das große Windschild wieder an, das für die Dreharbeiten abmontiert worden war, um Reflexionen zu vermeiden. Reese behielt ihn bis zu seinem Tod im Jahr 1964 und verfügte in seinem Testament, dass der Spyker danach wieder in die Niederlande zurückkommt. Dem Wunsch wurde entsprochen. Der Wagen stand mehr als 40 Jahre in der Autotron Sammlung in Rosmalen. 2004 war es dann erneut Evert Louwman, der dafür sorgte, dass die beiden automobilen Filmstars in seinem Museum wiedervereint wurden.

Anlässlich des 50. Jubiläums der Komödie »Geneviève« im Juli 2002, beteiligten sich der Darracq und ein (anderer) Spyker an einer Ausfahrt auf den Spuren des Films. Es ist Louwman zu verdanken, dass aber auch die beiden Original Filmfahrzeuge immer wieder öffentlich gezeigt wurden. Selbst am 5. November 2023 nahmen sie beim 88. »London to Brighton Veteran Car Run«, dem am längsten währenden Motorsportereignis der Welt, teil und überstanden die Fahrt ohne Probleme. Es waren 341 Fahrzeuge dabei. Die beiden für den Film angefertigten Repliken tauchten nie wieder auf.

»ALLE FAHRER ZU IHREN WAGEN!«

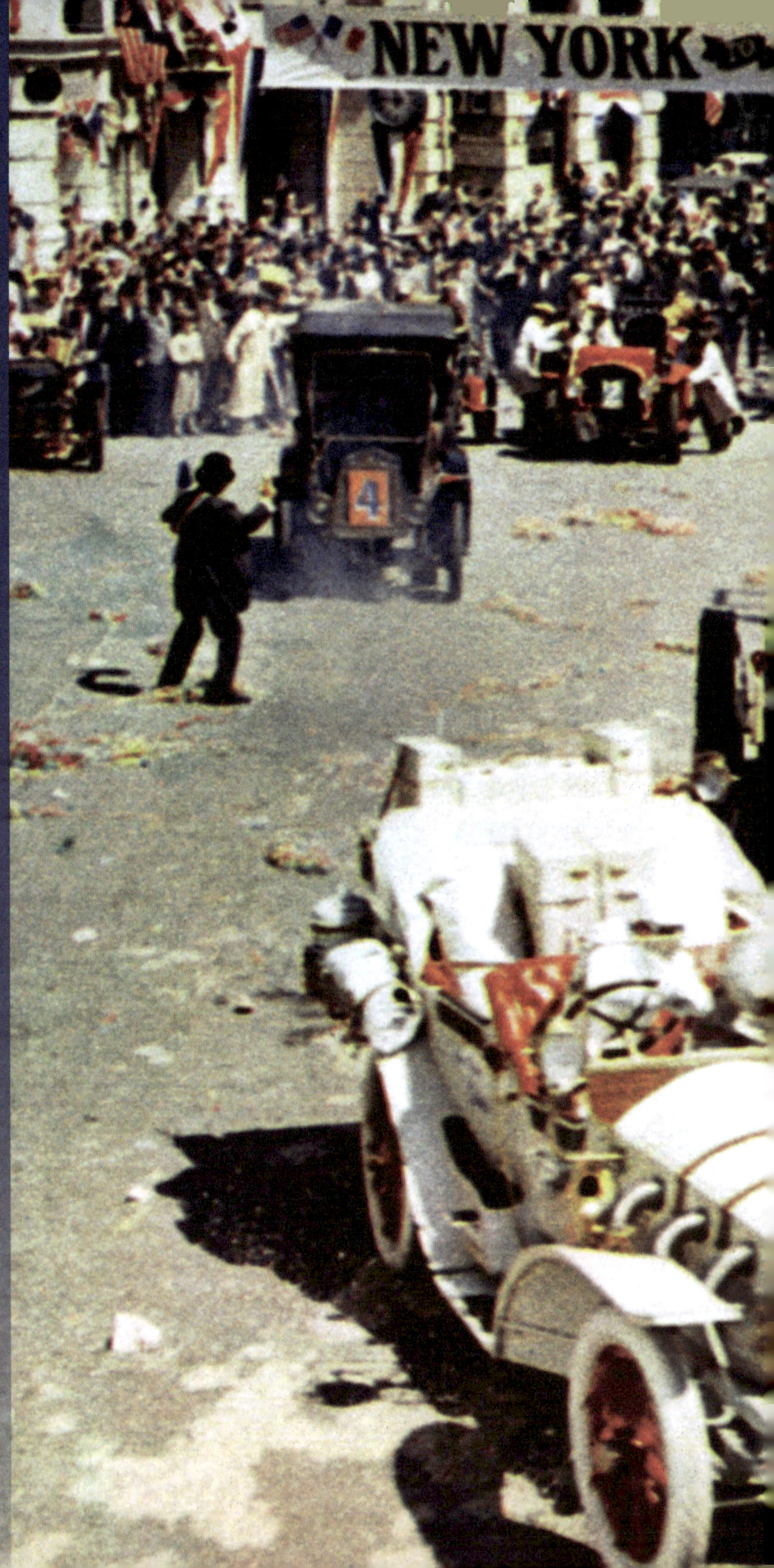

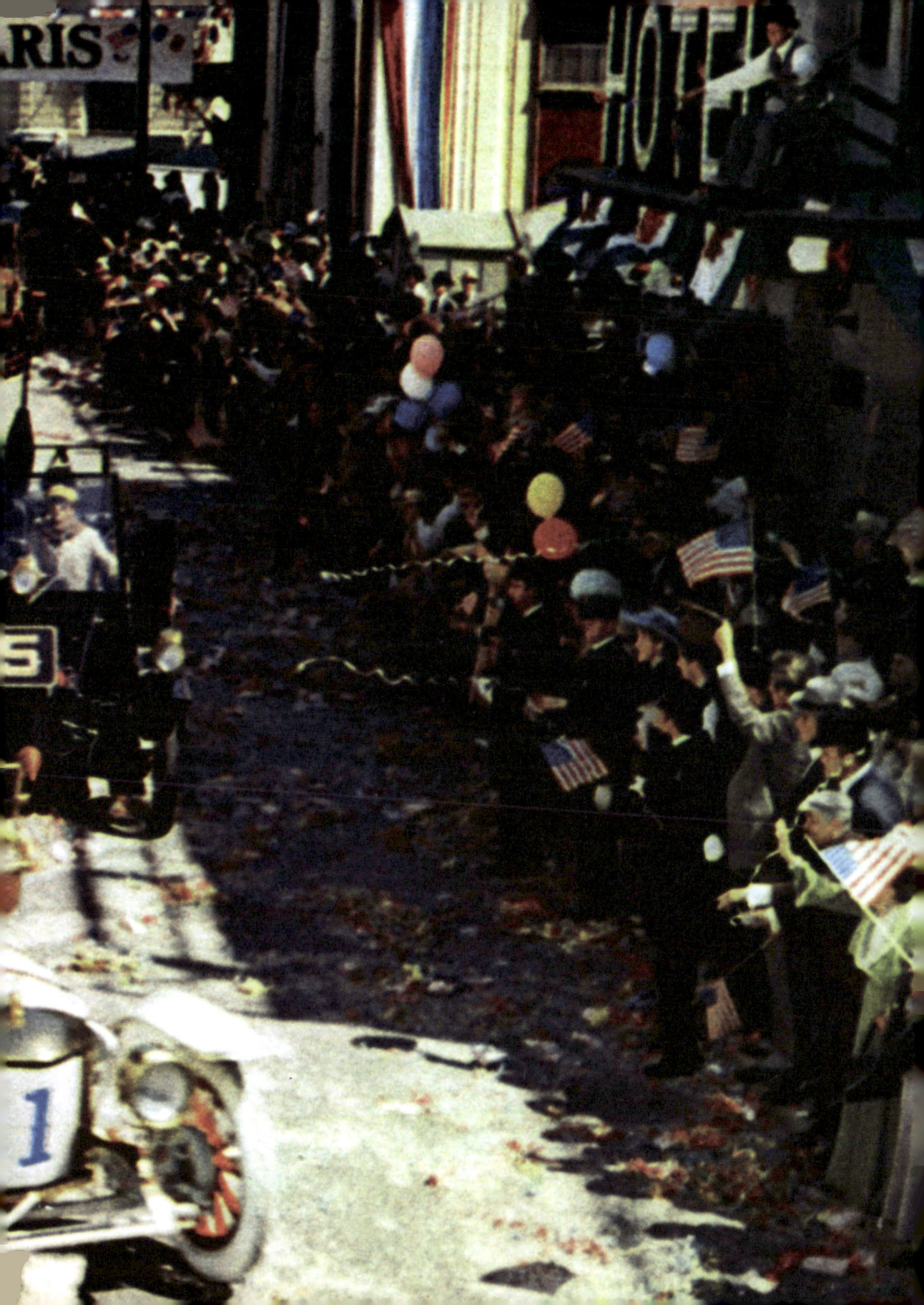

»ALLE FAHRER ZU IHREN WAGEN!« – DAS GROSSE RENNEN RUND UM DIE WELT (THE GREAT RACE), 1965

Das erste große Autorennabenteuer durch mehrere Länder dieser Welt begann am 10. Juni 1907 in Peking und endete exakt zwei Monate später am 10. August in Paris. Zuvor gab es 1895 »nur« Rennen wie etwa durch Frankreich, Großbritannien, Italien und Deutschland, doch 1907 lauerte eine neue Herausforderung auf mutige Männer: eine Fahrt durch Kontinente.

Die französische Zeitung »Le Matin« hatte dazu aufgerufen, und ein Redakteur der Zeitung schrieb voller Enthusiasmus: »Dem Besitzer eines Automobils ist heute nichts mehr unmöglich.« 40 Interessierte meldeten sich, aber aufgrund der hohen Startgebühr starteten lediglich fünf Teams. Als Rennen im eigentlichen Sinne war es zwar nicht geplant, da die Teilnehmer sich gegenseitig helfen sollten, das wurde es dann aber doch, da sie der Ehrgeiz packte. Der italienische Fürst Scipione Borghese gewann die rund 16.000 Kilometer lange Fahrt in einem in Turin gebauten Itala Wagen mit 7.433 cm^3 Hubraum und 45 PS. Als Belohnung bekam er eine Magnum Flasche Mumm Champagner. Da bei jedem Team auch ein Journalist mit an Bord war, sind die Erlebnisse gut dokumentiert. Der Reporter Luigi Barzini veröffentlichte ein Jahr später ein Buch darüber. Teile dieser Erlebnisse flossen in den Spielfilm aus dem Jahr 1965 ein, doch die überwiegende Basis bildete ein weiteres Rennen, das als noch größere Herausforderung angesehen wurde.

Dieses Abenteuer begann am 12. Februar 1908 am Times Square in New

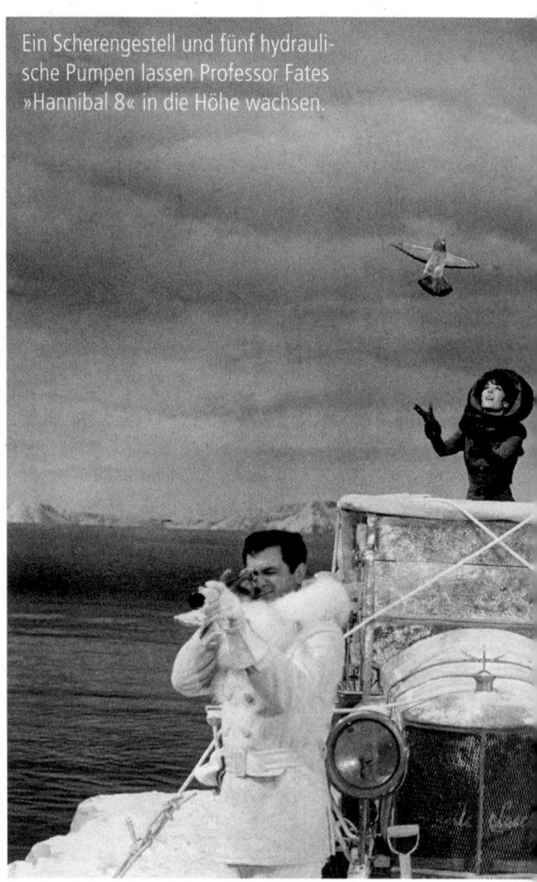

Ein Scherengestell und fünf hydraulische Pumpen lassen Professor Fates »Hannibal 8« in die Höhe wachsen.

York vor 250.000 Zuschauern. An diesem Tag starteten sechs Teams, mit 17 Personen an Bord, ein Autorennen um die halbe Welt. Die beiden Zeitungen »The New York Times« und »Le Matin« hatten das Rennen initiiert. Die Strecke, die es zu absolvieren galt, führte von New York über Seattle und Chicago nach Alaska, über die vereiste Beringstraße nach Sibirien und schließlich via Moskau und Berlin nach Paris. Damit standen knapp 22.000 Meilen (etwa 35.000 Kilometer) zwischen Start und Ziel. Wie im Jahr zuvor auch, brachte das Rennen immense Strapazen für Mensch und Maschine mit sich. Es gab nur wenige befestigte, zumeist sogar gar keine Straßen, so dass die Fahrer häufig für hunderte von Meilen mit Hilfe mit Ballonreifen auf Eisenbahnlinien fuhren. Extreme Wetterbedingungen in Alaska und Sibirien führten zu weiteren Belastungen.

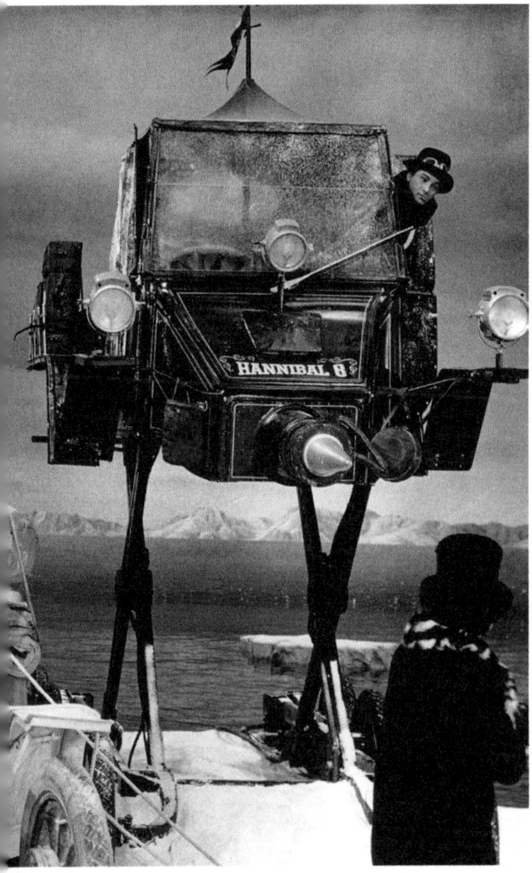

Von den sechs Teams kamen drei aus Frankreich (im De Dion Bouton, im Moto-Bloc und im Sizaire-Naudin), je eines aus den USA (im Thomas Flyer), Italien (im Zust) und Deutschland (im Protos). Zwei der französischen Wagen mussten als erstes aufgeben. Der eine kam bei Schneetreiben vom Weg ab, der andere blieb im Schlamm von Iowa stecken. Später streikte auch der dritte Franzose. Der mit 60 PS motorisierte und drei Tanks mit 125 Gallonen Benzin ausgerüstete amerikanische Thomas Flyer Wagen (4-60, Model 35) mit Vier-Gang-Schaltgetriebe, bekam in Sibirien Schwierigkeiten. Dort musste er zum Teil mit Hilfe von Pferden durch Schnee und Schlamm gezogen werden. Der Rahmen ging zu Bruch und musste ebenso repariert werden wie die Vorderachse. Der deutsche Wagen der Berliner Firma Protos wurde von dem Piloten und Oberleutnant Hans Koeppen gefahren und war zunächst erfolgreich. Doch dann machte der 40 PS starke sogenannte »Weltfahrtwagen« schlapp. Koeppen und seine beiden Beifahrer reparierten zwei Tage lang, wurden per

Schiff nach Wladiwostok gebracht und konnten von dort aus weiterfahren. In Sibirien kam es zum Streit. Die Beifahrer stiegen aus, aber zwei neue stiegen zu, was sich offensichtlich positiv auswirkte. Koeppen gewann. Er war am 26. Juli dort - vier Tage vor den Amerikanern Montague Roberts und George Schuster. Die Freude hielt allerdings nicht lange, denn das Team wurde disqualifiziert. Schließlich war das Fahrzeug rund 150 Kilometer mit der Eisenbahn transportiert worden. Zwar waren auch die Amerikaner ein Stück mit dem Schiff gefahren, aber das geschah auf Weisung der Rennleitung. Da die Beringstraße wider Erwarten nicht vereist war, durften sie die Strecke zwischen Japan und Wladiwostok eingeschifft verbringen. Mit den begeisterten Rufen der Franzosen »Vive le car américain!« wurde George Schuster, der den 1907er Thomas Flyer Wagen steuerte, am 30. Juli 1908 frenetisch in Paris gefeiert und zum Sieger erklärt als er die Ziellinie am Eiffelturm passierte.

SECHS FAHRZEUGE IM RENNEN – 1908 UND 1965

Die kräftezehrende Rallye inspirierte den amerikanischen Regisseur Blake Edwards, daraus einen Film zu machen, allerdings hatte er keine werkgetreue Adaption im Sinn, sondern eine Komödie. Schon der Vorspann verriet, dass er sich damit vor zwei ganz besonderen Komikern verneigte: Stan Laurel und Oliver Hardy. Der Film ist ihnen gewidmet. Schon ab 1960 beschäftigte er sich mit der Umsetzung, ging mit der Idee zu Jack L. Warner, dem Präsidenten von Warner Brothers, und bekam ein Budget von drei Millionen Dollar bewilligt. »The Great Race«, so der Originaltitel, kam in Schwung. In Deutschland wurde daraus »Das große Rennen rund um die Welt«. Vergleichbar mit den sechs Teams aus dem Jahr 1908, sind hier auch sechs Teams am Start, die aber nicht aus verschiedenen Ländern kommen. Allerdings läuft das Ganze sehr schnell auf ein Duell hinaus, und es steuerte, zumindest eine Zeitlang, auch eine Frau einen der Wagen. Maggie DuBois (Natalie Wood) fuhr einen Stanley Model 62 aus dem Jahr 1911 (!). Außerdem waren ein Darraq von 1903, ein Ford Model R (1906), ein Ford Model T von 1912 (!) und ein Mercel Model 35 Raceabout von 1911(!) mit dabei. Drei der Wagen wurden also erst nach der Zeit gebaut in der der Film spielte. Laurel und Hardy erlebten, zumindest in den meisten Fällen, immer einträchtig ihre Abenteuer, in einem Ford Model T. Im Film ging es vordringlich um ein Kräftemessen von zwei ganz unterschiedlichen Besatzungen mit ihren Fahrzeugen. Edwards, der mit Arthur A. Ross auch das Drehbuch verfasste, ließ den von der (nur im Film existenten) Webber Motor Company konstruierten und gebauten weißen »Leslie Special« auf den schwarzen »Hannibal 8« treffen. Während der »Leslie Special« noch an den Thomas-Flyer-Wagen erinnerte, war der »Hannibal 8« eine Eigenkonstruktion des Widersachers Professor Fate und verfügte über diverse Extras. Tony Curtis (auch ganz in weiß)

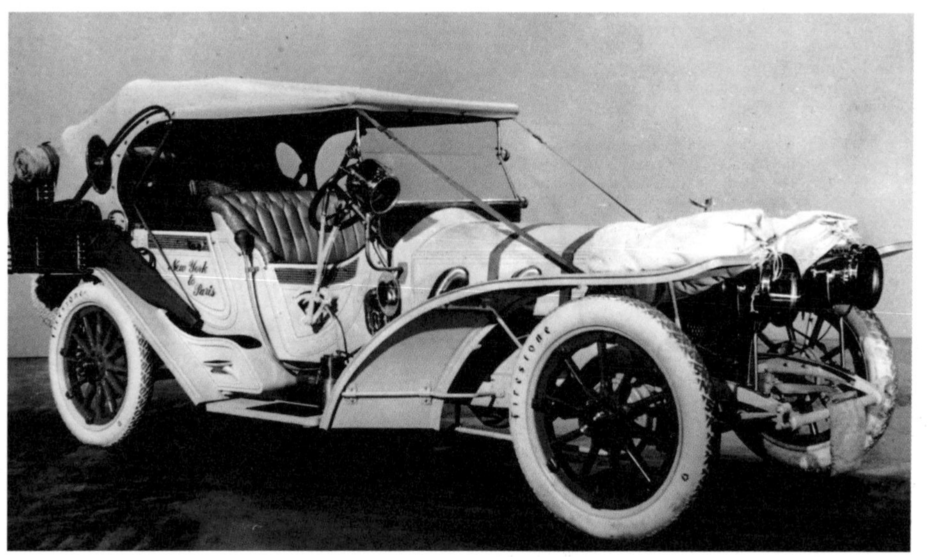

Zwischen Februar und Juni entstanden auf dem Gelände der Warner Bros. Studios vier Exemplare des »Leslie Special« (oben) und fünf »Hannibal 8« (unten).

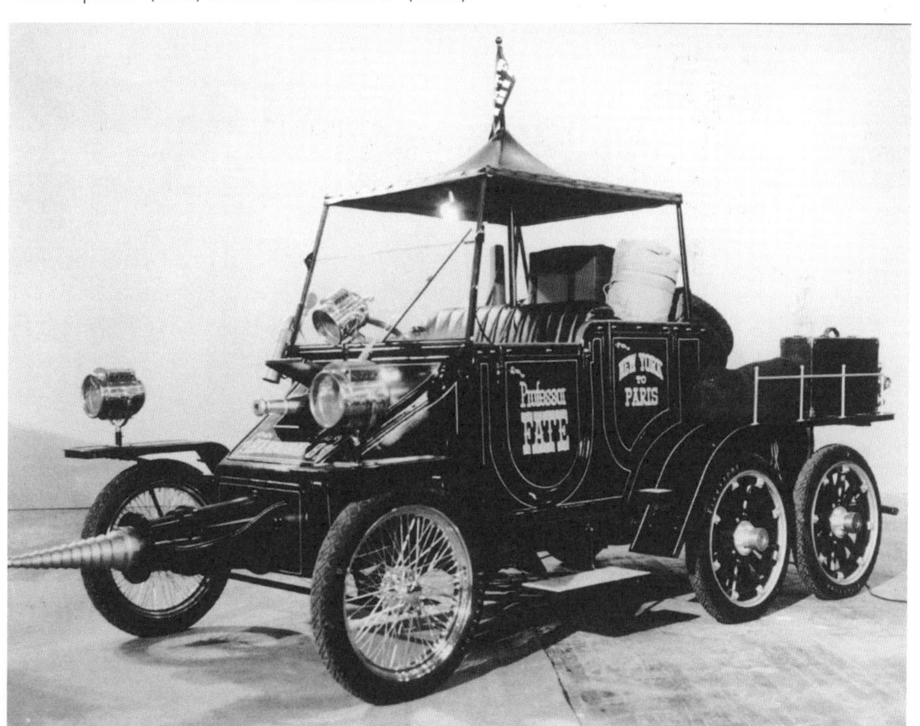

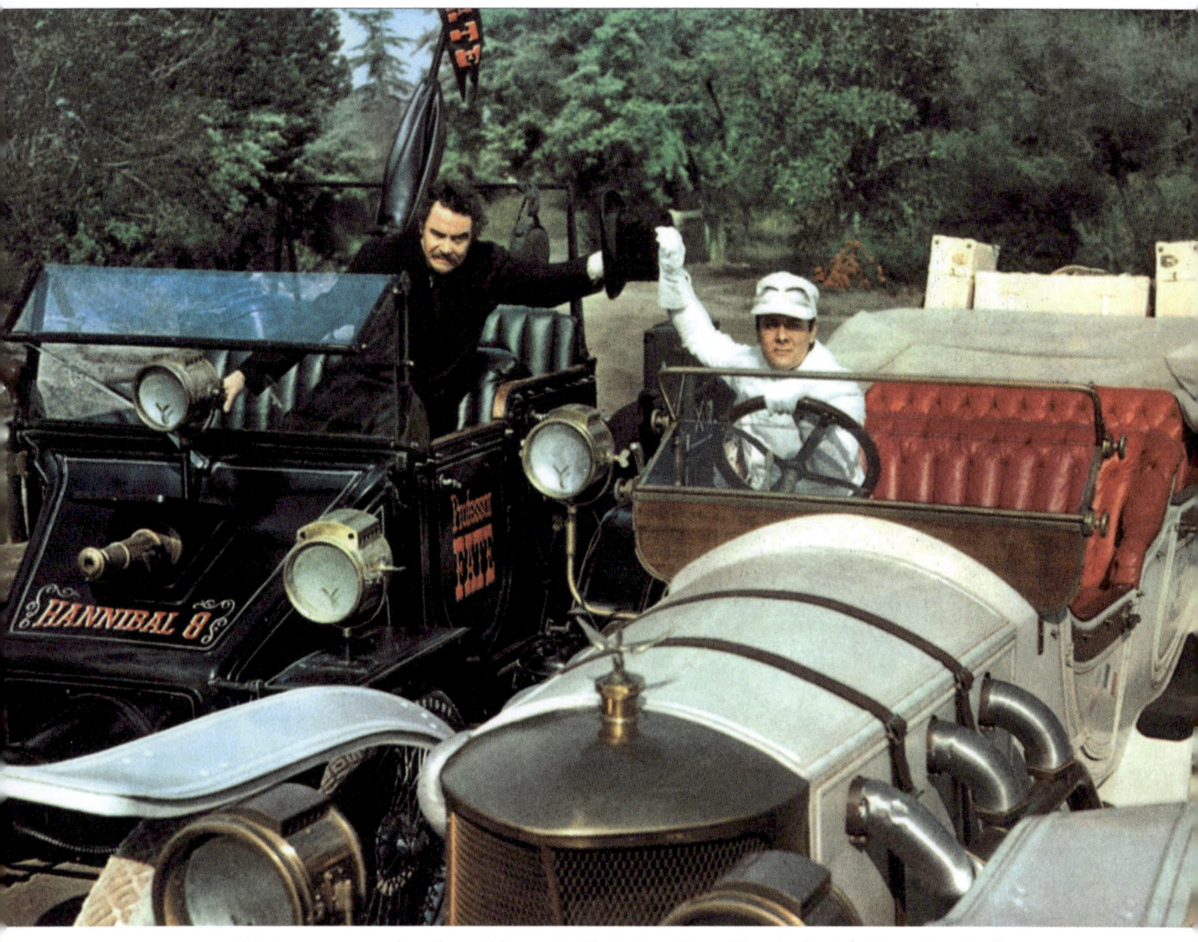

Die Autos entsprechen ihren Fahrern, Leslie Gallant III. weißer »Leslie Special« neben Professor Fates schwarzem »Hannibal 8«, der auch mit einer Kanone ausgestattet ist.

verkörperte den Fahrer des »Leslie«. Sein Mechaniker Hezekiah (Keenan Wynn) half ihm bei technischen Problemen. Im Gegensatz dazu versuchte Professor Fate (Jack Lemmon) mit seinem zuweilen trotteligen Diener Max (Peter Falk, drei Jahre vor seiner Zeit als »Columbo«) Leslie das Leben schwer zu machen, wo er konnte. Wer den waffenstrotzenden schwarzen Renner und die in derselben Farbe gekleideten Fahrer das erste Mal sieht, denkt wohl kaum daran, dass der »Leslie Special« in dem Wettrennen eine Chance hat, aber schließlich ging es um eine Komödie, da ist alles möglich.

NEUN SPEZIALBAUTEN FÜR ZWEI AUTOMOBILE HAUPTDARSTELLER: LESLIE SPECIAL UND HANNIBAL 8

Die sich duellierenden automobilen Hauptdarsteller wurden extra für den

Film gebaut. Rund vier Monate vor Beginn der Dreharbeiten am 15. Juni 1964, fertigte der für die Special Effects zuständige Danny Lee Zeichnungen an, wie er sich die beiden Wagen vorstellte. Er hatte 1963 schon an der Komödie »Eine total, total verrückte Welt« gearbeitet und sollte ab 1969 für die Spezialeffekte der Reihe um den »tollen Käfer« zuständig sein. Der Art Director Fernando Carrere setzte Lees Ideen mit seinem Team aus Maschinenbauern, Schweißern, Tischlern, Elektrikern und Modellbauern um. Zwischen Februar und Juni entstanden auf dem Gelände der Warner Bros. Studios vier »Leslie Special« und fünf »Hannibal 8«. Das geschah aus besonderem Grund, denn so konnten die Autos, auch aufgrund ihrer zum Teil unterschiedlichen Extras, zu den Dreharbeiten in den USA, Paris und Österreich gebracht werden. Regisseur Blake Edwards erklärte dem Technikteam was für Sequenzen er wo mit den Wagen plante. Das skizzierte seine Wünsche, und wenn die akzeptiert wurden, entstand das erste Fahrzeug. Wenn alles funktionierte, begann der Bau der weiteren Wagen.

Für den Leslie Special nutzten die Macher die Chassis von vier Ford Pick Up Trucks aus dem Jahr 1957, die sie auf dem Studiogelände fanden und verschrottet werden sollten. Drei davon bekamen Sechszylinder Motoren, der vierte einen 292 V8. Eingebaut wurden überall Automatikgetriebe, weil Tony Curtis angeblich keine Wagen mit Handschaltung fahren konnte. Doch das ist strittig. Rund um die Ford Trucks wurde eine elegante weiße Verkleidung aus PVC gepresst. Nur die Schutzbleche und die Kotflügel waren aus Metall, um für etwas Festigkeit und Stabilität zu sorgen und sowohl den Akteuren die Möglichkeit zu bieten darauf zu sitzen oder zu stehen, als auch die Kamera darauf zu positionieren. Die Vinylpolster, und die angeblich etwa 500 Dollar teuren Speichenfelgen, waren rot. Die extra angefertigten neuen Räder mit den Holzspeichen dienten dazu, die hydraulischen Bremsen zu verstecken, die es 1908 noch nicht gab.

Von den vier Leslies waren drei voll funktionsfähig und einer extrem leicht, um für statische Aufnahmen zu doubeln und vor allem sehr beweglich zu sein – das Auto konnte auch geschoben werden. Die Designer orientierten sich an dem Thomas-Flyer-Wagen. Aber auch Elemente eines Rolls-Royce-Kühlergrills und die elegante Linie eines Mercedes SSK finden sich im »Leslie Special« wieder. Die überdimensional großen Lampen wurden auch extra angefertigt und entsprachen denen im Jahr 1908. Eine schön geschwungene Hupe, eine außen am Motorblock verlaufende Auspuffanlage und Lederbänder, die die Haube verschlossen erzielten zusätzlich eine fantastische Optik. Die Auspuffanlage war aber nur Dekoration.

Dafür verzichtete man auf eine Instrumententafel, so dass der Fahrer nur vor seinem großen Holzlenkrad des Ford

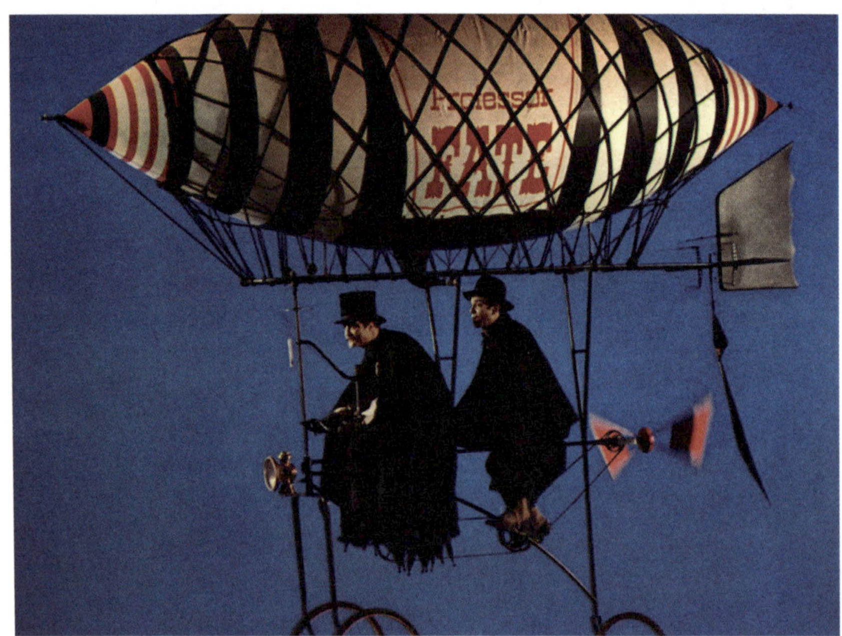

Mit zahlreichen Spakstick-Einlagen huldigt Regisseur Blake Edwards dem klassischen Hollywood-Kino mit Stars wie Laurel und Hardy, hier: Jack Lemmon und Peter Falk.

T-Modells thronte und nichts seinen Blick für den Sieg ablenkte. Die Motoren sorgten für eine Höchstleistung von etwa 160 km/h – falls sich jemand traute, das wirklich auszuprobieren, was wohlweislich nicht geschah.

Der Hannibal 8 wurde mit Motoren eines Chevrolet Corvair bestückt. Es gibt allerdings auch eine Quelle wonach ein Vierzylinder VW Käfer Motor mit einem Getriebe in Transaxle Bauweise zum Einsatz kam, der nur über einen Vorwärts- und einen Rückwärtsgang verfügte. Doch das ist strittig. Nach Aussagen von Danny Lee hatten einige der Wagen eine Handschaltung, andere ein Powerglide Automatikgetriebe, ein weiterer Wagen ein hydraulisches Getriebe – je nach Filmszene. Die Geschwindigkeitsausbeute war auf jeden Fall mäßig: lediglich 32 km/h. Kein Wunder bei einem Gewicht von rund drei Tonnen.

»DRÜCK AUFS KNÖPFCHEN, MAX!«

Wie es sich für das Vehikel eines Bösewichts gehörte, wurde »Hannibal 8« mit einer Kanone ausgerüstet, einem sich drehenden, auf Knopfdruck glühenden, Dorn, der Eis zum Schmelzen bringen kann und diverse weitere Frechheiten wie etwa einen »Rauchentwickler«, der es mit James Bonds Aston Martin DB 5 aus »Goldfinger« aufnehmen kann. Einer der fünf Hannibal Wagen verfügte über ein ganz besonderes Extra. Er ist in der Lage den oberen Teil des Wagens in die Höhe zu fahren. Dafür wurden sowohl ein Scherengestell als auch fünf hydraulische Pumpen installiert. Der Corvair Motor wurde mit dem oberen Teil des Rahmens bis auf drei Meter Höhe hochgefahren. Der Mechanismus war allerdings nicht perfekt, führte immer wieder zu Problemen bei den Dreharbeiten und zerbrach sogar. Die schrägen Aufbauten passten gut zu der Figur des Professor Fate, der zwar durchgehend von sich selbst überzeugt war, dessen Diener aber immer mal wieder für unvorhergesehene Probleme sorgen sollte.

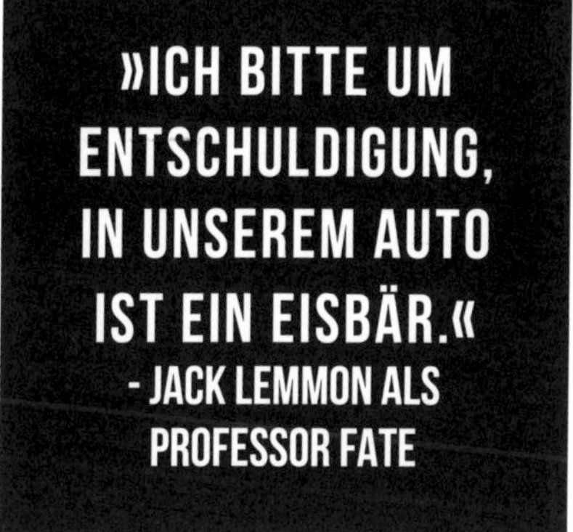

Alle Wagen verfügten über sechs Räder, von denen die vorderen beiden von einem Motorrad stammten und über je 48 Chromspeichen verfügten. Die hinteren Räder bestanden aus massivem Holz mit zwölf Speichen von einem Ford T-Modell. Hydraulische Bremsen sorgten für die nötige Wirkung.

Über den beiden Sitzen thronte ein Zelt mit einer Fahne und einem weißen Totenkopf an der Seite. Der Wagen, war ebenso wie der »Leslie Special«, ein Rechtslenker. Das war 1908 bei allen Wagen der Fall. Das Instrumentenbrett des »Hannibal 8« bestand überwiegend aus Knöpfen, die dazu dienten, Max, dem Assistenten des Professors, beim Auslösen von Gimmicks zu helfen. So taucht eine Anweisung von Fate an seinen Diener gleich mehrfach im Film auf: »Drück aufs Knöpfchen, Max«.

ZWEI EIGENKONSTRUKTIONEN BESTREITEN DAS RENNEN

Zwischen 100.000 und 150.000 Dollar kostete jedes der neun Autos. Diese Summe schloss eine Reihe von Ersatzteilen mit ein, damit man während der Dreharbeiten nicht auf unlösbare Probleme stieß. Zusätzlich schloss »Warner Brothers« einen Vertrag mit der Reifenfirma Firestone, deren Produkte im Film gut erkennbar sind und ließ so die Autos dank des Sponsorings günstiger werden – oder sie ganz bezahlen. Bekannt geworden ist, dass Studioboss Jack L. Warner Firestone Rechnungen für die Fahrzeuge sandte.

Die Dreharbeiten begannen am 15. Juni 1964 und endeten zunächst am 27. November, dauerten also fast genauso lange wie das Rennen aus dem Jahr 1908 – fünfeinhalb Monate. Doch die Akteure wurden für zusätzliche Arbeiten noch mehrfach in das Studio zurückgeholt, so dass alle Dreharbeiten erst im Februar 1965 abgeschlossen war. Der immense Aufwand in Bezug auf die Fahrzeuge, die Logistik aber auch die zahlreichen Drehorte sorgten dafür, dass das bewilligte Budget des Films kräftig anstieg. Zwischenzeitlich war von Kosten von sechs Millionen Dollar die Rede. Letztendlich waren es sogar zwölf, was zu erheblichen Streitigkeiten zwischen Studioboss Jack L. Warner und Regisseur Blake Edwards führte, der beinahe gefeuert wurde. So wurde »Das große Rennen« zur bis dato teuersten Komödie aller Zeiten – und mit 160 Minuten auch zu einer der längsten. »Eine total, total verrückte Welt« (1963) übertraf das mit 197 allerdings locker.

Die Filmhandlung beginnt damit, dass Leslie und Fate als sogenannte »Daredevils«, also zwei Draufgänger, versuchen

»WENN SIE DAS AUTO NICHT SOFORT VERLASSEN, WERDE ICH SIE PERSÖNLICH DEM EISBÄREN ZUM FRASS VORWERFEN!«
- TONY CURTIS ALS LESLIE GALLANT III.

sich gegenseitig mit waghalsigen Manövern zu übertreffen. Dann schlägt Leslie Pressevertretern und den Webber Motorenwerken ein Rennen von New York nach Paris vor, weil das Auto »den Fortschritt repräsentiert.« Zusätzlich zu den männlichen Konkurrenten kommt mit Maggie DuBois eine Foto-Reporterin dazu, die »für die Gleichberechtigung der Frau« eintritt und deren Wagen von der Ehefrau des Chefredakteurs »New York Sentinel« gesponsort wird. Dafür berichtet sie von unterwegs für die Zeitung. Es dauert immerhin 40 Minuten bis in New York der Startschuss fällt: »Alle Fahrer zu ihren Wagen!« Von da an geht die wilde Jagd nach Albany, Boracho, durch die Wüste über Grommet nach Alaska, auf der Beringstraße von Amerika nach Asien, nach Russland, in das fiktive Königreich Karpanien bis zum Eiffelturm nach Paris.
Aus dem Roman zum Film von Marvin H. Albert, der parallel zum Filmstart erschien und auf einer früheren Fassung des Drehbuchs basiert, gehen noch Szenen hervor, die im Film keine Verwendung fanden. So stürzt der »große Leslie« unterwegs in ein tiefes Loch, so dass die gebrochene Federung repariert werden muss. Fates Wagen wird vom Blitz getroffen und von einer Wasserwand erwischt. Er muss das Auto drei Tage trocknen lassen und rutscht später noch von einer französischen Landstraße in den Graben. Außerdem nutzt Maggie DuBois vor dem Rennen einen Waverley Elektrowagen und sowohl Leslie als auch Fate kommen in Zentral-Asien an einer

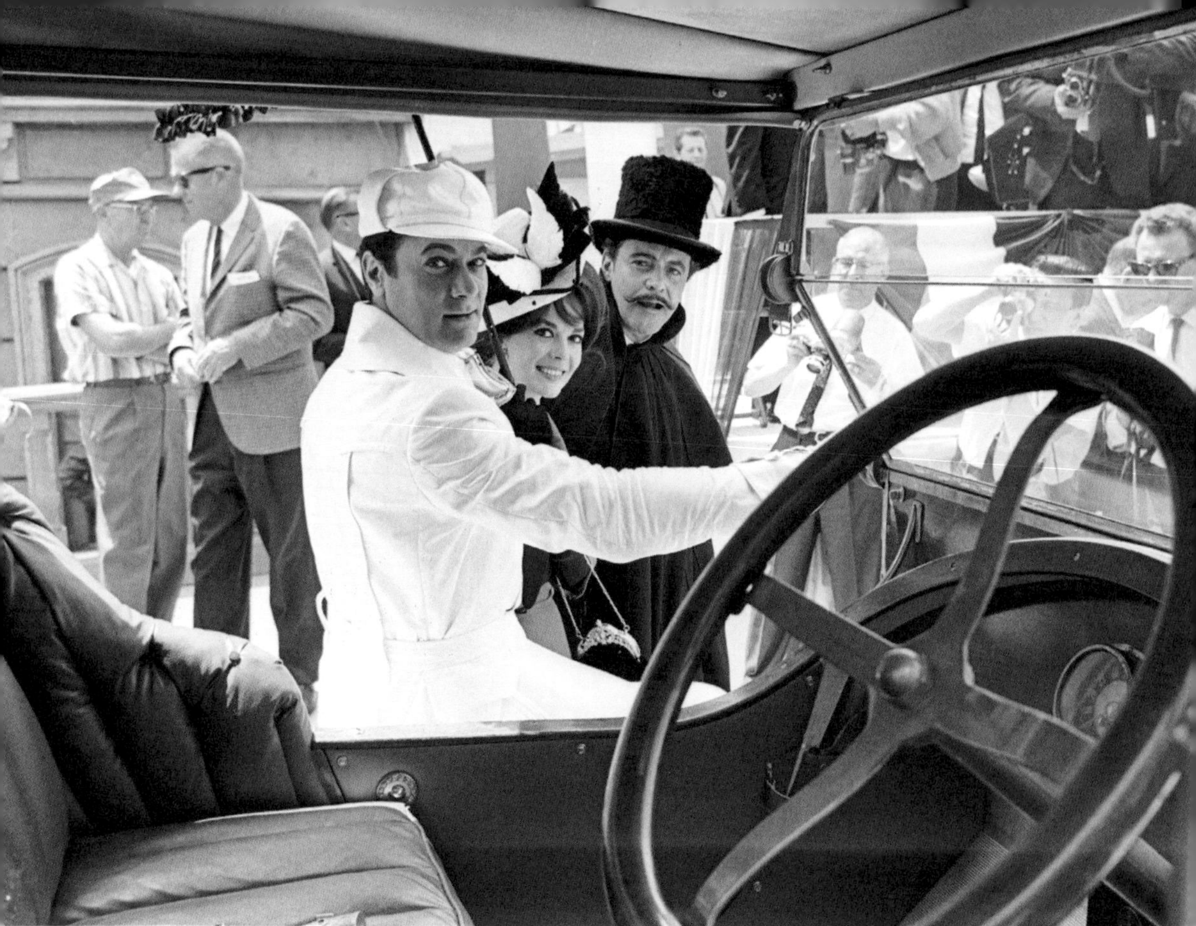

Blick in das Cockpit des »Leslie Special« im Rahmen eines Pressetermins, mit den Hauptdarstellern Tony Curtis, Natalie Wood und Jack Lemmon.

Gruppe politischer Gefangener vorbei. Das passte dann wohl auf keinen Fall in eine leichte Komödie.

Um die hohen Investitionen auch wieder einzuspielen, ließ sich die Marketingabteilung eine ungewöhnliche Kampagne einfallen. Neben der üblichen PR, und einem zweitägigen Interview-Marathon mit 350 Journalisten aus der ganzen Welt, lud die Firma erstmals in ihrer Geschichte zu ausführlichen Studiobesuchen ein. Zwischen Mai und August 1965 konnten die Filmfahrzeuge besichtigt werden, es lief eine Dokumentation über die Dreharbeiten und es waren 200 Fotos des Set-Fotografen Bob Willoughby zu sehen. Innerhalb der drei Monate kamen mehr als 160.000 Besucher.

WAS GESCHAH MIT DEN AUTOS DANACH?

Alle Wagen überstanden die Dreharbeiten unbeschadet. Nach der großen Werbekampagne, beschloss Warner Bros. die Fahrzeuge zu verleihen oder zu

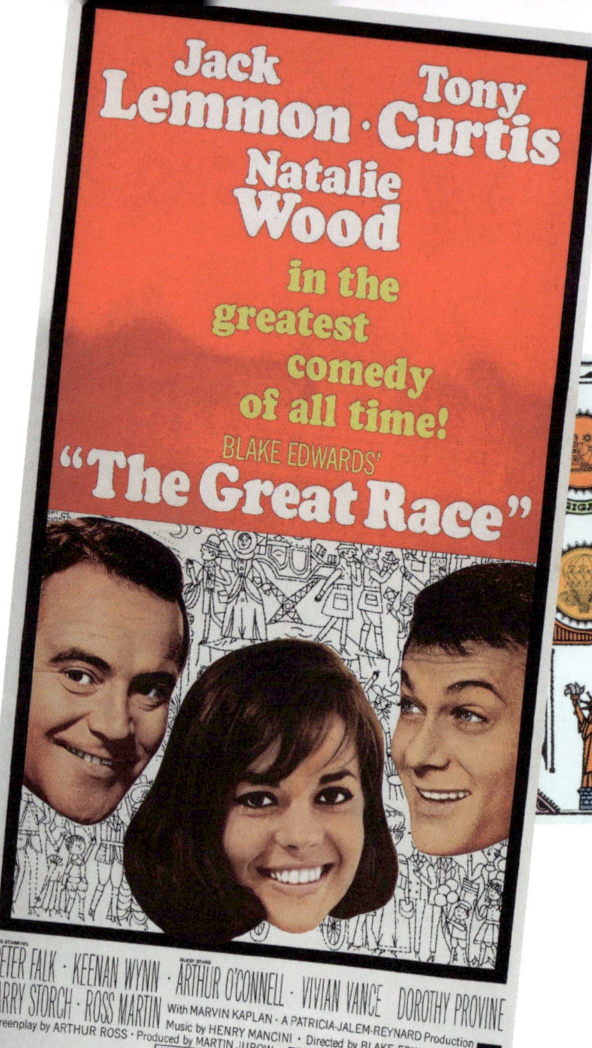

Einige Filmplakate waren als Hommage an die Pioniertage des Hollywood-Kinos gestaltet, andere rückten die drei Stars in den Vordergrund.

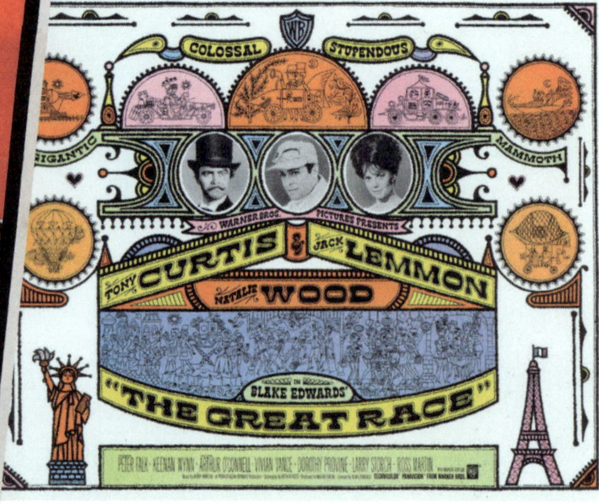

veräußern. Viele Jahre standen zwei von ihnen bis Ende der 70er-Jahre in der Ausstellung des »Movie World Cars of the Stars Museum« im kalifornischen Buena Park, die Jim Bruckner und seinem Sohn gehörte.

Einer der vier Leslie Special wurde in Rot umlackiert, in dem Film »Die letzten vom Red River« (The Good Guys and the Bad Guys, 1969) erneut eingesetzt und erlebte ein tragisches Ende. Er kommt ausgerechnet auf Eisenbahnschienen zum Halt und wird dort von einem heranfahrenden Zug zerstört. Ein weiterer kam in dem Western »Abgerechnet wird zum Schluss« (1970) zum Einsatz, war aber in grün lackiert. Ein Wagen bereicherte die »Stahl Automotive Collection«, ein Privatmuseum in Chesterfield im US-Bundesstaat Michigan, aber welcher das war, ist unklar. Dort steht außer einem »Chitty Chitty Bang Bang« aus dem gleichnamigen Filmmusical, ein Thomas-Flyer-Wagen aus dem Jahr 1907 und einer der Hannibal 8. Die Filmfahrzeuge wurden von Tony Curtis, Jack Lemmon, Natalie Wood und Peter Falk signiert. Ein weiterer Leslie wurde

2019 an einen privaten Kunden verkauft und der vierte tauchte beim Auktionshaus Live Auctioneers auf. Zuvor war er in Aurora in Illinois zuhause und wurde zwischenzeitlich bei der von Disney initiierten Ausstellung »The Moving Image« gezeigt.

Den Hannibal 8 mit beweglichem Lift kaufte der kalifornische Sammler David Simon aus dem Besitz des Vaters von Schauspieler Val Kilmer. Er war in einem schlechten Zustand, wurde von ihm jahrelang restauriert und wird immer mal wieder ausgestellt. Ein weiterer Wagen ist in einem dänischen Automuseum zu sehen, einer stand jahrelang im Volo Automuseum in Illinois, ebenso wie der im Film verwendete Raketenwagen sowie eine Torpedoapparatur. Im Januar 2010 wurden die drei Objekte für 350.000 Dollar angeboten. Ab dem September 2013 wurden der Hannibal 8 und der Torpedo im Petersen Auto Museum in Los Angeles gezeigt. Ob das Haus diese besitzt oder nur geliehen hat ist ebenso unklar wie der Verbleib des Raketenwagens. Zwei der Hannibal 8 sind weiterhin untergetaucht – wer weiß, was der Professor damit noch im Schilde führt.

»Das große Rennen« wurde zum sechsterfolgreichsten Film des Jahres 1965 und spielte allein in den USA und Kanada bei über 25 Millionen verkauften Eintrittskarten elf Millionen Dollar ein. Dadurch, dass die Herstellungskosten im Laufe der Zeit jedoch explodierten und auf zwölf Millionen Dollar angestiegen waren, war das zunächst nicht genug, um einen Gewinn zu erzielen. Das gelang erst im Laufe der Jahre. Das Einspielergebnis soll inzwischen mehr als 25,3 Millionen Dollar betragen.

Drei Jahre nachdem »The Great Race« am 1. Juli 1965 im Pantages Theatre am Hollywood Boulevard in Los Angeles seine Premiere feierte (der dt. Start war am 9. Dezember 1965), hatten die Hanna-Barbera-Studios die Idee, eine Zeichentrickserie zu erschaffen, die sich an einigen der Filmfiguren orientierte. Die 17teilige Reihe nannte sich »Wacky Races« (»Autorennen Total« in Deutschland). Darin traten Fahrer mit ihren Autos gegeneinander an, um am Ende zum »wackiest racer« gekürt zu werden. In jeder Episode sind zwei Rennen zu sehen. Die Figuren Dick Dastardly und sein Hund Muttley sind an Professor Fate und Max angelehnt, Penelope Pitstop an Maggie DuBois und Peter Perfect an den großen Leslie. Die TV-Serie liegt vom 14. September 1968 bis zum 4. Januar 1969 bei CBS. Später folgte eine Neuverfilmung.

Nicht nur die Geschichte der Filmfahrzeuge ist übrigens abenteuerlich, sondern auch die des Thomas Flyer Wagen, der das Rennen New York Paris 1908 gewonnen hatte. Fahrer George Schuster kehrte zu den Thomas Automobil Werken in Buffalo, New York zurück und erhielt eine Anstellung, die die Firma auf Lebenszeit ausstellte. Doch schon fünf Jahre später, war das Unternehmen bankrott. Ihr

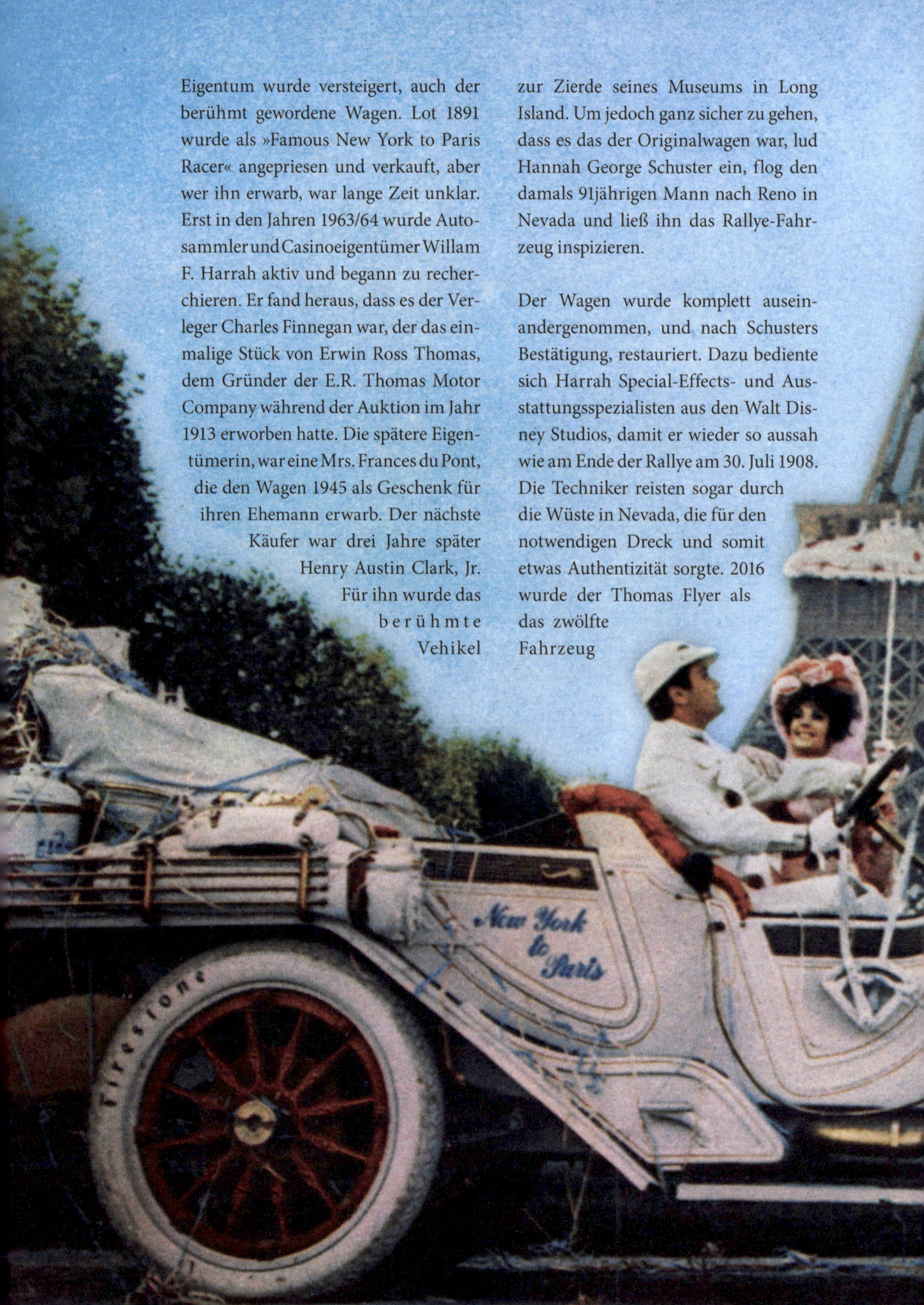

Eigentum wurde versteigert, auch der berühmt gewordene Wagen. Lot 1891 wurde als »Famous New York to Paris Racer« angepriesen und verkauft, aber wer ihn erwarb, war lange Zeit unklar. Erst in den Jahren 1963/64 wurde Autosammler und Casinoeigentümer Willam F. Harrah aktiv und begann zu recherchieren. Er fand heraus, dass es der Verleger Charles Finnegan war, der das einmalige Stück von Erwin Ross Thomas, dem Gründer der E.R. Thomas Motor Company während der Auktion im Jahr 1913 erworben hatte. Die spätere Eigentümerin, war eine Mrs. Frances du Pont, die den Wagen 1945 als Geschenk für ihren Ehemann erwarb. Der nächste Käufer war drei Jahre später Henry Austin Clark, Jr. Für ihn wurde das berühmte Vehikel zur Zierde seines Museums in Long Island. Um jedoch ganz sicher zu gehen, dass es das der Originalwagen war, lud Hannah George Schuster ein, flog den damals 91jährigen Mann nach Reno in Nevada und ließ ihn das Rallye-Fahrzeug inspizieren.

Der Wagen wurde komplett auseinandergenommen, und nach Schusters Bestätigung, restauriert. Dazu bediente sich Harrah Special-Effects- und Ausstattungsspezialisten aus den Walt Disney Studios, damit er wieder so aussah wie am Ende der Rallye am 30. Juli 1908. Die Techniker reisten sogar durch die Wüste in Nevada, die für den notwendigen Dreck und somit etwas Authentizität sorgte. 2016 wurde der Thomas Flyer als das zwölfte Fahrzeug

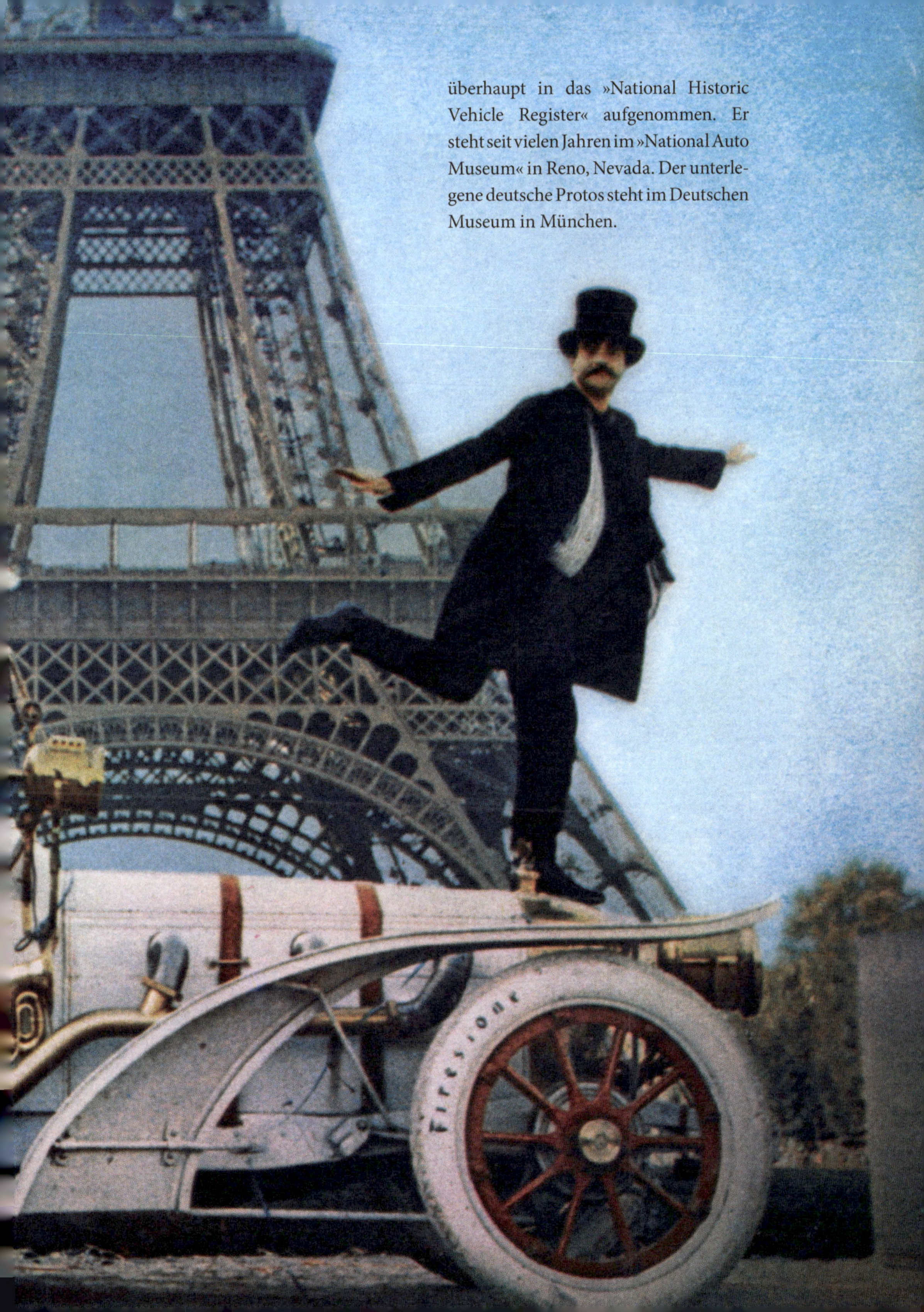

überhaupt in das »National Historic Vehicle Register« aufgenommen. Er steht seit vielen Jahren im »National Auto Museum« in Reno, Nevada. Der unterlegene deutsche Protos steht im Deutschen Museum in München.

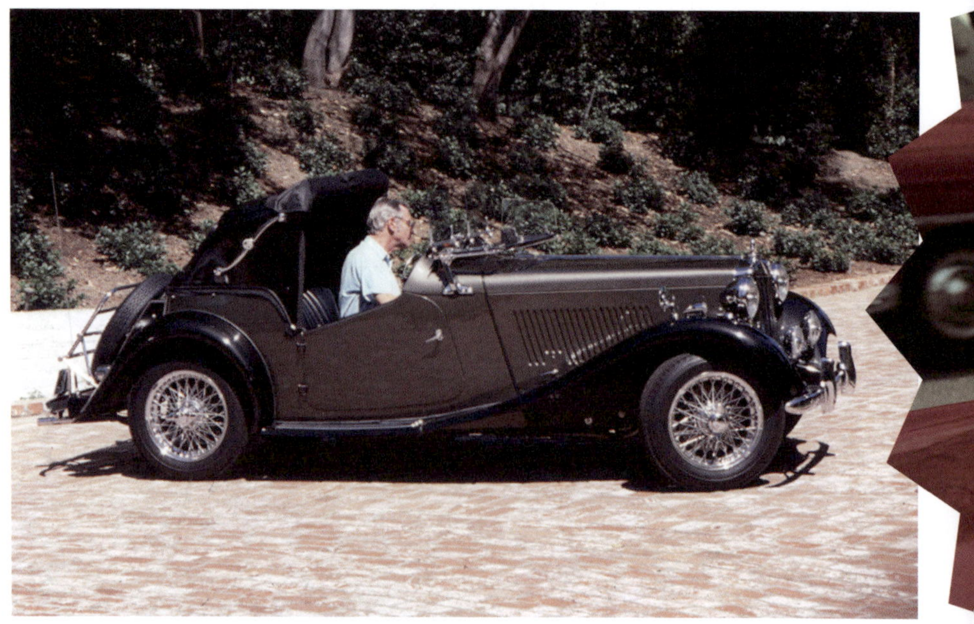

Jack Lemmon (1925-2001) in seinem MG TD, Baujahr 1954.

»EINER DER SCHLECHTESTEN FAHRER ÜBERHAUPT« – DIE AUTOS VON JACK LEMMON

Im Gegensatz zu seinem Filmpartner Tony Curtis, war Jack Lemmon nicht gerade ein Auto Enthusiast und schon gar kein Sammler. Erstaunlich ist das insofern, als sein Vater John Lemmon als Vizepräsident der Doughnut Corporation of America viel Wert auf schicke Anzüge und schnelle Autos legte. Vielleicht lag es ja an der besonderen Erfahrung die der Sohn als Harvard Student in den Jahren zwischen 1945 und 1947 machte. Im Cabrio eines Kommilitonen, wurde er dank einer jungen Frau, in die körperliche Liebe eingeführt. Dabei ging es wohl so heftig zu, dass das Verdeck des Wagens das leidenschaftliche Abenteuer nur zum Teil heile überstand.

Einen der ersten Wagen, den Jack Lemmon besaß, bekam er geschenkt. Da US-TV-Shows in den 50er-Jahren zum Teil keine Gage zahlten, bot man den prominenten Gästen ein Auto für ihre Auftritte an – auch deswegen, weil einige Sender Sponsorenverträge mit Autofirmen hatten. Als Gast der berühmten »Ed Sullivan Show« im

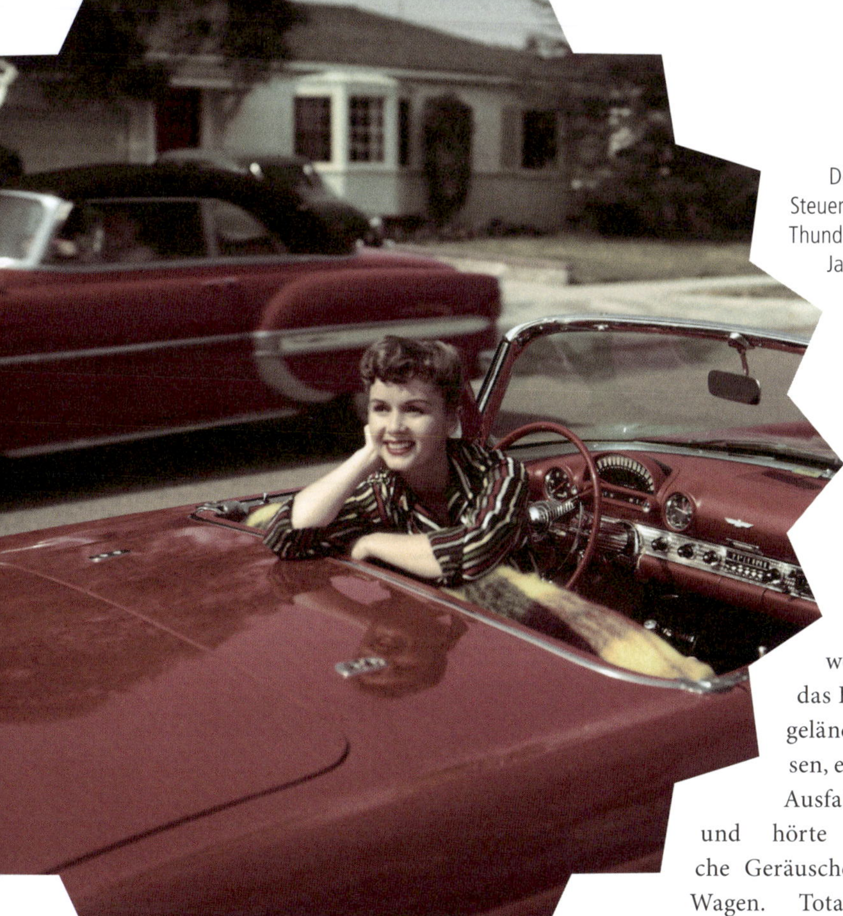

Debbie Reynolds am Steuer eines 1955er Ford Thunderbird, wie er auch Jack Lemmon gehörte. Die Schauspielerin schwärmte seit gemeinsamen Dreharbeiten für Lemmon, erinnerte sich Kollegin Carrie Fischer.

Jahr 1955 bekam Jack Lemmon einen roten 55er Ford Thunderbird, der in der Basisversion 2.944 Dollar kostete. Damals sagte man ihm, dass dies einer der ersten, wenn nicht sogar der erste Thunderbird war, der in Kalifornien ausgeliefert wurde. Lemmon war unglaublich stolz auf den Wagen und schwärmte sehr davon. Als die beiden Regisseure Richard Quine und Blake Edwards es nach drei Tagen nicht mehr hören konnten, dass er ständig von seinem neuen Auto sprach, erlaubten sie sich einen Scherz mit ihm. Lemmon wollte gerade das Filmstudiogelände verlassen, erreichte die Ausfahrt, stoppte und hörte schreckliche Geräusche aus dem Wagen. Total besorgt schlich er mit gerade mal zehn Meilen pro Stunde (16 km/h) zur nächsten Ford Werkstatt. Dafür brauchte er eine Stunde. Ein Mitarbeiter untersuchte den Fall und lokalisierte in sehr kurzer Zeit das »Problem«. Unter der vorderen rechten Radkappe kamen Schrauben, Muttern und Bolzen hervor, was Lemmon sprachlos machte. Der sann auf Rache und plante diese mit eiskalter Präzision. Eine Woche lang speiste er mit den Regisseuren als wenn nichts gewesen wäre, ließ sich währenddessen allerdings etwas Knalliges anfertigen und platzierte das Objekt unter der Haube von Blake Edwards Auto. Doch zunächst geschah nichts. Die beiden

Regisseure ließen sich vier Tage lang nichts anmerken. Dann ging Lemmon zu Edwards Auto, hob die Haube an und die selbst konstruierte kleine »Bombe« war weg. Als er sie zur Rede stellte, taten die so, als wüssten sie von nichts. Das war auch die Wahrheit, denn tatsächlich verwechselte Lemmon die Autos und platzierte seine Missetat in einem baugleichen Auto, das ausgerechnet einem der Bosse des Studios gehörte. Der reagierte hysterisch, als Rauch und Flammen aus seinem Wagen schlugen.

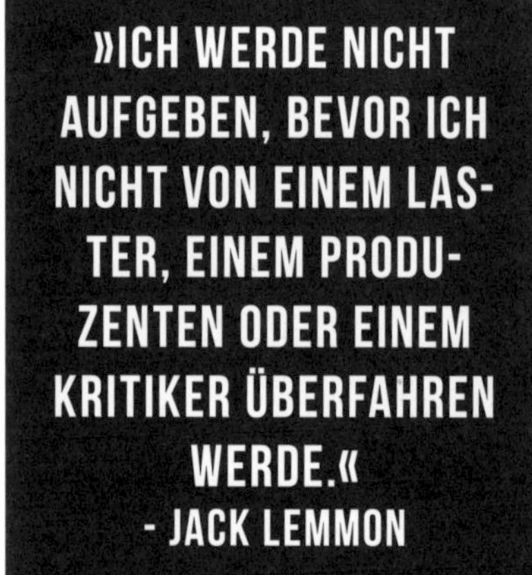

Mehrere Jahre später, wann genau ist nicht mehr bekannt, verkaufte er den Ford Thunderbird an seinen Geschäftspartner Richard Carter, der ihm jahrelang verbunden war. Als er im Frühjahr 1978 einen Brief von einer Mrs. Nancy L. Reisner aus Thornton in Colorado erhielt, die sich nach der Geschichte des Ford erkundigte, bestätigte er, dass es sein Wagen war. Er antwortete ihr in einem Schreiben vom 9. März höflich und charmant und erwähnte, dass ihr Brief »liebevolle Erinnerungen« ausgelöst hat: »Ich glaube ich habe niemals ein materielles Objekt mehr genossen als diesen Wagen.« Es erfreute ihn außerdem, dass der Ford weiterhin »gut funktioniert«.

Entweder teilweise zur gleichen Zeit oder nach dem Thunderbird, besaß Lemmon einen schwarzen 54er MG TD, den er von Bill Bixby erwarb, sein Schauspielkollege in »Das Mädchen Irma La Douce« (1963). Der wurde später dank der TV-Serien »Mein Onkel vom Mars« und »Der unglaubliche Hulk« weltbekannt. Lemmon besaß den Wagen sehr lange und ließ sich 1988 sogar damit vor seinem Büro in Beverly Hills fotografieren.

Dass er Autos viele Jahre lang behielt, beweist auch sein 1968 getätigter Kauf eines schwarzen 65er Rolls-Royce Silver Cloud III, den er bis zu einem Tod fuhr. Er war innen beige und hatte Holzarmaturen. Chris Lemmon, sein Sohn aus erster Ehe mit Cynthia Stone, erzählte später über seinen Vater, dass ihm seine Rolle in dem Film »Das große Rennen rund um die Welt« mehr Fanpost eingebracht hat als jeder andere Film, erwähnte aber auch, dass er einer der schlechtesten Fahrer überhaupt war und einige Wagen zu Schrott fuhr

– auch den MG von Bill Bixby. »Mechanische Dinge mögen mich nicht«, sagte Jack Lemmon einmal. »Wenn ich ein Bild aufhänge, fällt das sechs Monate später von der Wand. Wenn ich einen Rolls-Royce kaufe, läuft der nicht. Jeder weiß, dass ein Rolls gut läuft, bei mir klappt das nicht.« Tatsächlich kaufte er den Wagen und er lief gut – für 15 Meilen. Er fuhr hinter einem anderen Auto her und stellte plötzlich fest, dass der Mann vor ihm schneller bremste als er. So bekam sein Rolls-Royce gleich eine neue Front. »Ich weiß nicht, was Sie sich wohl gedacht haben«, sagte er dem Fahrer, »als ich direkt auf sie drauf gefahren bin.« »Nicht viel«, antwortete der. »Ich sagte mir wohl, jetzt tritt mich gleich Jack Lemmon in den Arsch.«

Lennon lebte jahrzehntelang in einem Haus am Benedict Canyon in Beverly Hills in direkter Nachbarschaft von Moderator und Autosammler Jay

Lemmon hatte seinen 54er MG TD beim Schauspielkollegen Bill Bixby erworben.

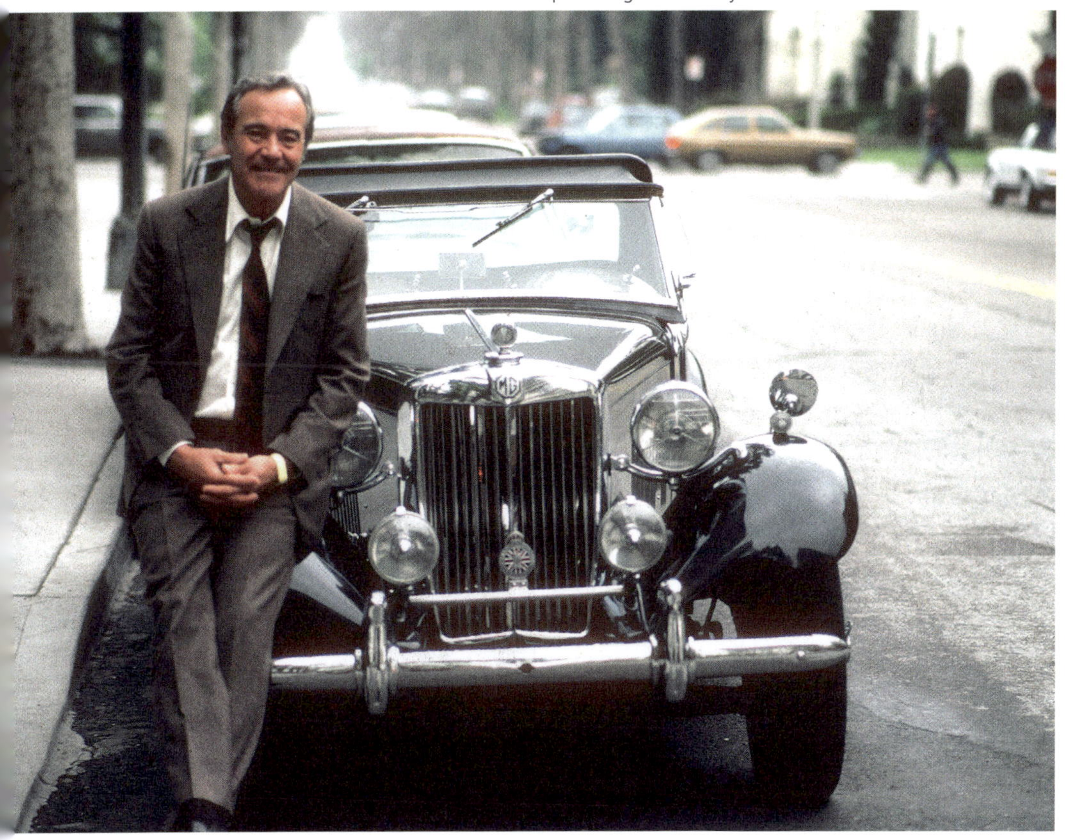

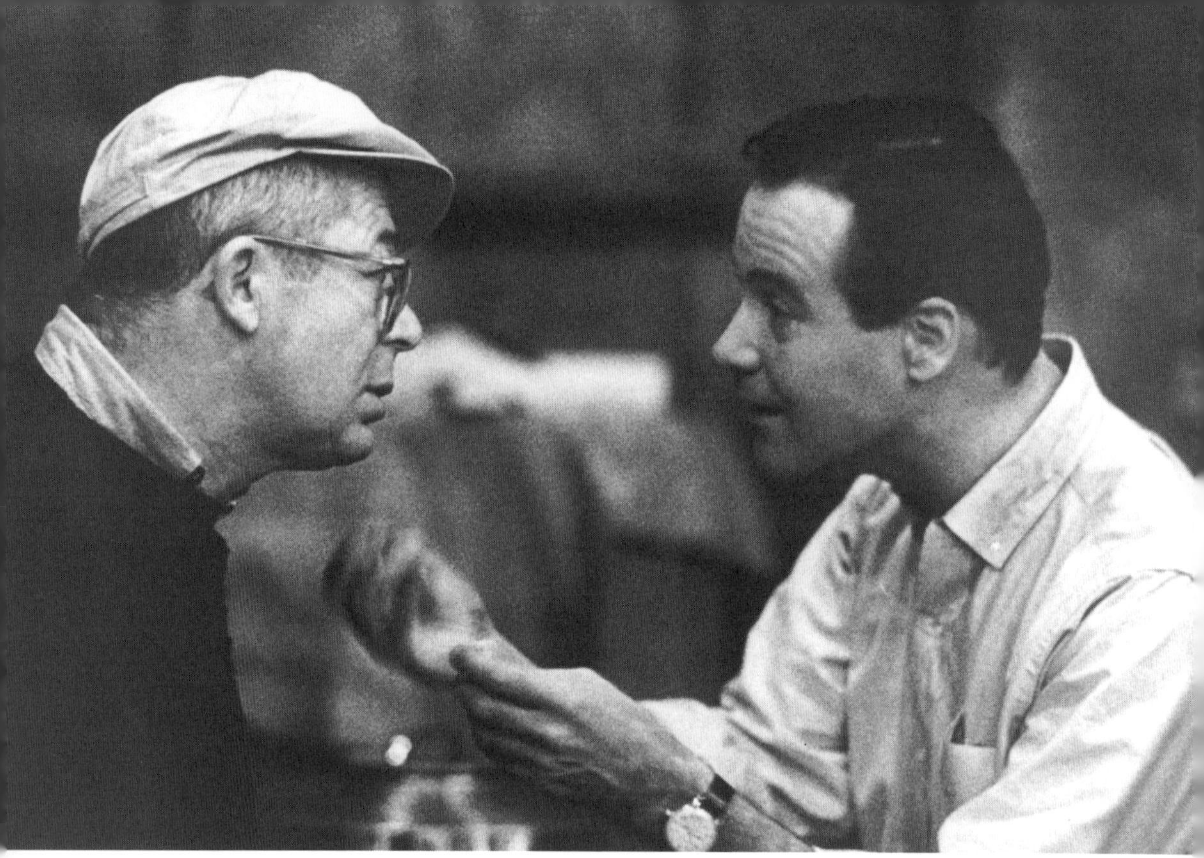

Mit Regisseur Billy Wilder drehte Lemmon Erfolgs-Filme wie »Das Appartement« (1960).

Leno mit dem er sich immer mal wieder über Fahrzeuge austauschte. Seine zweite Frau Felicia Farr und Witwe lebt immer noch an derselben Adresse, und der Rolls soll auch noch dort sein.

Dass der zweifache Oscar-Preisträger nicht nur in Filmen über sehr viel Humor verfügte, beweist die Inschrift auf seinem Grabstein auf dem Westwood Memorial Friedhof. Dort steht ganz clever: »Jack Lemmon« – und darunter: »In«. In derselben Reihe ist übrigens sein Lieblingsregisseur Billy Wilder beerdigt, mit dem er nach »Manche mögen´s heiß« noch sechs Filme drehte, und Peter Falk, sein Kompagnon aus »Das große Rennen rund um die Welt«.

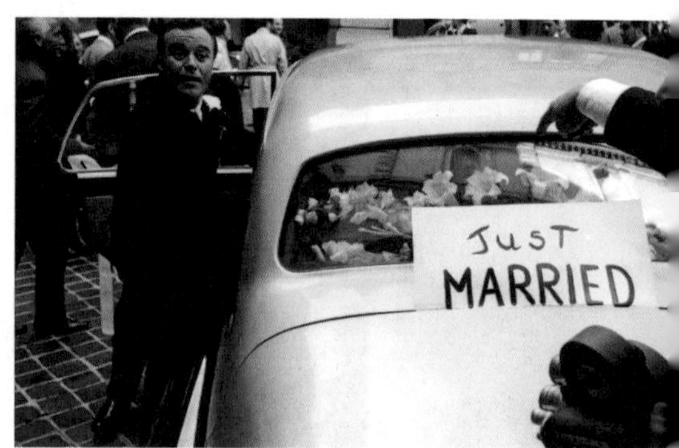

1962 heiratete Lemmon in Paris Felicia Farr.

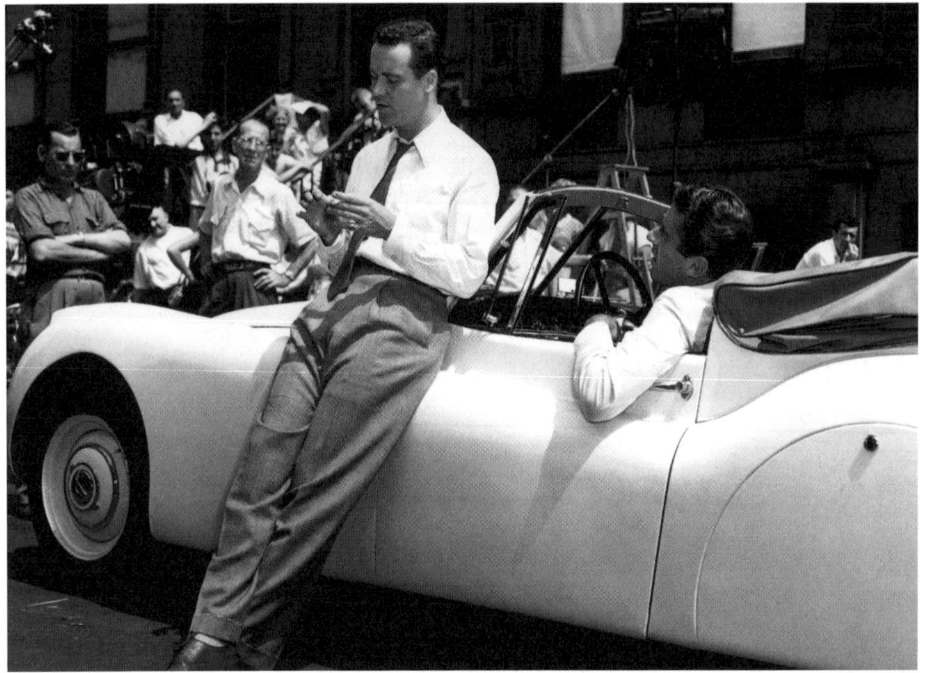

Jack Lemmon und Peter Lawford mit Jaguar XK120 1954 bei den Dreharbeiten zu »Die unglaubliche Geschichte der Gladys Glover« (oben). Mit Schauspielkollegen Walter Matthau verband Lemmon eine enge Freundschaft. Beide traten gemeinsam in elf Filmen auf (unten).

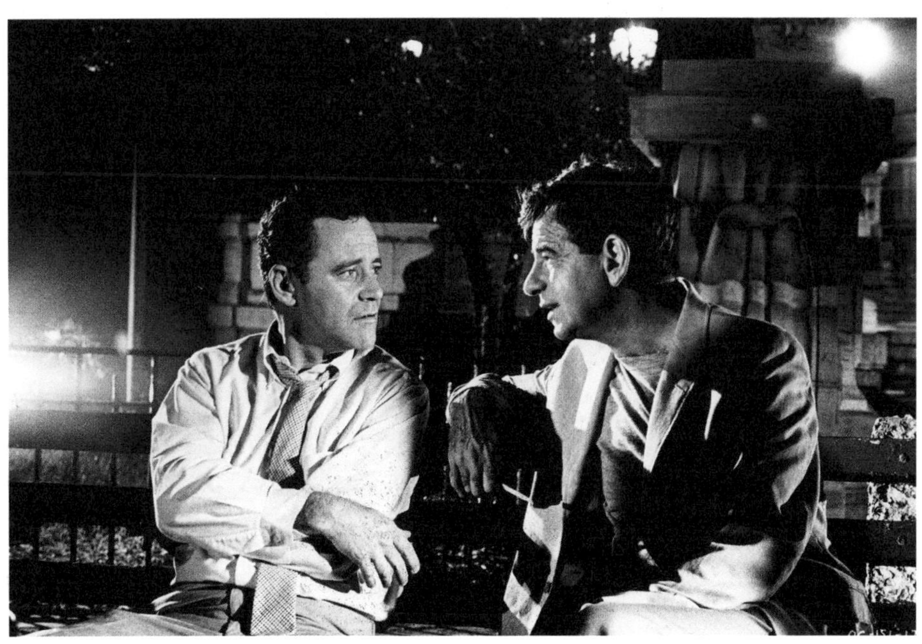

AUTOHANDSCHUHE UND AUTOMODELL IM GRAB

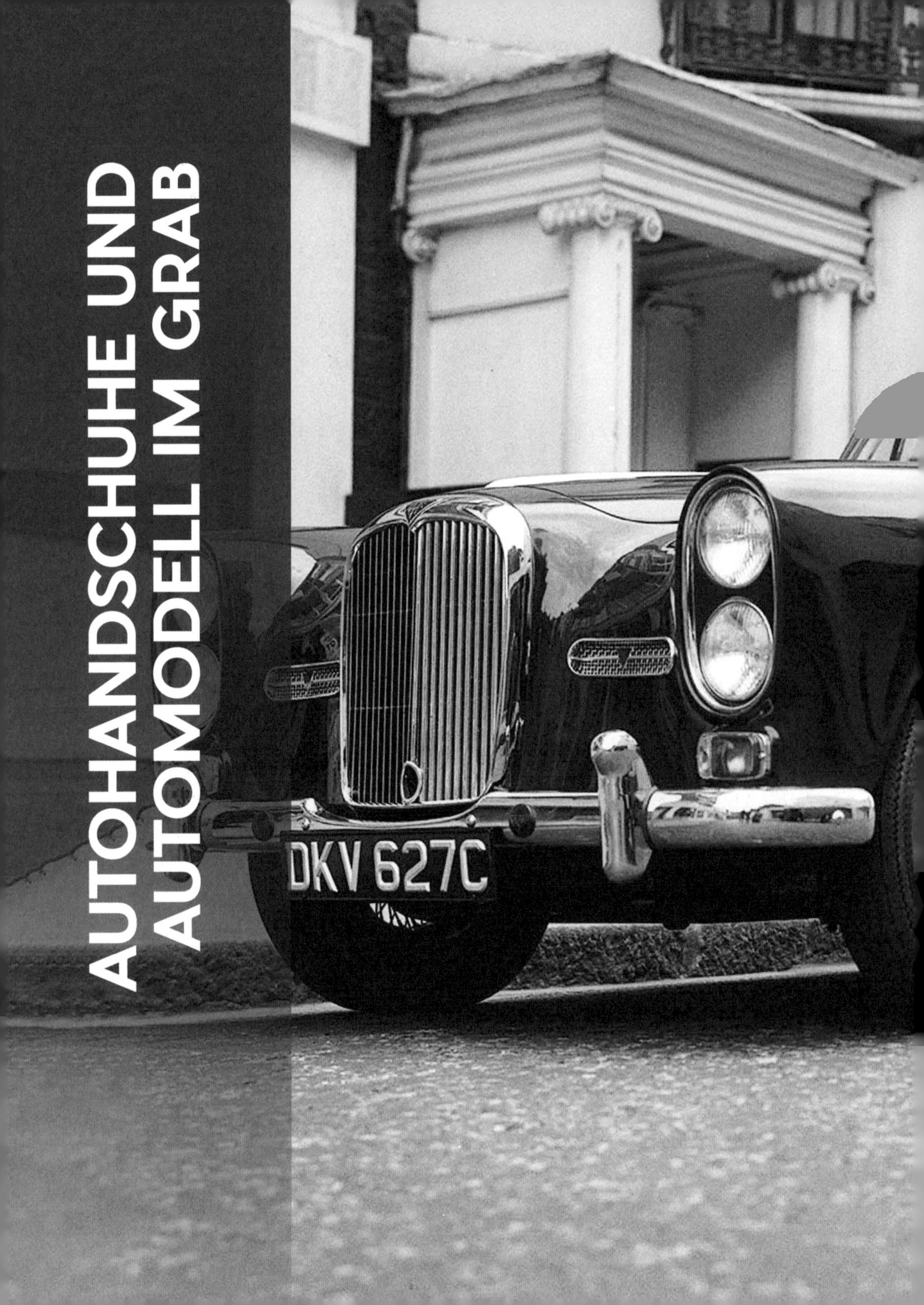

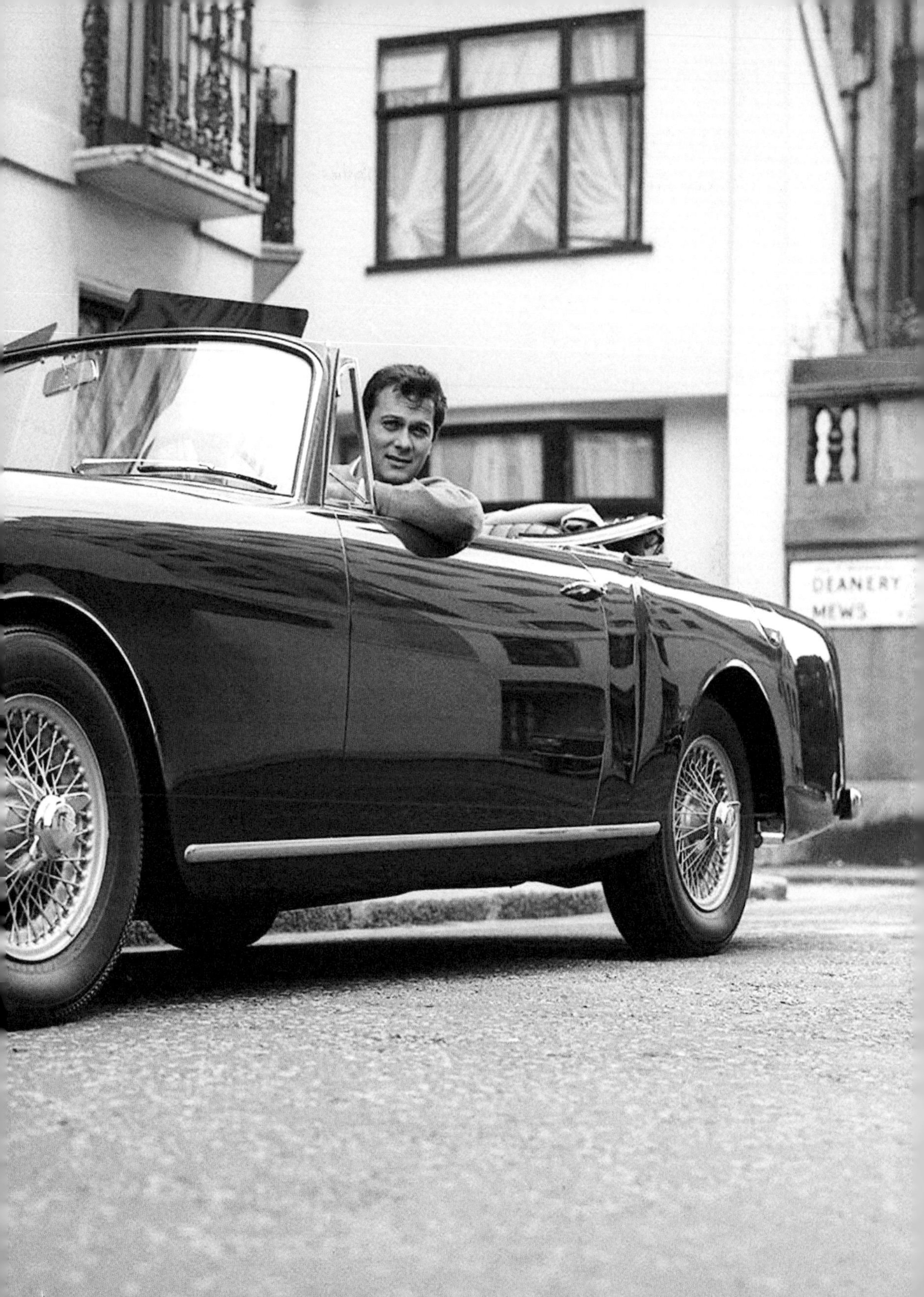
DEANERY
MEWS

AUTOHANDSCHUHE UND AUTOMODELL IM GRAB – TONY CURTIS UND SEINE AUTOS

Tony Curtis muss wohl während der mehr als fünf Monate dauernden Dreharbeiten an dem Film »Das große Rennen« begonnen haben, Form und Auftritt seines »Leslie Special« zu schätzen. Nach Drehschluss am 27. November 1964 kaufte er einen Excalibur SS 1. Es war das sechste Exemplar überhaupt, und Chassis Nr. 1006 wurde speziell für ihn nach seinen Wünschen gebaut. Er ließ sich sogar mit dem dunkelroten (maroon) Wagen, der innen schwarz war, und seinem Filmwagen auf dem Warner Brothers Studio Gelände fotografieren.

Der ungewöhnliche Excalibur verfügte über einen Chevrolet 327cui, 5358 ccm V8 Motor mit Automatikgetriebe, eine Karosserie aus Aluminium und Glasfiber und konnte eine Höchstgeschwindigkeit von 150 Meilen pro Stunde erreichen. Curtis fuhr nur etwa 6.000 Meilen damit und verkaufte ihn am 16. Februar 1965 für 7.895 Dollar an den Philanthropen Donald S. Gilmore, einen Bekannten von Walt Disney. Der stellte ihn bis zum Jahr 2006 in seinem Gilmore Classic Car Museum in Michigan aus. Bewegt wurde er kaum, denn schon ein Jahr später wurde er mit gerade mal 6.252 Meilen von der Motorcar Gallery in Fort Lauderdale offeriert. 2007 fand sich ein Kunde, der ihn am 1. März 2008 nach England bringen ließ. Dort bekam er das Kennzeichen KSK 693. Auch dieser Eigentümer fuhr nicht viel. Als Silverstone Auctions den Wagen am 27. Juli 2019 für 65.000 Pfund (75.171 Euro) versteigerte, hatte er gerade mal 6.500 Meilen auf dem Tacho, auch wenn das Auktionshaus das seltene Stück mit 6.529 Kilometern (4.057 Meilen) anbot, was jedoch nicht stimmen kann. Ein Jahr später war er erneut auf dem Markt. H & H Classics versteigerte ihn am 22. Juni 2020. Der Käufer wurde nicht bekannt.

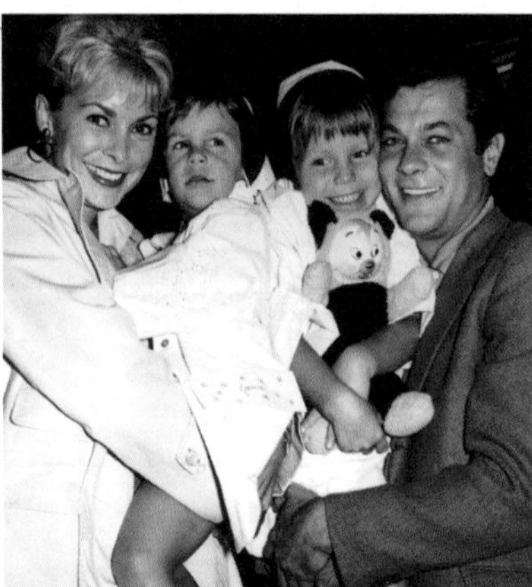

Curtis (1925-2010) mit Ehefrau Janet Leigh und den Töchtern Jamie Lee (li.) und Kelly.

Ab 1965 entstanden über 3.500 Excalibur, die auf einem Studebaker Lark Chassis gebaut wurden und nur knapp eine Tonne wogen. Die ersten elf Wagen hatten keine Türen und zählen zu den seltensten der Baureihe – auch der von Curtis.

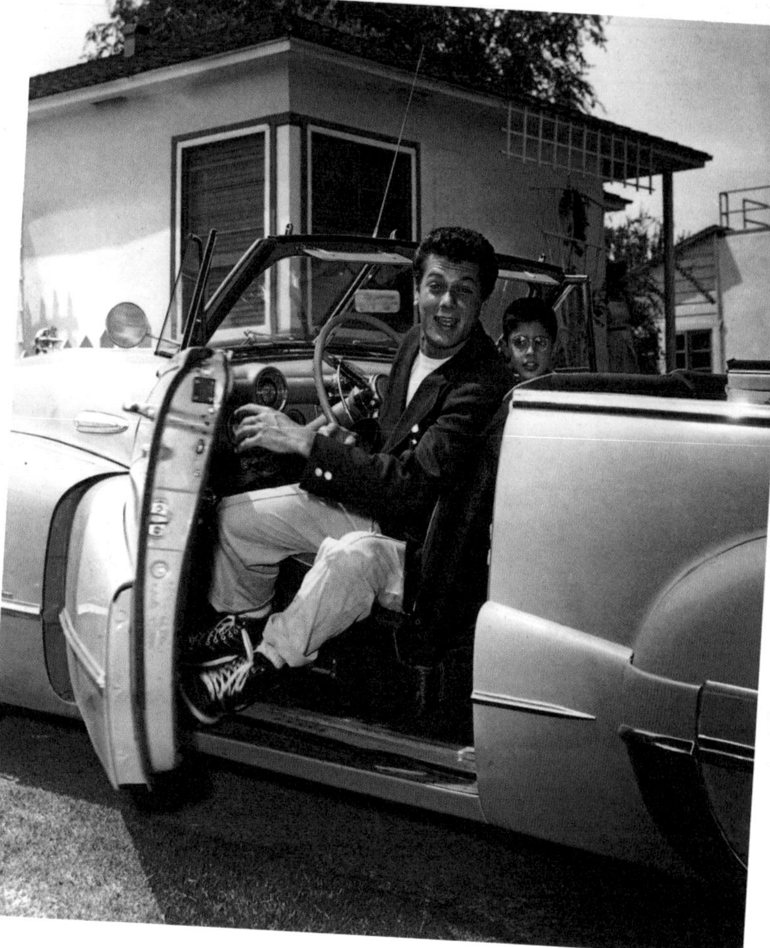

Tony Curtis 1951 in seinem Buick Cabriolet mit seinem jüngeren Bruder Robert.

BEGEISTERTER AUTOFAHRER UND AUTOSAMMLER

Curtis war nicht nur ein begeisterter Autofahrer und -sammler, er besaß auch einen umfangreichen Fuhrpark.

In seiner 1997 erschienenen Autobiografie schreibt er: »1966 verkaufte ich mein Haus in Bel-Air und kaufte die Villa des Ölmagnaten Bill Keck in Holmby Hills. Ich hatte eine geräumige Garage für den 1934er Rolls-Royce, 1937er Bentley, 1935er Duesenberg, 1965er Excalibur SS und den neuen 1966er Lincoln Continental. In der Auffahrt standen ein Mustang und einige andere Fords. Etwas ausgefallen angesichts der Tatsache, dass Christine nicht Auto fahren konnte.«

Mit Christine ist seine zweite Frau Christine Kaufmann gemeint, die deutsch/österreichische Schauspielerin, die er Ende 1961 bei den Dreharbeiten von »Taras Bulba« im argentinischen Salta kennenlernte. Mit ihr hatte er zwei Töchter, Alexandra und Allegra. Letztere erzählte in einem Interview mal von ihrem Leben in Los Angeles direkt neben Jayne Mansfield: »Nach außen waren wir eine Bilderbuchfamilie. Wir wohnten in einem 1.100 Quadratmeter großen Palast mit 18 Zimmern. Das Grundstück mit Blick auf den Los Angeles Country Club war 16.000 Quadratmeter groß. Zum Hofstaat meiner Eltern gehörten Dienstmädchen, Köche, Gärtner, zwei Sekretärinnen und ein Chauffeur für den Rolls-Royce.«

Für Christine verließ er seine erste Frau Janet Leigh mit der er von 1951 bis 1962

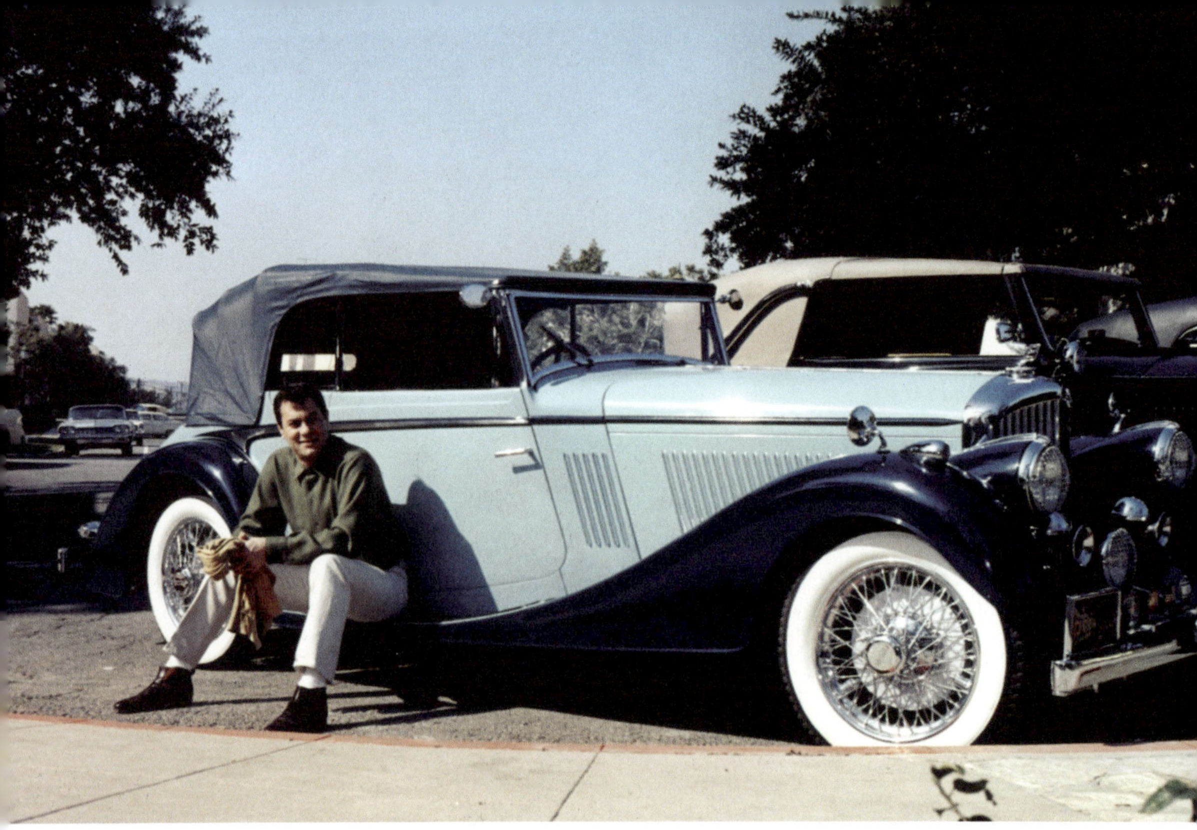

Tony Curtis vor seinem 1937er 4,25-Liter-Bentley Derby.

verheiratet war. 1959 ließ er sich mit ihr und der erst im November geborenen Tochter Jamie Lee Curtis für eine Home Story in der Einfahrt zu seinem vorherigen Haus am Coldwater Canyon in Beverly Hills mit einem 59er Ford Fairlane 500 Sunliner Convertible und einem Simca Aronde fotografieren. Damals besaß er schon ein silbernes 1959er Rolls-Royce Silver Cloud Drophead Coupé, das er während der Dreharbeiten von »Manche mögen's heiß« erwarb (Kennzeichen: RKJ 332). Es folgte ein 1963er schwarzer Rolls-Royce Silver Cloud III Drophead Coupé von Mulliner (Kennzeichen: TAI-PAN). Den Wagen hatte er bis 1981, verkaufte ihn dann, der Eigentümer wechselte mehrfach, bevor ihn 1993 der Sammler Richard Welkowitz erwarb. 2014 wurde er für über 500.000 Dollar restauriert und im Juni 2020 via Mecum Auctions angeboten. Sein 59er Rolls-Royce wurde ebenfalls komplett restauriert und befindet sich in Privatbesitz. Der älteste Rolls-Royce vom Typ 20/25HP Owen Sedanca Drophead Coupé wurde 2019 von dem Autohändler Alex Manos vom Beverly Hills Car Club angeboten. Der british racing grüne Wagen verfügt über eine sandbeige Innenausstattung und einen Aufbau von Gurney Nutting, Handschaltung, Holzarmaturen, Speichenfelgen und Weißwandreifen.

Wie wichtig ihm seine Autos waren, beweist eine Anekdote aus dem Frühjahr 1962. Christine und er wohnten im Beverly Hills Hotel in Los Angeles, und ein Angestellter fuhr seinen Wagen vor. »Tony gab ihm ein Trinkgeld, dann fiel sein Blick auf das Wagendach«, so der Journalist und Biograf Barry Paris, der dabei war. »Da war ein Flecklein. Tony hatte wie immer seine Autohandschuhe an. Er öffnete das Handschuhfach, nahm eine Spraydose heraus, besprühte die Stelle und wischte den Schandfleck weg. Tony machte kein dreiaktiges Drama daraus, er tat es nur, weil er nicht den ganzen Tag mit diesem Fleck auf seinem Auto herumfahren wollte.«

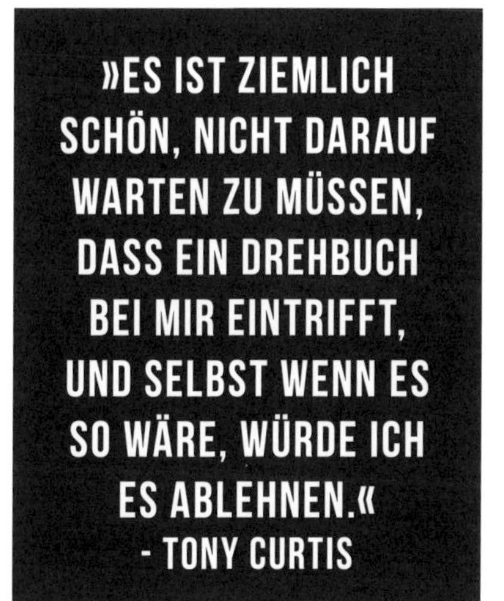

EIN JAGUAR ALS »AUFWÄRMGARDEROBE«

In den 60er-Jahren wandte sich Curtis sowohl luxuriösen englischen Limousinen zu, als auch schicken Sportwagen. Im Frühjahr 1963, nach der Premiere der Komödie »Ein Rucksack voller Ärger« (Forty Pounds of Trouble), flog er nach London und kaufte dort einen »grünen viertürigen Jaguar und chauffierte ihn nach München mit der Absicht, ihn danach nach Amerika zu verschiffen.« Kaufmann drehte in München, er besuchte sie. Sie wohnten im Hotel Bayrischer Hof. Während der Nachtaufnahmen diente der neue Wagen als »Aufwärmgarderobe«, die auch immer wieder andere Darsteller nutzten. »Mein Job als Wagenwarmhalter machte mir Spaß, und jeder in der deutschen Crew war außerordentlich freundlich«, so Curtis. Doch dann geschah etwas Schlimmes: Der Portier des Hotels machte ihn darauf aufmerksam, dass jemand einen Lappen in den Auspuff gestopft und diesen mit Klebeband umwickelt hatte. »Während ich auf Christine wartete, nickte ich manchmal ein. Irgendwer wollte mich mit Abgasen umbringen«, so Curtis. Er musste als gebürtiger Jude (Geburtsname Bernard Herschel Schwartz) an die Taten der Nazis im Zweiten Weltkrieg denken. »Ich nahm das Auto nicht mit nach Amerika«, so Curtis. »Für mich war es geschändet, als kleiner Nachgeschmack auf die Gräuel des Holocaust. (…) Ich unternahm überhaupt nichts. Ich reiste nur ab.« In den USA wandte er sich englischen Sportwagen zu. Er kaufte einen grünen 1969er Jensen Interceptor (Kennzeichen: BEA

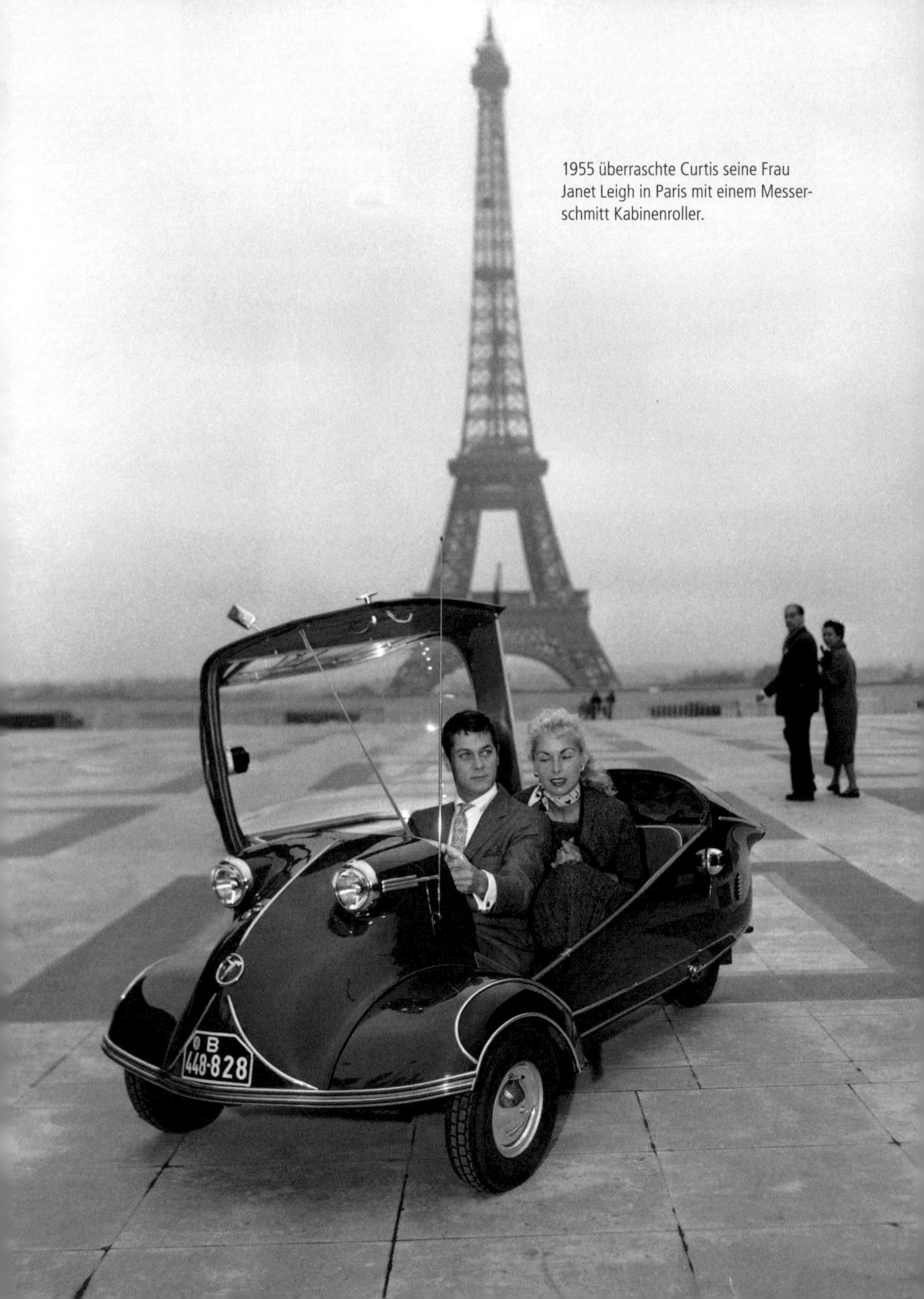

1955 überraschte Curtis seine Frau Janet Leigh in Paris mit einem Messerschmitt Kabinenroller.

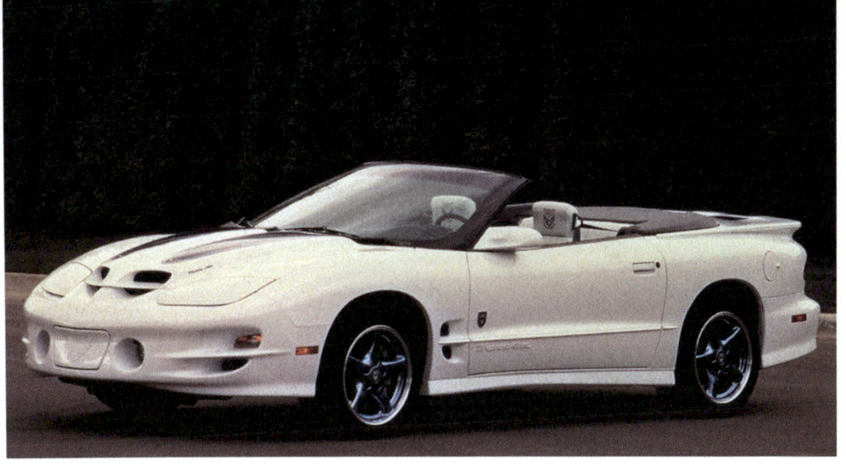

1999er Pontiac Trans Am in der 30-Jahre-Jubiläums-Version, das Lieblingsauto von Tony Curtis.

426J später VOL 433J) und ein schwarzes Jaguar E Cabrio der Serie 1,5 (NWK 600F). Das vermutlich ungewöhnlichste Präsent, das er jemals verschenkte, war auch ein Auto: ein Messerschmitt Kabinenroller. Am 12. Oktober 1955 überraschte er seine Frau Janet Leigh in Paris mit dem in Regensburg gefertigten Rollermobil von Fritz Fend. Der Wagen wurde auf dem Pariser »Salon de L'Automobile« ausgestellt. Curtis war in der Stadt, weil er dort den Film »Trapez« an der Seite von Gina Lollobrigida und Burt Lancaster drehte. Leigh schien das Geschenk zu mögen und posierte gemeinsam mit ihrem Mann vor dem Eiffelturm für die Fotografen (Kennzeichen: B 448-828), also exakt dort, wo zehn Jahre später »Das große Rennen« endete – auch wenn er dann schon mit Christine Kaufmann verheiratet war. Ob der Werbeslogan »Die Straßen werden immer voller – fahr' Messerschmitt Kabinenroller«, der Grund für den Kauf war, ist nicht überliefert.

Als sein Lieblingsauto kann jedoch ein ganz anderes Fahrzeug gelten, ein weißes Pontiac Trans Am Cabrio Jubiläumsmodell aus dem Jahr 1999, das zum 30-jährigen Jubiläum des Trans Am herauskam. Nach seinem Tod versteigerte das Auktionshaus Julien's den Pontiac im Rahmen einer Online Auktion am 17. September 2011 für 21.250 Dollar. Das Volo Auto Museum erwarb ihn und stellte den Wagen, der nur 26.000 Meilen gelaufen war, bis 2019 dort aus. Jamie Lee Curtis war nicht gerade erfreut über den Verkauf, denn sie wollte den Pontiac selbst behalten. 2019 bot ihn das Auto Museum für 37.090 Dollar an. Tony Curtis wäre wohl über die geringen Verkaufssummen nicht erfreut gewesen. Er ließ den Trans Am peinlich genau pflegen und fuhr alle halbe Jahre zur Inspektion, die ihn jedes Mal zwischen 800 und 900 Dollar kostete. Er war auch Mitglied des Pontiac Clubs. Als Erinnerung an diesen, seinen letzten Wagen, legte ihm seine sechste Frau, die Künstlerin und Reitlehrerin Jill Vandenberg, sogar ein Spielzeugmodell des Wagens mit in den Sarg, und weil er darauf bestand, auch seine Handschuhe, die er beim Autofahren trug.

»FUUUN!« – GRAND PRIX (1966)

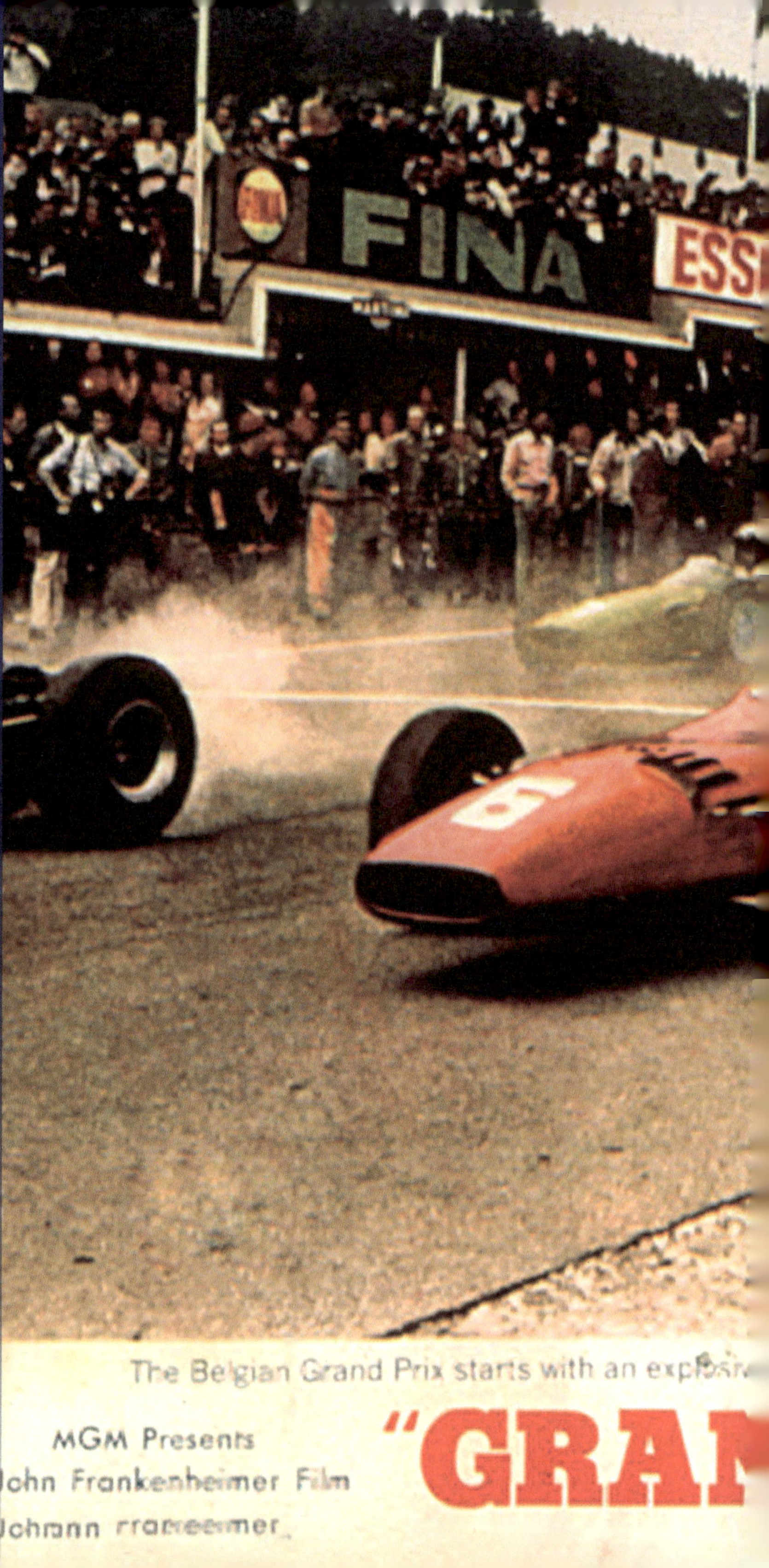

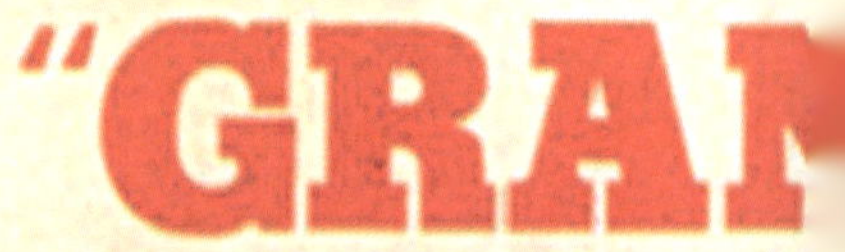

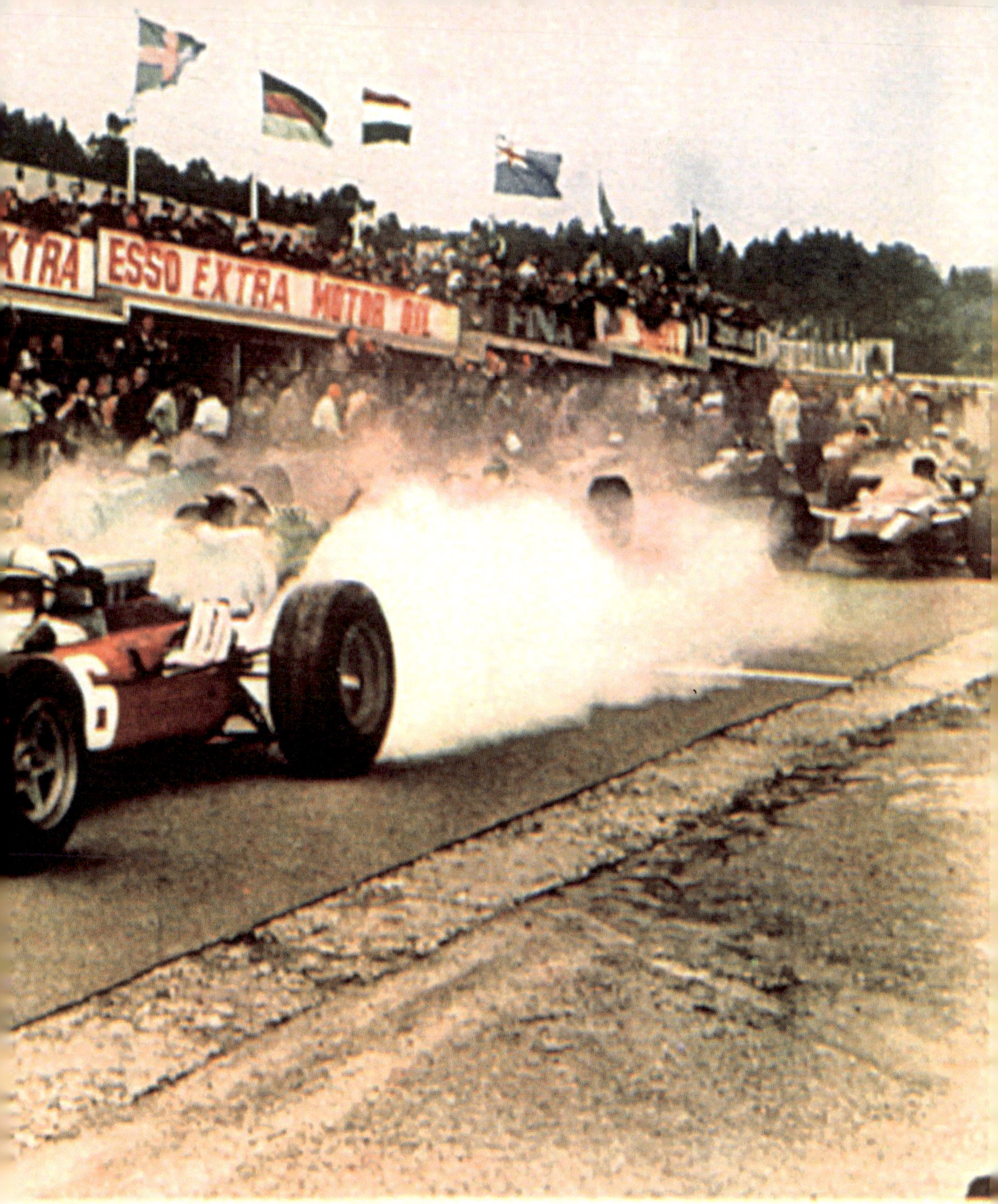

re of noise, burning rubber and exhaust fumes.

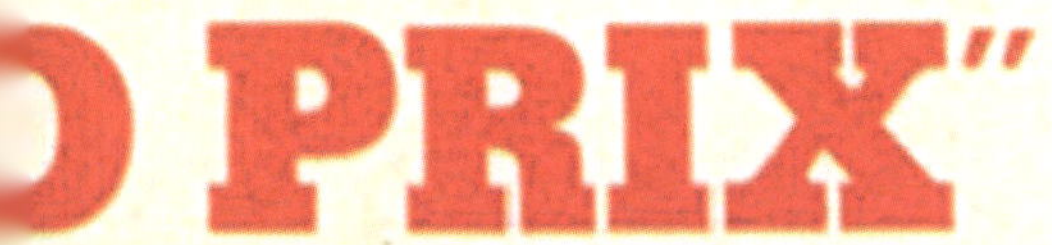

In SUPER PANAVISION®
And METROCOLOR

»FUUUN!« - GRAND PRIX (1966)

Zwei Reisen des amerikanischen Regisseurs John Frankenheimer und eine Buchvorlage, die zum Zankapfel wurde, waren der Ausgangspunkt für den Film. Am 20. und 21. Juni 1964 besuchte Frankenheimer das 24-Stunden-Rennen von Le Mans und sah dort einen dreifachen Sieg von Ferraris Typ 275P und 330P. Im selben Jahr war er außerdem in New York auf der »World´s Fair« zu Gast. Im dortigen IBM Pavillon sah er einen Kurzfilm von Roy und Charles Eames mit dem Titel »Think«, der auf 22 separate Bildschirme projiziert wurde. Das erste Mal war die sogenannte »Split-Screen-Technik« zu sehen – auch in Rennszenen. Frankenheimer, selbst Amateurrennfahrer, war begeistert. Es war der Start für einen der besten Rennsportfilme aller Zeiten, der zu einem der zehn erfolgreichsten Filme des Jahres 1966 wurde, drei Oscars gewann und James Garners Leidenschaft für Autos und Autorennen entfachte.

»ES GIBT KEINE SCHLECHTE ART ZU GEWINNEN. ES GIBT NUR DEN SIEG.«
- YVES MONTAND ALS JEAN-PIERRE SARTI

Um Mitstreiter für seine Faszination zu gewinnen, nahm Frankenheimer zunächst Kontakt zu Formel-1-Piloten wie Carroll Shelby, Dan Gurney und dem früheren Weltmeister Phil Hill auf. Es gelang ihm, sie davon zu überzeugen, sowohl ihre Expertise einzubringen, als auch die verantwortlichen Veranstalter zu gewinnen, bei den anstehenden Rennen im Jahr 1966 filmen zu dürfen. Er selbst reiste im Mai 1965 zum Grand Prix von Monaco, ließ dort am 30. Mai dokumentarische Aufnahmen drehen und schnitt 30 Minuten Material zusammen. Daraufhin meldete er sich bei Enzo Ferrari, um ihn von seiner Ernsthaftigkeit und einer möglichen Kooperation zu überzeugen. Der war zunächst skeptisch, gewährte ihm aber einen Termin. Frankenheimer brachte Filmprojektor und Leinwand mit und zeigte ihm seine Aufnahmen. Als das Licht wieder anging, stand Ferrari auf, umarmte den Regisseur und sagte: »Sie verstehen wirklich, um was es geht.« Fortan lieh er ihm seine Rennwagen und gewährte auch sonst jede Unterstützung, die er wollte. Da die ursprünglich als Basis dienende Vorlage, das Buch »The Cruel Sport« des New Yorker Bestseller-Autors Robert Daley, mit Streitereien belastet war, verfassten Robert Alan Aurthur und William Hanley ein Drehbuch, das der Regisseur noch (ein bisschen) nach Ferraris Wünschen änderte, doch nur

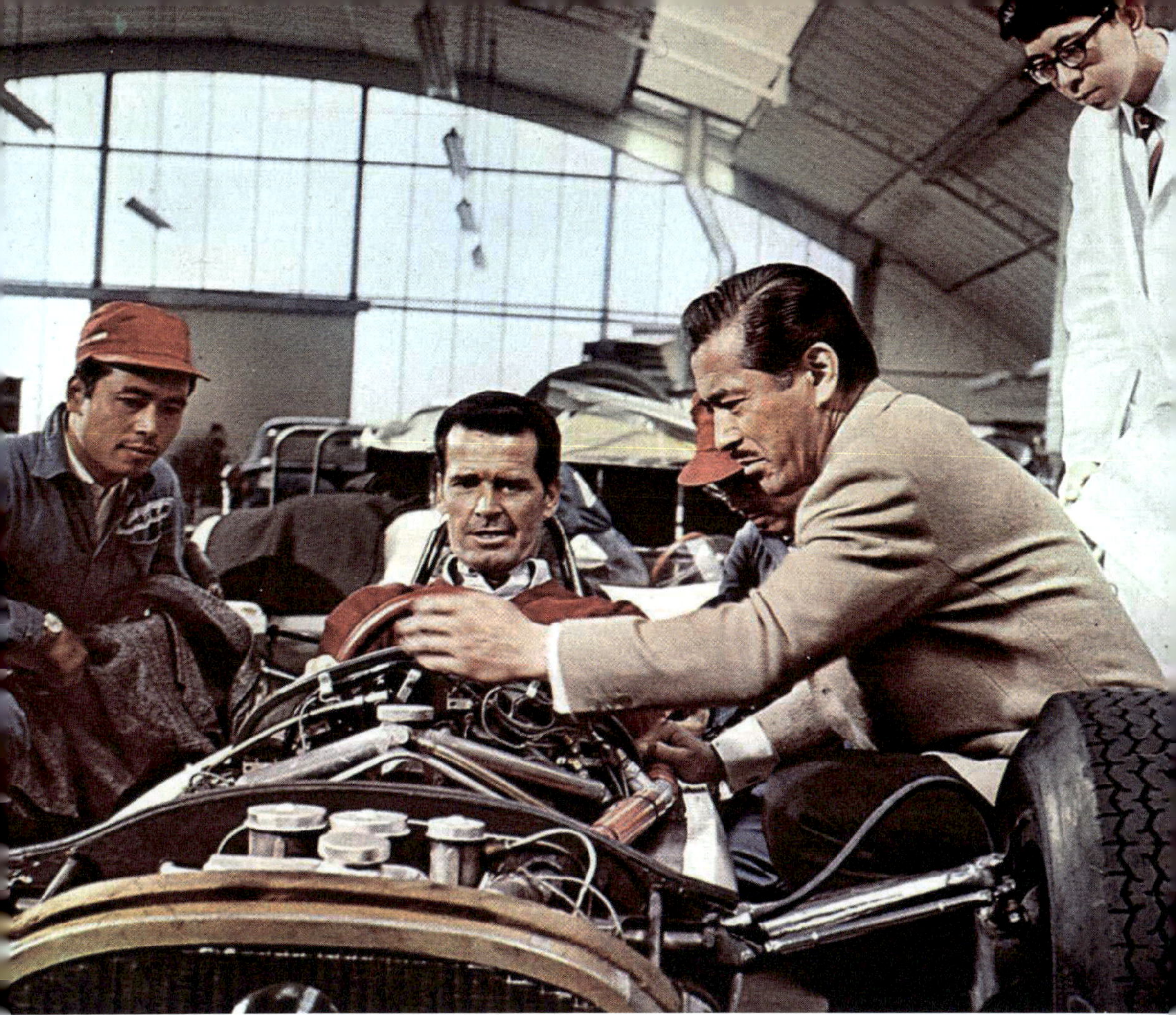

Rennfahrer Pete Aron (James Garner) lässt sich von Yamura (Toshiro Mifune) die neuesten technischen Raffinessen erklären.

Aurthur wurde im Vorspann genannt. Ferrari hatte sich dagegen ausgesprochen, dass im Film einer seiner Fahrer in Monza stirbt und ein weiterer nicht aufs Podium kommt. Doch Frankenheimer setzte sich durch.

»EIN SARG UMGEBEN VON BENZIN IN EINER BOMBE«

In der Geschichte geht es um vier Fahrer, ihre Frauen / Freundinnen und eine komplette Rennsaison mit neun Rennen, die in Monaco beginnt. Die Hauptpersonen sind der Amerikaner Pete Aron (James Garner), dem beim dortigen Grand Prix ein schwerer Unfall des Briten Scott Stoddard (Brian Bedford) angelastet wird, der Franzose und zweimalige Weltmeister Jean-Pierre Sarti (Yves Montand), dessen Karriereende

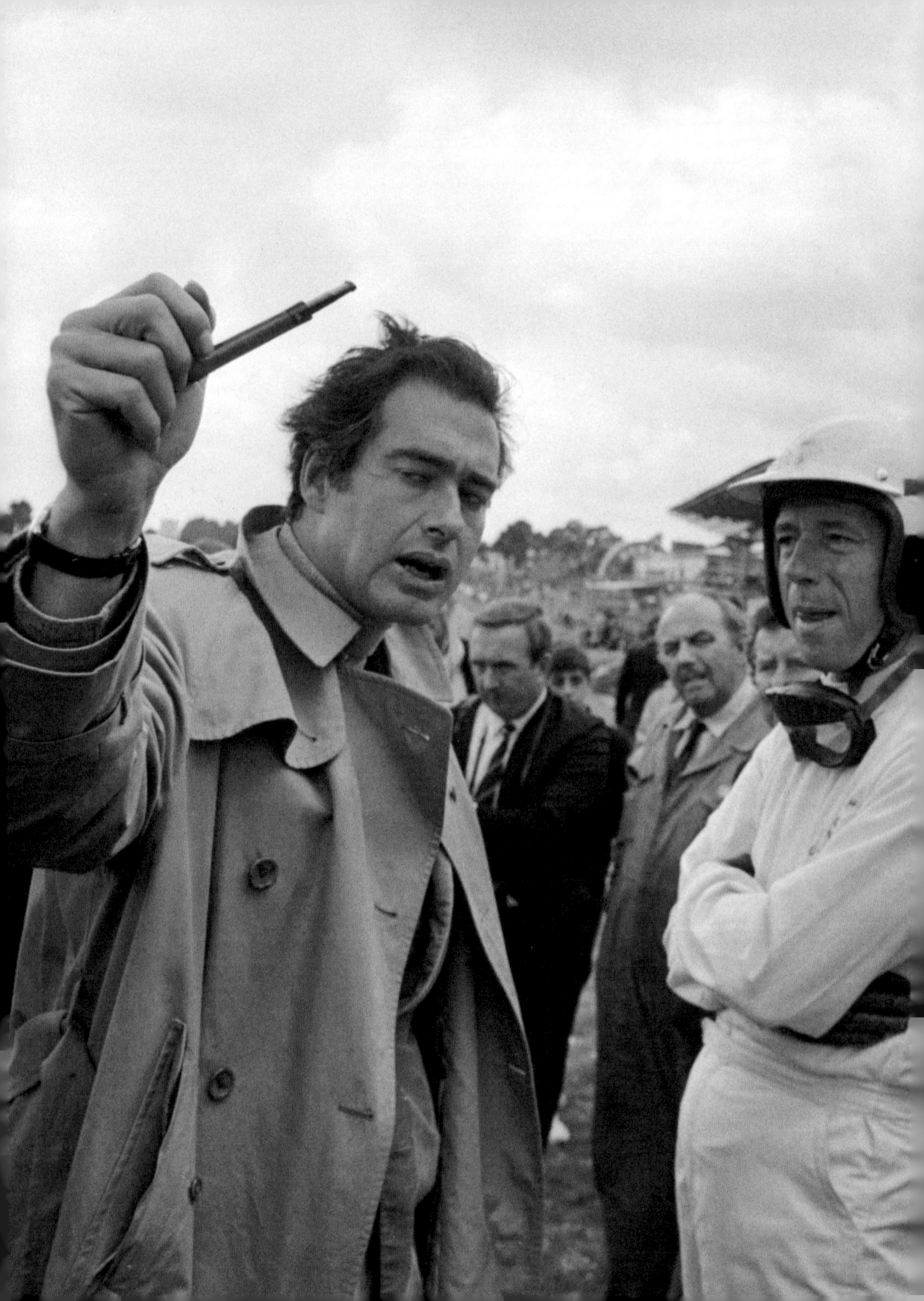

naht und der junge Italiener Nino Barlini (Antonio Sabàto), ein vielversprechendes Talent.

»In diesen Dingern sitzt man wie in einer Kiste, einem Sarg umgeben von Benzin, als ob man in einer Bombe liegt«, sagt Barlini relativ zu Anfang und hat damit sicher recht. Diese Gefahren spürten auch die Schauspieler. James Garner absolvierte vorab ein zwei Monate dauerndes Intensivtraining unter der Leitung des erfahrenen amerikanischen Rennfahrers Bob Bondurant auf dem Rennkurs im kalifornischen Willow Springs, bevor er sich auf den Weg nach Europa machte. Schon nach kurzer Zeit sagte Bondurant den Produzenten, dass sein sehr gelehriger Schüler kein Stunt Double oder Special Effects benötigen würde. Er könnte sogar in einem Formel-1-Team mitfahren und wäre um »Lichtjahre« besser als die anderen. Sogar Graham Hill, und der dreimalige Formel-1-Weltmeister Jack Brabham, attestierten ihm Talent. Aussagen von Robert »Bobby« Unser, der dreimal die Indy 500 gewann, bestätigten das: »Er war sehr aufmerksam, hörte immer gut zu und tat nicht so, als wenn er schon alles wüsste. Weil er gut zuhörte, lernte und verstand, wurde er sehr gut.« Damit auch die anderen Hauptdarsteller ihre Rollen glaubhaft ausfüllen konnten, besuchten sie die Jim Russell Driving School in England und durchliefen dort ein intensives Fahrertraining. Sie fuhren zunächst in einem zweisitzigen Formel-1-Wagen mit, um zu sehen, wie

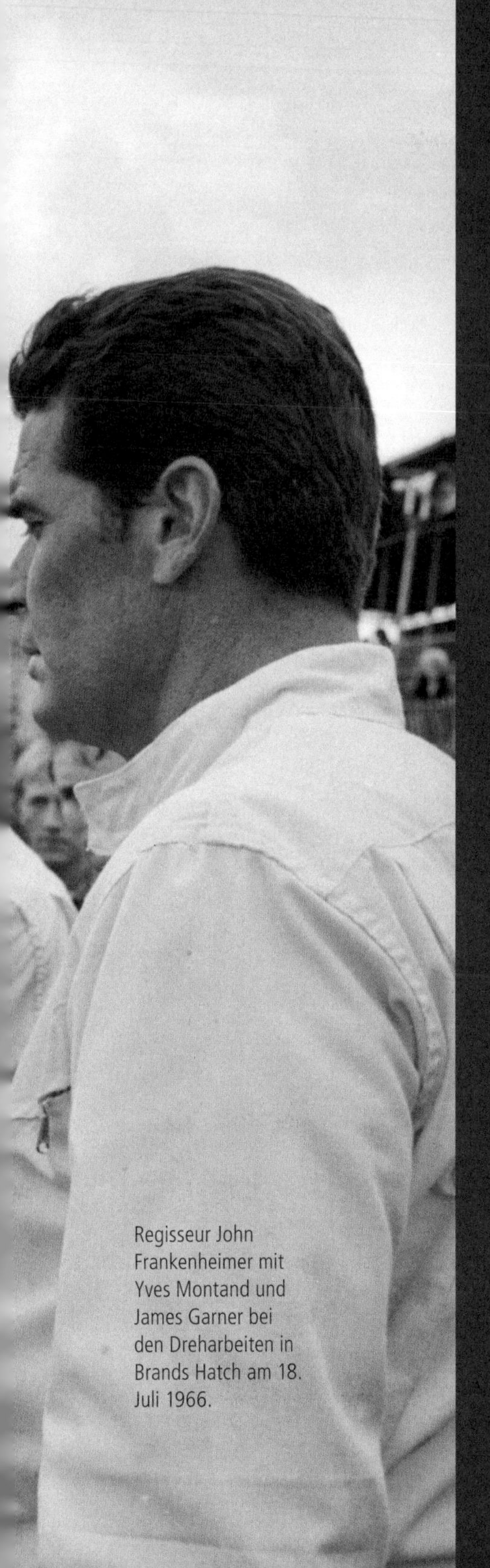

Regisseur John Frankenheimer mit Yves Montand und James Garner bei den Dreharbeiten in Brands Hatch am 18. Juli 1966.

sie mit den hohen Geschwindigkeiten umgingen. Bei rund 249 km/h wuchs die Nervosität und sie bekamen ziemliche Angst – nur der schon erfahrene Garner blieb ruhig. Er trainierte mit den Formel-1-Fahrern Phil Hill und Richie Ginther, die für den Film engagiert worden waren. Auch Garner fuhr zunächst in Zweisitzern und lernte die einzelnen Rennstrecken in Sektionen zu unterteilen, um sie so zu beherrschen.

Brian Bedford, der gerade erst seinen Führerschein bekommen hatte, und noch nicht mal im normalen Straßenverkehr fuhr, stellte die Herausforderung vor die größten Probleme: »Einen Schauspieler zu fragen einen Formel-1-Wagen zu fahren, ist wie Phil Hill zu sagen er solle Hamlet spielen«, war sein Kommentar. Er wurde viel gedoubelt. Auch Montand fühlte sich in einem Rennwagen nicht wohl, nur James Garner genoss es, trotz körperlicher Probleme, sehr. Für den über 1,90 Meter großen Akteur, war der Wagen schlicht nicht gebaut. Also musste der Einstieg geändert, und der Überrollbügel angehoben werden. Der Sitz flog raus. Also saß er nur noch auf einem Lederüberzug auf dem Rahmen. »Ich bekam einen ganz schönen Ruck, wenn der Wagen die Talsohle erreichte«, so Garner in seiner Autobiografie. Er verlor 20 Pfund

Françoise Hardy und Alain Gerard bestaunen ein Modell der Rennstrecke.

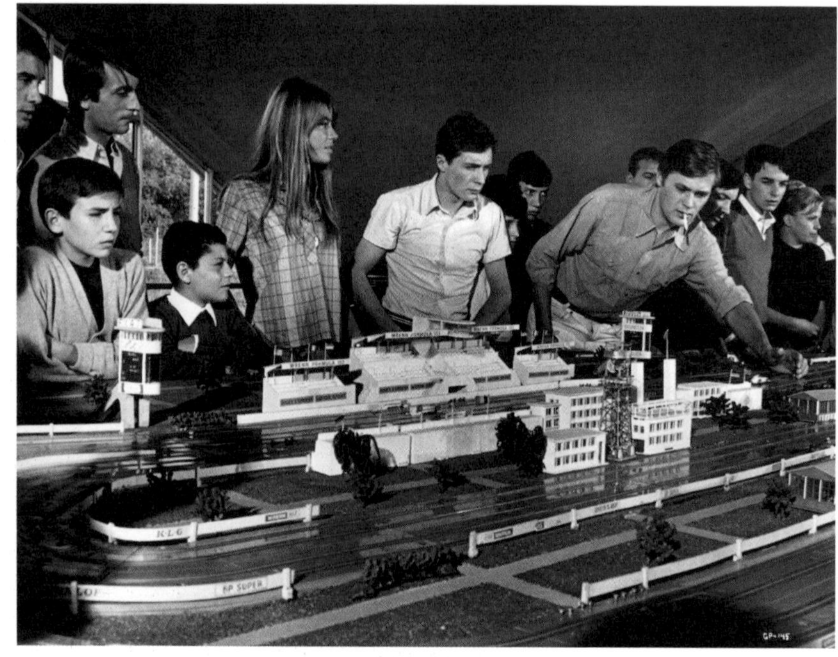

Gewicht und war der am besten präparierte Fahrer von allen.

»GET OUT« UND »FUUUN!«

Nachdem alle Vorbereitungen abgeschlossen waren, reiste ein Filmteam von mehr als 200 Personen mit dem Formel-1-Zirkus durch Europa, wobei Frankenheimer und Garner ein ganz besonderes Transportmittel wählten: einen schwarzgoldenen Shelby GT 350 H, der im Film kurz als Privatwagen von Pete Aron (Garner) auftaucht. Die Dreharbeiten begannen in Monaco. Dort waren auch Fürst Rainier III. und dessen Ehefrau Gracia Patricia (Grace Kelly) zu Gast. Während der Aufnahmen dort kam es zu Streitereien mit Geschäftsinhabern, die sich als nicht gut genug entlohnt empfanden. James Garner, der für eine Sequenz klitschnass sein musste, stritt sich mit ihnen und meckerte sie lautstark an, weil er sich »den Hintern abfriert«. Ein deutliches: »Get Out!« vertrieb sie.

Insgesamt war das Filmteam in sechs Ländern zu Gast und gab (zu) schnell große Teile des von MGM bewilligten Budgets von fünf Millionen Dollar aus. Bald wurde klar, dass es höher liegen würde, und es gab sogar Überlegungen, die Arbeiten abzubrechen. Doch dazu kam es nicht. MGM akzeptierte die steigenden Kosten, die sich am Ende auf acht bis neun Millionen Dollar beliefen. Die Kostensteigerung lag vor allem an dem betriebenen Aufwand, der Logistik und dem Perfektionismus des Regisseurs. Um das zu erreichen was er wollte, die Zuschauer nicht nur in das Cockpit zu setzen, sondern sie auch die Gefahren des Fahrers spüren zu lassen, hatte die NASA dabei geholfen kleine, leichte Kameras zu entwickeln, die sowohl in den Cockpits, auf den Wagen, als auch auf den Helmen der Fahrer positioniert wurden. Heute nichts Besonderes, damals eine Sensation. Special-Effects-Mann Milt Rice baute extra ein schwenkbares Cockpit für die Nahaufnahmen der Akteure, Drehungen und Unfälle, und wenn die Wagen etwa auf einer speziellen Vorrichtung gezogen wurden. Hinzu kamen extra präparierte Wagen ohne Motor und Getriebe, die per Luftdruckkanone abgeschossen wurden.

Einer der Kamerawagen, ein Ford GT-40, wurde vom früheren Weltmeister Phil Hill gefahren. Die Geräusche und Gangwechsel lieferte er auch. Tonmann Gordon Daniel zeichnete sie auf einer geraden Strecke in Kalifornien auf – mit Phil Hill am Steuer. Graham Hill, Jack Brabham, Jackie Stewart und Jochen Rindt fuhren zum Teil die gefährlichen Manöver für die Akteure. Der Deutsche fühlte sich sogar beschämt, als er bei einer Szene nicht mit James Garner mithalten konnte. Der genoss es so schnell zu fahren und nannte es: »Fuuun!«

Bei den Rennaufnahmen flog ein Hubschrauber teilweise nur drei Meter über den Fahrern. John Stephens, der

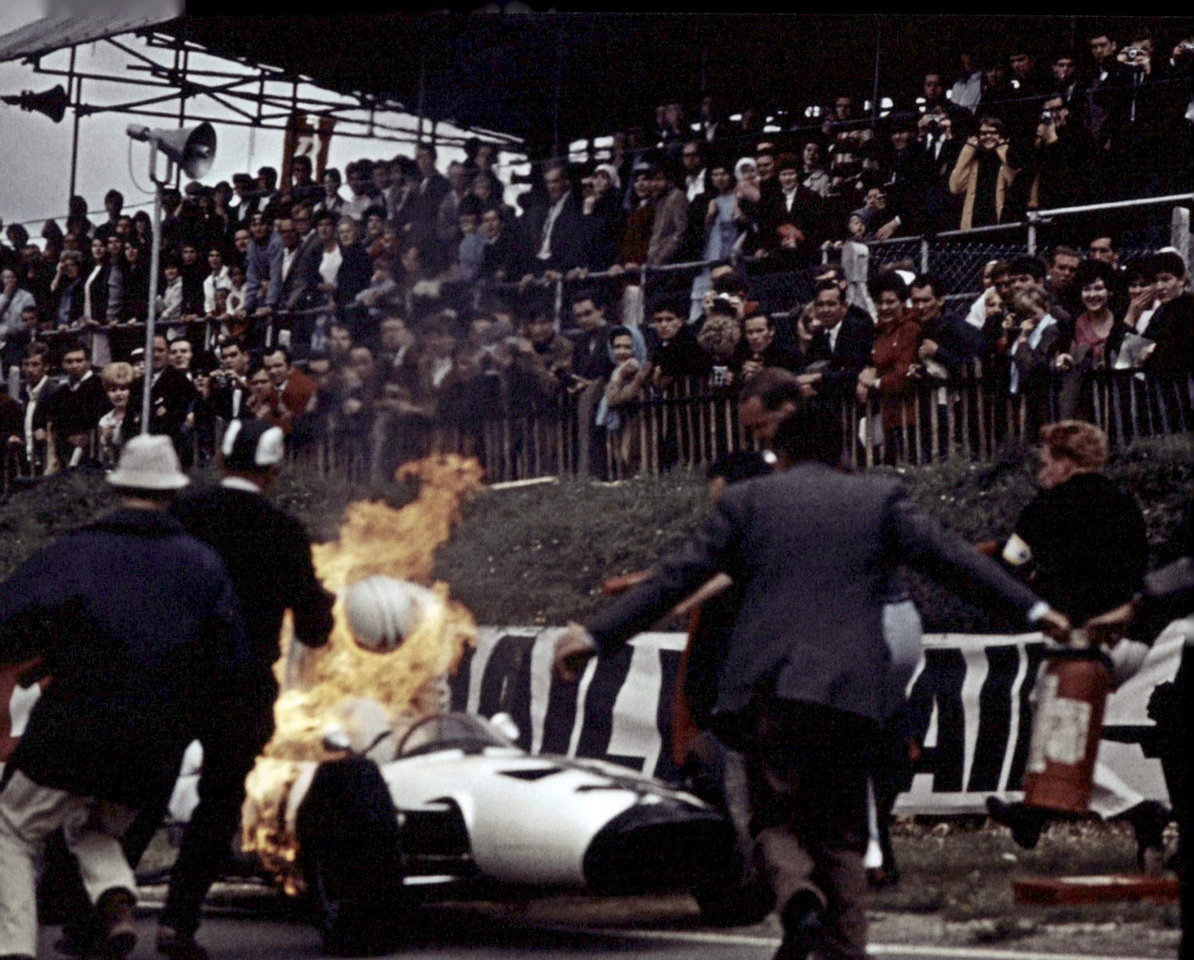

Als Garners Wagen Feuer fing, blieb er zunächst sitzen, damit der Kameramann weiterdrehen konnte.

Kameramann, des zweiten Aufnahmeteams, stieg mehrfach mit grünen Hosen aus, weil er auch mal die Blätter der Bäume am Straßenrand abbekommen hatte. Für die schweren 70-Millimeter-Kameras, die sich in Glaskästen auf dem Chassis befanden, mussten zum Ausgleich der Aerodynamik Gegengewichte konstruiert werden, so dass die Autos gefahren werden konnten, ohne allzu sehr zu vibrieren.

ÖL AUF DEN REIFEN

Die Rennwagen kamen aus der Formel 3 und Formel 2. Sie waren mit Fiberglas, falscher Auspuffanlage und Vergasereinheit verkleidet, so dass sie denen aus der Formel 1 entsprachen. So sahen sie aus wie ein Drei-Liter-V8. Die Nieten waren ebenso falsch wie das Schaltgetriebe, das aus Holz und Metall bestand. Zehn fahrfähige Autos zu je 30.000 Pfund wurden gebaut, drei entstanden zusätzlich für die Unfälle – ohne Motoren. Garners weißer BRM war ein Lotus-Ford mit einem Ein-Liter-Vierzylinder

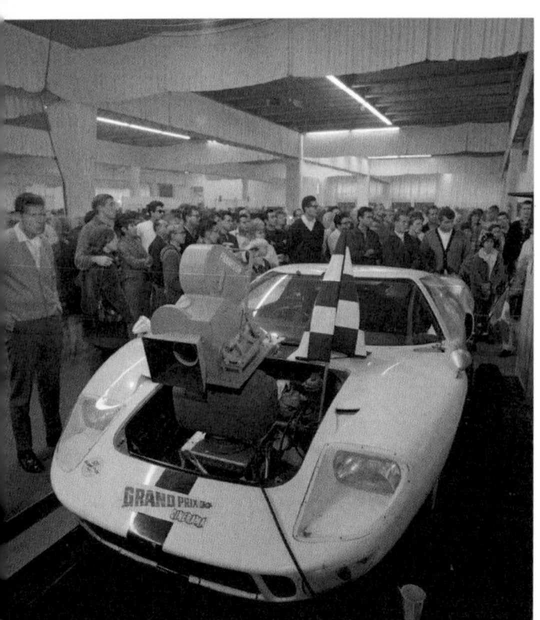

Ein Ford GT-40-Kamerawagen wurde von Ex-Weltmeister Phil Hill gefahren.

Motor (997 ccm), schaffte aber immer noch 130 Meilen pro Stunde im Gegensatz zu den 160 Meilen der Formel-1-Autos. »Als beim Start das nötige Drehmoment für die durchdrehenden Reifen fehlte, wurden die mit Öl bestrichen, so dass es ordentlich rauchte«, so Garner. Yves Montand war zu Tode erschreckt, als er sich vor dem Hôtel de Paris in Monaco drehte und fast in die Polizeidienststelle hineinschleuderte. Außerdem fing sein Motor auf einer anderen Rennstrecke an zu brennen und der rechte Spiegel fiel ab. »Was wollen wir beweisen? Dass wir noch schneller fahren können und trotzdem lebend davonkommen«, sagt seine Figur einmal im Film. Antonio Sabàto drehte sich in der monegassischen Boxengasse und Brian Bedford empfand sich generell am falschen Platz. Sein Wunsch, ihn zu ersetzen wurde abgelehnt. Auch James Garners Wagen fing einmal Feuer. Er fuhr aber weiter, damit der Kameramann weiterdrehen konnte und stieg danach erst aus – rechtzeitig. Als ein Versicherungsvertreter von Lloyd´s in London bei den Aufnahmen in Spa Francorchamps zu Gast war und herausfand, dass Garner selbst bei Regen mit 120 mph fuhr, war der Mann ziemlich ungehalten und musste erstmal beruhigt werden. Als er von dem brandgefährlichen Stunt hörte, kündigte Lloyd´s den Vertrag. Garner fuhr fortan ohne Versicherungsschutz.

»Grand Prix« kam am 21. Dezember 1966 in die US-Kinos und wurde sofort zu einem riesigen Erfolg. Er wurde im speziellen Breitwand-Format »Cinerama«, zum Teil sogar in speziellen dafür ausgelegten Kinos projiziert, und so zu einer wirklich spektakulären optischen und akustischen Erfahrung, denn Frankenheimer hatte mehrfach mit Split-Screen Bildern gearbeitet und die Leinwand so in bis zu 32 Einstellungen von Wagen und Fahrern aufgeteilt. Im »Mann Cinerama Theatre« in Minneapolis lief der Film z.B. acht Monate lang.

James Garner wandte sich umgehend dem Rennsport zu. Schon Anfang der 80er-Jahre gab es Gespräche über eine Fortsetzung, aber der damalige

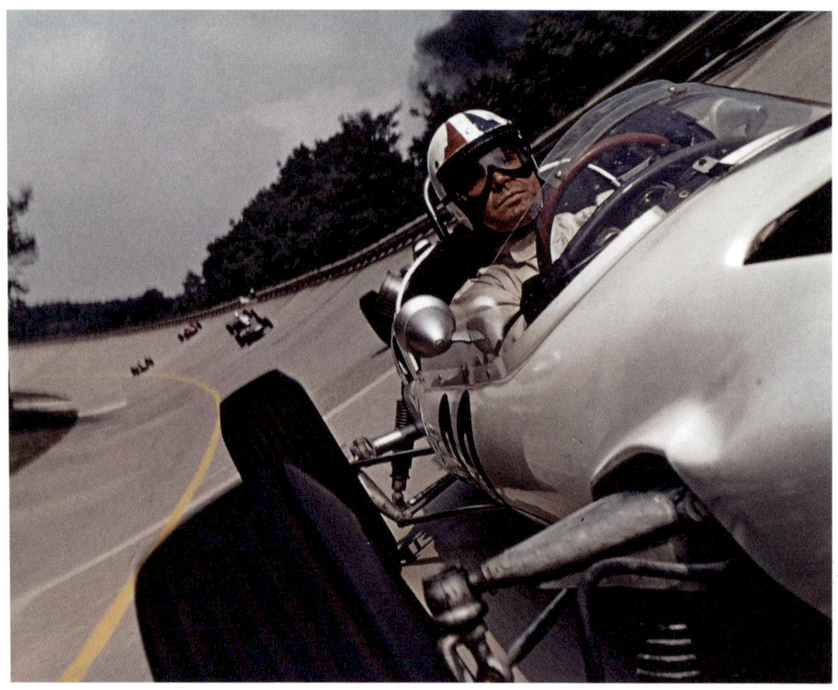

Spektakuläre Kamereinstellungen zeichnen den Film aus, hier eine Szene mit James Garner.

Verantwortliche Bernie Ecclestone wollte so viel Geld für den Zugang zu den Rennen, dass das Projekt zusammenbrach. Ende der 80er-Jahre beauftragte Frankenheimer Brock Yates, den langjährigen Chefredakteur von »Car & Driver« sowie späteren Ferrari-Biographen, an einer Geschichte zu schreiben, die den Arbeitstitel »Endurance« trug. Darin ging es um eine Frau und einen Mann mit ganz unterschiedlichen Hintergründen, die sich für das 24-Stunden-Rennen von Le Mans zusammentun. Doch als der NASCAR-Film »Tage des Donners« 1990 bei einem Budget von 60 Millionen Dollar »nur« 157 Millionen einspielte, wurde die Idee nicht weiterverfolgt.

Ein von Robert Alan Aurthur verfasstes Drehbuch des Films »Grand Prix« kam am 22. Juli 2011 bei der Silverstone Auction am Stoneleigh Park in Coventry unter den Hammer und erzielte immerhin 580 Pfund. Es gehörte dem Filmberater Raymond Baxter, stammte vom 11. Januar 1966 und verfügte über ein anderes, radikaleres Ende des Films. Das Originalskript von Phil Hill erzielte am 19. Februar 2021 beim Auktionshaus Gooding & Company stolze 63.750 Dollar.

Jean-Pierre Sarti (Yves Montand) wird nach einem Unfall aus seinem Wagen befreit.

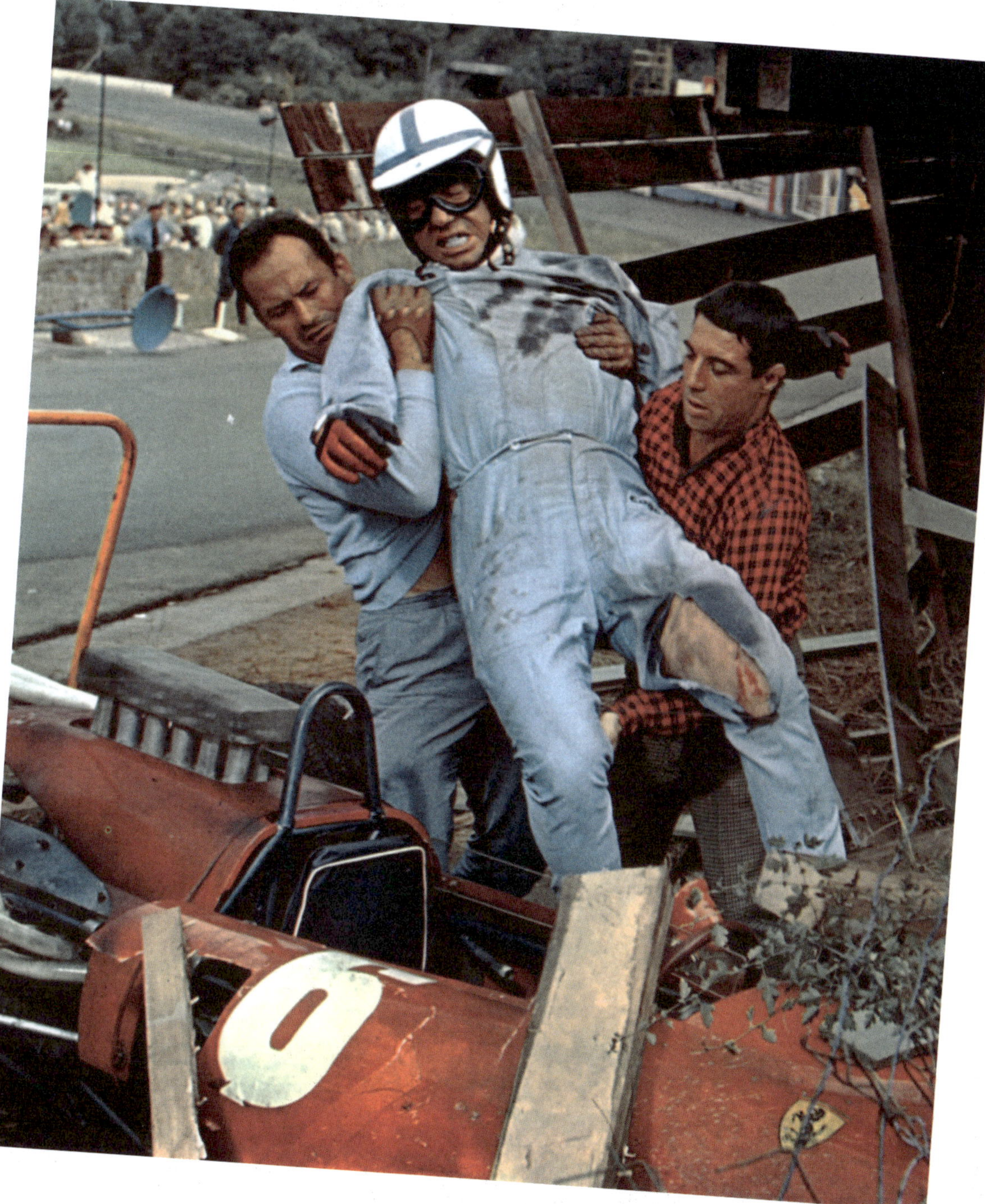

»ICH KANN MIT EINEM WAGEN UMGEHEN, ABER NICHT MIT DEM LEBEN«

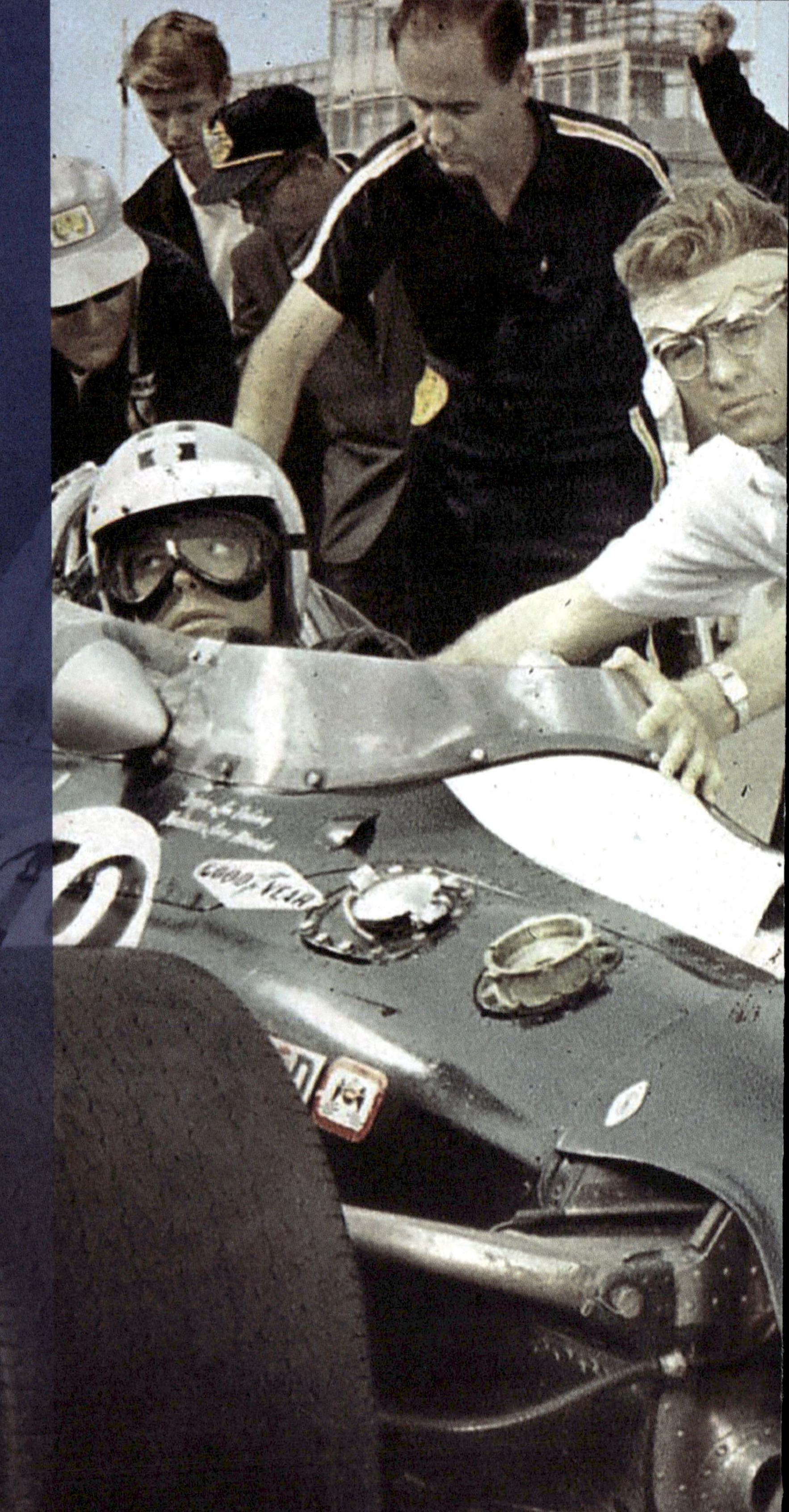

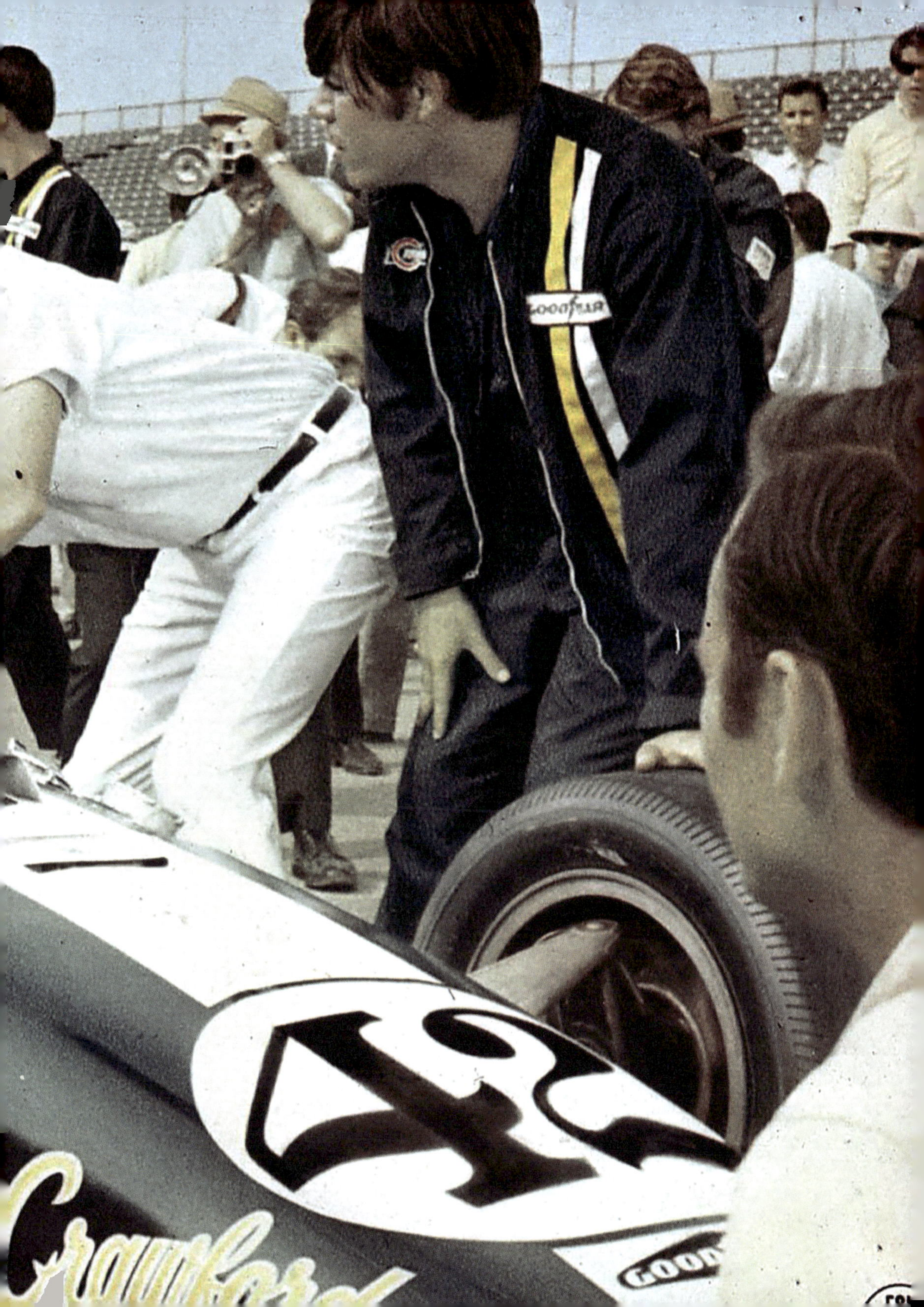
GOODYEAR

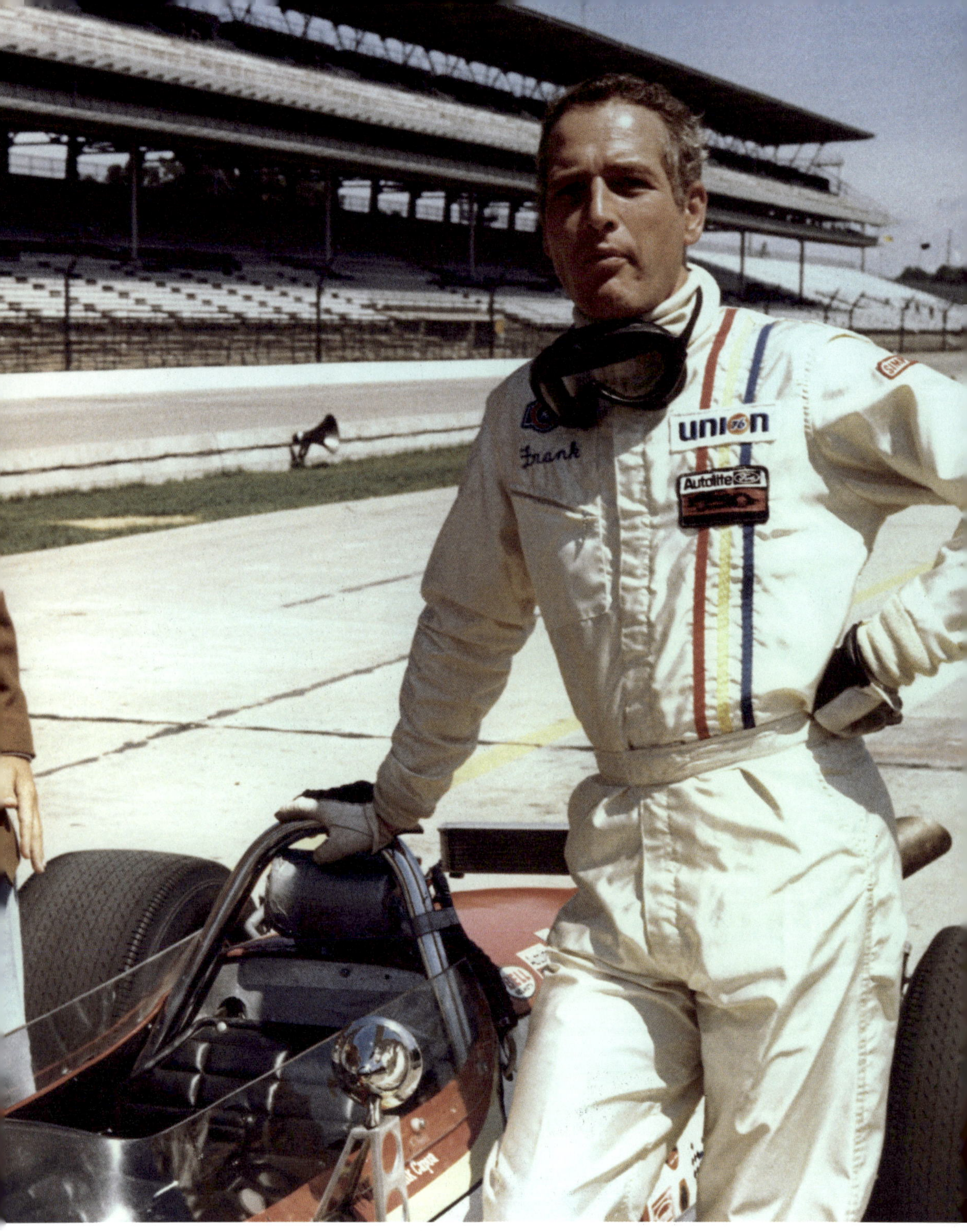

Paul Newman am Filmset in Indianapolis.

»ICH KANN MIT EINEM WAGEN UMGEHEN, ABER NICHT MIT DEM LEBEN« - INDIANAPOLIS (1969)

Im Jahr 1967 war der damals 42-jährige Paul Newman Sponsor eines fliederfarbenen Rennwagens mit der Bezeichnung Lomna-Moody Honker II, der beim Can-Am-Race von Mario Andretti gefahren wurde. Sie trafen sich abseits des Rennens in Long Island. Nach Aussagen des späteren Formel-1-Weltmeisters Andretti, war Newman schon damals vom Rennsport begeistert und wünschte sich sehnlichst selbst zu fahren. Dieser Traum wurde ihm bereits ein Jahr später erfüllt. Newmans Vorbereitung auf seine Rolle in dem Film »Indianapolis« und damit die Gelegenheit, dafür erstmals einen wirklichen Rennwagen zu fahren, führte dazu, dass er bis zu seinem Lebensende dem Rennsport verfallen war.

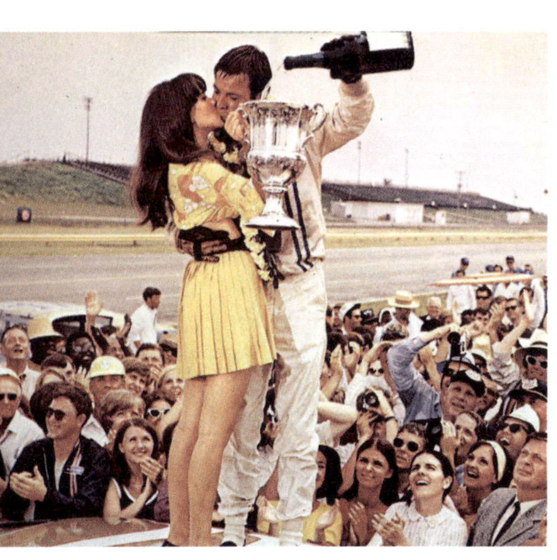

»Indianapolis« war ursprünglich für das Fernsehen geplant. Newman hörte davon, gründete mit seinem Agenten John Foreman die Firma »Newman-Foreman Productions« und sie ließen eine Kinoadaption des Drehbuchs entwickeln. Es wurde ihr erster Kinofilm, der Newman eine stattliche Gage einbrachte – angeblich 1,1 Millionen Dollar.

Die Story dreht sich um den Rennfahrer Frank (Newman), der nach einem gewonnenen Rennen in Redburne die alleinerziehende Elora (Joanne Woodward) kennenlernt. Schnell wird geheiratet, und sie reist mit ihm beim Rennzirkus mit. Da er sich viel auf Rennstrecken und in der Werkstatt aufhält, hat sie eine Affäre mit seinem Teamkollegen Lou (Robert Wagner), was ihn erst recht animiert das berühmte Rennen von Indianapolis zu gewinnen. Die Krise des Paares macht den Hauptteil des Films aus, in dem der Satz: »Ich kann mit einem Wagen umgehen, aber nicht mit dem Leben«, stellvertretend für das Drama ihrer Beziehung steht. Kritiker, aber auch Robert Wagner, bezeichneten das Werk nicht zufällig als »Seifenoper«.

Luther Erding droht Frank Capua nicht nur zahlreiche Titel, sondern auch dessen Frau (J. Woodward) abspenstig zu machen.

Nach Aussagen von Wagner wurden die beiden Hauptakteure vorab zur Bob Bondurant School of Driving am Sears Point International Raceway geschickt, um dort ein Gefühl für die Autos zu bekommen und sie fahren zu lernen. »Ich stieg aus dem Rennwagen aus und war froh, dass ich aussteigen durfte«, so Wagner, »aber Paul liebte es und fuhr weiter.«

Später trainierte Newman in der Watkins Glen Racing School, etwa 420 Kilometer nordwestlich von New York, mit den Fahrern Lake Underwood und Bob Sharp, mit dem ihn eine lebenslange Freundschaft verband. Er wurde sofort vom Rennvirus gepackt, so Bondurant: »Paul sagte, ich könnte zwei Filme machen, die mir viel mehr Geld einbringen, aber ich wollte schon immer mal wissen, wie es ist einen Rennwagen zu fahren.« Nach Aussagen seines Lehrers »hörte er sehr gut zu und lernte sehr schnell.« Das bestätigt auch der amerikanische Rennfahrer Sam Posey: »Zu Anfang war er ein schrecklicher Fahrer, aber er lernte schnell. Er sagte zu mir: Ich spiele die Rolle eines Rennfahrers.« Nach einer Reihe von Testkilometern, fühlte er sich im Cockpit sichtlich wohl und wollte überhaupt nicht mehr aussteigen, was die Versicherung der Filmfirma Universal, für die »Indianapolis« (»Winning«, so der Originaltitel) schwer verärgerte. Pauls älterer Bruder Arthur Newman, der auch als Unit Production Manager fungierte: »Das Filmstudio wollte nicht, dass er Rennen fuhr, denn das könnte zu großen finanziellen Problemen führen, wenn ihm was passiert.« Problematisch war auch, dass er farbenblind war.

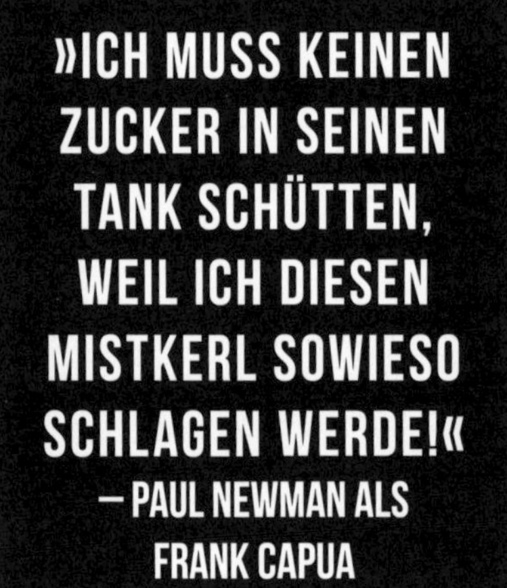

Vor den Dreharbeiten schenkte ihm seine Frau eine Rolex Daytona Armbanduhr (Modell 6239), dessen Gehäuseboden sie mit der Inschrift »Drive Carefully Me« gravieren ließ, also mit einem sehr persönlichen: »Fahr vorsichtig«.

Gedreht wurde auf dem Riverside International Raceway in Kalifornien, in den Universal Studios und auf dem Indianapolis Speedway in Indiana. Regisseur James Goldstone integrierte zusätzlich authentische Aufnahmen der Rennen aus den Jahren 1966 und 1968 in die Handlung. Zwar kamen auch Kameras zum Einsatz, die auf den

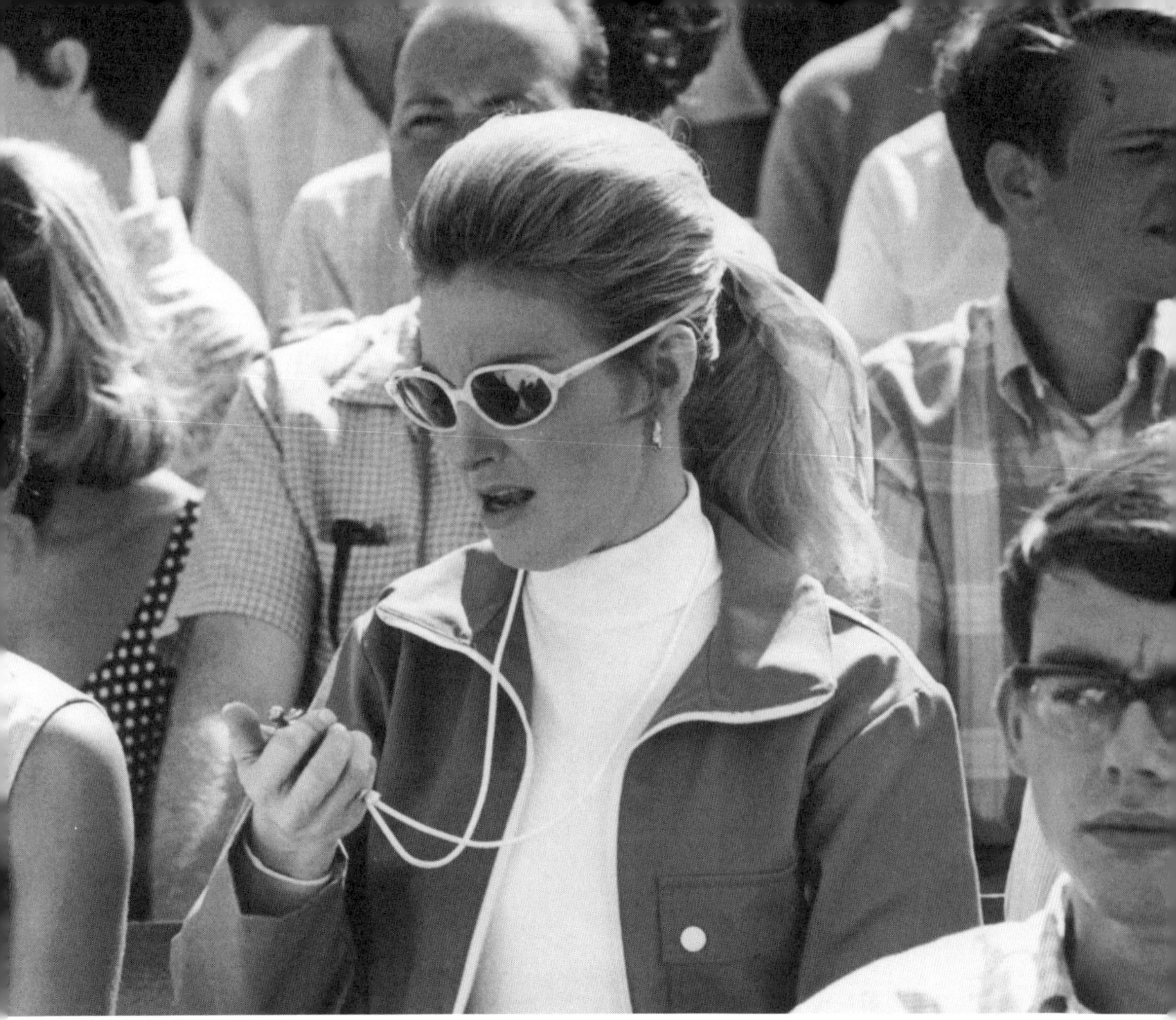

Joanne Woodward stoppt als Elora Capua die Rundenzeiten ihres Mannes Frank.

Rennwagen montiert waren, aber im Gegensatz zu dem Film »Grand Prix« drei Jahre zuvor, agierten die Akteure im Studio, wenn es zu schnell wurde. Wenn auch nicht immer, so der Regisseur: »Für eine bestimmte Phase des Rennens brauchte ich eine Sequenz von Aufnahmen, auf denen alle anderen Autos Paul überholen, also ließen wir Paul zunächst an Position eins fahren und die anderen Jungs fuhren hinter ihm her. Ich signalisierte ihm, dass wir mit der Szene fertig waren, und sofort trat Paul das Gaspedal durch. Er wurde immer schneller und überholte ein Auto nach dem anderen. Er hatte vierzehn Fahrer überholt und dieses wunderbar selige Grinsen auf dem Gesicht.«

Da Goldstone am Ende noch ein paar wichtige Einstellungen fehlten, verwendete er die Augen von Pauls Bruder

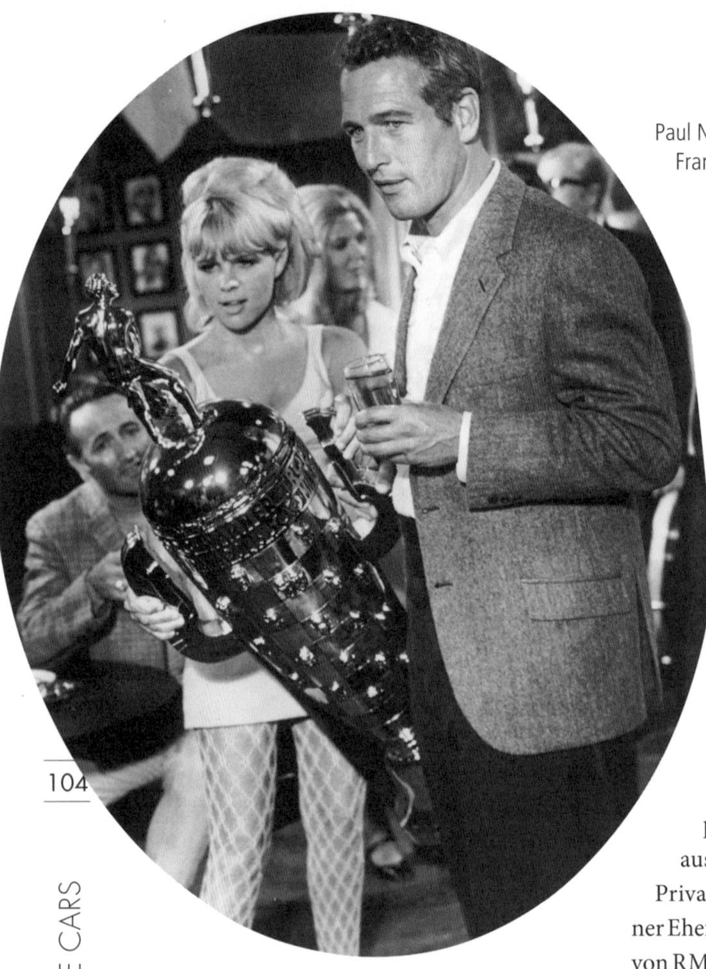

Paul Newman bekommt in der Rolle des Frank Capua einen Pokal überreicht.

der für das Rennen in Sebring gedacht war. Ich wusste von seiner Liebe für Autos und ließ ihn fahren. Als wir uns wiedertrafen, war er bereits Rennfahrer.«

Die Premiere des fünf bis sieben Millionen Dollar teuren Films (die Angaben variieren) wurde am 22. Mai 1969 in New York gefeiert. Die beiden Helme, die Newman und Wagner in dem Film getragen haben, sind im Indianapolis Motor Speedway Museum ausgestellt. Viele Objekte aus dem Privatbesitz von Newman und seiner Ehefrau Joanne Woodward, wurden von RM Sotheby´s im Mai/Juni 2023 bei der Auktion mit dem Titel »High Speed: Paul Newman´s Racing Legacy« versteigert. Dazu zählte auch eine Plakette der »Bob Bondurant School of High Performance Driving«, die dem Schauspieler ein »Superior Rating« attestierte. Sie erzielte 5.160 Dollar. Ein Rennanzug, der lediglich »similar«, also dem aus dem Film entsprechend aussieht, aber mit dem Schriftzug »Frank« ausgestattet ist, brachte 14.400 Dollar ein. Doch der höchste Preis wurde für die Rolex Daytona erzielt, die Paul Newman im Sommer 1984 James Fox geschenkt

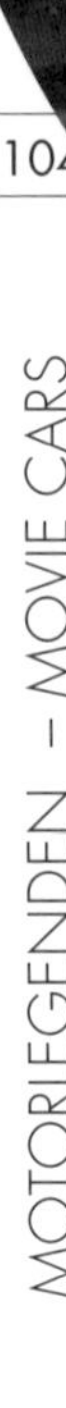

Arthur unter der Rennbrille für Zwischenschnitte. Paul drehte zu der Zeit schon das Meisterwerk »Zwei Banditen« (Butch Cassidy and the Sundance Kid) mit Robert Redford. Sein langjähriger Freund und Schauspielkollege kam ebenso zur Rennstrecke wie auch James Garner. »Der Film war gerade abgedreht, als wir mit Butch Cassidy begannen«, so Redford. »Ich liebte Rennwagen schon seit dem 15. Lebensjahr. Er hatte VWs. Als wir uns kennenlernten, hatte ich gerade einen Porsche 904 gekauft,

hat, dem College Freund seiner Tochter Nell Potts. Das seltene Stück kam am 26. Oktober 2017 bei einer Versteigerung des Auktionshauses Phillips in New York unter den Hammer. Nach einem zwölfminütigen Bietergefecht fiel der erst bei unglaublichen 17.752.500 Millionen Dollar. Sie wäre damit das teuerste Filmrequisit aller Zeiten, sogar teurer als jedes Original-Filmauto – wenn er sie denn bei den Dreharbeiten getragen hat. Im Film ist er mit einer Uhr mit Edelstahlarmband zu sehen. Die hatte die Daytona von Joanne Woodward nicht. Auf Nachfrage des Chefredakteurs von »Quality Time Magazine« John E. Brozek, wusste Newman nicht mehr so genau, ob er das Geschenk getragen hat oder nur dabeihatte. Nach seiner Erinnerung trug er später auf jeden Fall eine andere Rolex (Modell 6263). Die bekam er auch von seiner Frau geschenkt, aber erst im Jahr 1972. Zu der Zeit begann er mit dem Rennfahren. Auf der Rückseite der Uhr steht »Drive Slowly, Joanne«.

Newman im Cockpit: Für viele Szenen kamen Rennwagen des Typs Eagle T1G Mk II zum Einsatz.

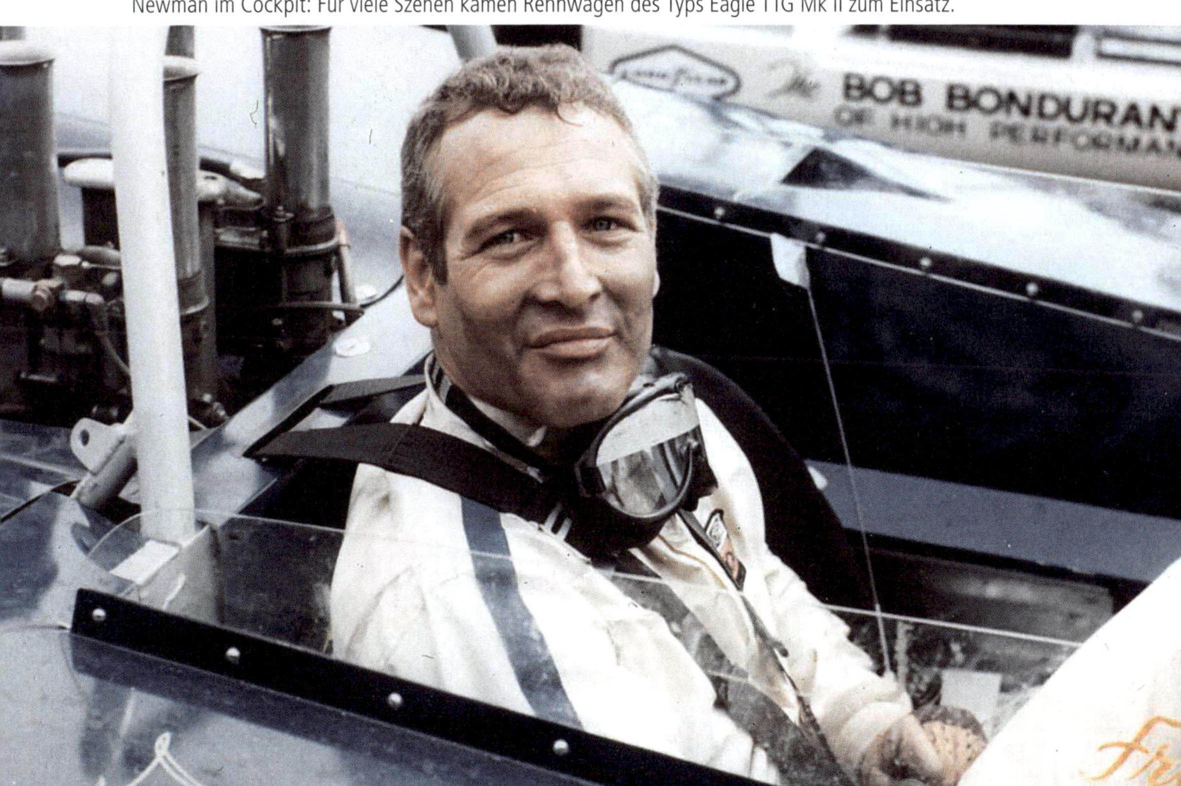

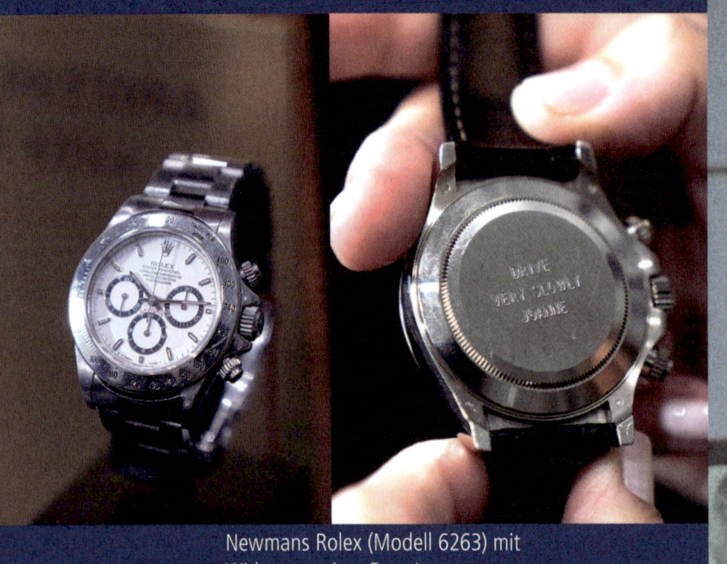

Newmans Rolex (Modell 6263) mit Widmung seiner Frau Joanne.

David Sheiner, Paul Newman und Clu Gulager bei den Dreharbeiten.

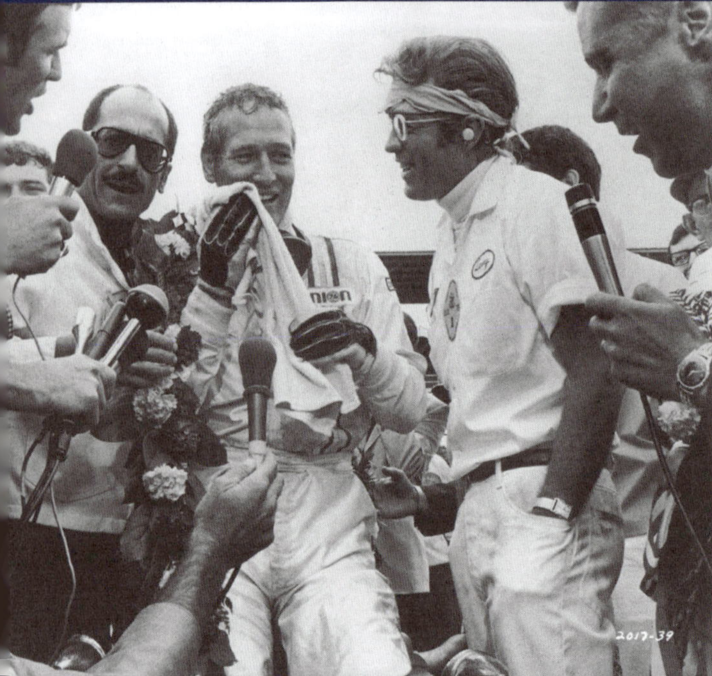

Frank Capua und sein Kontrahent Luth »Lou« Erding, dargestellt von Robert Wagner.

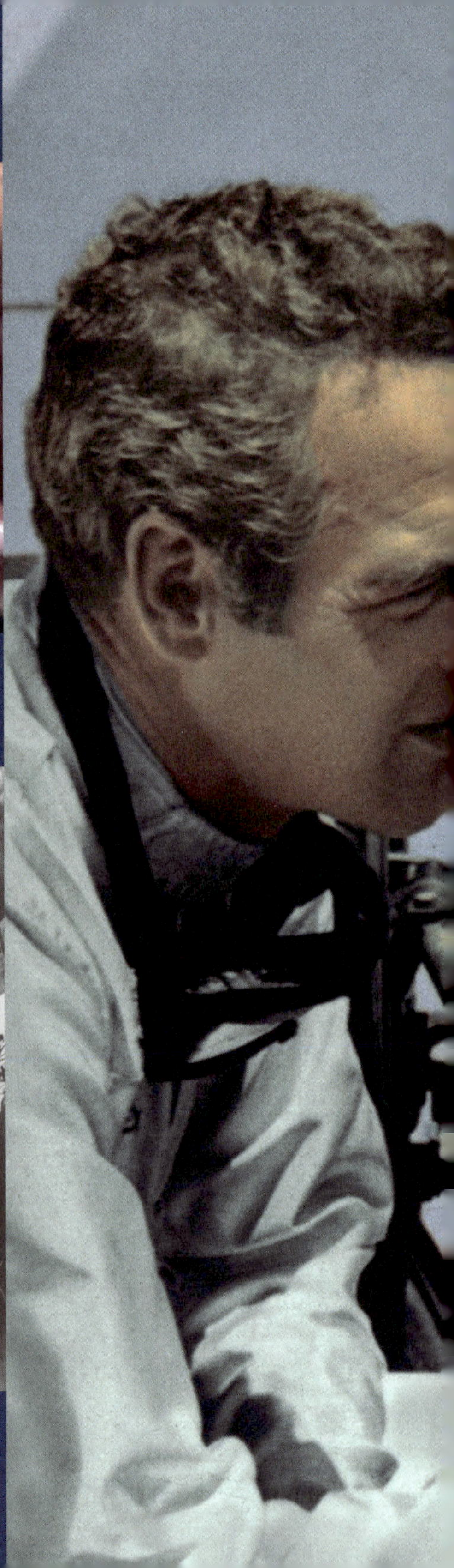

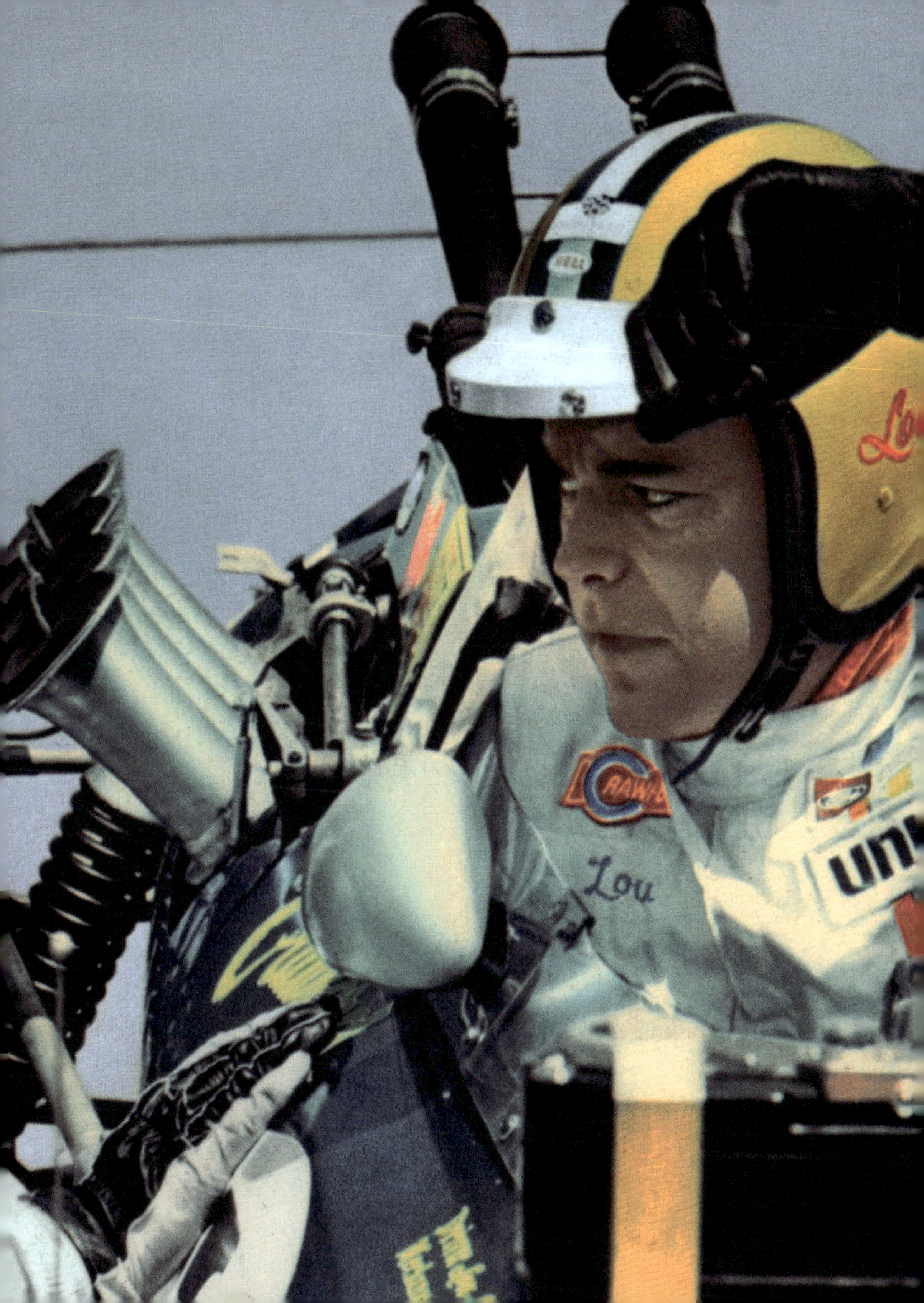
Lou

»ICH HÖRE AUF, WENN ICH MICH BLAMIERE« – PAUL LEONARD NEWMAN UND SEINE AUTOS

»Die meisten Freunde von uns hatten ein Auto bevor wir eins hatten. Wir gingen aufs College, zur Armee, verließen sie wieder und hatten immer noch kein eigenes Auto.« Diese Aussage stammt von Arthur S. Newman jr., Pauls Bruder. In der 2015 erschienenen Dokumentation: »Winning: The Racing Life of Paul Newman«, spricht Arthur auch über ihre automobilen Anfänge. Zwar durften die beiden Brüder 1939 schon mal mit dem Studebaker vom Vater fahren, aber der empfand eigene Autos für die Söhne als unwichtig. Der Eigentümer eines Sportgeschäfts in Cleveland war geizig. Die Familie wuchs in dem Vorort Shaker Heights auf. Arthur, der Ältere ist am 22. Januar 1924 geboren, Paul ein Jahr, drei Tage und zehn Stunden später.

»ICH LESE KEINE KRITIKEN. SIND SIE GUT, SCHNAPPT MAN ÜBER, SIND SIE SCHLECHT, IST MAN DREI WOCHEN DEPRIMIERT.«
PAUL NEWMAN

In seiner Jugend fuhr Paul Newman »halsbrecherisch« Fahrrad, wie er in seiner Autobiografie gestand, auch um im nahegelegenen Mädcheninternat einen Blick auf das andere Geschlecht zu werfen, das nackt von den Zimmern zu den Duschen ging. Bevor er im April 1946 ehrenhaft aus der Armee entlassen wurde, organisierte er mit einem Kameraden und dessen Auto, einem viertürigen Pontiac, einen automobilen Fahrdienst. Sie brachten Soldaten von Seattle, wo beide stationiert waren, zum etwa 210 Kilometer entfernten Skigebiet am Mount Rainier. Einträglich war dabei speziell eine selbstgebaute Bar an der Rückbank mit Halterungen für Flaschen, Gläser und Eiskübel.

Kaum zu glauben, dass der erste eigene Wagen von Paul Newman ein Ford Model A aus dem Jahr 1929 war – der Nachfolger des Model T, mit dem Laurel und Hardy berühmt wurden. Der Wagen auch einmal mit einer ganz besonderen Flüssigkeit »betankt«. Als Charlie, sein erster Mitbewohner am Kenyon College in Gambier Ohio eines Abends laut schnarchend im Bett lag, goss ihm Newman Muskateller in den Mund. Charlie zog um und rächte sich ein paar Tage später. Er ließ das Wasser des Ford ab und befüllte den Kühler mit Muskateller. Newman studierte 1949 am College Drama und Wirtschaft und arbeitete viel am Theater, hatte daneben aber immer noch genug Zeit für Scherze aller Art. Als ein Mitstudent namens Nicholson, der eine Pilotenlizenz hatte, vom College aus zur Denison University in Granville flog, heckte er mit Kommilitonen einen Plan aus. Sie fuhren in Autos dorthin. Als Nicholson über dem Wohnheim der Studentinnen kreiste und Flyer abwarf, waren die abgelenkt. Also gingen Newman und seine Freunde heimlich in ihre Zimmer, klauten ihre Unterwäsche, befestigten sie an den Antennen der Autos und »fuhren damit laut hupend um den Campus herum. Es war wohl der erste Höschenklau den es je gab«, so sein stolzer Kommentar.

Nach dem Ford, fuhr er einen Packard aus dem Jahr 1937, den er Ende der 40er-Jahre kaufte: »Mein erster Wagen war ein Haufen Schrott, für den ich 150 Dollar bezahlte«, erzählt Newman in der 1971er-Dokumentation »Once Upon a Wheel«. Am 13. Juni 1949 bekam er seinen College-Abschluss und fuhr daraufhin Richtung Chicago nach Williams Bay, weil er vom dortigen Sommertheater ein Stipendium erhalten hatte. Dort lernte er die Schauspielstudentin Jacqueline (Jackie) Witte, die er ein paar Monate später heiratete. Mit dem Nash seines Vaters gingen sie auf Hochzeitsreise, die sie rund 650 Kilometer weiter westlich führte, denn in Woodstock in Illinois

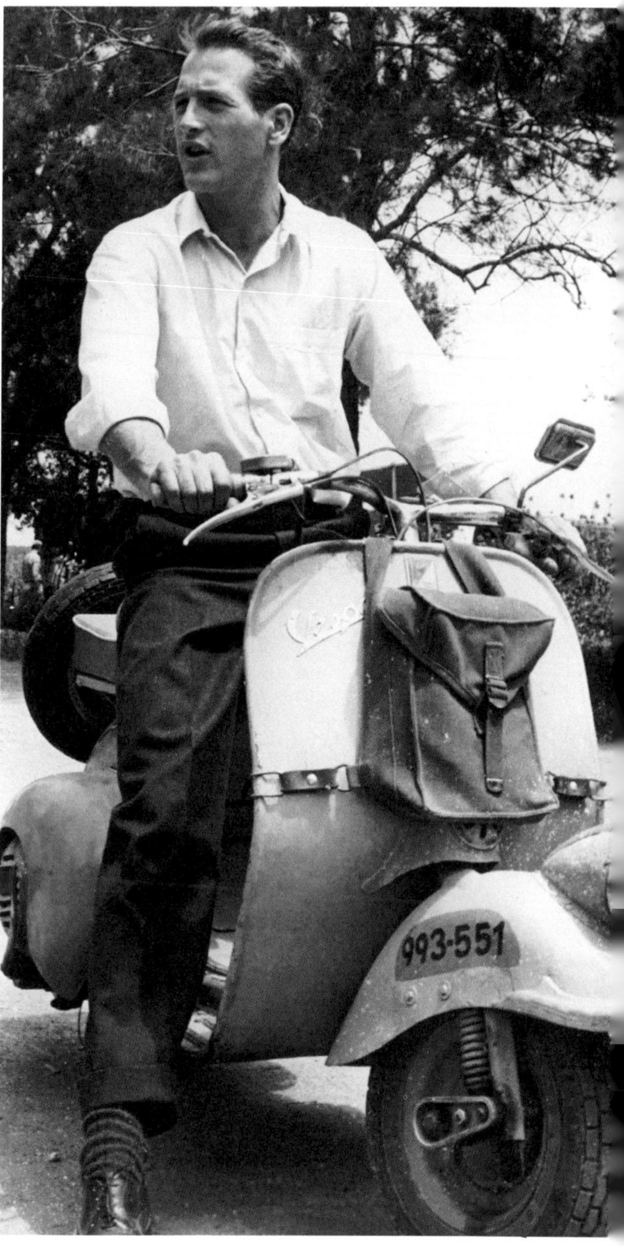

Paul Newman (1925-2008), hier auf einer Vespa während eines Israelaufenthalts im Frühjahr 1960.

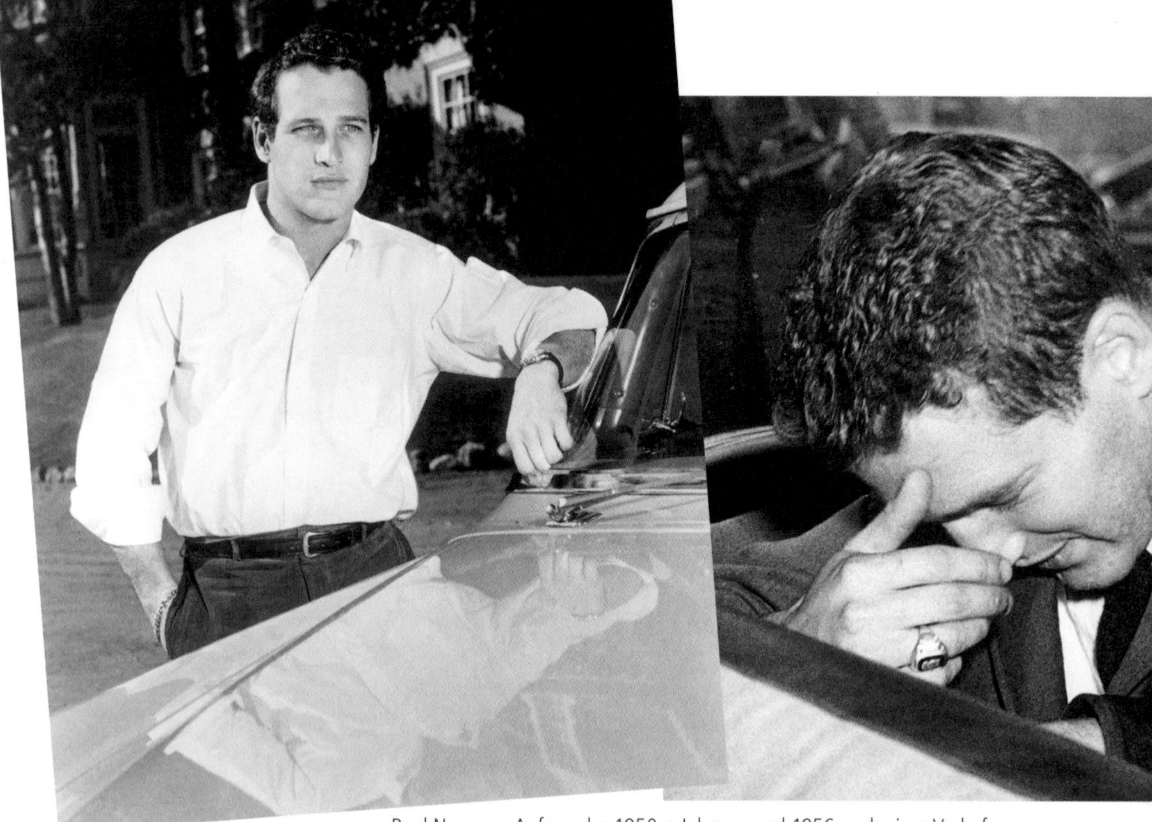

Paul Newman Anfang der 1950er-Jahre – und 1956 nach einer Verhaftung wegen Fahrens unter Alkoholeinfluss.

waren beide für die Winterspielzeit engagiert. Der Nash ging zurück an seinen Vater Arthur Sigmund Newman Senior der 1950 starb. Im selben Jahr wurde das frisch verheiratete Paar Eltern von Sohn Scott. Zwei weitere Töchter folgten.

»ICH BEGANN KÄFER ZU KAUFEN, ALS ICH ALS SCHAUSPIELER BEGANN«

Nach dem Zweiten Weltkrieg begann Newmans Begeisterung für deutsche und europäische Autos. Dazu zählten mehrere VW Käfer, Porsche, ein Mercedes und Volvos – und fast alle waren modifiziert. Seinen ersten Käfer erstand er 1953, und da die Einnahmen schlecht waren, verdingte er sich als Model für TV-Spots und in Print-Anzeigen. »Ich begann Käfer zu kaufen, als ich als Schauspieler begann. Heute fahre ich sie aus Loyalität.« So wird Newman in einem Text für ein VW-Magazin zitiert. Insgesamt besaß er fünf Käfer, zwei davon waren rot, einer besaß einen Motor vom Porsche 356er. 1970 nahm er im Porsche 914 an einem Wohltätigkeitsrennen, dem First Annual Ontario Celebrity Pro Am Race im kanadischen Ontario teil. Aufgrund eines Schadens konnte er jedoch nicht bis zum Ende fahren. Dort waren auch seine Schauspielkollegen und

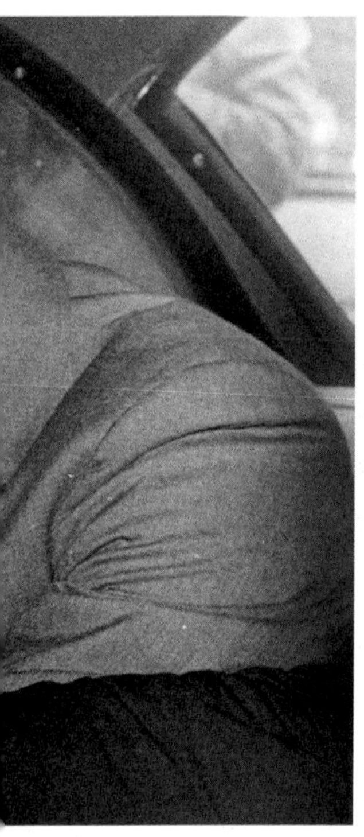

Autofans James Garner, James Coburn und Kirk Douglas zu Gast. Außerdem hatte er eine Zeitlang einen hellblauen Porsche 911 und bestritt in den 70er-Jahren im Porsche Rennen auf dem Watkins Glen International Raceway.

1957 wurden Jackie und Paul Newman geschieden, denn schon vier Jahre zuvor hatte er eine Affäre mit Joanne Woodward begonnen. Die beiden Schauspieler hatten sich im Büro ihres Agenten vor der Broadway Produktion von »Picnic« kennengelernt in der sie gemeinsam auf der Bühne standen. Sie heirateten am 29. Januar 1958 und blieben bis zu seinem Tod zusammen. Da sein Käfer nicht gerade viel Platz bot, gestand Newman später, dienten auch mal Rücksitze von Leihwagen dazu »diese Lust auszuleben.« Dennoch blieb er den Wolfsburgern treu und kaufte 1963 einen roten VW Käfer von der »Small Car Company« in Westport, Connecticut. Das Ehepaar fuhr schon kurz nach der Auslieferung nach New York, doch kurze Zeit später war er zurück in der Werkstatt 176 West State Street. Seine Haushälterin hatte beim Einkaufen einen Unfall mit dem Wagen. Haube, Stoßstange und ein Scheinwerfer waren demoliert. Newman führte Gespräche über den Reparaturaufwand, sah sich auch im Verkaufsraum um und kaufte ganz spontan ein rotes Käfer Cabriolet. Für diesen Wagen warb er auch in Anzeigen (Kennzeichen: UCE 337). Kurze Zeit später suchte er die Werkstatt erneut auf. Die Leistung des Käfers reichte ihm nicht aus. Er sprach mit dem Meister Bruno Engle und entschied sich für einen Porsche Motor. Welche Maschine genau wurde nicht bekannt. Aber auch die reichte ihm nicht, so dass er nochmals kam und einen Porsche »Super« Motor mit zwei Solex Vergasern kaufte. Damit war er zufrieden – eine Zeitlang.

»BIEST UND NETTE KLEINE BOMBE

Noch in den 60er-Jahren wurde aus dem Wolfsburger Cabriolet, das einst mit 34 PS das Werk verlassen hatte, ein Fahrzeug, das man getrost als »Rakete« bezeichnen kann. Newman brachte den Käfer zu dem Mechaniker und Rennwagenbauer Jerry Eisert. Von ihm erhielt er einen 300 PS starken Ford 351ccm V8 Motor mit einem Fünfganggetriebe, der dort Platz fand, wo zuvor die Rückbank war. So wurde daraus der in der Rennszene bekannte »Newman Indy VW«, der nicht sofort als Umbau zu erkennen war, denn Verbreiterungen oder Spoiler gab es nicht. Ein Cover verbarg den Motor

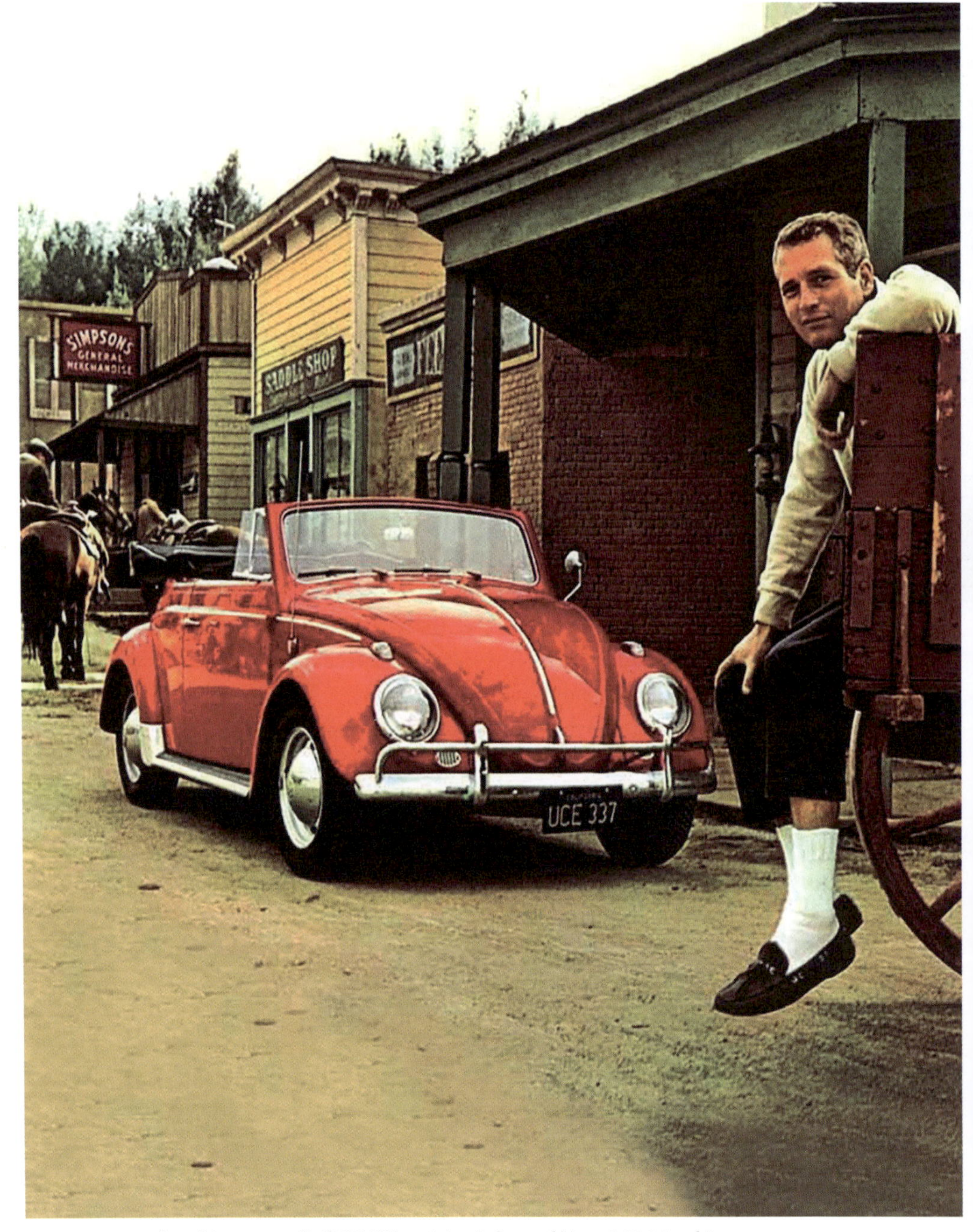

Newman besaß insgesamt fünf VW Käfer, einige ließ er auf bis zu 300 PS aufrüsten.

vor neugierigen Blicken. Zwei extra Kühler, einer dort wo das Reserverad eingebaut war und einer dort, wo ursprünglich der Heckmotor saß, sorgten neben zwei weggeschnittenen Dreiecken in der Haube für die nötige Kühlung. Außerdem baute Eisert einen Überrollbügel sowie massive seitliche Schweller ein und nutzte Teile eines Ford Corvair. Das Armaturenbrett zierten zwei zusätzliche Rundinstrumente, ein Drehzahlmesser und ein Wassertemperaturanzeiger.

Newman war zeit seines Lebens mit dem Chaffey College in Rancho Cucamonga, das rund 70 Kilometer östlich von Los Angeles liegt, sehr verbunden. Nach Aussagen eines der Studenten dort, wollte er mit dem VW, den er »Biest« und »nette kleine Bombe« nannte, vor allem unscheinbar auftreten, aber auch den Corvettes und Porsches auf dem Mulholland Drive in Los Angeles eins auswischen. »Ich erinnere mich daran«, so seine 1951 geborene Tochter Stephanie, »dass wir mal an einer Ampel standen und ein BMW-Fahrer neben uns mit großer Geringschätzung zu uns herübersah. Er drehte seinen Motor hoch, und mein Vater machte das auch ein bisschen. Als die Ampel auf Grün umsprang, gaben beide richtig Gas. Der Mann in dem Sportwagen war nur noch ein Fleck auf dem Rückspiegel, während mein Vater vor Freude kicherte.«

»DAS, WAS MAN BEIM SCHAUSPIELEN LERNT, IST FEHLER ZU MACHEN – UM ETWAS RICHTIGZUMACHEN, MUSST DU ES ERSTMAL FALSCH MACHEN. UND DASSELBE GILT FÜR DAS RENNFAHREN«

PAUL NEWMAN

Mehrfach fuhr Newman damit auf den Rennstrecken in Kalifornien und spendete den Wagen schließlich dem Chaffey College, das auch noch einen Plymouth Valiant von ihm erhielt. Er unterstützte auf die Art und Weise die Automobilklassen und die Chaffey College Racing Association (CCRA). Der Käfer war eine Zeitlang in hellleuchtenden rot/weißen Farben lackiert. Später gelangte er in den Besitz eines der Lehrer des Colleges. Es wurde allerdings nie klar, ob der ihn erwarb oder ihn sich auf andere Weise aneignete. Auf jeden Fall blieb er in dessen Familie, bis es zu einer langwierigen Restaurierung kam, die erst nach Newmans Tod im Jahr 2008 abgeschlossen war. Über die weiteren Eigentümer und dessen Verbleib gibt es unterschiedliche Angaben. Nach verschiedenen

Quellen wurde der Wagen über die Seite www.oldbug.com für 250.000 Dollar verkauft und soll daraufhin in den Mittleren Osten gegangen sein. Andere behaupten, dass ihn der VW-Teile Importeur Mick Motors im australischen Brisbane in Queensland erwarb.

»DIE REISE IST DAS BEDEUTSAME, NICHT DAS ZIEL«

Kurz vor seinem ersten Welterfolg mit dem Film »Der lange heiße Sommer«, der 1958 in die Kinos kam, belohnte sich Paul Newman mit einem exklusiven Auto. Er leistete sich einen (gebrauchten) silbernen Mercedes 300 SL Flügeltürer mit brauner Innenausstattung vom Originaleigentümer im kalifornischen Watsonville. Damals lebte Newman eine Zeitlang in Los Angeles, gab aber Anfang der 60er-Jahre seinen dortigen Wohnsitz auf und kaufte für sich und seine Frau Joanne Woodward ein Haus mehr als 4.500 Kilometer entfernt von Hollywood. Sie wohnten fortan in einem historischen Anwesen aus dem Jahr 1763 an der 275/7 North Avenue in Westport Connecticut, nördlich von New York. Zu der Zeit teilte Woodward seine Leidenschaft für Sportwagen. Ende der 50er-Jahre fuhr sie einen zweifarbigen Austin Healey 100 und später einen zahmeren Opel GT. Vor dem Umzug veräußerte er den SL wieder, der danach mehrere Eigentümerwechsel verzeichnete – ebenso andere Lackierungen und Innenausstattungen. Bekannt wurde, dass er zwischenzeitlich auf der Kanalinsel Jersey war, 2007 dem Athener Sammler Theodore Charagionis

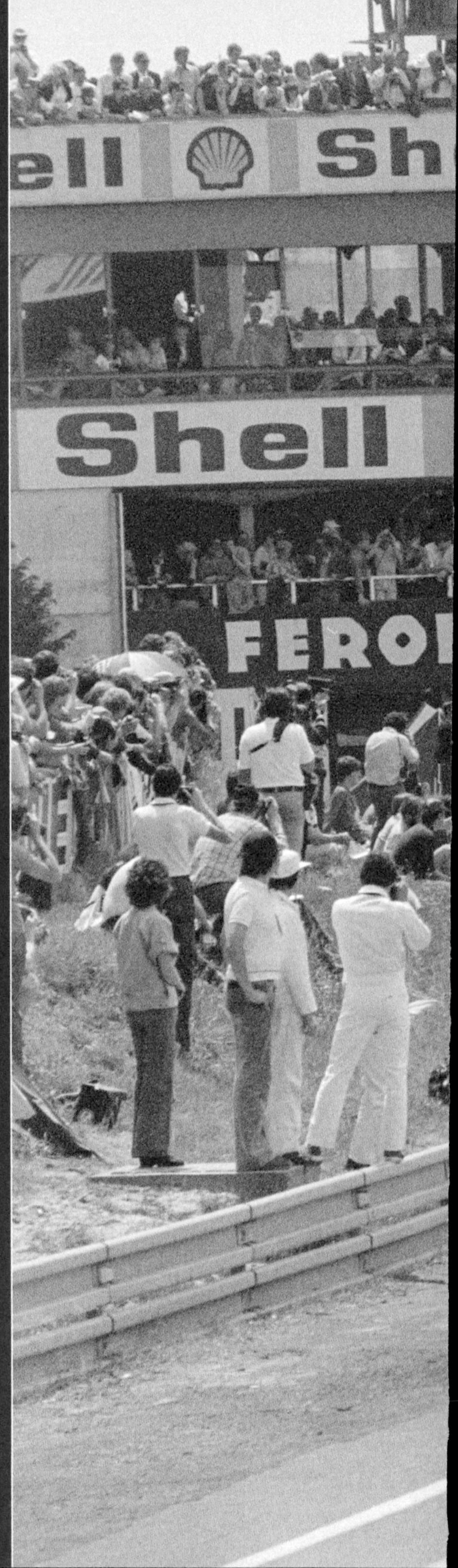

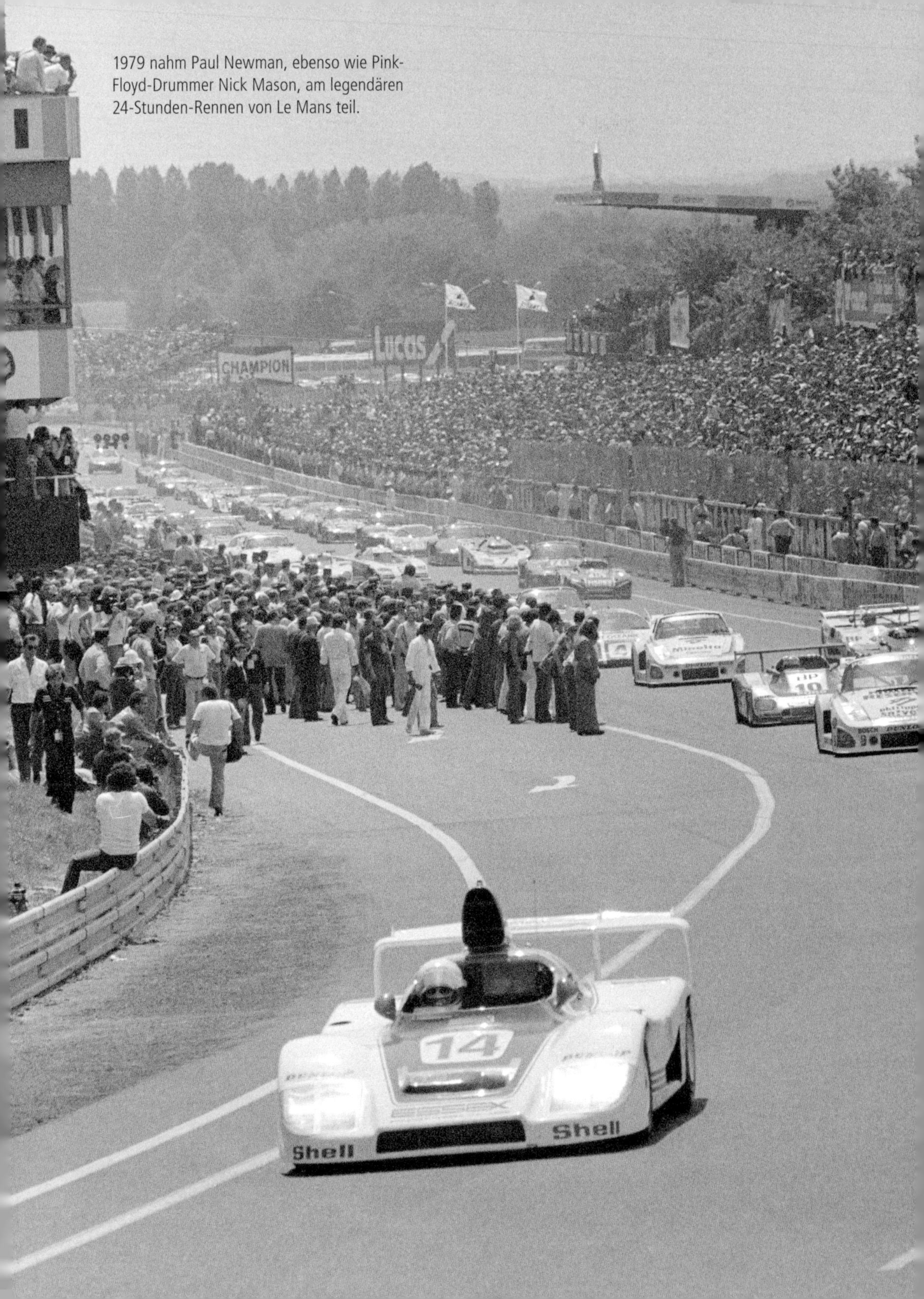

1979 nahm Paul Newman, ebenso wie Pink-Floyd-Drummer Nick Mason, am legendären 24-Stunden-Rennen von Le Mans teil.

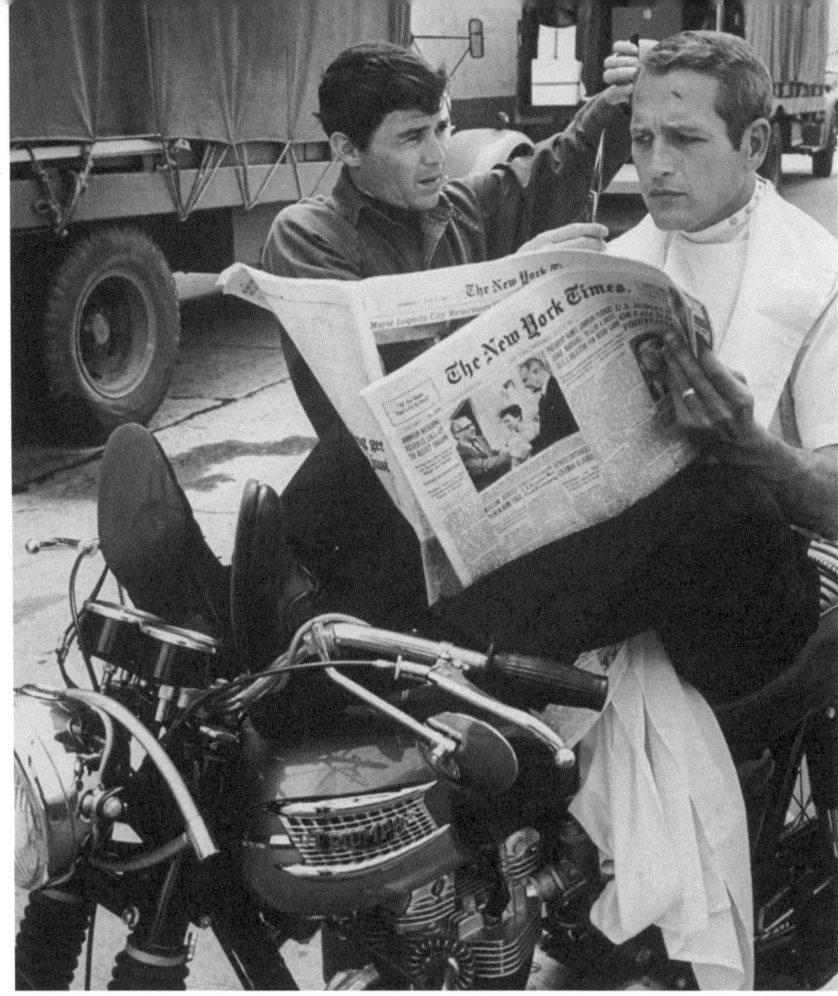

Newman mit Stylist Jay Sebring während der Dreharbeiten zu »Ein Fall für Harper« (1966).

gehörte, lange Zeit im Hellenic Motor Museum ausgestellt wurde (damals noch in Silber mit Speichenfelgen), und 2012 in die Hände von Nicolas Jambon Bruguier von der Firma Classic Sport Leicht im französischen Courbevoie, nordwestlich von Paris, kam. In Frankreich wurde er dank der Hilfe von fünf Experten mehrere Jahre lang restauriert. Insider sprechen von 6.000 Arbeitsstunden, bis der Wagen wieder im ursprünglichen hellblaumetallic mit der blau karierten Innenausstattung erstrahlte. 2018 sollte das Schmuckstück versteigert werden, doch Bruguier und ein Käufer einigten sich vorab, so dass der Wagen nicht in die Öffentlichkeit gelangte, ebenso wie der Kaufpreis. Er dürfte exorbitant gewesen sein, denn der SL ist einer der ersten 100, die ab dem August 1954 in Sindelfingen gebaut worden sind und ab dem März 1955 in die USA exportiert wurden. Importeur Maximilian Hoffman hatte den Wagen in seinem Showroom an der Park Avenue in Manhattan einst angeboten und verkauft. Der Grundpreis betrug damals 10.000 Dollar. Ende 1955 warb Newman für den deutschen Hersteller und ließ sich mit einem Monoski, stehend in einem roten 190 SL Roadster und neben zwei Frauen in Bikinis, fotografieren. Im Text erklärte er seine Liebe für Sportwagen und die Marke so: »Wie viele große Philosophen schon gesagt haben, ist die Reise das Bedeutsame, nicht das Ziel – und Sportwagenenthusiasten mögen es Orte zu erreichen, nicht an Orten anzukommen. Mein roter Mercedes bringt das perfekt auf den Punkt.«

1978 kaufte der Schauspieler sich einen weiteren VW Käfer, ein metallicblaues 1303 »Super Beetle Cabriolet« mit 50 PS und Weißwandreifen, das am 1. Juli 1978 zugelassen wurde und inzwischen den Weg in die Sammlung der deutschen Motorworld-Eigentümer Barbara und Andreas Dünkel gefunden hat. Wie bei seinen früheren VWs auch, ließ Newman den Wagen tunen (beispielsweise mit zwei Weber Doppelvergasern). Später schenkte er ihn seiner langjährigen deutschen Haushälterin Magdalena Maria Sperlich, die ihn nach Deutschland mitbrachte und ihn 2009 oder 2010 über den Porsche-Händler Uwe Gemballa anbot, der in der Motorworld Stuttgart eine Dependance hatte. Ein Gutachten aus dem Jahr 2014 attestierte dem Wagen einen Zustand drei. Bei einer Schätzung zwei Jahre später wurde der Wert mit 40.000 bis 60.000 Dollar angegeben.

»ES IST DER EINZIGE SPORT, IN DEM ICH ETWAS WÜRDE FAND«

Früher träumte Newman davon ein erfolgreicher Athlet zu werden, mit Mitte 40 fand er seine Leidenschaft und Berufung. »Es ist der einzige Sport, in dem ich etwas Würde fand«, so der Akteur. Er fühlt sich »kompetent und verantwortlich«, verriet er der Agentur AP. Wenn er im Cockpit sitzt, »ist das etwas, das ich sehr genieße.«

Er kaufte sich einen Datsun 510 und übte damit immer dienstags auf dem Kurs am Lime Rock Park, der rund 110 Kilometer nördlich von seinem Haus in Westport liegt. Er lernte Rennfahrer wie Bob Sharp kennen und trainierte hart. »Ich traf ihn 1971 auf dem Lime Rock Raceway in Connecticut«, so Sharp. »Er kam mit Sonnenbrille und seinem Sohn. Er begann im Alter von 48 Jahren, zu einer Zeit wo die meisten wieder aufhören.« Doch Newman erzielte Erfolge. 1972 fuhr er in einem weißen, rechts gelenkten Lotus Elan als Amateurrennfahrer auf dem Thompson International Speedway in Connecticut mit. Angemeldet hatte er sich als P.L. Newman, einen Namen, den er ab sofort bei allen Rennen tragen sollte und der sich auch, zum Teil in verkürzter Form (P.L.N.), auf seinen Helmen und Overalls wiederfand. Im selben Jahr gewann er bereits sein erstes Rennen und bekam auch schon die SCCA Rennsportlizenz des »Sports Car Club of America«. Von den 70er bis zum Anfang der 90er-Jahre fuhr er für die Firma Bob Sharp Racing (zunächst in Datsun später Nissan Fahrzeugen) in der Trans-Am Serie. Sein Kontakt zu Nissan führte später sogar zu einem Sondermodell (siehe separater Kasten). In fünf der sechs Rennen des Jahres 1973 stand er auf dem Podium. Die erste Meisterschaft in der D-Klasse gewann er 1976 mit einem modifizierten Triumph TR4, er formte, gemeinsam mit Bill Freeman, das »Newman Freeman Racing« Team und wurde in der C-Klasse drei Jahre später Meister. 1979 folgte ein Triumph, der ihm selbst unter den größten Zweiflern viel Respekt einbrachte. Newman wurde beim 24-Stunden-Rennen in Le Mans in einem Porsche 935 zweiter. 1982 gewann er das Trans-Am Rennen in Brainerd, 1985 und 1986 die GT 1 Meisterschaft. Selbstkritisch merkte er zwischenzeitlich mal an, dass er schon »ein bisschen in die Jahre gekommen ist«, ließ sich aber nie bremsen. 1983 gründete Newman gemeinsam mit dem gebürtigen Ludwigshafener Unternehmer und Ex-Rennfahrer Carl Haas die Firma »Newman/Haas Racing«. Das Team mit Fahrern wie Mario Andretti und Nigel Mansell gewann 105 CART Indy Rennen. Drei Jahre später gewann Newman selbst zum zweiten Mal das Trans-Am Rennen. Er fuhr in einem rot/weiß/blauen Nissan von Bob Sharp in Lime Rock. Kurzfristig war Newman Eigentümer oder Miteigentümer anderer Rennteams wie etwas Newman Wachs Racing. Nach sieben Oscar-Nominierungen wurde er endlich auch in Hollywood ausgezeichnet. 1986 erhielt er für seine »vielen unvergesslichen und fesselnden Darstellungen« einen Ehren-Oscar. Er bedankte sich von Ferne am Set des Films »The Color of Money«, und am 30. März 1987 gewann er den Oscar als bester Schauspieler für seine Leistung in eben diesem Film: »Die Farbe des Geldes« – auch wenn er sich über seine Renntrophäen sichtlich mehr freute. »Das, was man beim Schauspielen lernt, ist Fehler zu machen«, so Newman. »Um etwas richtigzumachen, musst du es erstmal falsch machen. Und dasselbe gilt für das Rennfahren.«

»ICH HÖRE AUF, WENN ICH MICH BLAMIERE«

Er wurde Eigner von Rennwagen in der Can-Am Serie und unterstützte Fahrer der Indy-500- und Formel-1-Gewinner Keke Rosberg. Mit seinem Team gewann Newman acht Meisterschaften und 107 Rennen. Er schätzte die Kameradschaft unter den Fahrern und in gewisser Hinsicht auch die Anonymität in der Boxengasse, als einer unter gleichen.

Zwischen 1991 und 1995 fuhr Newman viermal einen weißen Lotus Esprit X180R in der Sports Car Club of America Escort World Challenge. Es war ein für die Rennstrecke konzipierte 285 (später 300) PS-Version des Wagens mit dem Roger Moore einst in dem Bond-Film »Der Spion, der mich liebte« tauchen ging. Am 24. Juli 1992 raste er mit seinem Lotus Esprit Turbo beim Qualifying des SCCA World Challenge Rennen in Lime Rock Park auf die Pole-Position und sagte anschließend: »Ich habe keine Sorgen, dass ich das Rennen nicht gewinnen werde, sondern darüber, dass ich danach einen überhöhten Blutdruck habe.« Einen Tag später verunfallte er mit dem Lotus. Er rutschte mit dem Heck in einen Reifenstapel, blieb aber unverletzt.

Anlässlich seines 70. Geburtstages wurde ihm eine ganz besondere Ehre zuteil. Das Filmstudio Paramount Pictures spendierte ihm anlässlich seines Films »Nobody´s Fool« eine Mitfahrt in einem von Jack Roush präparierten Ford Mustang Rennwagen beim Rolex 24 Rennen in Daytona. Mit im Team waren der Schauspieler und Rennfahrer Mike Brockman, NASCAR Sprint Cup Fahrer Mark Martin und der Roush Trans-Am Meister Tommy Kendall. Das Team gewann die GTS-1 Klasse und wurde Dritter in der Gesamtwertung. In einem Alter von 70 Jahren und acht Tagen, wurde Newman 1995 der älteste Fahrer, der als Teammitglied in einem wichtigen, genehmigten Rennen dabei war. Er gewann beim 24-Stunden-Rennen von Daytona in seiner Klasse. Das machte ihn zum ältesten Gewinner in einem Profi-Rennen. Den Rekord hält er immer noch. 1997 war er dann noch bei der IndyCar World Series dabei und

1979 trat Paul Newman im Porsche 935/77A beim 24-Stunden-Rennen von Le Mans an.

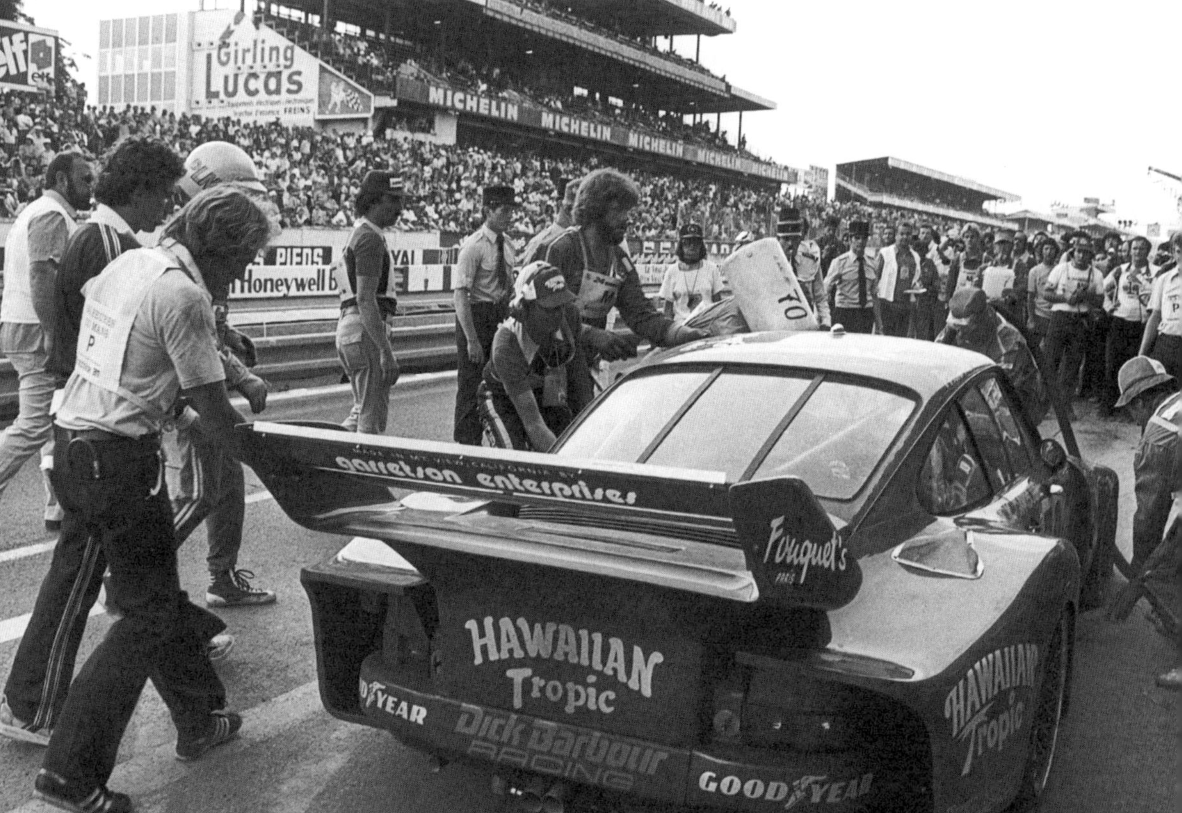

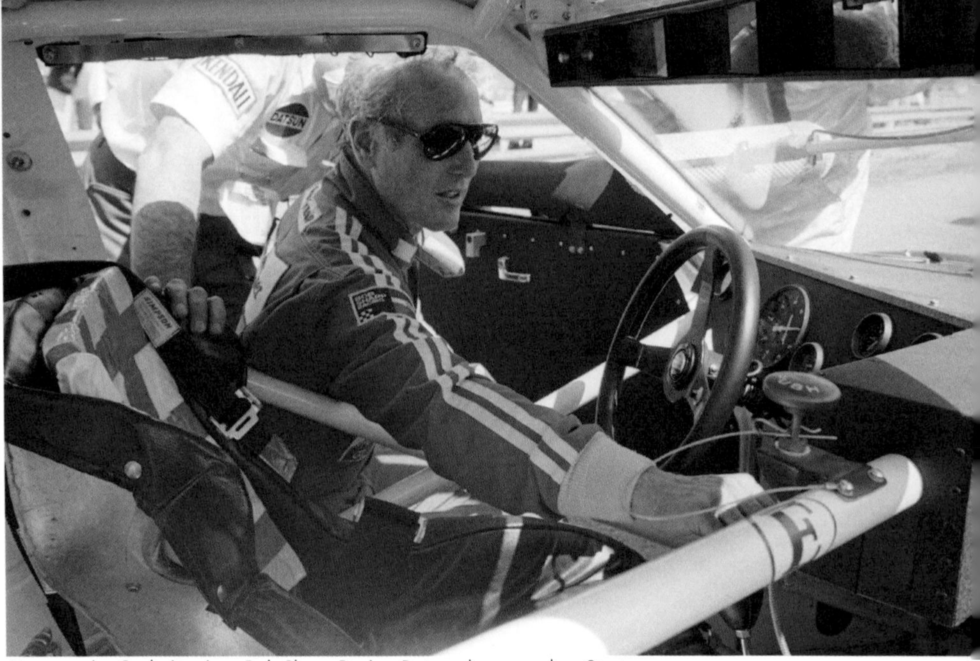

Newman im Cockpit seines Bob Sharp Racing Datsun kurz vor dem Start zum Los Angeles Times Grand Prix of Endurance 1978.

fuhr einen gelben Lotus Esprit V8 CART-PPG als Pace Car.

»Ich höre auf, wenn ich mich blamiere«, sagte er mal zu seiner Rennkarriere. 2003 fuhr Newman das letzte Mal in einem Trans-Am Rennen und wurde Fünfter. »Es ist für mich sehr hart aufzuhören, aber eines Tages verlierst du deine Ausdauer«, so Newman. Es sind 130 oder 140 Grad (Fahrenheit) in diesen Autos.« Das entspricht etwa 54 bis 60 Grad Celsius. Ein Jahr später fuhr er bei der Baja 1000, erneut bei den 24 Stunden in Daytona 2005 und machte auch gerne öffentlich Scherze über seine Fähigkeiten als Rennfahrer. Als ihn Jay Leno am 8. April 2005 in der »Tonight Show« bei NBC befragte, warum er mit dem Rennen angefangen hat, sagte er: »Wahnsinn« und ergänzte: »Meine Frau kauft keine Juwelen und keine Kleider. Sie schließt Versicherungen ab.« Als Überraschung hatte der Autos sammelnde Moderator ein Rennen in Go-Karts durch das Gebäude vorbereitet. Kurz vor dem Start sagte Newman zu Leno: »Bete um dein Leben.« Sie fuhren zwei Runden. Newman gelang ein Start-Ziel-Sieg. Er gewann um Längen und wurde anschließend im Doppelsitzer Formel-1-Rennwagen aus dem Studio chauffiert.

Als er 2007 im Alter von 82 Jahren bei einem Rennen in Watkins Glen auf Platz vier kam und gefragt wurde, wie es ihm denn so geht, antwortete er schlagfertig: »Ich wünschte ich wäre 81«. Im September desselben Jahres gewann er mit einer 900 PS starken Corvette sein letztes Rennen, und zwar ausgerechnet in Lime Rock – dort wo alles begann. Er hörte mit

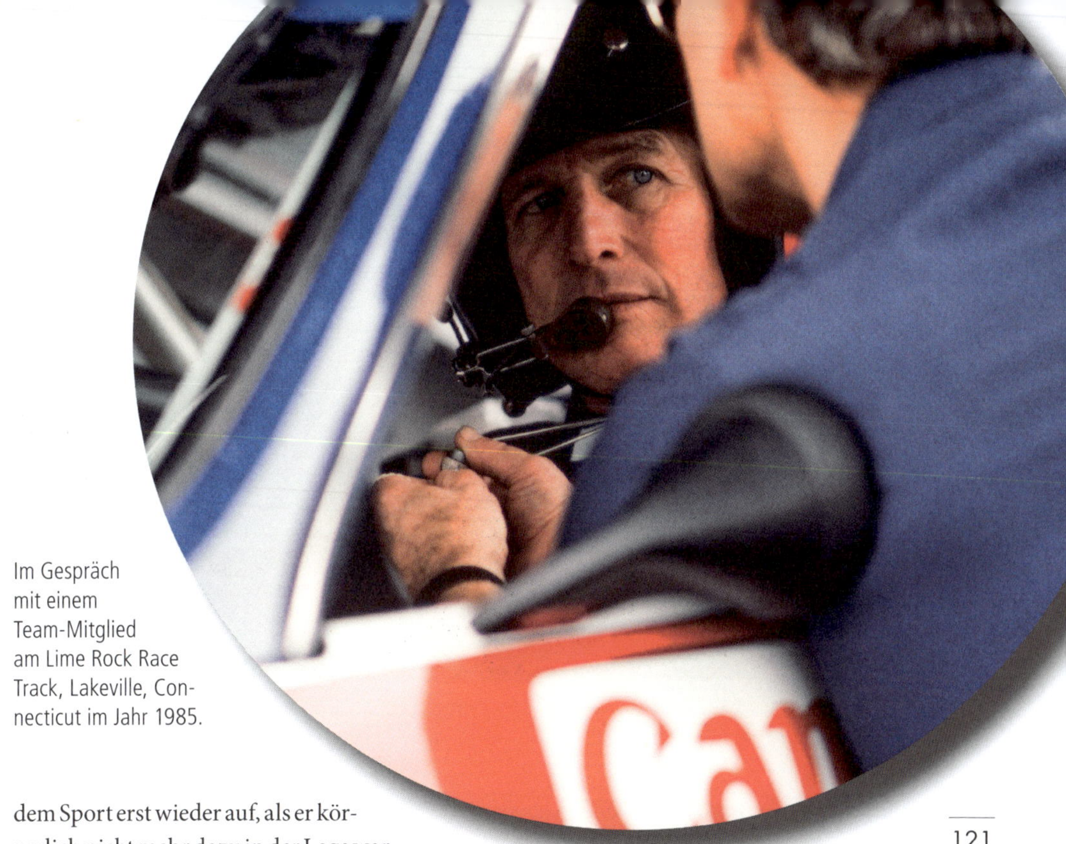

Im Gespräch mit einem Team-Mitglied am Lime Rock Race Track, Lakeville, Connecticut im Jahr 1985.

dem Sport erst wieder auf, als er körperlich nicht mehr dazu in der Lage war. Das letzte Mal, dass er auf einer Rennstrecke fuhr, war am 13. August 2008 in Lime Rock in der Nähe seines Wohnhauses in Westport, Connecticut. Die Verantwortlichen schlossen die Strecke an diesem Abend nur für ihn für zwei Stunden auf. Er starb sechs Wochen später.

Für seine vielfältigen Leistungen auf den Rennstrecken dieser Welt wurde er noch nach seinem Tod geehrt. Am 21. Februar 2009 wurde er posthum in die SCCA Hall of Fame aufgenommen und die namenlose Gerade auf der Rennstrecke in Lime Rock Park wurde 2022 zur »Paul Newman Geraden«. Sein intensives Engagement auf den Rennstrecken führte dazu, dass er ab dem Jahr 2000 nur noch in sechs Filmen mitwirkte, in zwei davon, darunter in dem Animationsfilm »Cars« in dem er einen 1951er Hudson Hornet sprach, war lediglich seine Stimme zu hören. »Ich hatte Angst um seine Karriere, denn das Einzige, was er machen wollte, ist Rennen zu fahren«, so seine Frau Joanne Woodward.

Im Laufe der Jahre stellte er seine Renn-Expertise auch Fernsehmachern zur Verfügung, was er zuvor kategorisch abgelehnt hatte. 1970 trat er als Gastgeber von David Winters TV-Doku »Once Upon a Wheel« auf. Er fährt einen Drei-Liter Peugeot mit dem Arthur Duray im Jahr 1914 in Indianapolis zweiter wurde und sagt Sätze wie: »Nach Frauen, glaube ich, muss ein Rennwagen wohl das am

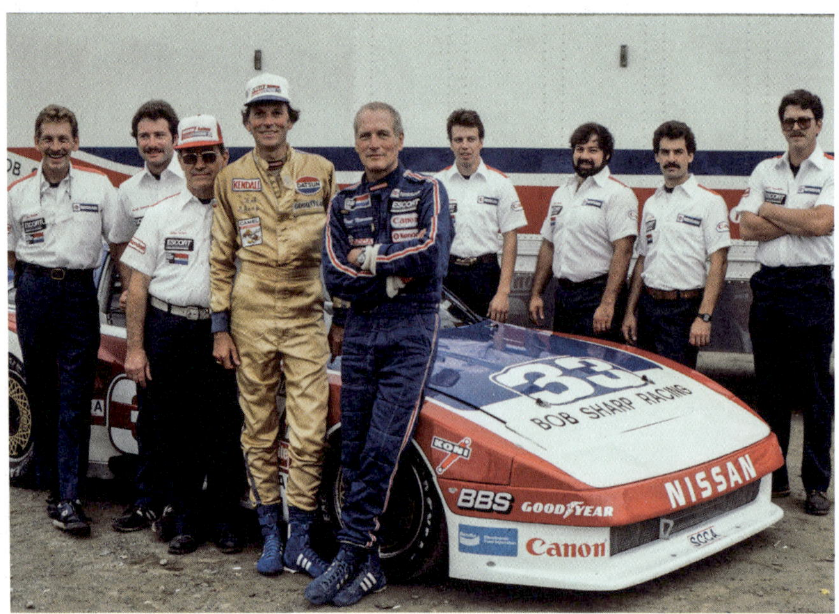

Newman mit seinem Team vor dem Bob Sharp Racing Datsun, Lakeville, Connecticut, 1985.

meisten exotische Etwas überhaupt sein.« Er liebte es Autos zu testen, Rennen zu fahren und herauszufinden, wozu er selbst fähig ist.

VON DEUTSCHEN VOLKSWAGEN ZU SCHWEDISCHEN »SLEEPER CARS«

Nach den vielen deutschen Fahrzeugen, inzwischen sechs Kindern und mehreren Enkelkindern, wandte sich der Schauspieler schwedischen Kombis zu, aber keiner von ihnen hatte eine Standardausstattung. Ein Grund dafür dürfte ein wohlbehütetes Geheimnis sein. Newman war gemeinsam mit seinem langjährigen Freund, dem Rennfahrer und Stuntman Michael Brockman, Miteigentümer der in Milford ansässigen Volvo-Niederlassung, die inzwischen als »Westport Volvo« firmiert. Insgesamt besaß Newman aus dieser Quelle sechs Volvos.

Ab dem 26. Juli 1988 hatte er einen neuen dunkelgrauen Volvo 745 TGA (andere Quellen 740 GLE) einen Turbo Station Wagon mit Schiebedach, Klimaanlage und umklappbarer dritter Sitzreihe. Das Besondere daran war, dass er ihn selbst designen ließ. Zu seinen besonderen Gestaltungswünschen zählte ein 3,8 Liter V6 Turbo Motor aus einem Buick Grand National mit einem Fünfganggetriebe von Borg Warner, ein Aero-Kit mit entsprechenden Front- und Heckstoßstangen sowie seitlichen Spoilern, 16-Zoll-Gemini-Felgen, einem veränderten Differential und niedrigeren Federbeinen (VIN 16676911). »Er wollte damit total unauffällig sein«, so der Rennfahrer Mario Andretti, »aber

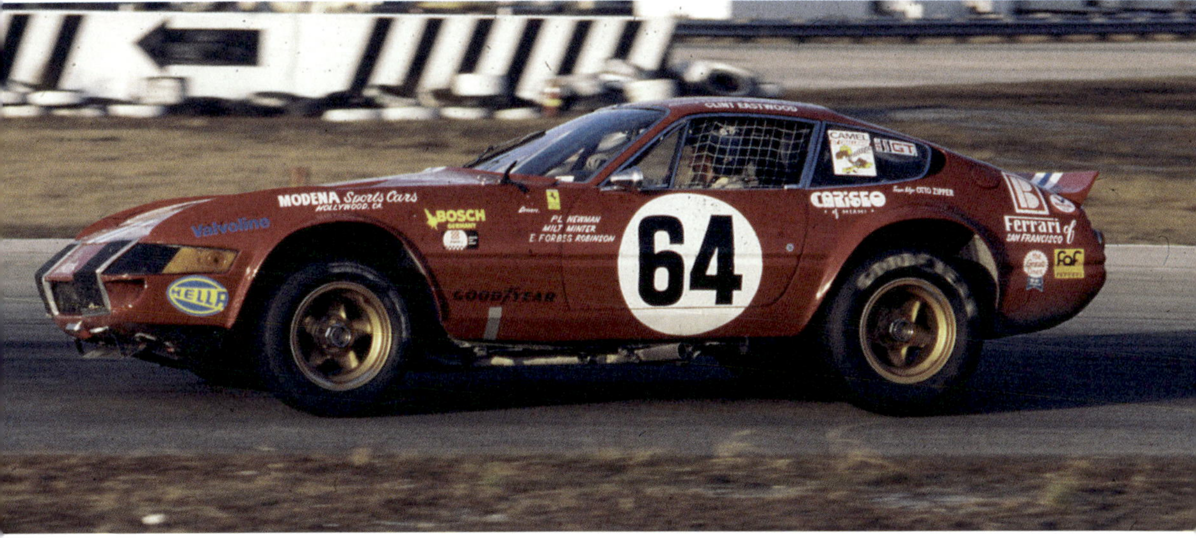

Beim 24-Stunden-Rennen von Daytona startete Newman 1977 im Ferrari 365 GTB/4.

der Wagen hatte rund 650 PS.« Gebaut wurde er von Lee Hurley von der Firma Hurley Engine Service Company of Birmingham, Alabama. Es war der erster seiner schwedischen »Sleeper Cars« – Autos als Wolf im Schafspelz. Bei der Zulassung verfügte er über das Kennzeichen 341 FTP. Als er 2023 angeboten wurde, prangte das besondere Nummernschild »NEWMANS« aus Illinois in Connecticut am Heck.

1986 gründete Newman die Wohltätigkeitsorganisation »Hole in the Wall Gang Camp«. Dessen Zielsetzung war Kindern mit physischen und medizinischen Beeinträchtigungen Möglichkeiten zu bieten, sich in einem Camp in Connecticut zu erholen und Freunde zu finden. Das erste wurde 1988 eröffnet, inzwischen sind es fast 40. Finanziert wurde auch durch Spenden und Auktionserlöse seiner Volvos. 1998 verkaufte Newman seinen ersten Volvo an einen Händler. Im selben Jahr, wann genau ist nicht bekannt, wurde der Wagen, mit damals 59.400 Meilen von Volvo of Princeton in Lawrenceville New Jersey für 25.000 Dollar angeboten. 2017 wechselte der Eigentümer, und sechs Jahre später, am 17. März 2023, wurde er mit 75.635 Meilen aus dem Tacho, zwar unfallfrei aber mit einer Reihe von optischen Mängeln, online für 80.740 Dollar verkauft.

»400 PS, WILLST DU AUCH EINEN?«

Moderator David Letterman und Paul Newman lernten sich 1990 bei einem Rennen in Phoenix, Arizona kennen und freundeten sich an. 1995 überraschte ihn der Schauspieler telefonisch mit einem besonderen Vorschlag. Er erzählte ihm von seinem nächsten Autokauf, einem Volvo Station Wagon. Letterman berichtete im Februar 1996 in der »Jon Stewart Show« bei MTV von dem Gespräch: »Wir wollen einen Ford 302 Liter V8 Rennmotor einbauen lassen, der die Ausmaße eines kleinen Klaviers hat, also müssen wir den Motorraum verlängern. Er wird etwa 400 PS haben. Willst Du auch einen?« Letterman sagte zu und war von dem roten Wagen (Kennzeichen 968 KHX) begeistert. Er war zwischen »160 und 200 Meilen« schnell (etwa 260 – 320 km/h) und wurde von ihm als eine Mischung aus »Go-Kart und Düsenjäger« beschrieben. Der Moderator gestand aber, selbst nie so schnell gefahren zu sein, weil er vor Jahren seinen Führerschein für einen Monat abgeben musste: »Ich habe meine Lektion gelernt«, so Letterman.

Erst im Juni 2024 fand der Autor Matt Hardigree heraus, dass Paul Newman auf dem rund 60 Kilometer langen Merritt Parkway in Connecticut einen Auffahrunfall hatte. Sein Nachbar, Freund und

Jay Leno forderte Newman in seiner »Tonight Show« am 8. April 2005 zu einem Go-Kart-Rennen heraus. Newman gewann haushoch.

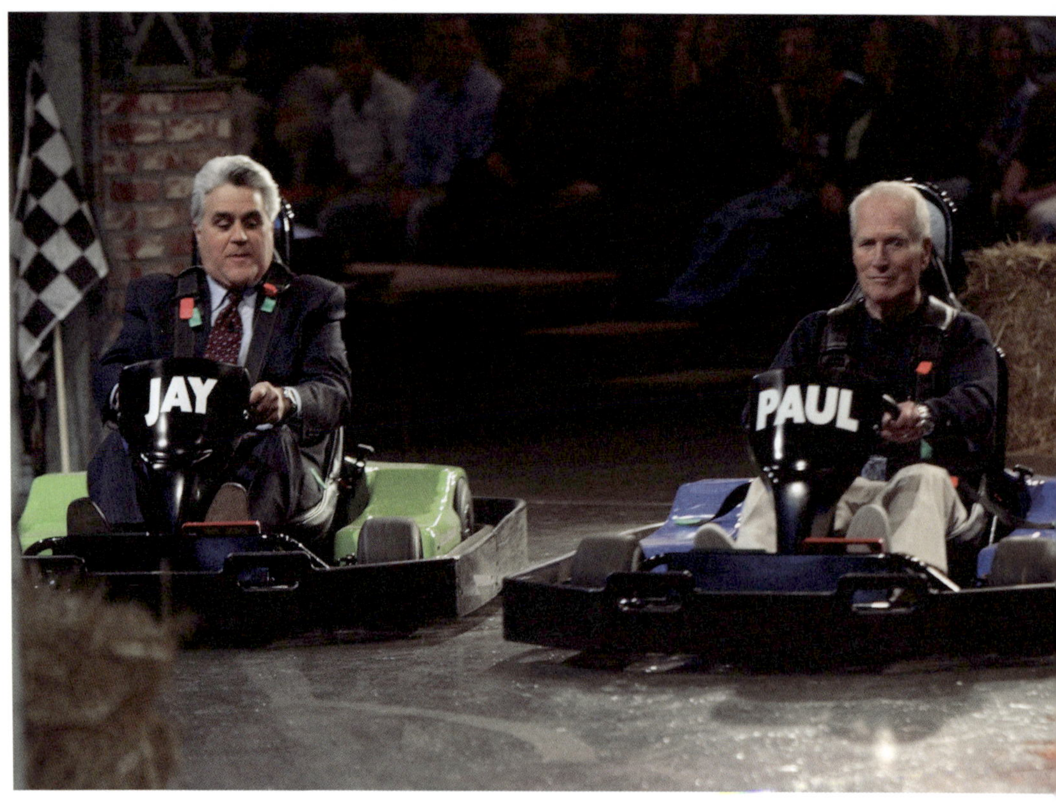

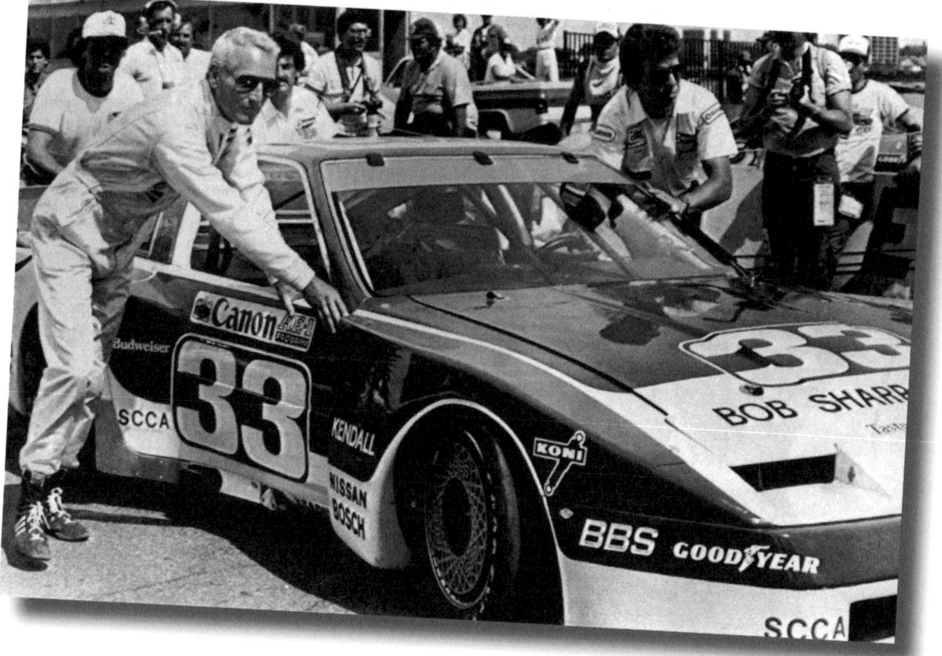

Paul Newman vor seinem 1979er Datsun 280 ZX.

ebenfalls Volvo-Besitzer Ian Warburg erinnerte sich, dass eine von Newmans Töchtern nach dem Unfall mit Joanne Woodward telefonierte: »Niemand war verletzt, aber der Wagen musste repariert werden«, so Warburg.

2007 überraschte sein Rennteam Newman mit einem ganz speziellen Volvo, einem V90 »Volvette« (Chassis No. YV1KW960XW1049271), der ein ganz besonderes Tuning erhielt. Sein Rennteam modifizierte ihn dank eines Sechs-Liter Chevrolet LS2 V-8 Crate Motors mit Vier-Gang-Automatik. Dafür wurde die Antriebswelle gekürzt, das Gestänge für den Schalthebel geändert, die Front mit Teilen von einem 911er modifiziert und die Elektrik neu verkabelt. Der gleiche Motor findet sich auch in einer C6 Corvette, daher der Spitzname. »Der Sound, der mir am besten gefällt ist der eines V 8«, sagte Newman einmal. Von außen sah der Wagen aus wie jeder andere auch. Er wurde nach den modifizierten Käfern ein weiterer sogenannter »sleeper« in Newmans Garagen, Wagen, denen man ihre Leistung nicht ansah. Der V90 wurde in Milford von RM Sotheby's im Mai/Juni 2023 bei der Auktion mit dem Titel »High Speed: Paul Newman's Racing Legacy« für 57.200 Dollar versteigert. Original-Motor, -Getriebe und -Handbücher waren mit dabei.

»Bis zu seinem Ende fuhr er einen dunkelgrauen V70R mit Nordikap Innenausstattung und 300 PS aus einem 2,5 Liter Turbo mit einem Automatik-Getriebe.« Der Wagen wurde vermutlich 2008 oder 2009 an einen Kunden verkauft, der von dem prominenten Vorbesitzer nichts wusste. Im Jahr 2006 war der 81-jährige PS-Fan zu Gast im italienischen San Marcello Pistoiese um sich dort das erste »Hole in the Wall Camp« des Landes anzusehen. Bei der Gelegenheit hielt er am 4. Mai auch in Maranello an und fuhr einen roten Ferrari 599 GTB Fiorano auf der gleichnamigen Teststrecke. Der Wagen ist danach benannt. Daher dürfte ihm als Ferrari-Fan ein merkwürdiges »Spielchen« mit Robert Redford zu einem Zeitpunkt besonders wehgetan haben.

WRACKS UNTER FREUNDEN

Newman und Redford, das war nicht nur ein Leinwand-Team, das sich in den beiden wundervollen Filmen »Zwei Banditen« (Butch Cassidy and the Sundance Kid) und »Der Clou« verewigte, sondern es waren auch zwei Freunde fürs Leben. Aber Redford war auch ein Spaßvogel, der anderen gerne Streiche spielte. Als ihm die Auto-Erzählungen seines Freundes einmal so richtig auf die Nerven gingen, ließ er ihm anlässlich seines 50. Geburtstags am 26. Januar 1975 eine total zerstörte Porsche Karosse liefern und auf seiner Veranda abstellen. Dazu sagte Newman kein Wort. Er »rächte« sich aber. Ein paar Wochen später fand Redford einen Kasten, aus dem nun eingeschmolzenen Metall in dem Wohnzimmer des Hauses, das er gerade gemietet hatte – Kratzer auf dem

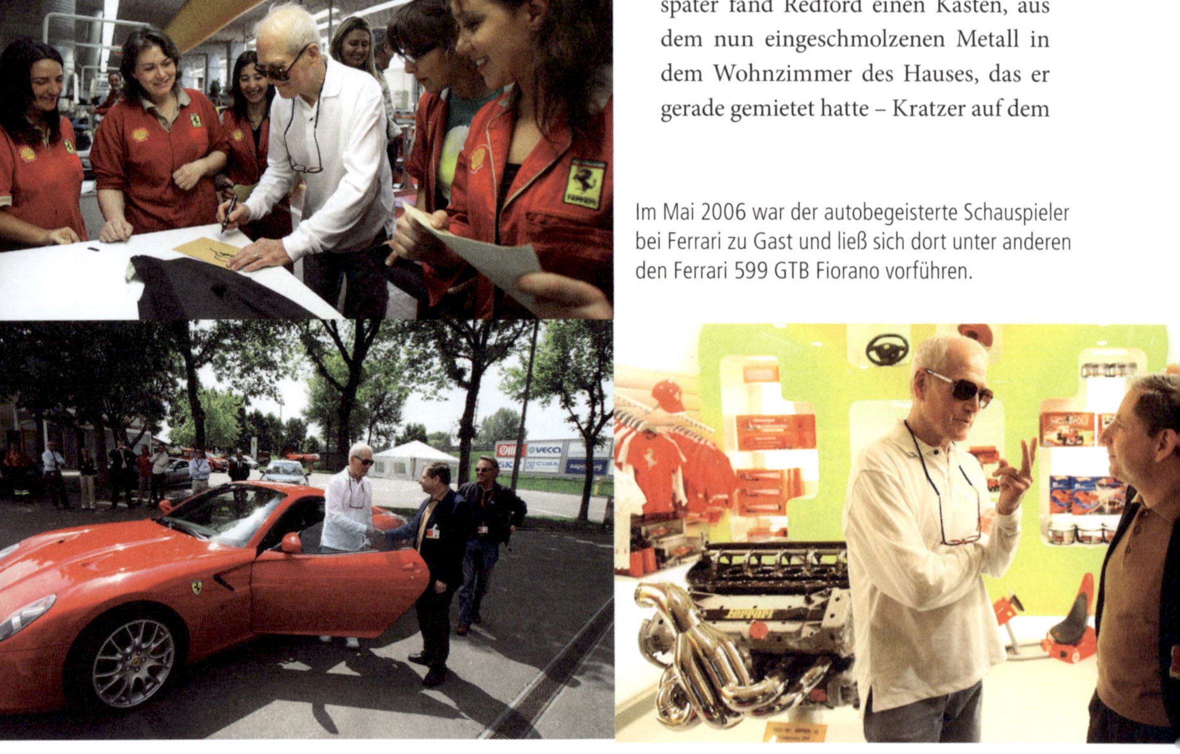

Im Mai 2006 war der autobegeisterte Schauspieler bei Ferrari zu Gast und ließ sich dort unter anderen den Ferrari 599 GTB Fiorano vorführen.

Boden inklusive. Wortlos ließ Redford Taten sprechen. Aus dem Haufen Metall schuf eine Bildhauerin in drei Wochen eine unglaublich hässliche Skulptur, die in Newmans Garten deponiert wurde. Wieder kein Wort von Newman.

Später bekam Newman ein Wrack vor seine Haustür geliefert, einen verunfallten und schrecklich zugerichteten Ferrari. Das muss ihn besonders geschmerzt haben, denn er fuhr zwischenzeitlich sowohl in einem roten 308 GTB als auch in einem roten 275 GT/B Daytona Competizione Rennen. Newmans Reaktion darauf war deutlich. Er ließ ihn zu einem Würfel zusammenpressen und sorgte dafür, dass er in Redfords Wohnzimmer transportiert wurde. Niemals haben die beiden Männer auch nur ein Wort über auch nur eine dieser »Gemeinheiten« gesprochen.

DIE NISSAN SKYLINE TURBO GT-E-S »PAUL NEWMAN EDITION«

In den 80er-Jahren warb Newman für den japanischen Autobauer. Im Rahmen dieser Zusammenarbeit entstand im August 1984 eine Sonderauflage des Nissan Skyline Turbo, von der jedes Auto an vier Stellen Aufkleber mit seiner Unterschrift trug. Der Wagen verfügte über einen Zweiliter, Sechszylinder mit Fünfganggetriebe, 15-Zoll-Leichtmetallfelgen und ein verbessertes Audiosystem. Fahrzeugspezialisten sprachen daher von einem »kosmetischen Upgrade« der R-30 Skyline Standardversion, die es ab 1981 gab. Die meisten Fahrzeuge waren rechtsgelenkt und gingen außer nach Japan vor allem nach Australien. Newman warb auf Autoprospekten und es entstand ein TV-Werbespot, der in Daytona gedreht wurde. Darin dreht der Schauspieler in einem 190 PS starken orangefarbenen Wagen seine Runden und haucht: »The Skyline is terrific«.

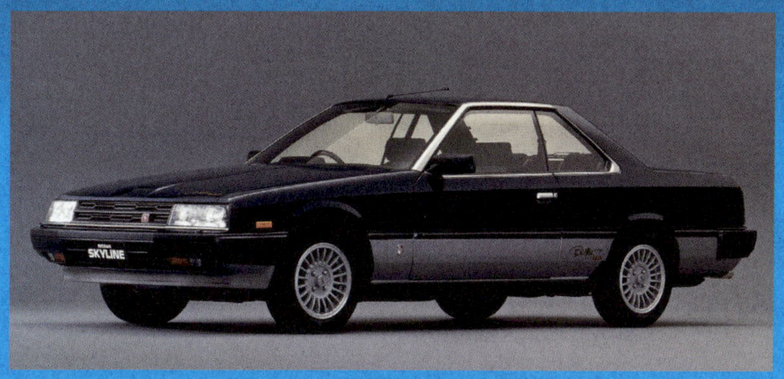

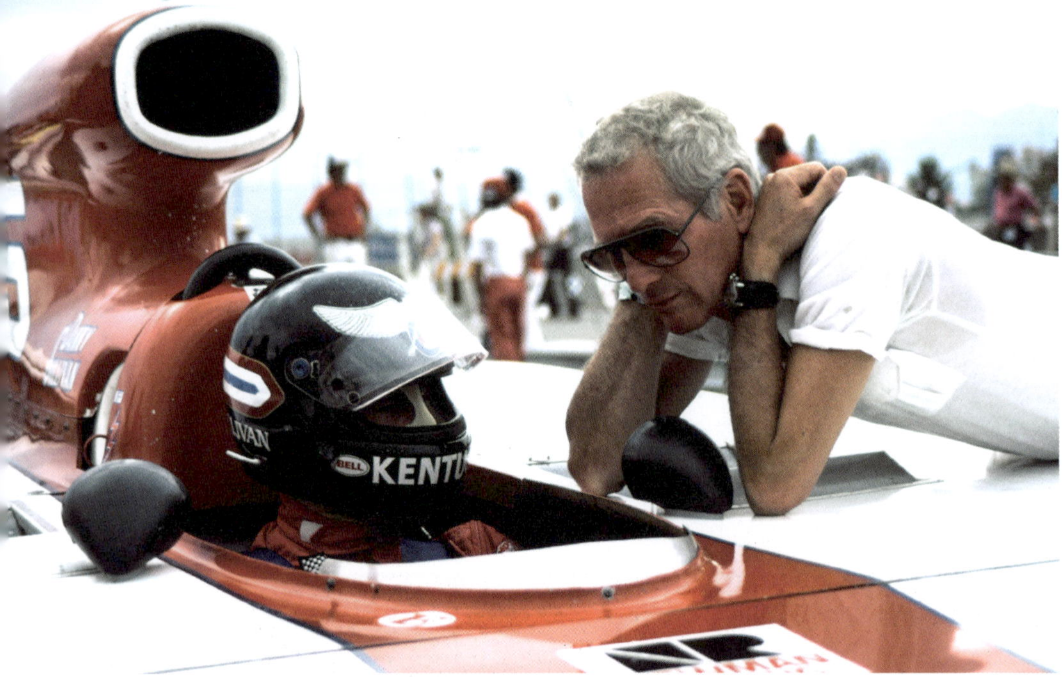

Ab 1983 engagierte sich Paul Newman mit einem eigenen Team in der amerikanischen IndyCar Series, hier mit seinem Fahrer Danny Sullivan im March 827 Chevrolet.

Newman im Februar 1995 während des Rolex 24 auf dem Daytona International Speedway.

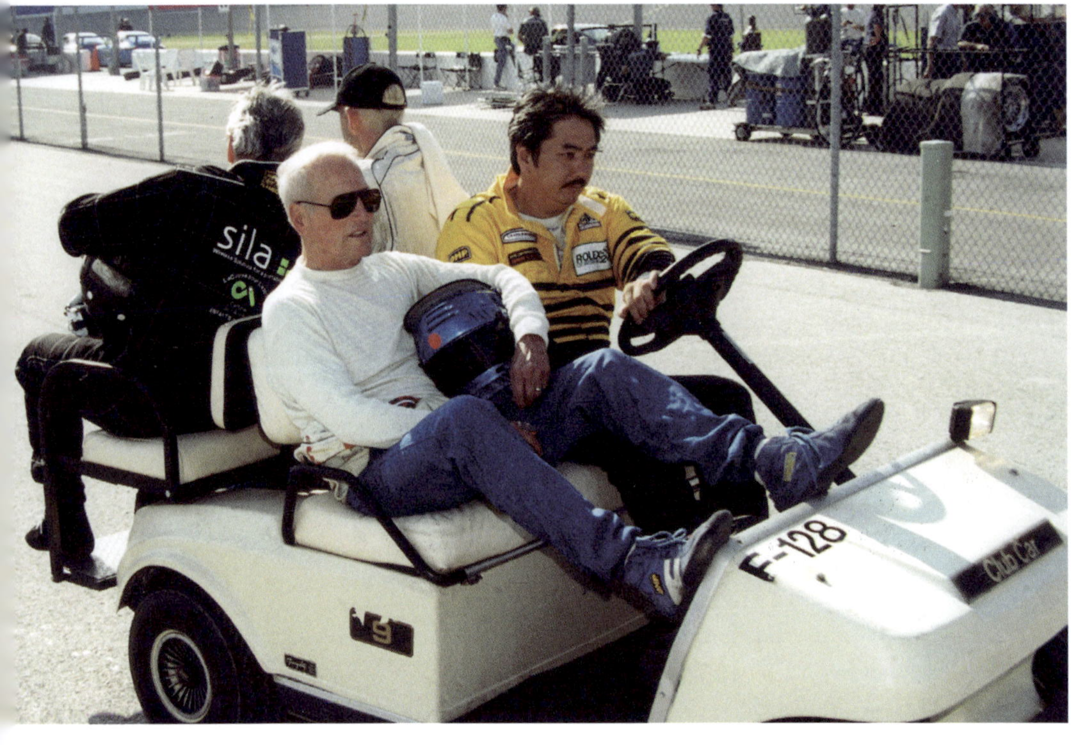

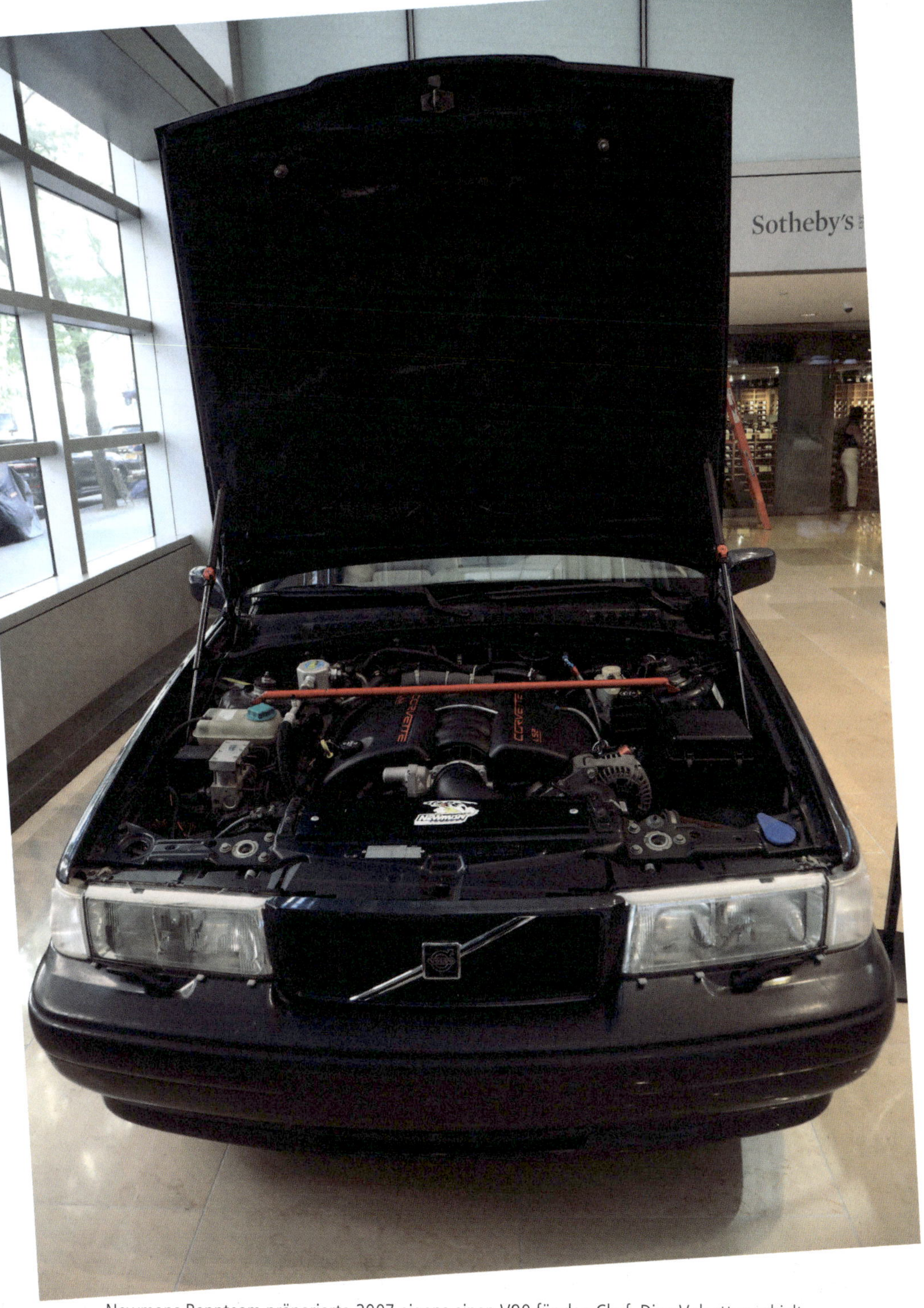

Newmans Rennteam präparierte 2007 eigens einen V90 für den Chef. Die »Volvette« erhielt einen Sechs-Liter-Chevrolet-LS2-V-8-Motors mit Vier-Gang-Automatik.

»RENNEN HEISST FÜR UNS LEBEN«

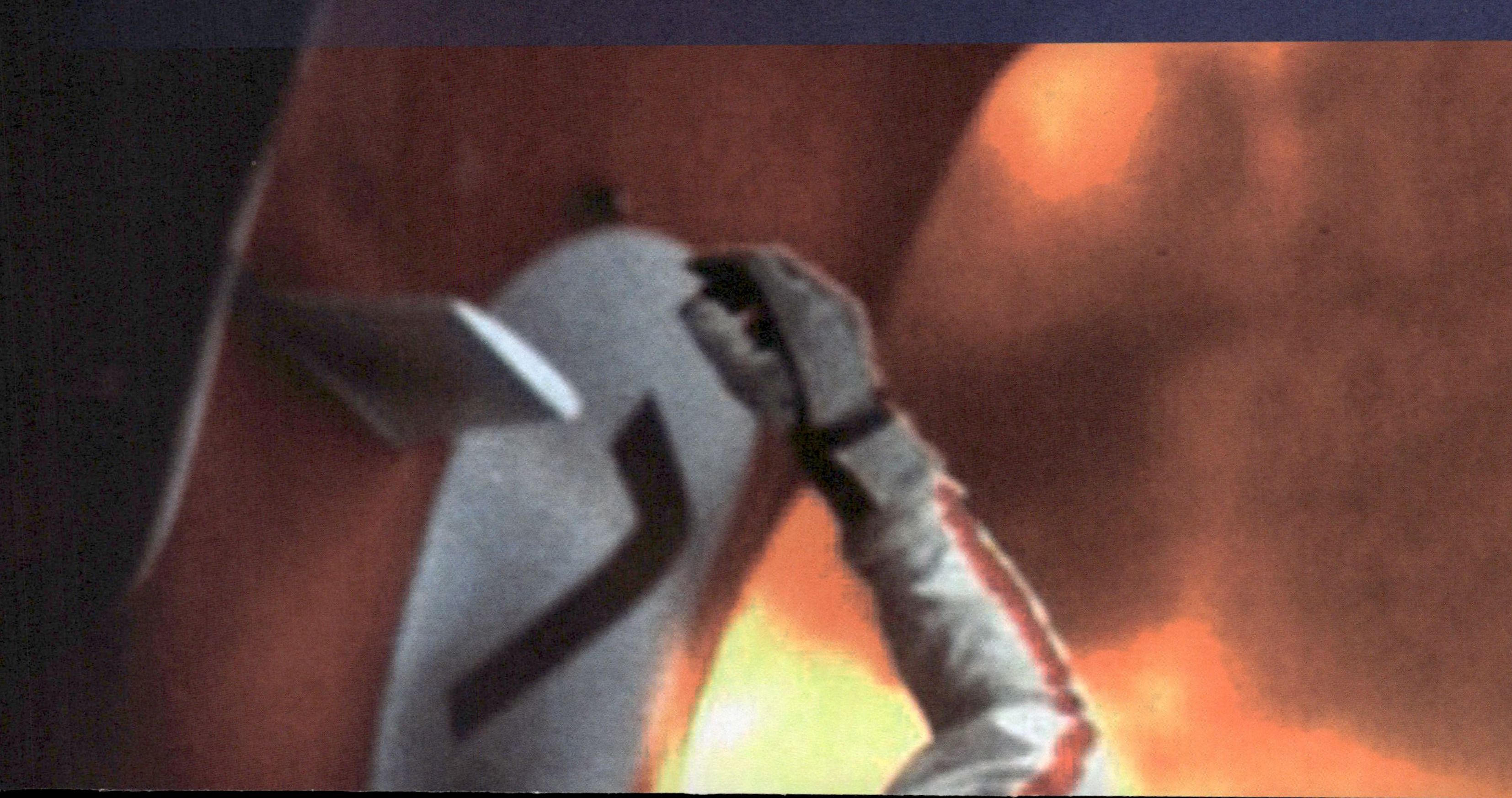

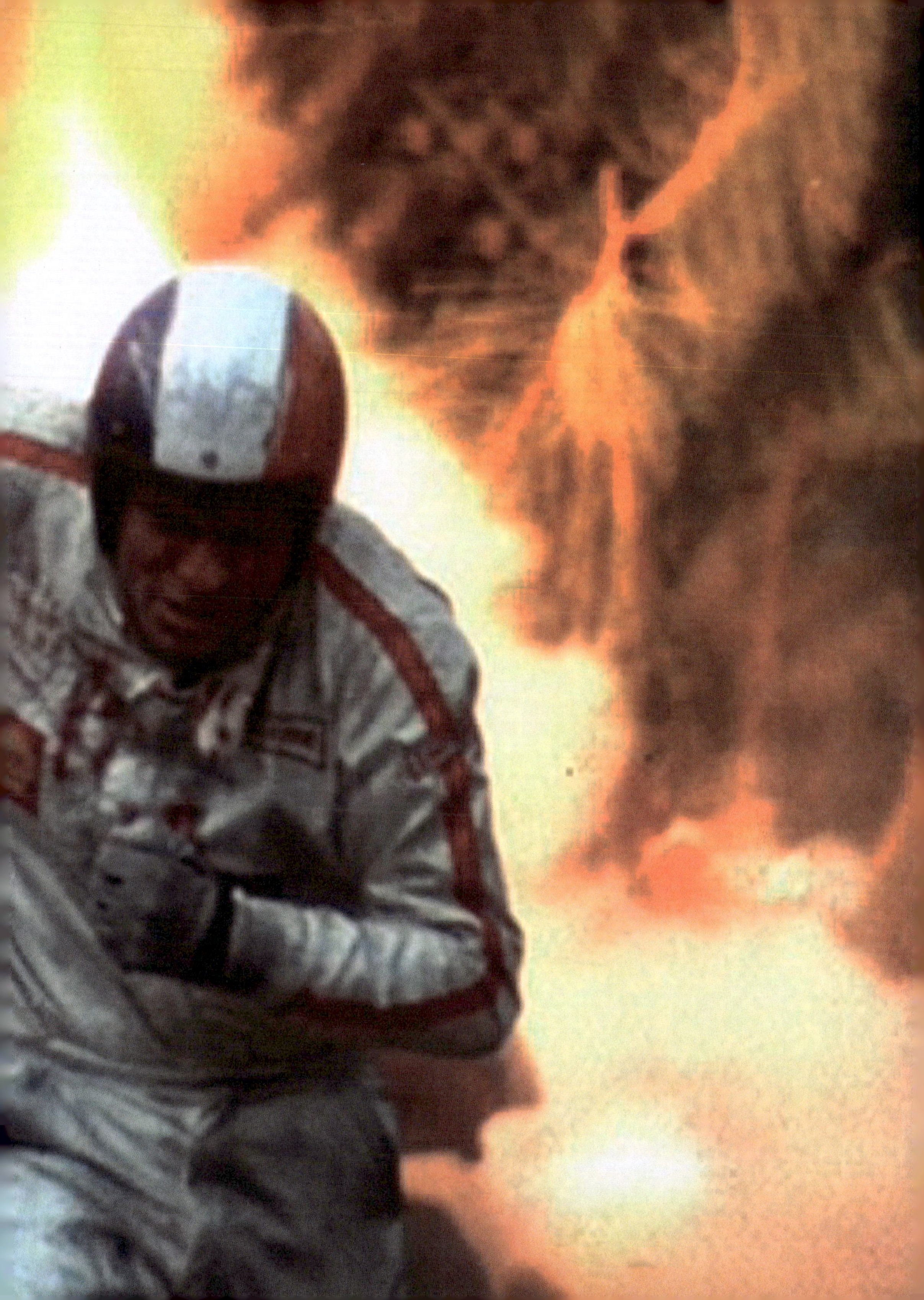

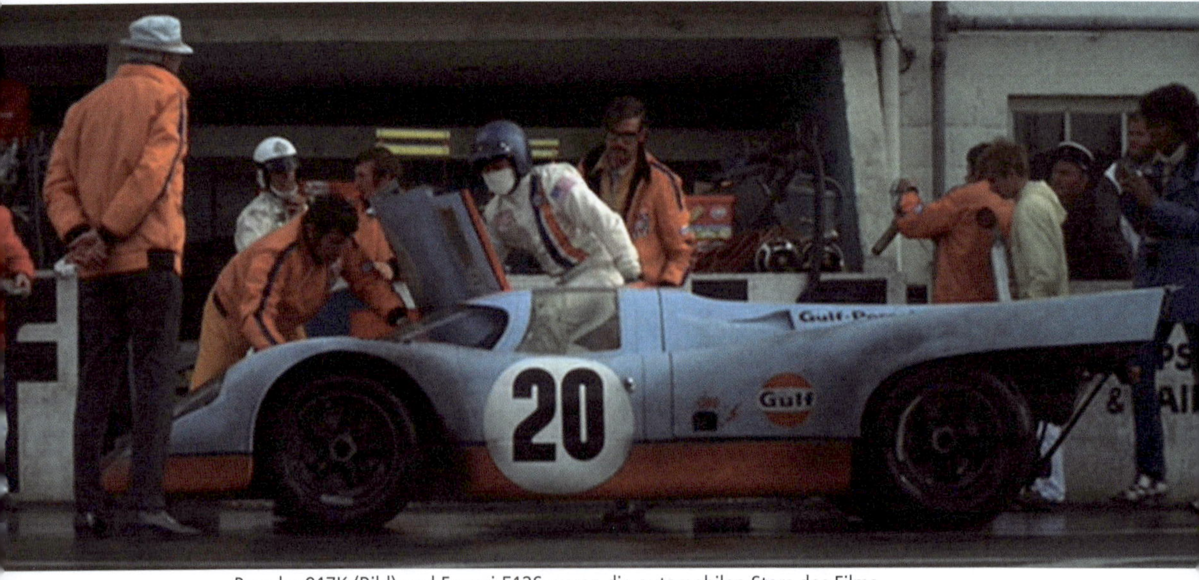

Porsche 917K (Bild) und Ferrari 512S waren die automobilen Stars des Films.

»RENNEN HEISST FÜR UNS LEBEN« - LE MANS (1971)

Es ist eine spannende Vorgeschichte die diese Produktion begleitet, der seit vielen Jahren als Klassiker unter den Rennfahrerfilmen gilt, aber dessen Entstehung voller Höhen und Tiefen, Dramen und Rückschlägen steckt.

Nach seinem ersten Welterfolg »Die glorreichen Sieben« mit Yul Brynner, James Coburn und Charles Bronson, der 1960 von John Sturges inszeniert wurde, drehte Steve McQueen eine Komödie und zwei Kriegsfilme. Der letztere, »Wir sind alle verdammt« (The War Lover), entstand in England. Einer der Gründe warum er ihn annahm, war Jim Russell. Der hatte 1956 auf dem Snetterton Circuit, südwestlich von Norwich, eine Schule für Rennfahrer eröffnet und bildete dort spätere Weltklassefahrer wie Emmerson Fittipaldi, Derek Bell und Jacques Villeneuve aus. McQueen drehte auf dem Bovingdon Airfield und der Luftwaffenbasis RAF Manston, weniger als drei Stunden Fahrt von der »Jim Russell Racing Driver School« entfernt, auch dies eine ehemalige Luftwaffenbasis. Im Herbst 1961 war McQueen häufig zu Gast und lernte bei Russell. Teile seiner Gage von 75.000 Dollar nutzte er auch, um auf anderen englischen Rennstrecken wie etwa in Aintree, Oulton Park und Brands Hatch zu fahren. Dabei half ihm die Bekanntschaft mit dem Rennfahrer John Whitmore, der ihm einen Austin A 40 und einen 850er Mini zur Verfügung stellte, mit dem er in Brands Hatch immerhin dritter des Rennens der British Touring

Car Championships wurde. Diese ersten Erfahrungen auf Rennstrecken führten dazu, dass McQueen sich damit beschäftige einen Film über Autorennen zu erschaffen. Das Projekt trug den Titel »Day of the Champion«.

Mit den Gagen aus seinen ersten Kinoerfolgen (je 100.000 Dollar für »Die glorreichen Sieben« und »Die Heiratsmaschine«), gründete er bereits 1960 eine eigene Filmproduktionsgesellschaft namens »Scuderia Condor Enterprises«, die bereits den Begriff »Rennstall« in sich trug. Als er 1963 mit seiner Familie zum 2419 Solar Drive umzog, bekam auch die »Scuderia« einen neuen Namen: »Solar Productions Inc.«. Seine Firma sollte mehrere Filme produzieren – auch den geplanten Rennfahrerfilm. Schon als McQueen 1962 erneut mit John Sturges arbeitete, und den späteren Klassiker »Gesprengte Ketten« drehte (Gage: 400.000 Dollar), sprachen sie viel über Autos. Die Dreharbeiten des Films, der von Juni bis Oktober in Bayern entstand, wurden so etwas wie die Keimzelle für vier Autonarren: John Sturges, James Garner, James Coburn und eben McQueen. Sturges zeigte Interesse an dem geplanten Rennfahrerfilm. Sie trafen sich im Herbst und Winter immer mal wieder in Los Angeles, wo beide Büros unterhielten. McQueen brachte ihn auch zur Marke Porsche. Dessen erster Sportwagen war ein schwarzer 1958er 356 Speedster 1600 Super, den er nach Angaben seines Sohnes Chad neu kaufte und mit dem er bei zahlreichen SCCA Veranstaltungen Rennen fuhr. Sturges kaufte später über Competition Motors in Culver City einen champagnerfarbenes (Farbcode 6405) Porsche 356 2000 GS (Carrera 2) Cabriolet, der dritten Serie. Es sind nur 30 von 107 Cabriolets der Serie 3 entstanden. Seines hatte die Chassis Nr. 160790. Bei den Dreharbeiten in Frankreich fuhr er einen 911er.

Die beiden Männer planten, dass dies der erste Film werden sollte, der sich den Dramen rund um die Formel 1 widmet. Als Inspiration diente das Buch »The Cruel Sport« des New Yorker Bestseller-Autors Robert Daley, das 1963 erschienen war und sich auf die Formel-1-Rennen ab 1959 konzentrierte in denen zum Teil die Hälfte der Fahrer, aber auch viele Zuschauer, aufgrund geringer Sicherheitsstandards bei Unfällen ums Leben kamen. Daley, McQueen, Sturges und Vertreter von Warner Brothers trafen sich, um darüber zu verhandeln wie man den Film realisieren könnte, doch dann kam alles anders.

KONKURRIERENDE REGISSEURE UND FILMFIRMEN

Bei einem Abendessen in Los Angeles für wohltätige Zwecke, bei dem John Sturges zufällig neben seinem Regiekollegen John Frankenheimer saß, erfuhr er von ihm, dass am nächsten Tag ein Formel-1-Film von MGM mit ihm angekündigt werde. Der Titel lautete »Grand Prix«. Fortan stritten sich die beiden Filmfirmen, zumal Daley sich noch vor Warner Brothers mit Frankenheimer und MGM

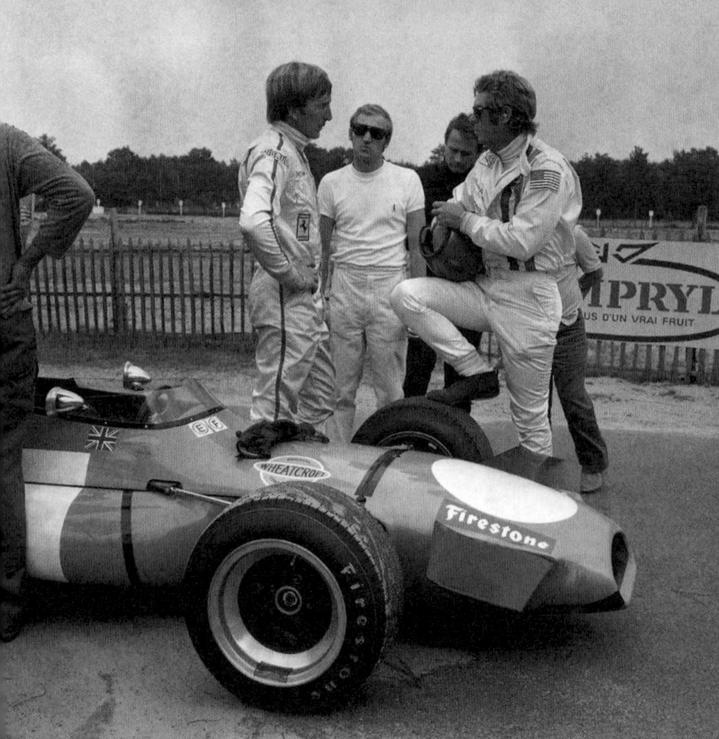

Expertenrat: Der britische Rennfahrer Derek Bell im Gespräch mit Steve McQueen am 18. Juli 1970.

McQueen und Lee H. Katzin.

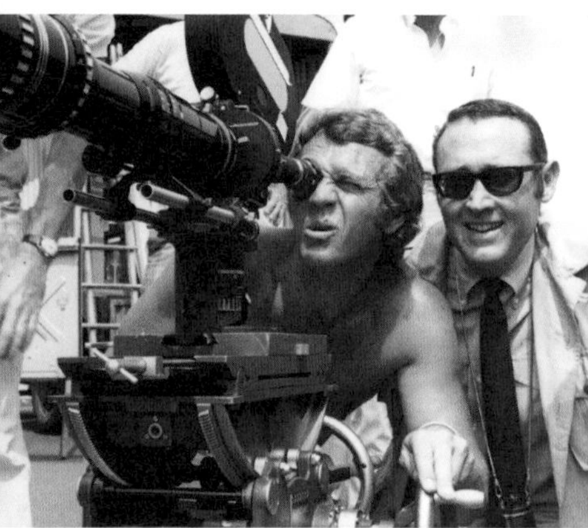

einig geworden war. Doch das Rennen um den ersten großen Formel-1-Film war noch nicht entschieden, da es ja auch darum ging, die Nase bei den Aufnahmen vorn zu haben und sich die Kooperation mit professionellen Fahrern und Beratern zu sichern. In dieser Hinsicht war McQueen in der Pole-Position. Er kannte den 16-maligen englischen Grand Prix Sieger Stirling Moss gut und engagierte ihn. Hinzu kamen die Fahrer Jim Clark und Jackie Stewart. Sowohl Frankenheimer und sein Team, als auch McQueens Entourage, reisten am 30. Mai 1965 zum Großen Preis von Monaco, um Eindrücke zu sammeln. Drei Monate lang hielt sich McQueen in Europa auf und besuchte in dieser Zeit, zusammen mit Moss und Sturges, auch die englische Firma Alan Mann Racing, die den Auftrag erhielt, Fahrzeuge für die Filmaufnahmen vorzubereiten und einen Kamerawagen zu bauen, einen modifizierten Lola T70. McQueen, Whitmore, der als technischer Berater verpflichtet worden war, Stirling Moss und Sturges waren mit ihren Kameramännern auch in der Eifel und nahmen am 31. Juli und 1. August 1965 beim GP von Deutschland auf dem Nürburgring mit vier Kameras erste Szenen auf – immer wieder vier Minuten pro Kamera, denn mehr Material passte nicht auf eine Filmspule. Das meiste Material entstand dank eines speziellen Kamerawagens: ein Doppelsitzer, den Stirling Moss fuhr. Einer der Kameramänner saß neben ihm. Für Informationen aus erster Hand und Authentizität war also gesorgt. Die Aufnahmen wurden 2020 zufällig gefunden und in der Dokumentation »Steve McQueen: The Lost Movie« ein Jahr später erstmals gezeigt. »Er beeindruckte mich als jemand der an Action glaubte«, so Stirling Moss über McQueen. »Er ist neugierig alles über Autorennen zu erfahren, und lernte sehr schnell.« Warner Bros. war so überzeugt von den Filmszenen, und den Rechten an dem Buch, die sie angeblich hatten, dass sie sogar Anzeigen schalteten. Darin stand: »... Off To A Roaring Start. Warner Bros presents John Sturges´ Production Day of the Champion starring Steve McQueen now shooting at Nurburgring.« Im September gab Sturges bekannt, dass er im nächsten Frühjahr mit den Hauptdreharbeiten beginnen werde. Doch daraus wurde nichts.

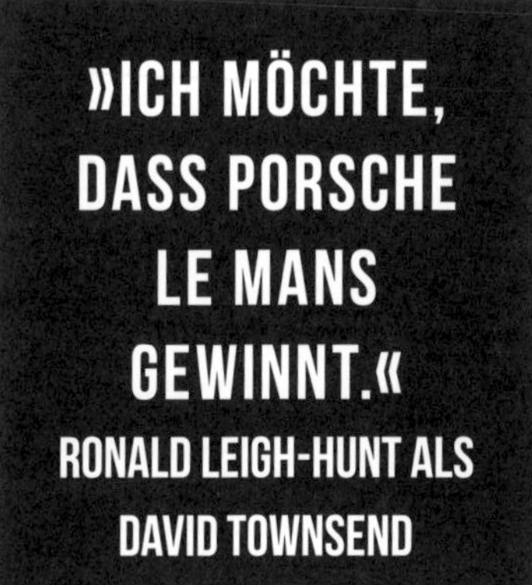

»EISIGES SCHWEIGEN« – DER STREIT ZWISCHEN MCQUEEN UND GARNER

McQueen konnte nicht weiterrecherchieren, denn er hatte seine Mitwirkung an dem Film »Kanonenboot am Yangtse-Kiang« (The Sand Pebbles) zugesagt und reiste zu Dreharbeiten nach Taiwan und Hongkong. Derweil arbeiteten Frankenheimer und MGM an ihrem »Grand Prix« Film. Der Regisseur war zuvor nicht abgeneigt McQueen für die Hauptrolle seines Films zu verpflichten, doch nach einem »desaströsen Treffen«, mit seinem Geschäftspartner Edward Lewis, so der Filmemacher, entschied er sich gegen ihn. Frankenheimer freundete sich mit Rennfahrern wie Graham Hill, Phil Hill (Formel-1-Weltmeister 1961), Carroll Shelby und Dan Gurney an. Er verpflichtete sie, zwei Jahre lang exklusiv nur an dem Film »Grand Prix« zu arbeiten und konnte dank der Kontakte von Shelby auf Repliken der Rennwagen zurückgreifen, die der organisierte. Außerdem hatte er einen neuen Hauptdarsteller. Der Part ging an James Garner, was überwiegend MGM zu verdanken war und worüber Frankenheimer gar nicht sehr erfreut war. Als in einer englischsprachigen Zeitung in Hongkong ein Foto von Garner in einem Rennwagen erschien, ist McQueen, nach Aussagen des PR-Manns Rupert Allan »ganz wild geworden. Er ist völlig durchgedreht.«

Die Besetzung belastete die Freundschaft der beiden Schauspieler sehr. Als Garner McQueen anrief, um ihm davon zu erzählen, dass er die Hauptrolle in »Grand Prix« spielt, herrschte erstmal ein »langes eisiges Schweigen« am Telefon, so Garner. »Er hat zweieinhalb Jahre lang nicht mit mir gesprochen.« Manche Quellen sprechen gar von vier Jahren.

Stress zwischen den beiden Männern gab es schon früher. Im Sommer 1963 wurden sie in Los Angeles Nachbarn. »Wir mochten uns sofort und wir hatten viel gemeinsam«, so McQueen, aber dennoch ärgerte er Garner gerne, der in derselben Straße unterhalb von ihm wohnte (33 Oakmont Drive in Brentwood). »Ich sah, dass er sein Anwesen immer peinlich genau pflegte, das Gras und die Blumen akkurat geschnitten, also warf ich leere Bierdosen von oben auf sein Grundstück. Er hat lange gebraucht, um das herauszufinden. Erst war er sauer, aber dann haben wir darüber gelacht«, so McQueen. Das blieb nicht so.

McQueens Dreharbeiten in Taiwan dauerten viel länger als geplant. Aus den ursprünglichen geplanten neun Wochen wurden sieben Monate. Sturges drehte »Eisstation Zebra« und danach, Ende April 1966, Rennszenen der britischen GT-Meisterschaft im englischen Oulton Park in Cheshire, südöstlich von Liverpool. Die Aufnahmen sollten Teil der Geschichte von »Day of the Champion« werden.

Frankenheimer schnitt bereits gedrehtes Material von den europäischen Grand Prix Rennen zusammen und bekam die Unterstützung von Enzo Ferrari (sh. Seite 86 ff). Das Drehbuch war fertig, und im Frühjahr und Sommer 1966 rollten die Kameras – nur der Nürburgring wurde als Drehort ausgelassen. Stirling Moss beobachtete die Aufnahmen von »Grand

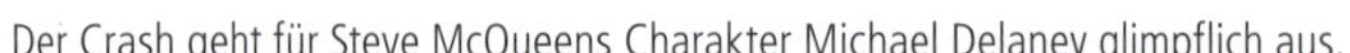
Der Crash geht für Steve McQueens Charakter Michael Delaney glimpflich aus.

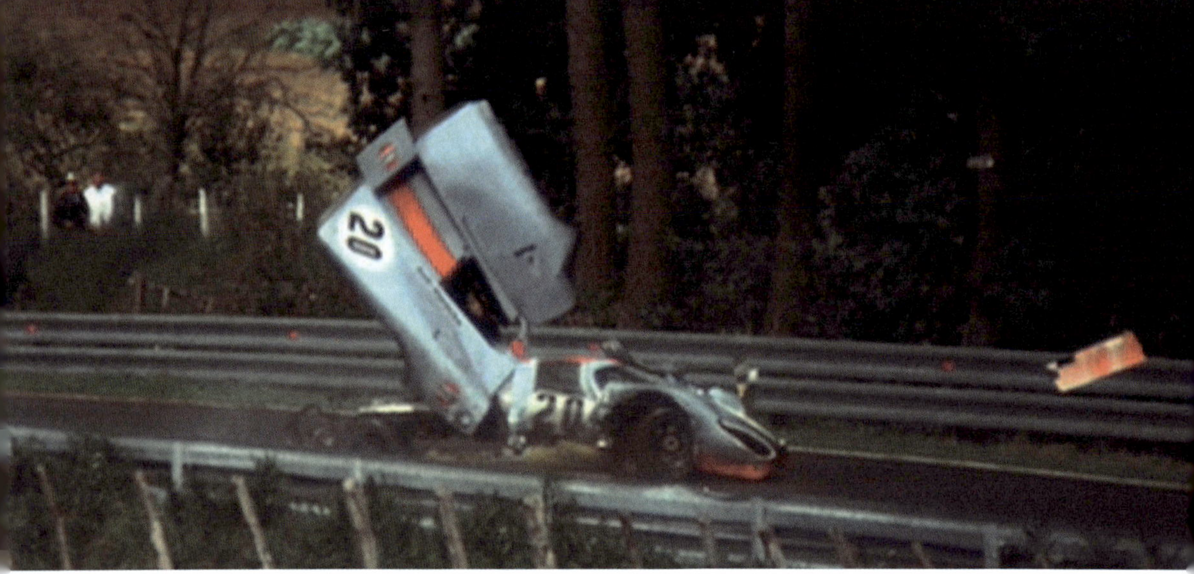

Der Film machte den Porsche 917K zur Ikone.

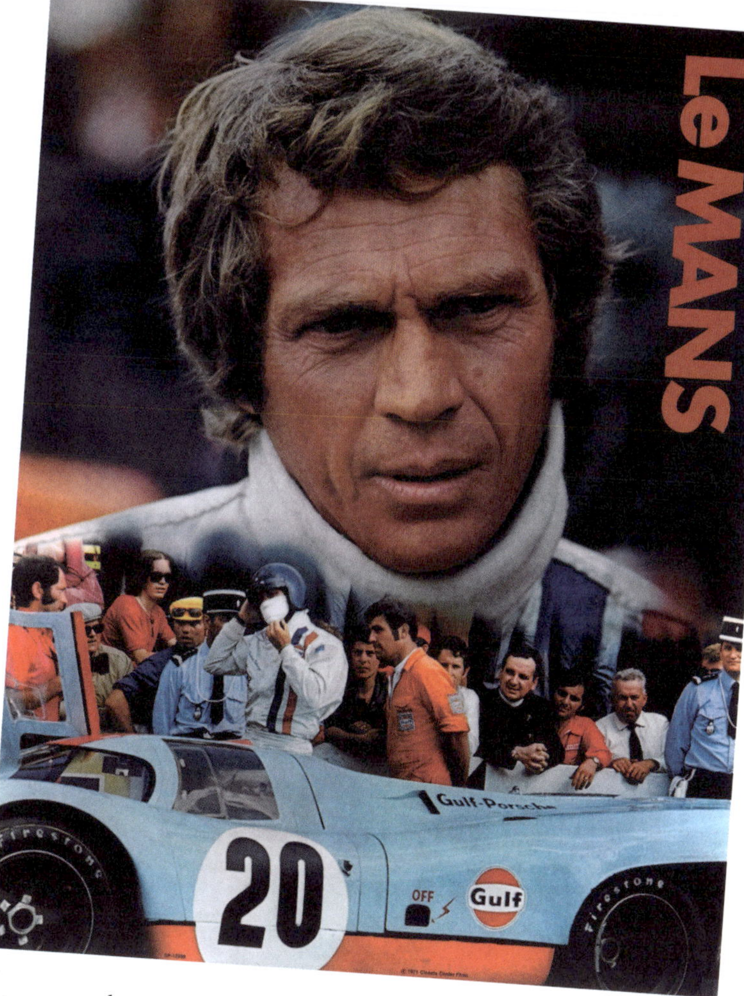

Prix« in Monaco und schickte noch Anweisungen an Alan Mann in Bezug auf die Autos. Im Juni bereitete Sturges in London die Dreharbeiten vor, doch einen Monat später zog Jack Warner die Reißleine für »Day of the Champion«. Die Arbeiten am konkurrierenden Film waren schon zu weit fortgeschritten. Er wollte nicht als zweiter mit einem Rennfahrerepos in die Kinos kommen. McQueen war nervlich am Ende.

Eine Drehbuchfassung für den nie realisierten Film vom 1. Juni 1966 tauchte erst 2020 auf. Sie stammt von dem renommierten Autor Kenneth William Purdy und befindet sich im Kino Museum an der Universität in Exeter. Darin geht es um die Hauptfigur Mike Pearce, seine Liebe zu Autorennen und zu der Engländerin Kyla Bonham, die er kennenlernt, nachdem sie mit ihrem Jaguar verunglückt ist. Die Gefahren auf verschiedenen Rennstrecken stehen tatsächlich im Mittelpunkt, denn die Rennfahrer der damaligen Zeit fuhren nicht nur bei Formel 1 Rennen mit, sondern

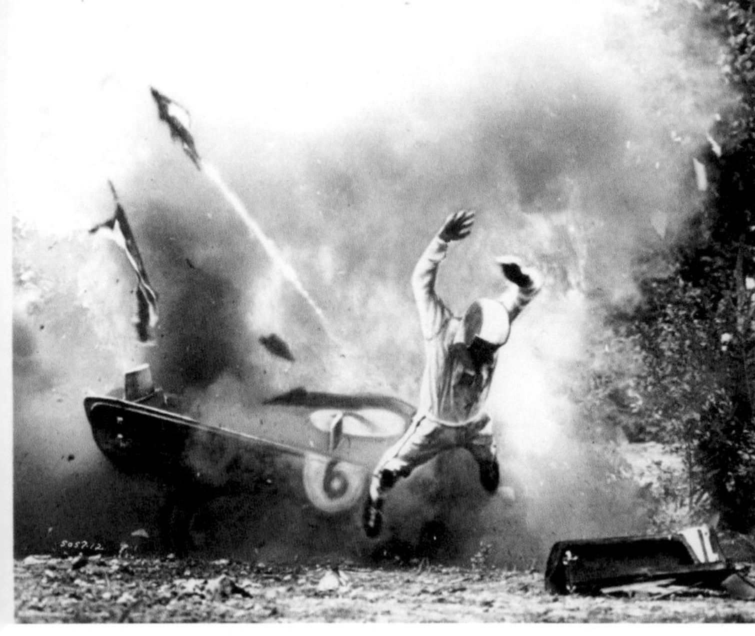

Ein von Michael Delaney (McQueen) verursachter Unfall ist der Ausgangspunkt der Handlung.

April. »Kanonenboot am Yangtse-Kiang« war achtmal für den Oscar nominiert, gewann aber keinen Preis. »Grand Prix« war sechsmal nominiert und gewann dreimal. »Damals gab es kleine Handgranatenattrappen«, so Henry Mann, der Sohn von Alan Mann. »Darin waren Knallkörper versteckt. Die warf McQueen auf Garners Grundstück. Sein Haus war oberhalb von ihm.« Garner sagte später zurecht: »Ich nannte ihn Crazy McQueen, denn offen gesagt war er verrückt.« Und dann auch noch das: McQueens damals sechsjähriger Sohn Chad bat seinen Vater darum »Grand Prix« zu sehen. Also musste er notgedrungen ins Kino und die Konkurrenz betrachten.

Zwei Jahre später, nahm McQueen einen neuen Anlauf seine Rennleidenschaft auf Zelluloid zu bannen. Zunächst hatte er die Idee einer Dokumentation über das 24 Stunden Rennen in Le Mans. Schließlich sollte ein Spielfilm daraus werden. Sein Unternehmen Solar Productions Inc. engagierte den Kriegsberichterstatter und TV-Autor Denne Bart Petitclerc, um ein Drehbuch zu verfassen. Im Januar 1969 sollte Drehbeginn

auch bei anderen Wettbewerben. Tatsächlich gibt es sogar Ähnlichkeiten mit der »Grand Prix« Geschichte, denn es geht um mehrere Fahrer während einer ganzen Rennsaison. Ein paar Zeilen des Drehbuchs wurden später in »Le Mans« verwendet.

HANDGRANATENATTRAPPEN AUF JAMES GARNER

Im August 1966 war McQueen zurück in Kalifornien und musste miterleben, dass ausgerechnet »Grand Prix« fast parallel zu seinem Film »Kanonenboot am Yangtse-Kiang« in die US-Kinos kam: am 21. Dezember 1966, genau einen Tag später als seiner. Es dürfte eine Genugtuung für ihn gewesen sein, dass er im Frühjahr 1967 erfuhr, dass er als bester Hauptdarsteller für den Oscar nominiert war. Sein Frust gegenüber »Grand Prix« war damit aber immer noch nicht vergangen. Tatsächlich äußerte sich der auch noch im

sein, doch daraus wurde nichts. Im März 1970 wurde bekanntgegeben, dass John Sturges ab Juni Regie führen werde, doch lange Zeit gab es kein Drehbuch, was Sturges verärgerte. Er wollte ein Drama über die Beziehungen der Fahrer untereinander und zu ihren Partnerinnen sowie ein positives Ende, doch McQueen argumentierte, dass das Rennen selbst schon ein Drama ist. Er wollte nur minimale Dialoge, spektakuläre Unfälle, aber keine Toten. Ihm hatte Claude Lelouchs Rennfahrerfilm »Ein Mann und eine Frau« von 1966 gut gefallen – das war allerdings eine Liebesgeschichte. Seine eigene endete. Seine Frau Neile Adams kam für ein paar Tage zu Besuch und bekam Angst, dass ihr Mann sich in Le Mans zu Tode fährt. Im Juli wurde bekanntgegeben, dass sich das Paar getrennt hat. Der Streit mit John Sturges eskalierte ebenfalls. Dieser stieg nach einem Engagement von sieben Wochen im selben Monat aus. Später kommentierte er seine Erfahrung mit dem bissigen Satz: »Ich bin zu alt und zu reich für diesen Mist.«

»ALLES, NUR KEIN DREHBUCH«

Nach dem Ausstieg von Sturges, wurde hektisch nach Ersatz gesucht. Man engagierte Lee H. Katzin, der zuvor vor allem TV-Serien wie »Hondo«, »Mannix«, »Ihr Auftrag, Al Mundy« und »Kobra, übernehmen Sie« inszeniert hatte. Einen Tag nachdem John Sturges ausstieg, wurde er verpflichtet, und einen Tag später war er schon in Frankreich – unvorbereitet, wie er selbst später gestand: Katzin: »Ich

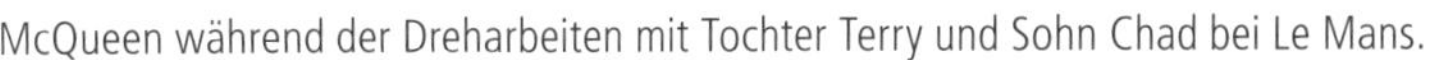
McQueen während der Dreharbeiten mit Tochter Terry und Sohn Chad bei Le Mans.

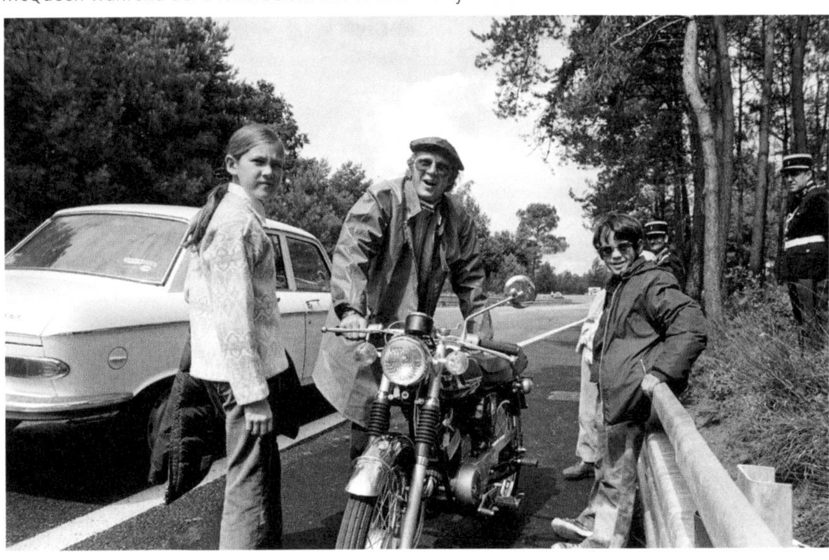

wusste nichts über das Rennfahren, und es gab Tage, da wusste ich nicht, was ich am nächsten Tag drehen sollte.«

Immerhin standen die Autos bereit. Sie zu erwerben, erlaubten die neuen Regeln. 1969 bauten erst Porsche und dann Ferrari 25 neue Fünf-Liter-Sportwagen, so dass Kundenteams aber auch Firmen aktuelle Rennwagen der Werksteams kaufen konnten. Solar, sein Team und er trauten sich zu, den Film zu realisieren, und nicht nur das. McQueen wollte selbst fahren. Sein jüngster Rennerfolg vom 21. März 1970 hatte ihn beflügelt. An dem Tag wurde er gemeinsam mit dem Revlon Erben Peter Revson, und hinter dem erfahrenen Mario Andretti, auf dem Sebring-International-Raceway in Wagen Nr. 48 zweiter beim 12-Stunden-Rennen der Sportwagenweltmeisterschaft auf dem Flugplatz von Sebring. Das Team fuhr einen Porsche 908/02. Eben dieser Erfolg führte dazu, dass die Firma Cinema Center Films (CCF) ihr Interesse bekundete. Sowohl CCF als auch Versicherungsgesellschaften stellten aber klar, dass sie Steve McQueen nicht versichern und finanzieren werden, wenn er selbst am Steuer sitzen würde. Das machte ihn sauer. Er hatte sogar vorgehabt, außerhalb des Films, bei den 24 Stunden von Le Mans zusammen mit Jackie Stewart, in einem Porsche 917 teilzunehmen, doch das zerschlug sich wieder. Die Arbeit an einem Drehbuch stellte er erstmal zurück. Stattdessen flog er im Juni 1970 mit einem Filmteam nach Frankreich, um beim Rennen am 13./14. Juni zu drehen. 19 Kameras nahmen das Geschehen auf. Ein Porsche, der dem im Rennen ähnelte wurde verwendet, um aus der Sicht des Fahrers zu drehen. Am Ende hatte das Team 30.000 Fuß Film im Kasten. Dieses Material sollte dann mit McQueens Szenen kombiniert werden, denn die Produktion hatte das Areal in Le Mans für zwölf Wochen gemietet. »Ich bin sehr aufgeregt, denn der emotionelle Moment von Le Mans ist unglaublich«, so der Star.

»RENNEN FAHREN IST LEBEN. ALLES WAS VORHER ODER NACHHER PASSIERT IST NUR WARTEN.«
STEVE MCQUEEN ALS MICHAEL DELANEY

Danach suchte McQueen nach Autoren und engagierte drei Männer: Ken Purdy, damals der Autoexperte des »Playboy«, John T. Kelley und Harry Kleiner, der zuvor »Bullitt« mit verfasst hatte. Der interviewte Jackie Ickx, um für Authentizität zu sorgen. Sie arbeiteten im Trailer von McQueen in Frankreich und stritten sich viel mit ihm, so der Ausstatter Don Nunley: »McQueen kämpfte Tag

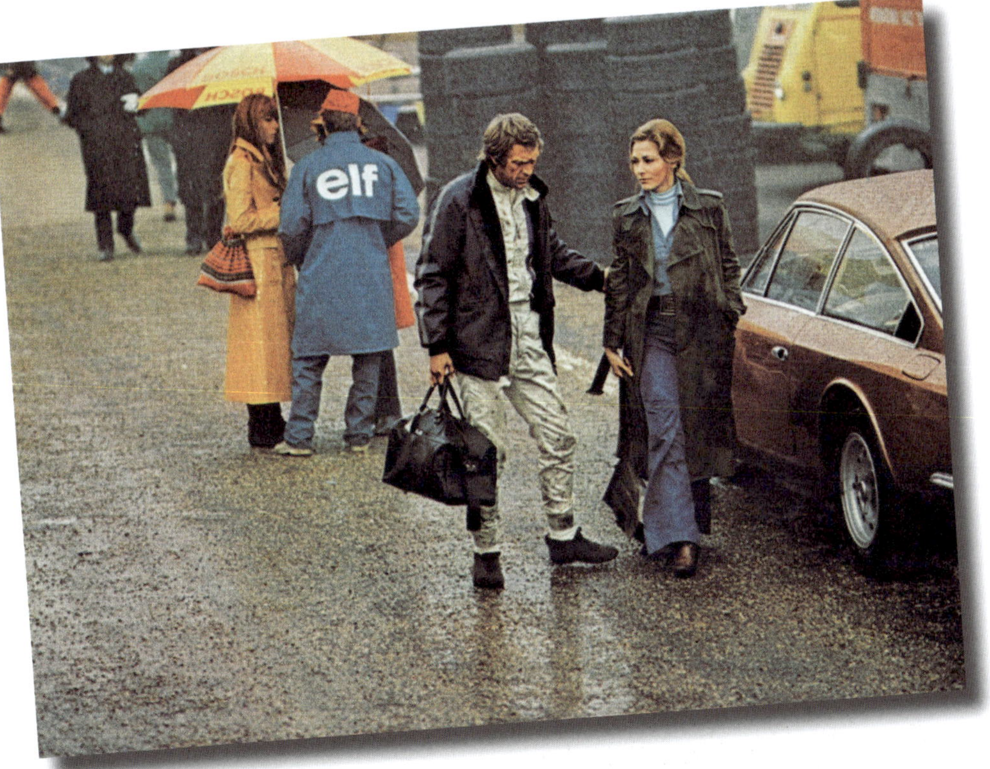

Steve McQueen als Michael Delaney
und Elga Andersen als Lisa Belgetti.

für Tag dafür, die Geschichte minimalistisch zu halten. Er wollte 24 Stunden im Leben eines Rennfahrers, keine typische Story und keine Liebesgeschichte.« Produzent Hal Hamilton war ernüchtert: »Wir hatten einen Star, die Fahrer und ein unglaubliches Aufgebot an technischer Hilfe. Wir hatten alles, nur kein Drehbuch.«

»KEINE TEXTE«: DIE DIALOGE

Im fertigen Film wird nur noch Harry Kleiner als Drehbuchautor genannt, und das was später auf der Leinwand zu sehen war, ist kaum als Geschichte als solches zu bezeichnen. Es wirkt wie eine Dokumentation mit ein paar eingeflochtenen, zum Teil sehr schlichten, Dialogen.

Erich Stahler: »Na, wie läuft denn dein deutscher Wagen?
Mike Delaney: Schnell, und dein Italiener?
Erich Stahler: Schnell.«

In den ersten 14 Minuten des Films gibt es gar keinen Text. Mike Delaney (Steve McQueen) fährt in einem schiefergrauen Porsche 911 S Coupé (Kennzeichen: S - B 2795) durch französische Ort- und Landschaften. Er nähert sich einer Leitplanke und erinnert sich an einen Unfall an dem er beteiligt war und den der Ferrari Fahrer Belgetti das Leben gekostet hat. Dann

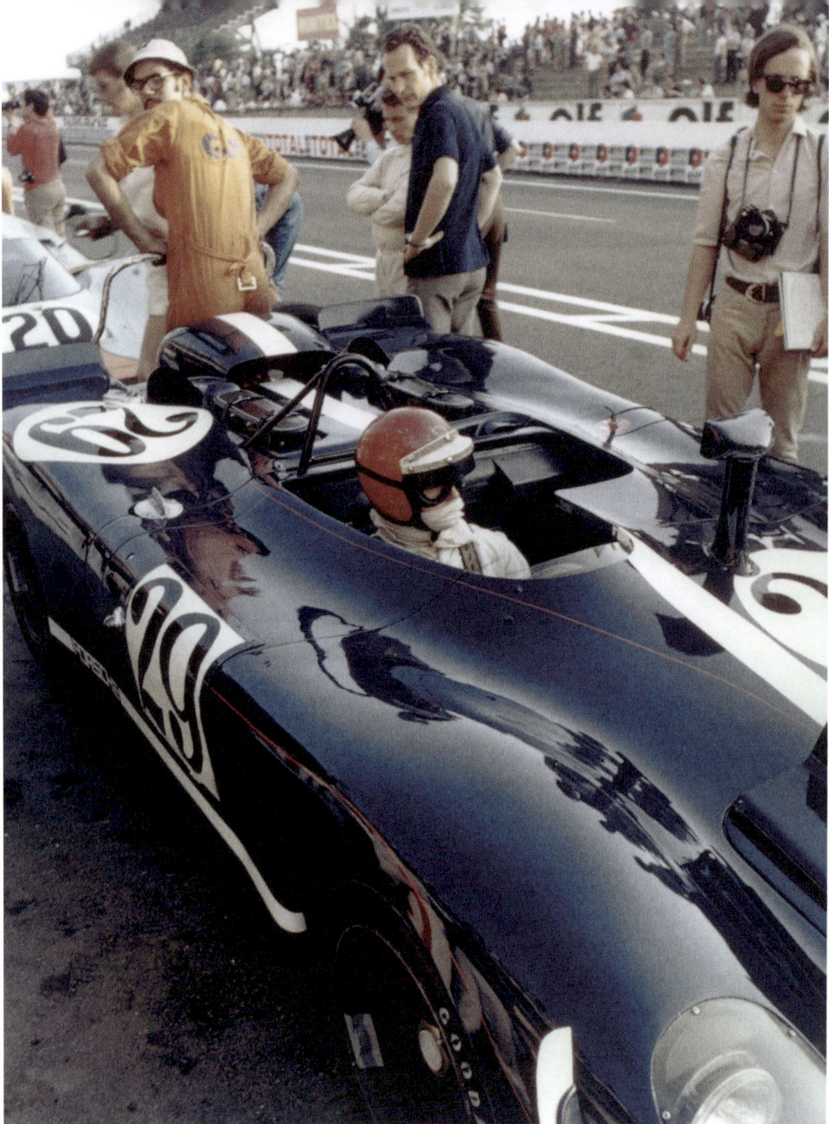

Der Porsche 908/02 Spyder KH »Flunder« wurde während des Drehs als Kamerawagen eingesetzt.

fährt er weiter bis zur Rennstrecke woran sich Aufnahmen der Zuschauer, der Polizei und im Fahrerlager anschließen. Die ersten Worte des Films sind eine Durchsage an der Strecke: »Guten Tag meine Damen und Herren, liebe Motorsportfreunde …«, die mit den Regularien abschließt. Fast dokumentarisch geht es weiter. Der Start erfolgt, und erst beim Fahrerwechsel, nach mehr als einer halben Stunde des Films, trifft Mike in den Gängen des Areals auf Lisa Belgetti, die Witwe des verstorbenen Fahrers. »Geht es dir wieder besser?«, fragt er. Sie nickt. Schließlich fokussiert sich »Le Mans« auf das Duell zwischen den Gulf Porsche

917, von denen einer von Mike gefahren wird, und den Ferrari 512S. Einer davon wird von Erich Stahler (Siegfried Rauch) gefahren – Unfälle und Dramen inklusive. Bob Rosen, Executive in Charge of Production von CCF brachte das Ganze so auf den Punkt: »Alle Schauspieler waren unglücklich, weil sie keine Texte hatten. Es gab keine Hauptdarstellerin, kein Budget, kein Drehbuch – nichts war gut.«

»Wieso ist es so furchtbar wichtig für euch schneller zu fahren als andere Menschen?« fragt Lisa an einer Stelle.
»Rennen heißt für uns Leben.«, sagt Mike. »Die Zeit, die zwischen den Rennen liegt, heißt warten.«

HINTER DEN KULISSEN

Dramen spielten sich vor allem hinter den Kulissen ab. CCF brach die Produktion für zwei Wochen ab, weil es lange Zeit kein fertiges Drehbuch gab. Sie riefen sogar bei Robert Redford an und fragten, ob er eventuell die Hauptrolle übernehmen würde, um McQueen zu ersetzen. Doch der sagte ab. Es stand im Raum die Produktion komplett abzubrechen, bis man sich schließlich dahingehend einigte, dass McQueen sowohl Gage als auch prozentuale Gewinnbeteiligung als auch seine Kontrolle abgeben sollte, um den Film fertigzustellen, denn die geplante Drehzeit wurde um zwei Monate überzogen. Da Personen, Fahrzeuge und Equipment aufgrund der längeren Zeit bezahlt werden mussten, stieg das Budget auf 7,5 Millionen Dollar. So dauerten die Dreharbeiten ein knappes halbes Jahr, vom 7. Juni und dem 10. November 1970. Die Produktionszeit dauerte über ein Jahr. Dadurch dass die Natur fünf Monate nach Drehbeginn verständlicherweise eine andere war, mussten sogar die Blätter angemalt werden, damit sie nicht herbstlich aussahen. Einmal gefielen McQueen auch die Fliegen auf seiner Frontscheibe nicht. Der Ausstatter musste neue (tote) Fliegen besorgen ... Auch durch Mätzchen wie diese, stieg das Budget auf zehn Millionen Dollar. Die Fahrer hatten wenig davon. Sie bekamen 100 Dollar am Tag, und 200 »wenn es um etwas Gefährliches ging«, so Derek Bell, der für Siegfried Rauch fuhr.

»METT AUF DER STRASSE«: DREHARBEITEN UND MEHRERE UNFÄLLE

Für die Produktion engagierte McQueen 26 bekannte Rennfahrer. Allein ihre Wagen sollen einen Wert von über einer Million Dollar gehabt haben. Die Fahrer lehnten es jedoch ab bei potentiell gefährlichen Aufnahmen neben McQueen zu fahren, was weitere Probleme mich sich brachte, denn das hatte er sich vertraglich ausbedungen. Außerdem bestand er darauf, dass die Aufnahmen bei voller Geschwindigkeit entstehen sollten. Er fühlte sich im Cockpit sehr wohl:
»Den 917 zu fahren, ist leichter als den 908. Er packt so viel Mett auf die Straße, dass er nicht besonders rutscht, aber er ist sehr schnell. Man kann Schwierigkeiten bekommen, wenn man nicht vorsichtig

ist. Ich bin noch niemals zuvor so schnell gewesen, und ich kann Ihnen sagen, als ich das erste Mal auf der Mulsanne Straße mit 215 Meilen fuhr, fühlte ich, wie sich meine Nackenhaare sträubten. Wir fahren diese Straße genauso entlang, wie wir das in einem Rennen tun würden.«

Nach Aussagen von Regisseur Lee H. Katzin wurden zum Teil fünf Kameras an einen Porsche 917 oder einen Ferrari 512S montiert. Die waren so effektiv angebracht und justiert, dass es zu keinen aerodynamischen Problemen kam. Bei den Unfallszenen wurden sechs speziell präparierte Wagen mit einem (günstigeren) Lola T70 Chassis verwendet und im fertigen Film in Zeitlupe gezeigt. Sie kosteten 45.000 Dollar pro Stück. Rob Slotemaker wurde als Spezialist für die Drehungen engagiert und schaffte es tatsächlich problemlos, dass sich die Wagen auf der Rennstrecke drehten, ohne davon abzukommen oder in die Leitplanke zu krachen. Zwei weitere Spezialisten kümmerten sich um den Ferrari Crash in der Indianapolis Kurve. »Sie choreografierten den Moment mit einer Fernsteuerung, damit er nicht das Martini Schild traf«, so Katzin. »Außerdem planten sie den Unfall von McQueens Porsche. Wir hatten zwölf Kameras, und er traf jede der geplanten Markierungen.«

Trotz aller Vorsichtsmaßnahmen kam es zu mehreren schweren Unfällen. Derek Bells Ferrari 512S fing plötzlich an zu brennen. Es blieben nur noch Reste übrig. Er kam glücklicherweise rechtzeitig raus und erlitt nur kleinere Verletzungen, einige davon im Gesicht. David Piper, einen weiteren Briten, traf es schlimmer. Bei einem Unfall wurde sein rechtes Bein schwer verletzt. Bremsflüssigkeit und

FRAUENSCHWARM – DREIFACH

Bevor Steve McQueen und seine Frau Neile Adams im Herbst 1965 zu den Dreharbeiten von »Kanonenboot am Yangtse-Kiang« reisten, besuchten sie gemeinsam mit James Garner und Paul Newman Autorennen im kalifornischen Riverside. Auf der Rückfahrt drängte Neile darauf anzuhalten, um mal auszutreten, was die Männer nur zähneknirschend akzeptierten. Als sie feststellte, dass vor der Damentoilette eine lange Schlange war, und befürchtete, dass die drei »jede Minute ärgerlicher würden«, kam sie auf eine originelle Idee: »Ich sagte zu den anderen Frauen, wisst ihr, dass um die Ecke ein Wagen mit lauter Filmstars steht?« Die Frauen fragten wer und wo und rannten los. Adams hatte die Toilette für sich alleine und gestand später: »Ich habe den Männern nie gesagt, wie der Schwarm an Frauen sie gefunden hat.«

Der Hauptdarsteller gibt am Rande der Dreharbeiten ein Autogramm.

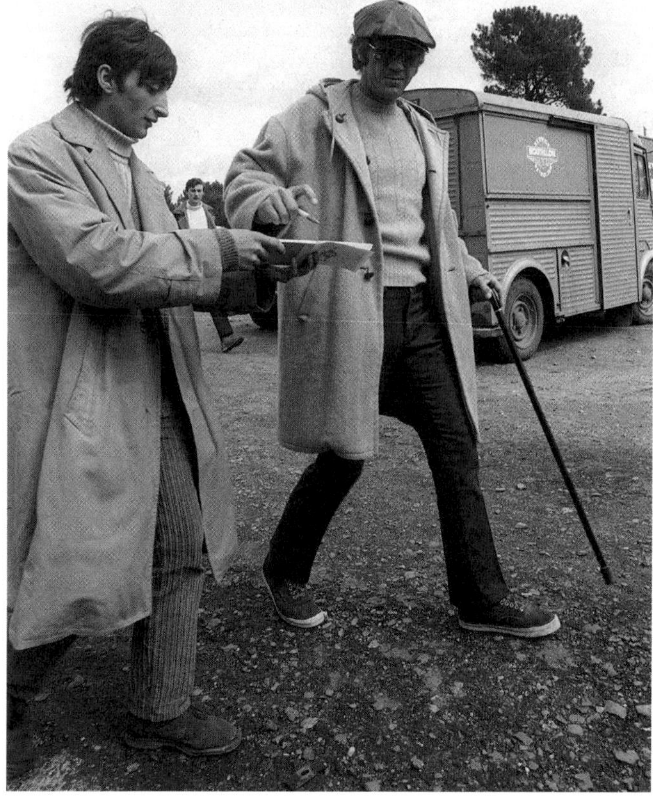

Bruchstücke verunreinigten die Wunde und infizierten sie, was zu einer Infektion führte. Sein Unterschenkel musste amputiert werden. Im Abspann bedankt man sich bei ihm für das »Opfer«, das er für den Film erbracht hat.

»DER HORROR«: DAS DRAMA, DAS ENDE

Die Premiere des Films war am 28. Mai 1971 in Indianapolis, einen Tag vor den dortigen Indy 500. »Le Mans« kam am 16. Juni 1971 in Los Angeles in die Kinos und am 24. Juni in New York und entpuppte sich umgehend als Misserfolg. Selbst in Frankreich, wo der Film am 24. September startete, zeigten nur sehr wenige Besucher Interesse.

Das schlechte Einspielergebnis von nur 7,5 Millionen Dollar sorgte dafür, dass Solar Productions Inc. Bankrott ging. McQueen produzierte nie wieder einen Film. Die New York Times nannte den Film in Anspielung auf den John Frankenheimer Film »Petite Prix«. In einer anderen Kritik hieß es über ihn und den Porsche 917: »Das Auto, das Steve McQueens Karriere zerstörte«, was so nicht stimmte, denn schließlich drehte er im Anschluss noch Filmerfolge wie »Getaway« und »Papillon«.

Seine Frau Neile Adams sagte anlässlich der Premiere der Dokumentation »Steve McQueen: The Man and Le Mans« im Jahr 2015, dass sie den Original-Film nie gesehen hat, denn während der Produktion hatte sie die »schlimmste Zeit ihres Lebens. Es war der Horror.«

»WAS IST DAS DENN FÜR EIN NETTER KLEINER BURSCHE?«

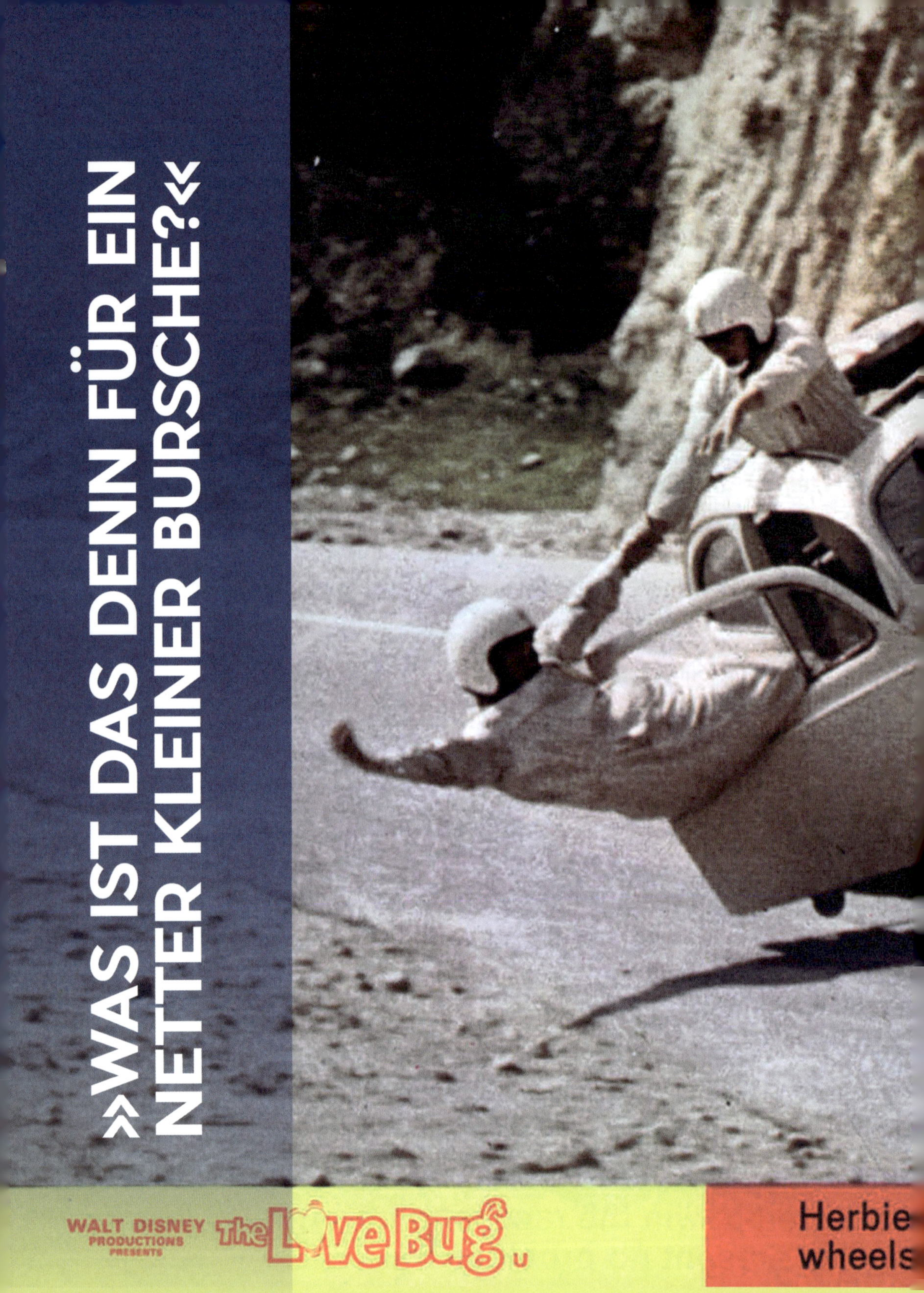

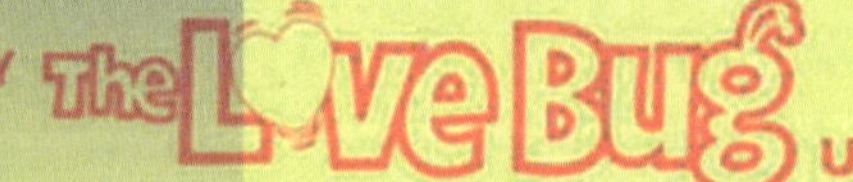

Herbie
wheels

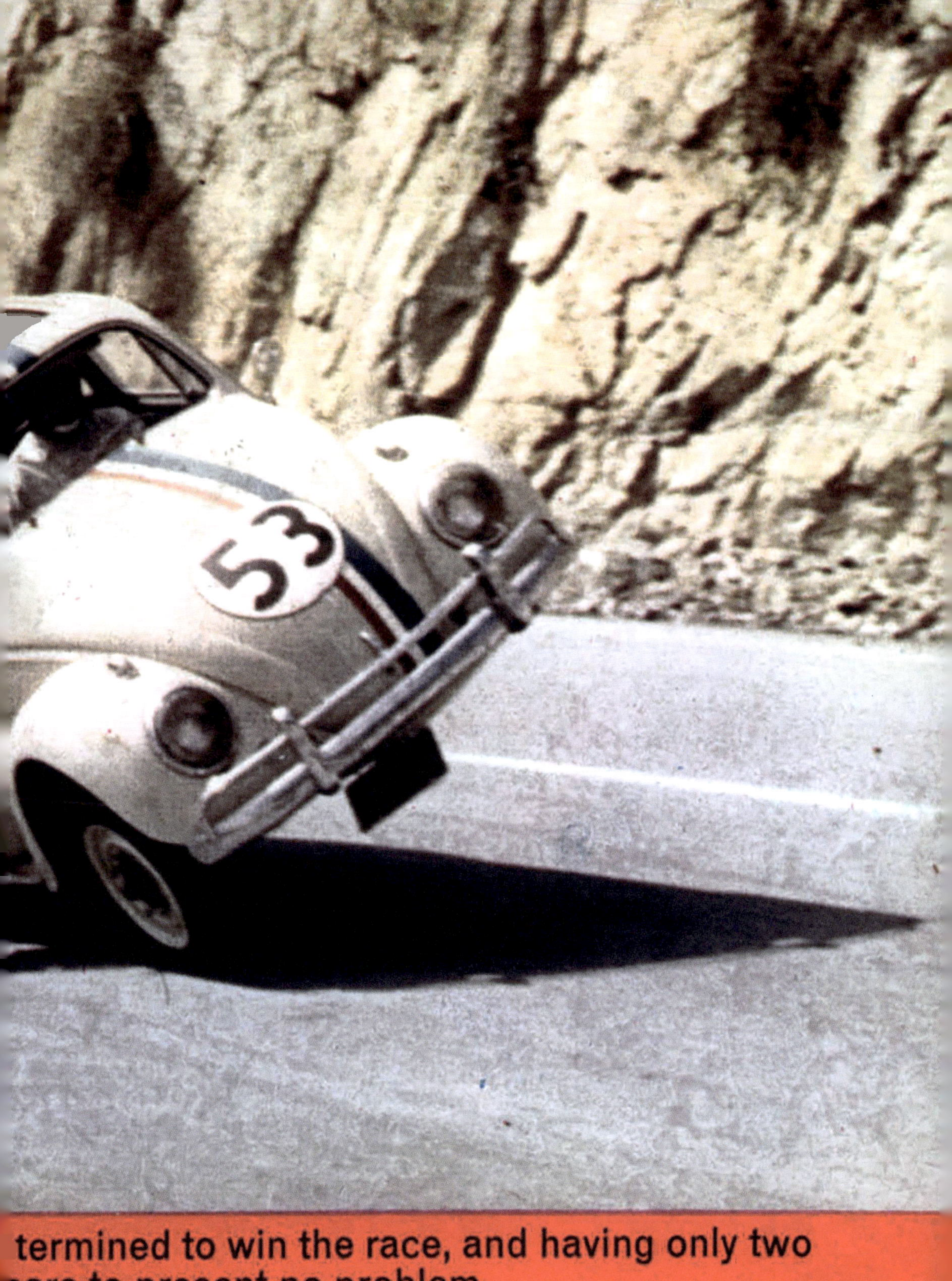

termined to win the race, and having only two
ears to present no problem

»WAS IST DAS DENN FÜR EIN NETTER KLEINER BURSCHE?« - DIE FILMREIHE ÜBER DEN TOLLEN KÄFER (1969 - 2005)

Denkt man an den Namen Walt Disney, dann kommen einem zunächst die Zeichentrickfilme des amerikanischen Filmemachers in den Sinn. Doch ab den fünfziger Jahren steht der Name Disney nicht nur für abendfüllende Animationsabenteuer, sondern auch für Familienunterhaltung mit Darstellern aus Fleisch, Blut - und Blech. Nach dem erfolgreichen Einsatz der »Nautilus«, die »20000 Meilen unter dem Meer« tauchte oder den Ford Abenteuern des in einem Auto »fliegenden Paukers«, startete 1969 »Ein toller Käfer« mit seinen Extratouren. Bis zum Jahr 1980 entstand eine Serie von vier Spielfilmen. Es folgten eine fünfteilige Fernsehserie, ein TV-Film, sowie ein weiterer Kinofilm, der 2005 unter dem Titel »Herbie Fully Loaded – Ein toller Käfer startet durch« herauskam. Aber wie bei vielen anderen Filmreihen auch, war der Erste der Beste.

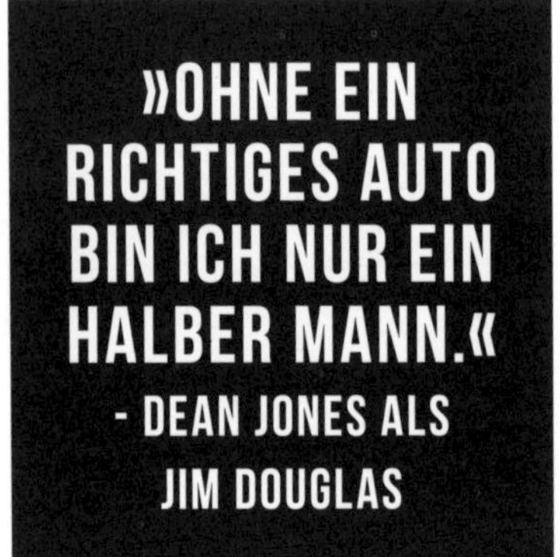

Die Idee, einen Film über den »Beetle«, so die amerikanische Bezeichnung für den VW Käfer, zu drehen, entstand 1968. Ersonnen hat den »tollen Käfer« der Autor Gordon Buford, der 1961 die Kurzgeschichte »Car Boy Girl« verfasst hat, die aber niemals veröffentlicht wurde. Walt Disney erfuhr dennoch davon und erwarb die Filmrechte. Buford schrieb auch eine Drehbuchfassung mit dem Untertitel »That Haverson Fellow«, die sich offensichtlich auf den Widersacher der Hauptfigur bezog, der in dieser frühen Version noch Haverson hieß. Auch andere Dinge änderten sich und wurden nicht Teil des späteren Films. So beginnt diese Version mit Aufnahmen von der Fabrikation des Käfers in Wolfsburg. Der Wagen hat ein Schiebedach und kein Rolldach, und er ist nicht etwa weiß, sondern »maroon (ruby-red)«, also kastanienbraun/rubinrot. Die Hauptfiguren heißen »Claud« und »Adonna«, aber wie genau die Struktur der Geschichte ist, wurde nie bekannt. Autor Buford veröffentlichte im Frühjahr 1970 in dem VW-Magazin »Small World« einen Artikel über seinen Ansatz, der offensichtlich ein ganz anderer war, als der fertige Film. Darin heißt es: »Die Originalgeschichte war eine Satire auf den amerikanischen Größenwahn und die überzogene

Verehrung der Technologie. Im Jahr 1959 hatte die Leidenschaft für Heckflossen seinen ekelerregenden Zenit erreicht. Sogar ein paar europäische Autos verwendeten hier und da eine. In diesem Zeitalter konnte der Volkswagen einfach nicht wahr sein. Er war die Antithese von amerikanischen Produkten und dem amerikanischen Geschmack.« Der auf einer Farm in Colorado aufgewachsene Buford erwähnte zudem, dass seine Mutter immer die Luft anhielt, wenn sie den Starterknopf drückte und jedes Mal nervös war, ob der Wagen es auch nach Hause schaffte.

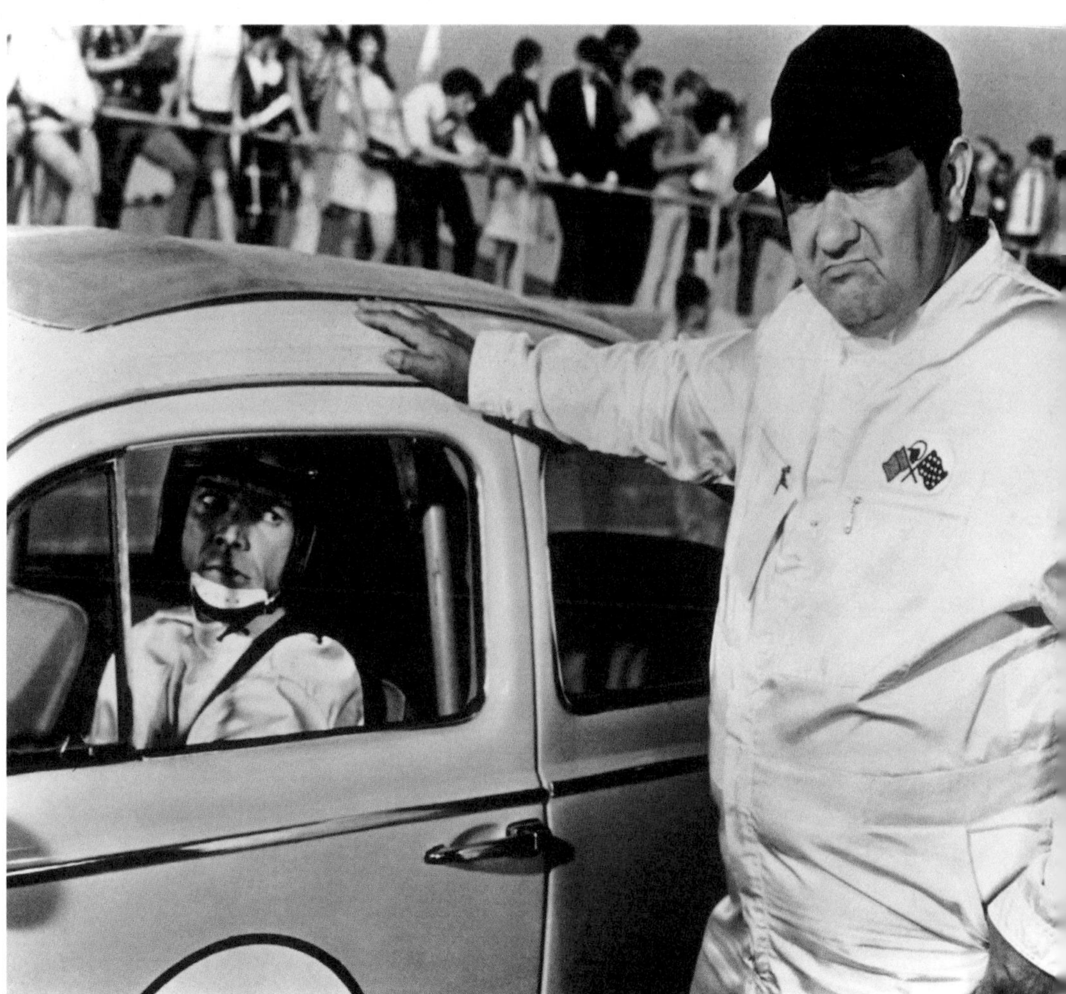

In Jean-Gabin-Manier spielt Buddy Hackett den bärbeißigen Mechaniker »Teddy« Steinmetz.

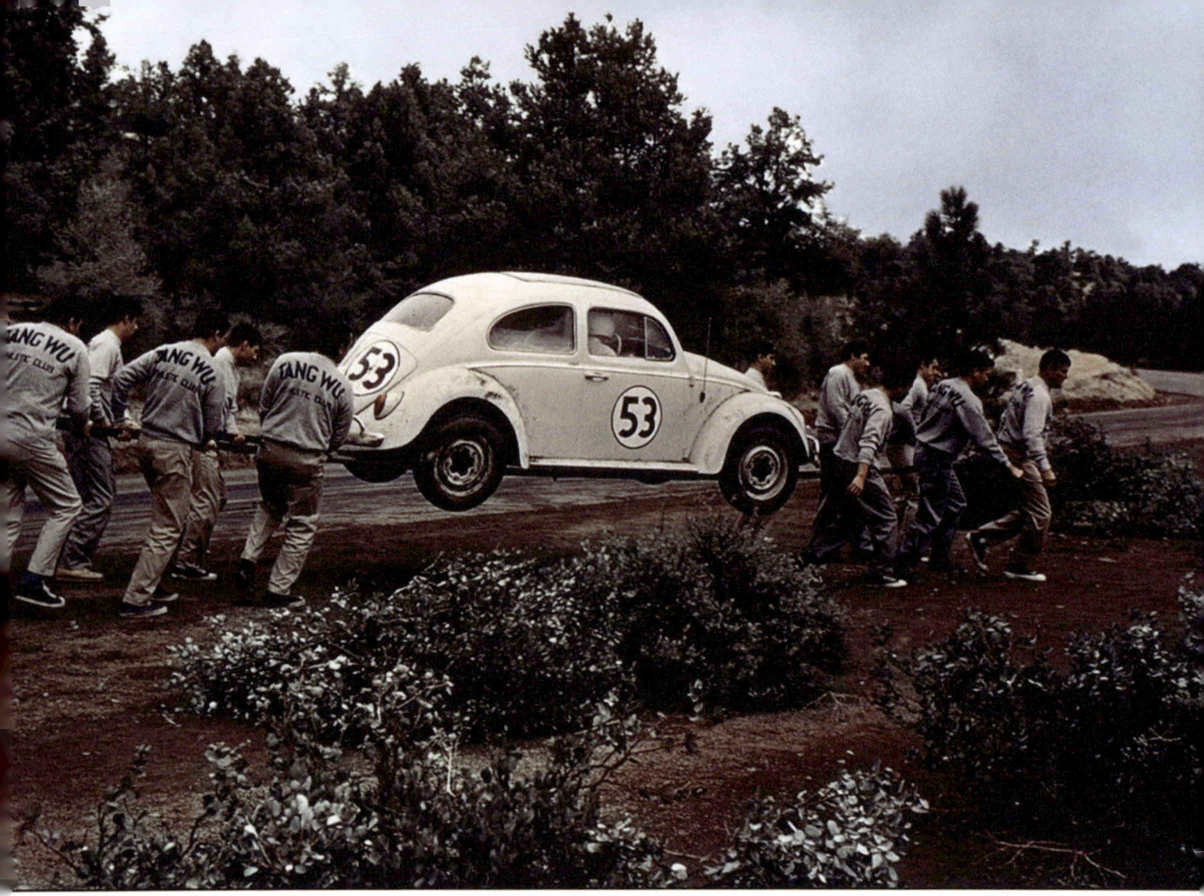

Jim Douglas geht einen Deal mit dem Händler Mr. Wu ein, der ihn bei einem Rennen unterstützt.

»THE MAGIC VOLKSY«

Nach Angaben von Roy Edward Disney, dem Neffen von Walt, war sein Onkel Walt Anfang der 60er-Jahre schon todkrank. So wählte ein Komitee, deren Mitglieder alle Drehbücher las, potentielle Stoffe aus. Darunter befand sich auch das von »Car Boy Girl«. Roy beauftragte Autor Bill Walsh, daraus ein neues Drehbuch zu erschaffen und bekam von Disney mit auf den Weg, die Fantasie nicht zu vergessen. Er erarbeitete es gemeinsam mit Don Da Gradi. Darin war noch von einem »little car« und nicht von einem Volkswagen die Rede. Man war sich in Hinsicht zweier Dinge unsicher: Sollte tatsächlich ein deutscher Volkswagen, ein Wagen der auf Veranlassung eines Diktators erschaffen worden ist, die Hauptrolle spielen? Und wie sollte der Titel des Films lauten? Nach Angaben des späteren Hauptdarstellers Dean Jones gab es einen sogenannten »Casting Call« auf dem Studiogelände mit etwa einem Dutzend Fahrzeugen. Dazu zählten auch Volvos, Toyotas, Fiats und MGs. Die Verantwortlichen schauten sich in einer Mittagspause die Reaktionen der Angestellten an und sahen wie sie den VW streichelten und sogar mit ihm sprachen. Daraufhin fiel die Entscheidung für den Käfer und die Farbe pearl white (Perlweiß), einer 1963er Farbe (Farbcode L87). Innen verwendete man ein mattes Grau, weil dies bei den Aufnahmen nicht reflektierte. Die Idee mit den rot/weiß/blauen Streifen stammt von Bill Walsh. Er empfand sie als »patriotisch«. Der Originaltitel »The Love Bug« entstand aufgrund einer Abstimmung innerhalb der Studios, wie sich Jones erinnert: »Disney fragte alle Angestellten und bat um Vorschläge. Vor der ersten Preview schrieben sie ihre Top 12 auf. Danach wurde das Publikum während der Preview gefragt, welcher der Titel ihnen am besten gefiel. Es kursierten Titel wie »The Magic Volksy«, »Beetlebomb« und »Thunderbug«, doch letztlich gewann »The Love Bug«. 98 Prozent stimmten dafür.

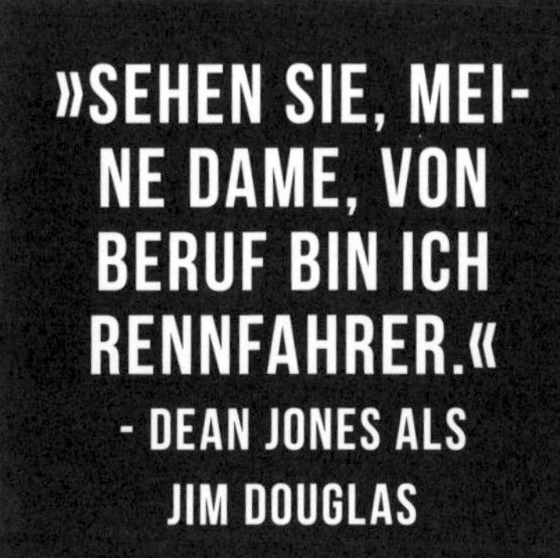

In dem Drehbuch gibt es auch bereits eine mögliche Erklärung für den putzigen Kosenamen des Autos. Angeblich benannten sie es nach »Herbert«, dem Onkel des Mechanikers, der früher einmal Boxer war und während seiner sportlichen Laufbahn immer kräftig welche auf die Nase bekam. Die eigenwillige halbrunde Form scheint Herberts Nase durchaus ähnlich zu sein. Die entsprechenden Sätze im Film lauten dann: »Herbie, der ist in Ordnung. Der Name ist von meinem Onkel Herbert. Er hat im Mittelgewicht geboxt, seine Nase hat sich immer mehr und mehr verformt, bis sie fast so aussah wie die von dem Wagen.« Es gibt aber noch eine weitere mögliche Herleitung: Bill Walsh sah eine Show von Schauspieler Buddy Hackett im Sahara Hotel. Darin scherzte er über einen Skikurs mit dem deutschen Skilehrer Klaus sowie zwei weiteren Mitschülern, die Hans und Fritz hießen. Klaus sollte ihnen in Österreich das Skilaufen beibringen. Auf der Bühne sagte er dann: »Wenn es hier keinen Herbie gibt, mache ich nicht mit«, was Walsh als sehr lustig empfand. Auch so kann also der Name entstanden sein. Das Kennzeichen OFP 857 ist ein Inside-Joke von Regisseur Robert Stevenson. Er arbeitete 1957 erstmals für Disney. Die Buchstaben stehen für »Our First Production« – im August 57.

Die Nase von Schauspieler Dean Jones, der Darsteller des Jim Douglas, stand auf jeden Fall nicht Pate. Die ist weder rund noch besonders ausgeprägt. Allerdings war seine Beziehung zu Walt Disney dank der Komödie »Alles für die Katz« (That Darn Cat!) aus dem Jahr

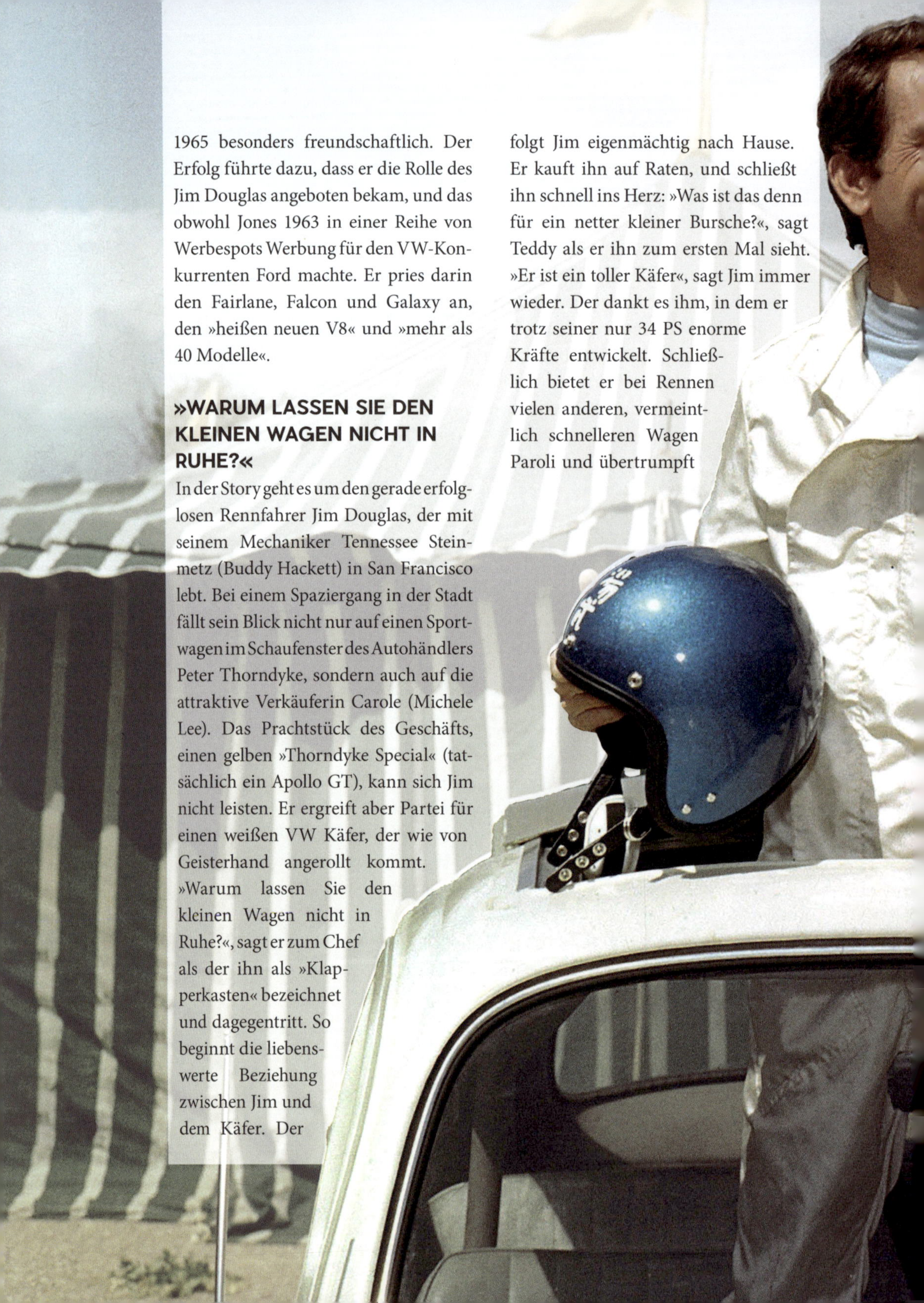

1965 besonders freundschaftlich. Der Erfolg führte dazu, dass er die Rolle des Jim Douglas angeboten bekam, und das obwohl Jones 1963 in einer Reihe von Werbespots Werbung für den VW-Konkurrenten Ford machte. Er pries darin den Fairlane, Falcon und Galaxy an, den »heißen neuen V8« und »mehr als 40 Modelle«.

»WARUM LASSEN SIE DEN KLEINEN WAGEN NICHT IN RUHE?«

In der Story geht es um den gerade erfolglosen Rennfahrer Jim Douglas, der mit seinem Mechaniker Tennessee Steinmetz (Buddy Hackett) in San Francisco lebt. Bei einem Spaziergang in der Stadt fällt sein Blick nicht nur auf einen Sportwagen im Schaufenster des Autohändlers Peter Thorndyke, sondern auch auf die attraktive Verkäuferin Carole (Michele Lee). Das Prachtstück des Geschäfts, einen gelben »Thorndyke Special« (tatsächlich ein Apollo GT), kann sich Jim nicht leisten. Er ergreift aber Partei für einen weißen VW Käfer, der wie von Geisterhand angerollt kommt. »Warum lassen Sie den kleinen Wagen nicht in Ruhe?«, sagt er zum Chef als der ihn als »Klapperkasten« bezeichnet und dagegentritt. So beginnt die liebenswerte Beziehung zwischen Jim und dem Käfer. Der folgt Jim eigenmächtig nach Hause. Er kauft ihn auf Raten, und schließt ihn schnell ins Herz: »Was ist das denn für ein netter kleiner Bursche?«, sagt Teddy als er ihn zum ersten Mal sieht. »Er ist ein toller Käfer«, sagt Jim immer wieder. Der dankt es ihm, in dem er trotz seiner nur 34 PS enorme Kräfte entwickelt. Schließlich bietet er bei Rennen vielen anderen, vermeintlich schnelleren Wagen Paroli und übertrumpft

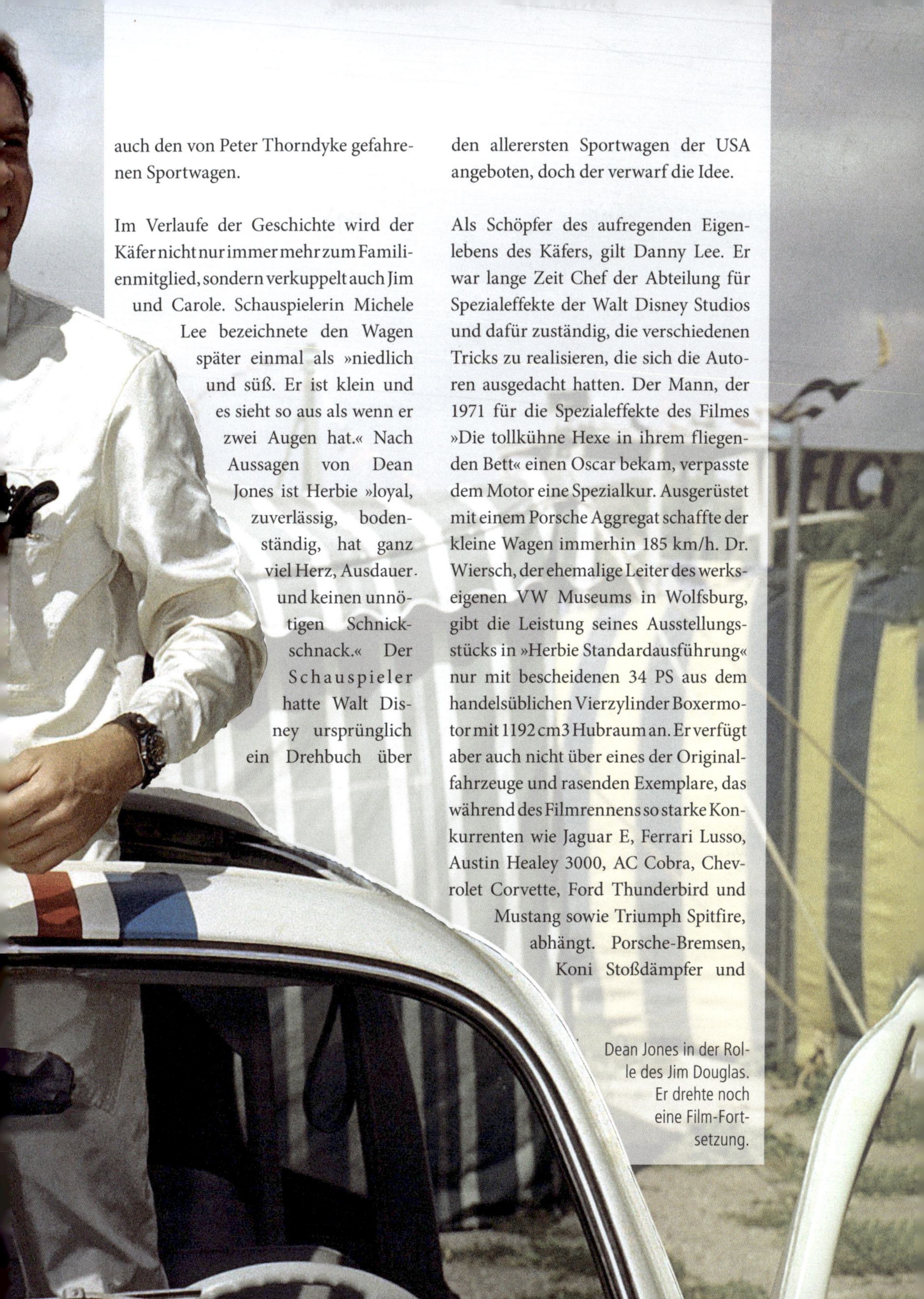

auch den von Peter Thorndyke gefahrenen Sportwagen.

Im Verlaufe der Geschichte wird der Käfer nicht nur immer mehr zum Familienmitglied, sondern verkuppelt auch Jim und Carole. Schauspielerin Michele Lee bezeichnete den Wagen später einmal als »niedlich und süß. Er ist klein und es sieht so aus als wenn er zwei Augen hat.« Nach Aussagen von Dean Jones ist Herbie »loyal, zuverlässig, bodenständig, hat ganz viel Herz, Ausdauer und keinen unnötigen Schnickschnack.« Der Schauspieler hatte Walt Disney ursprünglich ein Drehbuch über den allerersten Sportwagen der USA angeboten, doch der verwarf die Idee.

Als Schöpfer des aufregenden Eigenlebens des Käfers, gilt Danny Lee. Er war lange Zeit Chef der Abteilung für Spezialeffekte der Walt Disney Studios und dafür zuständig, die verschiedenen Tricks zu realisieren, die sich die Autoren ausgedacht hatten. Der Mann, der 1971 für die Spezialeffekte des Filmes »Die tollkühne Hexe in ihrem fliegenden Bett« einen Oscar bekam, verpasste dem Motor eine Spezialkur. Ausgerüstet mit einem Porsche Aggregat schaffte der kleine Wagen immerhin 185 km/h. Dr. Wiersch, der ehemalige Leiter des werkseigenen VW Museums in Wolfsburg, gibt die Leistung seines Ausstellungsstücks in »Herbie Standardausführung« nur mit bescheidenen 34 PS aus dem handelsüblichen Vierzylinder Boxermotor mit 1192 cm3 Hubraum an. Er verfügt aber auch nicht über eines der Originalfahrzeuge und rasenden Exemplare, das während des Filmrennens so starke Konkurrenten wie Jaguar E, Ferrari Lusso, Austin Healey 3000, AC Cobra, Chevrolet Corvette, Ford Thunderbird und Mustang sowie Triumph Spitfire, abhängt. Porsche-Bremsen, Koni Stoßdämpfer und

Dean Jones in der Rolle des Jim Douglas. Er drehte noch eine Film-Fortsetzung.

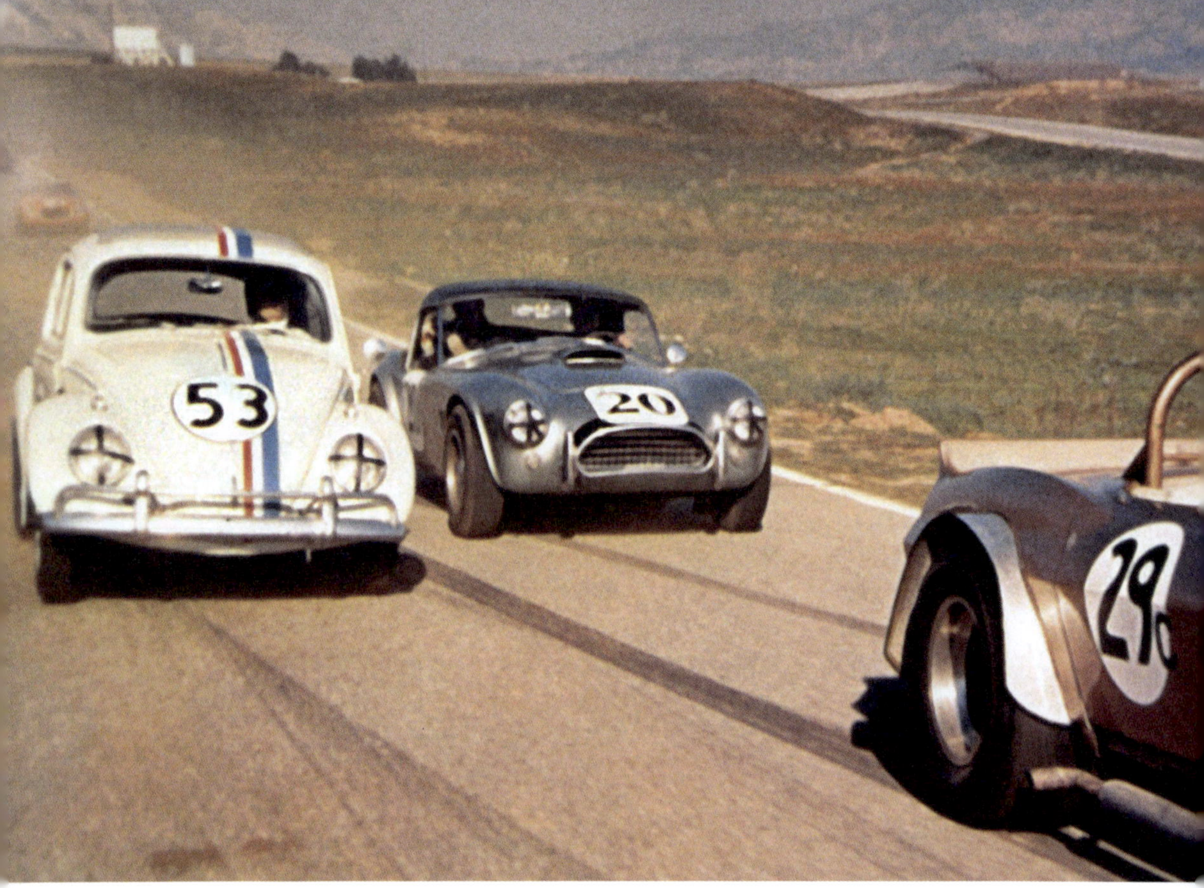

Stabilisatoren sorgten zusätzlich für das richtige Fahrverhalten. Außerdem wurde die Hinterachse verbreitert und auf verbreiterte Leichtmetallfelgen wurden Indianapolis Rennpneus aufgezogen. Dieses Zusatztuning war auch bitter nötig, denn »Herbie« hatte einige haarsträubende Kunststückchen zu überstehen. Er wurde zum Teil mit einem Bus-Motor (65 PS) oder dem eines Porsche 356 (90 PS) bestückt und konnte bis zu 185 km/h fahren. Der Wagen mit der kalifornischen Zulassung der großen »53« auf Front, Heck und Seitentüren und dem typischen rot/weiß/blauen Klebestreifen überstand alle gegnerischen Attacken nahezu unbeschadet. Die »53« ging möglicherweise auf Bill Walsh zurück, denn der war Baseball Fan. Der Werfer der LA Dodgers trug die Nummer 53.

Um die Strecke zu verkürzen, fuhr er querfeldein und bei Abfahrten mit nahezu 30 Prozent Gefälle über Stock und Stein. Bei rasanten Starts zauberten die Filmtrickkünstler so viel Power unter die Haube, dass »Herbies« Vorderreifen abhoben, eine Sabotageaktion mit Irish Coffee führte zu einem unüberhörbaren Rülpsen und zu einem verdreckten Konkurrenten. Dank perfekter Verstauung passte der Wagen hochkant in

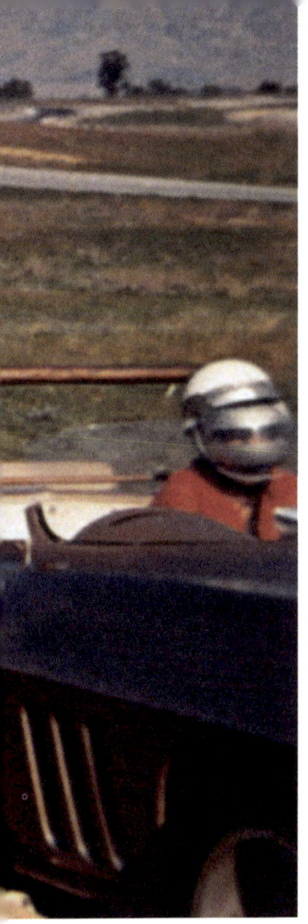

Herbie im direkten Duell mit einer 1963er Shelby Cobra 289.

einen Fahrstuhl und überlistete die anderen Autos mit einer überraschenden Abkürzung. Trotz Anstrengungen, den Käfer während der Fahrt wieder zusammenzuschweißen, brach er beim letzten Rennen sogar auseinander. Doch dank eines Spezialantriebs in Front und Heck, blieben beide Teile auf wundersame Weise fahrtüchtig, so dass »Herbie« gleichzeitig den ersten und dritten Platz belegte ... Wer schafft das schon?

»ERSTAUNLICH, WAS DIESER KLEINE KÄFER ALLES DRAUFHAT«

An den Szenen, die auf den Rennstrecken von Laguna Seca, Las Vegas, Tulare, Monterey und Riverside aufgenommen wurden, waren 127 Fahrer beteiligt. Zumeist waren es Stuntmen, aber auch bekannte amerikanische Rennfahrer und Veteranen stiegen für den Film in die Autos. Die Planungen der Karambolagen, Überschläge und Überholmanöver erfolgte generalstabsmäßig. Vorab wurden alle beteiligten Wagen in Miniatur nachgebaut und dann auf einer Tafel hin und hergeschoben, bevor man endgültig vor Ort drehte. Den Aufenthalt auf dem Riverside Raceway nutzte Dean Jones abseits der Aufnahmen für einen kleinen Leistungstest: »Ich setzte mich in einen mit einem Porsche Motor bestückten Käfer mit Koni Stoßdämpfern und Überrollbügel und fuhr mit Buddy Hackett in der Mittagspause los. Ich erreichte auf der Rennstrecke 115 mp/h. Er schrie laut auf und lief weiß an, weil der Wagen immer noch das nervöse Fahrgefühl alter Käfer vermittelte. Es war also keine gute Idee, echt töricht, aber ich wollte eben wissen, wie schnell er war.«

Die Ausstatter durchsuchten Schrottplätze in Kalifornien, um Autos und Teile zu finden. Mindestens sechs Fahrzeuge entdeckten sie bei »Greenwald´s Foreign Car Wrecking« auch als »Grand Prix Auto Parts« im Norden von Hollywood bekannt. Wie viele Autos »Herbie« doubelten, ist nicht exakt bekannt. Nach Angaben von Dean Jones waren es acht, weil er so viele Aufgaben hatte. Nach Aussagen des sogenannten »künstlerischen Leiters« John Mansbridge waren es »sechs, vielleicht neun«, denn jeder war »für spezielle Gags« gedacht. Produzent Bill Walsh behauptet zwar steif und fest: »Es gibt nur einen Herbie«, aber es waren wohl zwischen 26 und 30 Käfer in Aktion, um den Einen so unvergleichlich

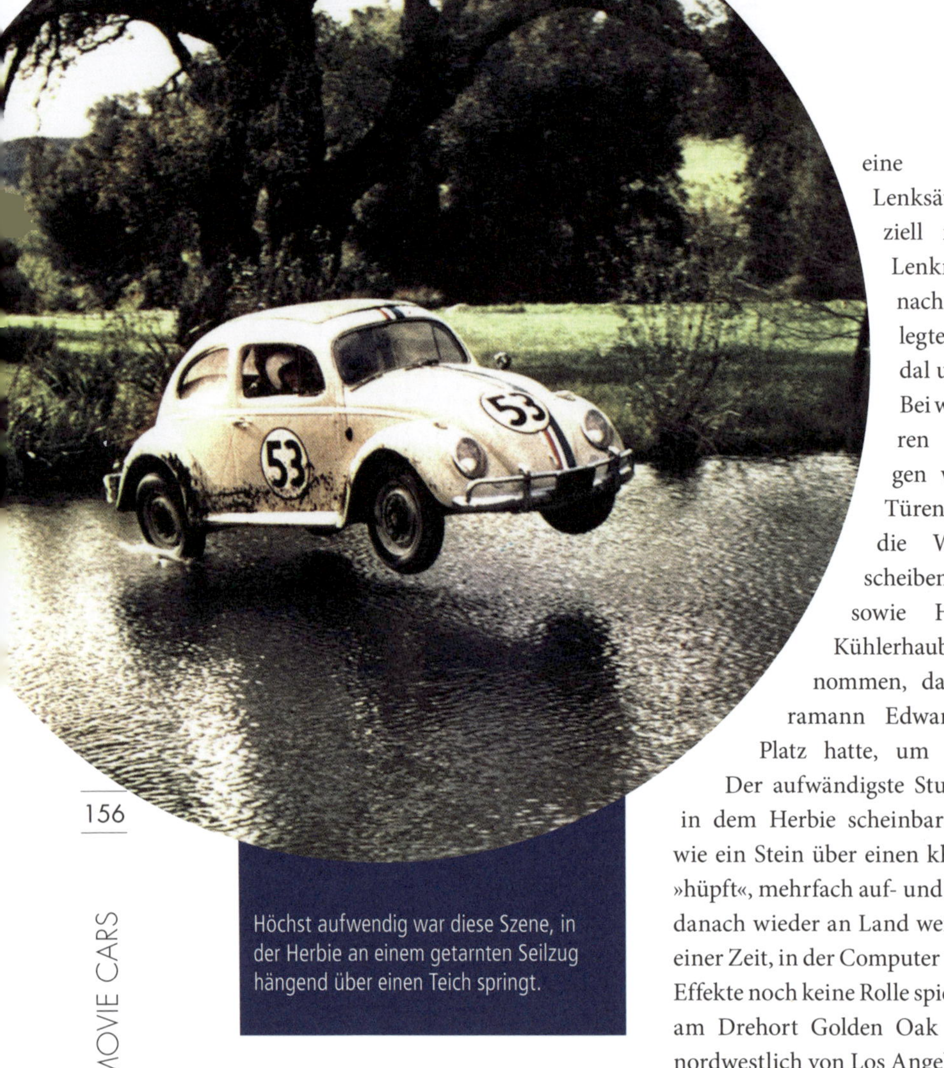

Höchst aufwendig war diese Szene, in der Herbie an einem getarnten Seilzug hängend über einen Teich springt.

eine verlängerte Lenksäule mit speziell montiertem Lenkrad sowie nach hinten verlegtem Gaspedal und Bremse. Bei wieder anderen Fahrzeugen wurden die Türen entfernt, die Windschutzscheiben ausgebaut, sowie Heck- und Kühlerhauben abgenommen, damit Kameramann Edward Colman Platz hatte, um zu drehen.

Der aufwändigste Stunt war der, in dem Herbie scheinbar schwerelos wie ein Stein über einen kleinen Teich »hüpft«, mehrfach auf- und absetzt und danach wieder an Land weiterfährt. In einer Zeit, in der Computer und digitale Effekte noch keine Rolle spielten, wurde am Drehort Golden Oak Ranch, die nordwestlich von Los Angeles liegt und den Disney Studios gehört, ein aufwändiges Set erstellt. Zunächst installierte man Telefonmasten. An deren Verankerungen hingen Kabel, die geschickt kaschiert wurden, denn ein Künstler hatte sie mit einem blauen Himmel und Laub bemalt. Der Wagen hing daran und wurde dank einer sogenannten Laufkatze bewegt. Es wurde 25- oder 30-mal geprobt und dauerte Wochen. Im Auto saßen Dummys. »Erstaunlich, was dieser kleine Käfer alles draufhat«,

wirken zu lassen. Laut Mansbridge war ein Wagen besonders schnell, einer hatte eine spezielle Hydraulik und fuhr nur auf den Hinterrädern. Ein Wagen konnte ruckeln und zittern, bei einem weiteren eierten die Räder. Einer verfügte über gar keine Extras – er sah einfach nur gut aus. Wenn der Käfer ganz alleine unterwegs ist, ohne dass jemand hinter dem Steuer zu sehen ist, dann verbirgt sich ein Fahrer auf dem Rücksitz. Er verfügt über

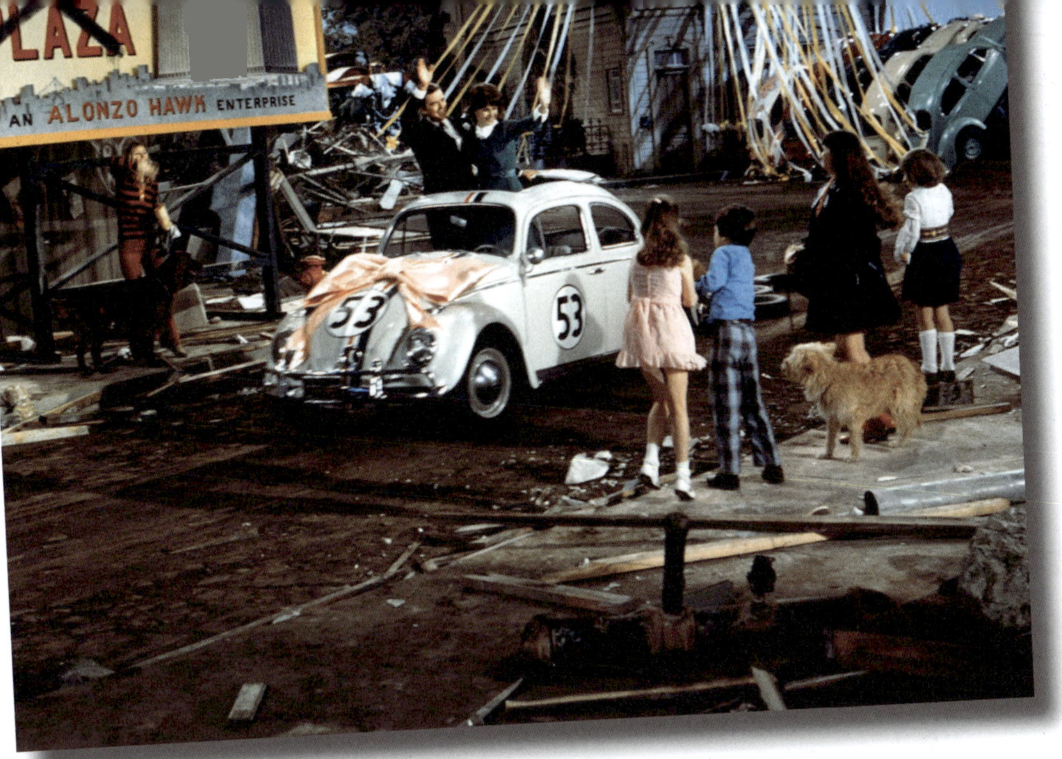

Herbie als Hochzeitskutsche
im zweiten Teil »Herbie groß in Fahrt«.

sagt Carole daher nicht zu Unrecht an einer Stelle.

»HERBIE LIEBT DICH SEHR«

Alle Szenen, in denen die Renntauglichkeit nicht gefragt war, entstanden in San Francisco und Umgebung. Der Moment, in dem der kleine Kerl versucht, sich die berühmte Golden Gate Bridge herunterzustürzen, wurde jedoch in den Walt Disney Studios in Burbank gedreht. Es waren die allerersten Aufnahmen des Films ausgerechnet am 1. April 1968, so Dean Jones: »Ich stand also da und bettelte, dass Herbie keinen Selbstmord verübt. Das war an einem frühen Montagmorgen und schwer für mich nicht plötzlich loszulachen. Regisseur Robert Stevenson war sehr geduldig mit mir: ´Herbie liebt dich sehr`, sagte er mit einem wehmütigen britischen Akzent. ´Er ist so verletzt, dass du dich in Michelle Lee verliebt hast, und deshalb will er sich umbringen`. Ich sagte: Verstanden Robert – und brach in Gelächter aus.«

Zuständig für die »Special Photographic Effects«, wie es genau heißt, war übrigens ein Mann, der später als Schöpfer des »Raumschiff Enterprise« berühmt werden sollte: Peter Ellenshaw. Man muss allerdings anmerken, dass die Tricks von damals für heutige Verhältnisse eher banal wirken und vieles, was nicht so einfach realisierbar war, durch Studioaufnahmen vor einer Leinwand ergänzt

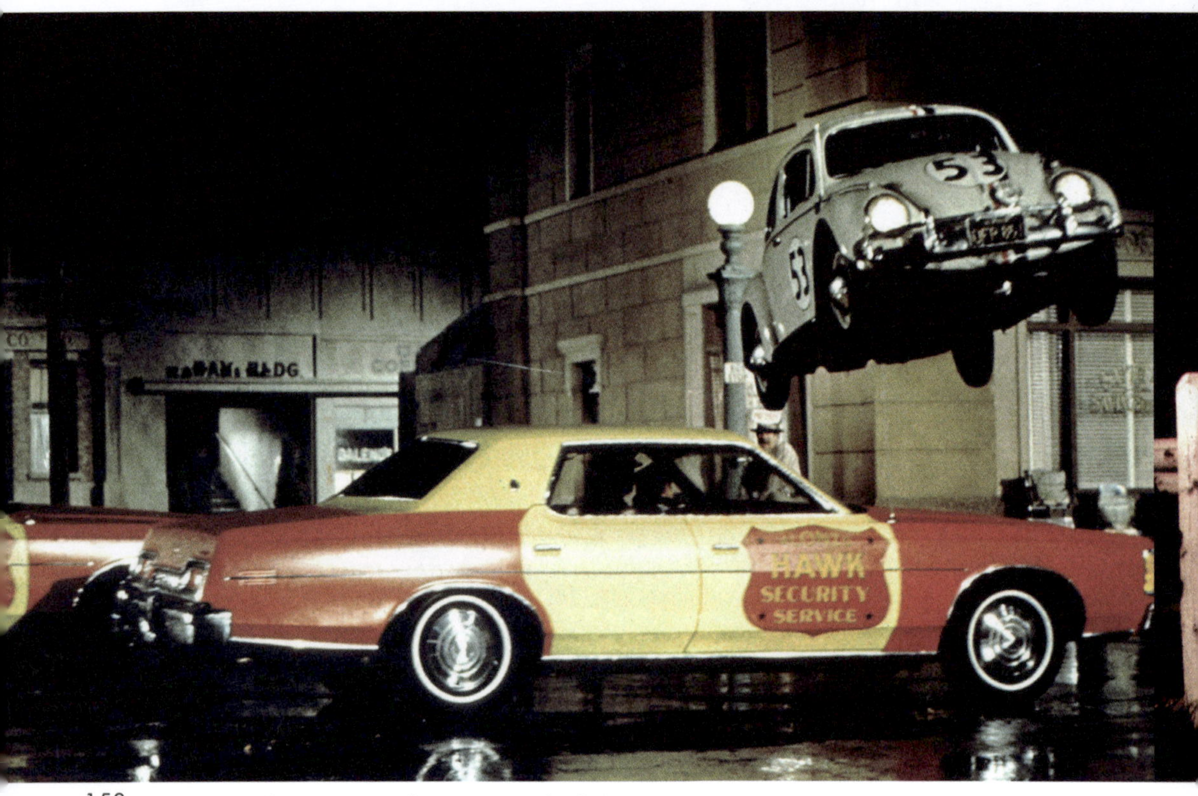

Herbie 1974 im Duell mit einem Ford Galaxie 500 ...

wurde. Darunter ist auch die berühmtgewordene Szene, in der »Herbie« zwei Räder verliert und per Gleichgewichtsübung von Mitfahrerin Carole und Mechaniker Tennessee am Rande des Abgrunds in der Waagerechten gehalten wurde. Ein bekannt gewordenes Motiv des Films, auch wenn darauf eben keine Nr. 53 auf der Beifahrertür zu sehen ist. Dennoch zierte sie später nicht nur diverse Spiele, Quartette und Plakate, sondern auch einen Teil des Covers dieses Buches. Der Stuntman, der aus dem Wagen hing, war Rennfahrer Max Balchovsky, der auch bei anderen Actionszenen in den Filmen »Grand Prix« und »Bullitt« mitwirkte. Einer seiner Yaller IV Fahrzeuge wurde im »tollen Käfer« als Kamerawagen genutzt, und er präparierte auch den Apollo GT.

Die Dreharbeiten endeten am 14. Juni 1968. Ab dem 6. Dezember gab es sowohl in Los Angeles als auch in New York City lokale Kinopreviews, die so positiv ausfielen, dass der Verleih am 19. Dezember in dem Branchenblatt »Daily Variety« Anzeigen mit dem Slogan »Everyone loves Herbie… You'll love Herbie too!« schaltete. Der Film startete am 13. März 1969 in der »Radio City Music Hall« in New York und stellte einen neuen Kassenrekord für die Ostertage auf, in dem er 285.258 Dollar einspielte. Am 23.

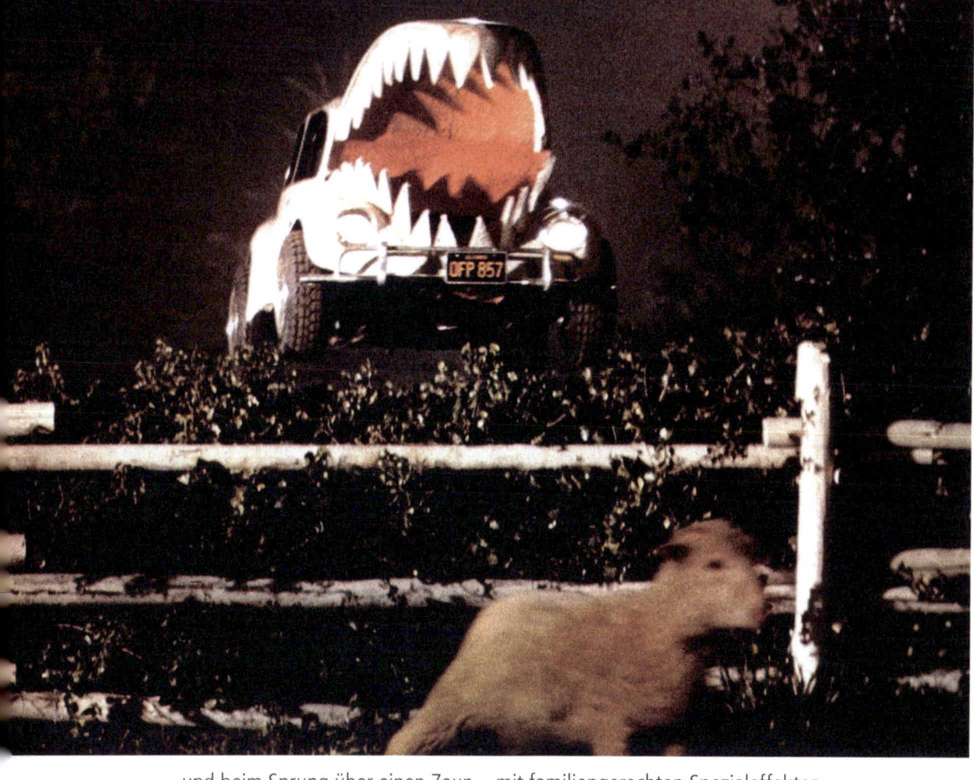

... und beim Sprung über einen Zaun – mit familiengerechten Spezialeffekten.

März folgte der sogenannte »Love Bug Day« mit einer großen Parade in Disneyland bei der rund 1.200 VW Käfer an einem Dekorationswettbewerb teilnahmen. Die vier Kategorien waren: »Most psychedelic, Most comical, Most toy-like und Most personality.« Morton und Barbara Allen gewannen den Großen Preis: einen brandneuen, vollausgestatteten VW Käfer zuzüglich 2.500 Dollar in Geschenken. Den Schlüssel überreichte ihnen Dean Jones. Und das obwohl im Film nur zweimal ganz kurz die VW-Logos zu sehen sind – auf dem Bremspedal und dem Zündschlüssel. Die Radkappen und die Haube trugen sie nicht. Disney wollte das nicht und VW hatte sogar Bedenken das der Film seine Marke beschädigte ... Schließlich schaltete das Unternehmen dann doch eine große Marketingkampagne in Magazinen mit der Schlagzeile: »Our Car the Movie Star.«

Obwohl er an der Ostküste bereits lief, folgte die Premiere an der Westküste im »Grauman's Chinese Theatre« am 26. März 1969. Um für ein richtig großes Ereignis zu sorgen, bediente sich Disney eines Tricks. Jeder, der mit einem Käfer vorfuhr, durfte umsonst parken. Schon vor dem deutschen Kinostart am 11. September 1969, entpuppte sich der Film als immenser Kassenerfolg. Bei einem Budget von nur 4,2 bis 5 Millionen Dollar (die Angaben variieren), spielte er weltweit über 51 Millionen ein. Damit wurde er zum zweiterfolgreichsten Film von Disney´s Firmengeschichte nach »Mary Poppins«. Allein in Deutschland kamen 7,415 Millionen Besucher. Das macht ihn zum zweiterfolgreichsten Film des Jahres nach »Spiel mir das Lied vom Tod«.

Das führte zu einer Serie von Anstrengungen diesen Triumph zu wiederholen, auch im Mutterland des Käfers, wenn auch nicht mit niedersächsischer Beteiligung. Der österreichische Schauspieler, Regisseur und Produzent Rudolf Zehetgruber wollte auf diesen Erfolg aufspringen und erschuf mit seiner Firma »Barbara-Film« die VW-Käfer Ableger Reihe mit einem Wagen namens »Dudu«. Immerhin fünf Filme entstanden von 1971 bis 1978, auch wenn ihnen nur ein geringerer Erfolg beschieden war.

»HERBIE GROSS IN FAHRT« (1974)

Unbeeindruckt von fremden Produktionen, setzte man sich auch bei »Walt Disney Productions« an eine Fortsetzung. Zwar gab »Daily Variety« am 24. August 1970 bekannt, dass man daran arbeitet, dennoch sollte »Herbie groß in Fahrt« erst am 6. Juni 1974 in die US-Kinos kommen (dt. Start war am 6. Oktober). Obwohl der Erstling »Ein toller Käfer«

Nicole (Stefanie Powers) findet schon bald Gefallen an Willoughby (Ken Berry) und dem tollen Käfer Herbie.

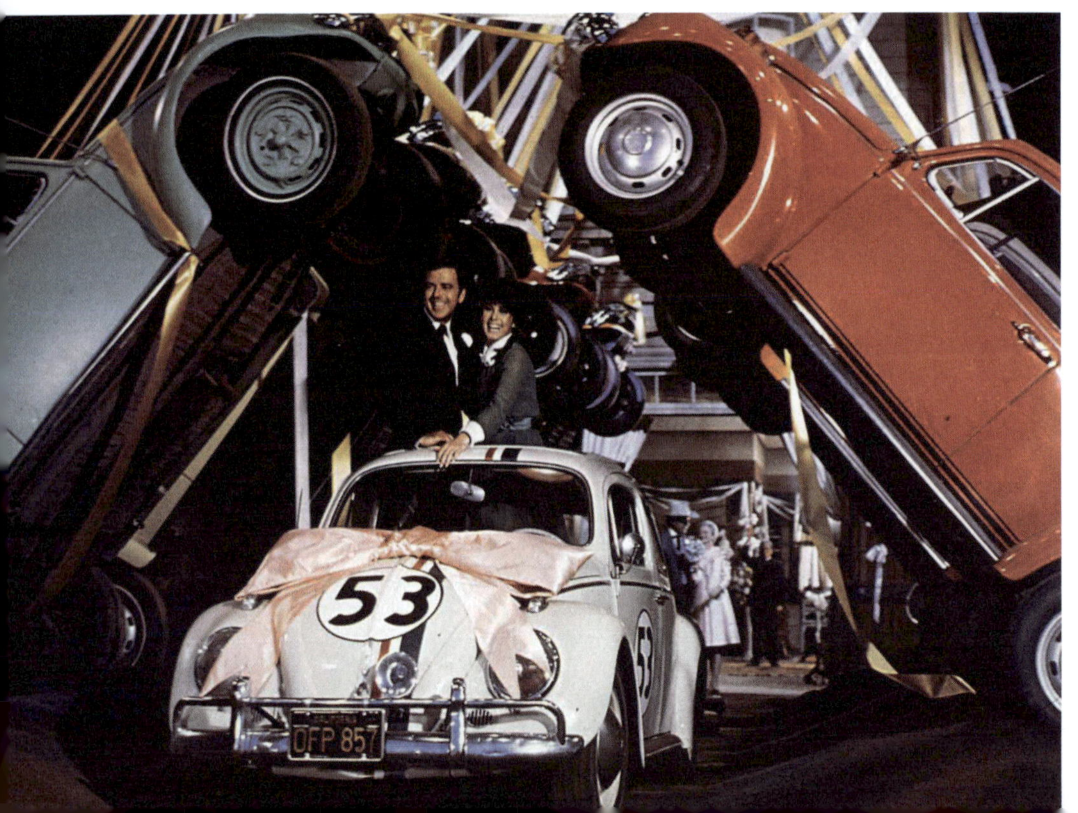

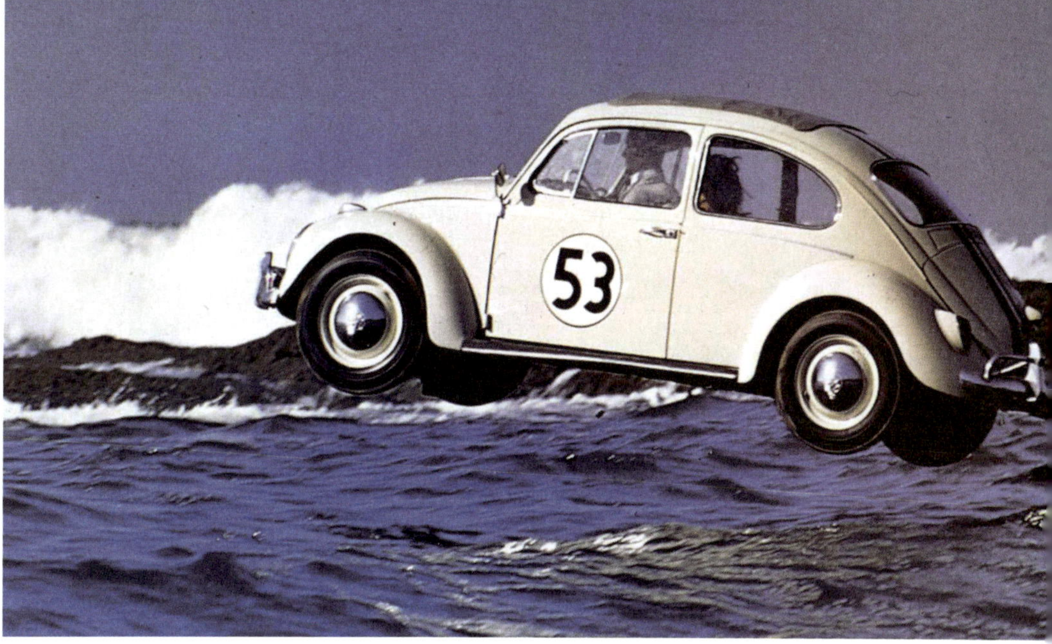

Ein Ausflug in die Bucht von San Francisco ist eines der Highlights von »Herbie groß in Fahrt«.

der kassenstärkste Film des Jahres 1969 war, ließ man sich mit einer Fortsetzung Zeit, um das Publikum mit der Idee des »menschelnden« Autos nicht überzustrapazieren. Am 3. Oktober 1972 wurde berichtet, dass der Arbeitstitel »The Love Bug Rides Again« ist, der im Laufe der Zeit in »Herbie Rides Again« (»Herbie groß in Fahrt« in Dt.) geändert wurde. Obwohl »Herbie« wieder der Hauptdarsteller war, tauchten vertraute Charaktere nicht mehr auf. Dean Jones mochte das Drehbuch nicht. Der von Buddy Hackett, gespielte humorvolle Techniker Tennessee (Teddy in der deutschen Fassung) Steinmetz, ließ verlauten, dass seine Gage aus dem ersten Teil vergleichbar war mit vier Live-Shows, die er im Sahara Hotel in Las Vegas geben würde. Später bedauerte er seine Entscheidung. Nur ein Rollenname erschien erneut. Eine ältere Dame mit dem Namen Steinmetz ist die Person, um die sich der ganze Film dreht. »Er ist mal ein berühmtes Rennauto gewesen«, heißt es mal aus ihrem Munde mit Blick auf den Käfer, und tatsächlich wurden rund zwei Minuten aus dem Vorgängerfilm in die Fortsetzung integriert, aber sonst spielt die Rennvergangenheit keine Rolle.

Dieses Mal geht es um die heldenhafte Gegenwehr eben jener Mrs. Steinmetz (Helen Hayes) nebst erwachsener Adoptivtochter Nicole (Stefanie Powers) gegen den rücksichtslosen Bauspekulanten Alonzo Hawk. Der will das Spritzenhaus der Witwe dem Erdboden gleich machen, um dort den »Hawk Tower«, ein modernes Einkaufszentrum, zu errichten. Als »Love Interest« der Stewardess Nicole kommt Willoughby (Ken Berry) hinzu, ein junger Anwalt und ausgerechnet der Neffe von Hawk – der aber bald

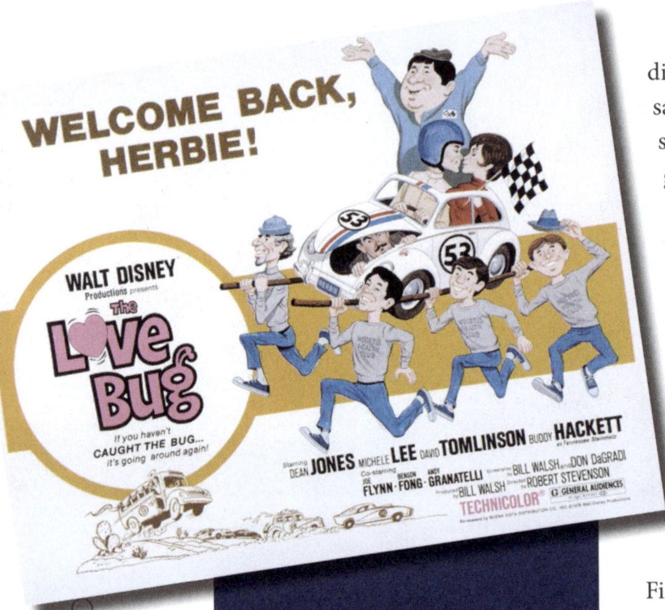

Der Erfolg der Herbie-Reihe (oben) sorgte für Nachahmer: Von 1971 bis 1978 inszenierte Rudolf Zehetgruber mit seiner Firma »Barbara-Film« fünf Ableger einer Reihe um einen gelben Käfer namens »Dudu«.

die Seiten wechselt und sich gemeinsam mit den beiden Frauen gegen ihn stellt. Die Story bietet genügend Gelegenheit, das ungewöhnliche Talent des Käfers voll auszuspielen – wie auch immer der in das Eigentum der alten Lady gelangt ist. Immerhin agiert der kleine Vierzylinder als einfallsreicher Aufpasser: »Herbie glaubt immer, er müsste mich beschützen«, sagt Omi – zumeist mit dem Strickzeug in der Hand. Gedreht wurde vom 6. November 1972 bis zum 9. März 1973 vor allem in und um San Francisco, am dortigen Fisherman´s Wharf, an der Golden Gate Bridge, in den Disney Studios in Burbank sowie auf der Paramount Ranch in den Agoura Hills, westlich von Los Angeles.

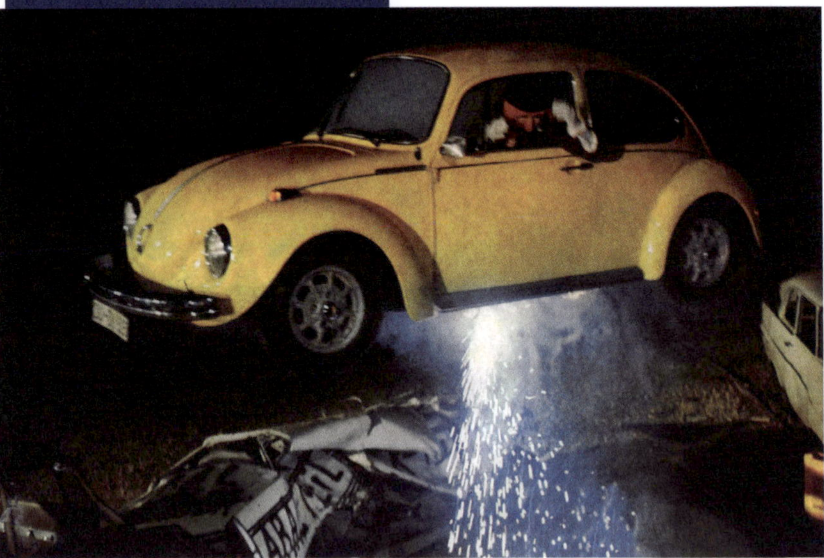

Helen Hayes in der Rolle der Großmutter Steinmetz in »Herbie groß in Fahrt«.

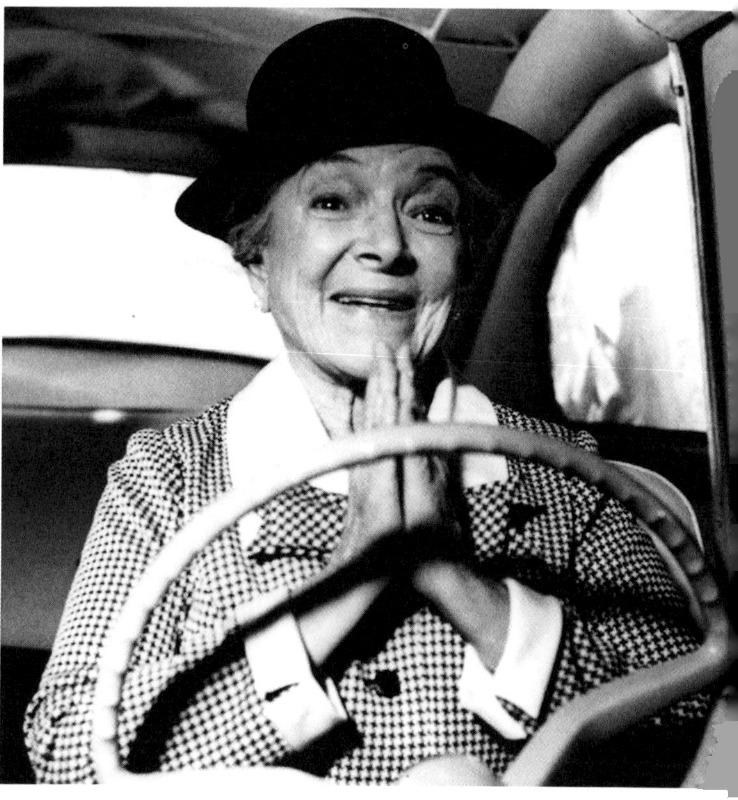

Die actionreichen Bestandteile sind: Ein modernes Ritterspiel der Straße, in´dem Herbie den »roten Ritter« (ein 57er Mercury Monterey Phaeton Coupé) von der Straße drückt, das auf der Ranch entstand. Außerdem sind ein Abstecher auf die Halteseile der Golden Gate Bridge, ein schwimmender Ausflug in der Bucht von San Francisco, inklusive der Verfolgung durch einen Hai, ein Sprung über eine Reihe parkender Autos, eine Fahrt in einem Lastenfahrstuhl an der Außenwand eines Wolkenkratzers bis in den 28. Stock und diverse Verfolgungsjagden auf den Straßen von San Francisco zu sehen von denen eine in das Parkhaus »Mason-O´Farrell Garage« führt. Omas Text dazu: »Du nimmst wieder den kürzesten Weg, Herbie«. Mit großem Aufwand behaftet war eine »Fahrt« durch das Garden Court Restaurant des Hotels »Sheraton Palace Hotel« in San Francisco, die gar keine war. Um den teuren Teppich nicht mit Öl zu beschmutzen, Benzindürfte zu versprühen und eventuelle Abgase entweichen zu lassen, wurde Herbie gezogen. Sein Unterboden wurde verkleidet.

Merkwürdigerweise ziert Herbie ein Utensil, das im ersten Teil noch nicht dabei war. Seine vordere Stoßstange verfügt über einen einzelnen Zusatzscheinwerfer, der jedoch im ganzen Film nicht zum Einsatz kommt. Das Utensil verbirgt eine Kamera, durch die der Fahrer den Wagen zumindest ein bisschen lenken kann, wenn niemand hinter dem Steuer sitzt. Der Stuntman saß dafür hinter dem Fahrersitz auf dem Boden. Absoluter Höhepunkt des Films, ist ein Massenauflauf alter Käfer, die nachts durch die amerikanische Stadt an der Westküste fahren, um die Bagger von Hawk zu vertreiben und zur feierlichen Hochzeit der Hauptdarsteller ein »Käferspalier« bilden. Die Autos stehen auf der hinteren Stoßstange und erschaffen so für Nr. 53 eine blecherne Gasse.

Spezialeffekte Experte Danny Lee, der wiederum mit der Realisierung der Tricks betraut war, bezeichnete die Ideen von Drehbuch Autor Bill Walsh als eine »verdammt knifflige Sache«, räumte aber ein, »dass es immer wieder Spaß macht, diese verrückten Erfindungen in die Tat umzusetzen.« Da es fünf Jahre nach dem ersten Film zunehmend Probleme gab, viele baugleiche Käfer aufzutreiben, kamen sowohl 63er als auch 65er Autos zum Einsatz. So geht es mit den Anschlüssen im Film manchmal durcheinander, denn beim späteren Modell sind die Fensterschreiben größer … Die Spezialmotorisierung aus dem ersten Teil war dieses Mal nicht notwendig. Dafür kam in drei Szenen ein Busmotor zum Einsatz, um »Herbie« zu einem fachgerechten Kavaliersstart auf den Hinterrädern zu verhelfen.

Ungewöhnlicherweise wurde die Welturaufführung am 11. Februar 1974 im berühmten Londoner Odeon Cinema am Leicester Square Premiere gefeiert und nicht in den USA. Der dortige Kinostart war erst am 6. Juni, aus dessen Anlass auch wieder ein »Herbie Day« in Disneyland veranstaltet wurde. Der Filmstart wurde kräftig und kooperativ beworben. Disney und der Autobauer ließen sich nicht lumpen, klebten immerhin 300.000 Plakate und bestückten jeden VW-Händler in den USA mit etwas ganz Besonderem: Alle staffierten einen Käfer aus wie den Film-Herbie und boten potentiellen Kunden Aufkleber der Nr. 53 sowie den drei rot/weiß/blauen Klebestreifen an, falls sie ihre Standard Käfer »filmtauglich« machen wollten. Ob das die 34 PS beflügelte?

»UNSER HERBIE IST EIN JUWEL« – DER TOLLE KÄFER IN DER RALLYE MONTE-CARLO (1977)

Die allzu gefühlsduselige Geschichte des zweiten Teils, kam beim Publikum nicht so gut an. Man besann sich bei der dritten Folge also auf »Herbies« alte Qualitäten: Rennen fahren und freche Gegner überlisten. Zu Anfang bekommt der berühmte VW, als erstes Auto überhaupt, von der amerikanischen Einwanderungsbehörde einen Reisepass ausgestellt und ein Visum für Frankreich, um dort an einem Rennen teilzunehmen. Der Arbeitstitel, der am 2. Februar 1976 bekannt wurde war »The Love Bug Goes to Monte Carlo«. Daraus wurde später »Herbie Goes to Monte Carlo«. Er ist auch stimmig, aber der deutsche »Der tolle Käfer in der Rallye Monte Carlo« ist schlichtweg falsch, denn der Wagen fährt in der »trans France Rallye« mit und nicht in der berühmten »Monte«, die seit 1911 ausgetragen und hauptsächlich in den Alpen gefahren wird. Die »trans France Rallye« führt im Film von Paris nach Monte Carlo. Da die Einspielergebnisse des zweiten Films hinter den

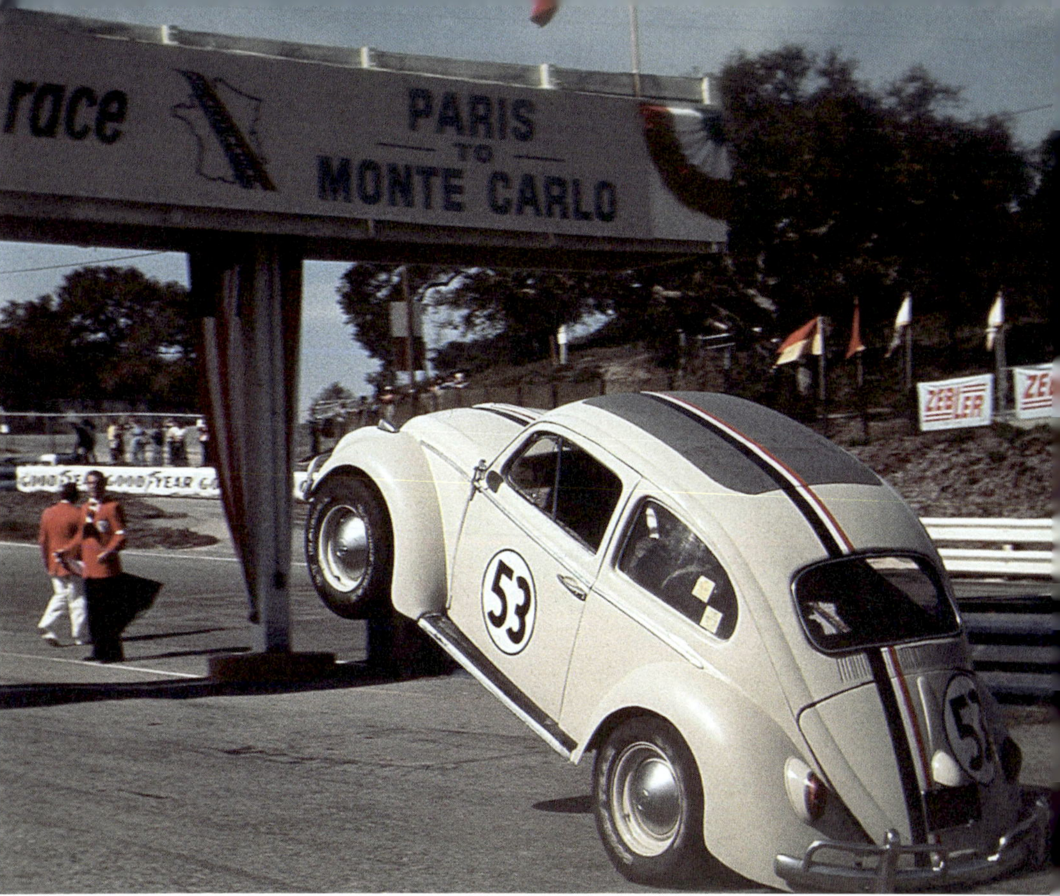

1977 ging es für Herbie beim Trans-France Race von Paris nach Monte-Carlo.

Erwartungen zurückgeblieben waren, wurde Dean Jones finanziell überzeugt wieder in den Wagen zu steigen. Am 2. Juli 1976 wurde sein Mitwirken bekanntgegeben und am 9. August begannen die Dreharbeiten in Paris.

»Der Wagen soll gewinnen?«, lacht ein Polizist in der französischen Hauptstadt gleich zu Anfang das neue Team Jim Douglas und Wheeley (Don Knotts) als dessen Mechaniker, aus. Herbie rächt sich auf seine Weise und nutzt Öl, um sein linkes Bein mit der weißen Gamasche zu benetzen. Ein Gag, der schon 1969 verwendet wurde. Ebenso die dieses Mal immerhin vier (!) Hochstarts des Käfers, in denen der Wagen sich auf die beiden hinteren Reifen stellt und richtig Gas gibt. Neu ist, dass er hier einmal so kräftig bremst, dass er auch mal hinten hoch geht. Der Grund ist ein hellblauer Lancia Montecarlo, der von Diane Darcy (Julie Sommars) gefahren wird. Herbie ist schockverliebt. Das Turteln der zwei Vierrädrigen zieht sich durch den ganzen Film, und Diane enthüllt, wenn auch erst am Ende des Films, dass ihr Wagen auch einen Namen hat: Er lautet »Giselle«. Der Lancia Montecarlo stammt übrigens aus

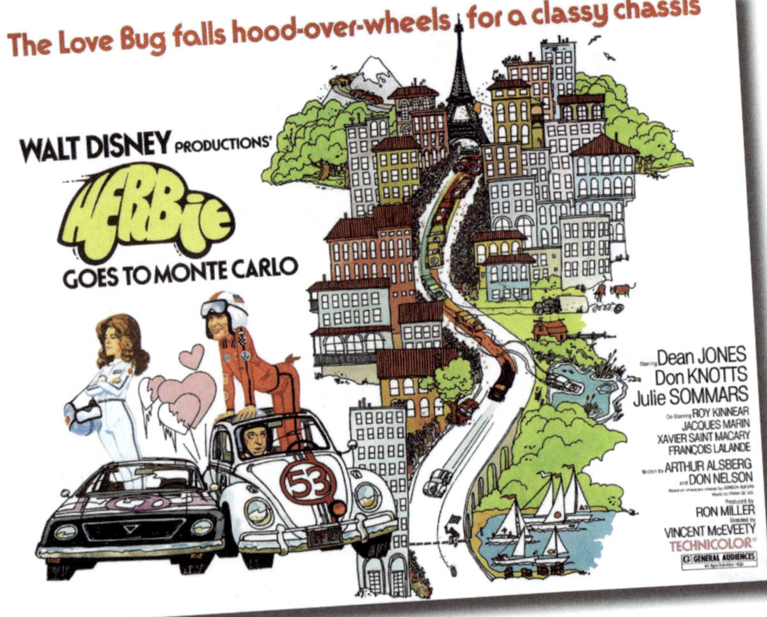

Nachdem er 1974 noch abgelehnt hatte, kam Dean Jones für das Monte-Carlo-Abenteuer wieder an Bord.

der ersten Baureihe. Dessen zweite Baureihe erhielt in den USA die Bezeichnung »Lancia Scorpion«, um keine Auseinandersetzung mit Chevrolet zu riskieren, die einen Chevrolet Monte Carlo im Programm hatten. Von den drei für den Film verwendeten Lancia Montecarlo ist nur noch einer existent. Er gehört einem Sammler in Texas.

Neben den amourösen Autoavancen, macht eine Gangstergeschichte den Hauptteil des Films aus. Ein Trio organisiert den Diebstahl eines Diamanten aus einem Museum und versteckt den auf der Flucht ausgerechnet in Herbies Tank, weil der über ein skurriles Extra verfügt mit dem nie ein Käfer vom Band lief: Ein äußerer Benzineinfüllstutzen mit Schnellverschluss vorne rechts. »Unser Herbie ist ein Juwel«, sagt der von Don Knotts gespielte Mechaniker an einer Stelle, weiß aber nicht, dass der für den Großteil der Strecke auch einen Juwel an Bord hat.

Einer der Höhepunkte des Films ist sicherlich eine aufsehenerregende Jagd mit 18 Rennwagen durch Paris, mit dem Start am Eiffelturm, vorbei am L`Arc de Triomphe, am Place de la Concorde und auf der Prachtstraße Champs-Élysée. Mit der verbindet Hauptdarsteller Dean Jones eine besondere Anekdote vom Place de Iéna: »Manchmal machte ich Stunts von denen ich nichts wusste«, so der Schauspieler. »Es gab da diesen riesigen Platz in Paris, ich hörte der Gegensprechanlage zu und jemand sagte: ´Go`! Also fuhr ich los, und der Platz ist voller Verkehr. Die Autos kamen aus allen Richtungen. Ich dachte, dass das Stuntfahrer waren und bretterte da durch. Auf der anderen Seite des Platzes sagte ich dem Regisseur, dass einige von denen ganz schön nah an mich herangekommen sind. Er antwortete: ´Das waren keine Stuntfahrer. Das ist der normale Pariser Verkehr`. Ich war schockiert.«

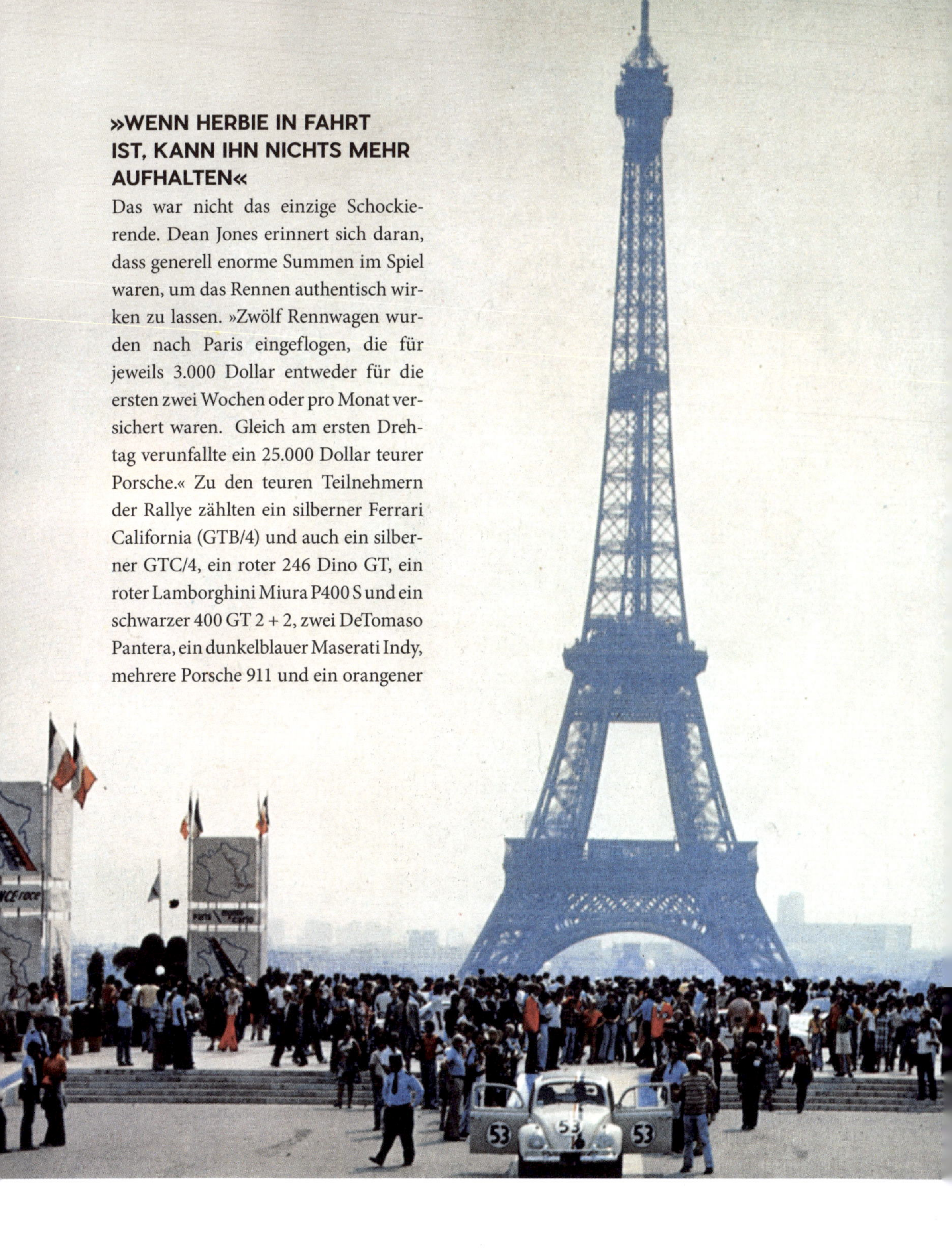

»WENN HERBIE IN FAHRT IST, KANN IHN NICHTS MEHR AUFHALTEN«

Das war nicht das einzige Schockierende. Dean Jones erinnert sich daran, dass generell enorme Summen im Spiel waren, um das Rennen authentisch wirken zu lassen. »Zwölf Rennwagen wurden nach Paris eingeflogen, die für jeweils 3.000 Dollar entweder für die ersten zwei Wochen oder pro Monat versichert waren. Gleich am ersten Drehtag verunfallte ein 25.000 Dollar teurer Porsche.« Zu den teuren Teilnehmern der Rallye zählten ein silberner Ferrari California (GTB/4) und auch ein silberner GTC/4, ein roter 246 Dino GT, ein roter Lamborghini Miura P400 S und ein schwarzer 400 GT 2 + 2, zwei DeTomaso Pantera, ein dunkelblauer Maserati Indy, mehrere Porsche 911 und ein orangener

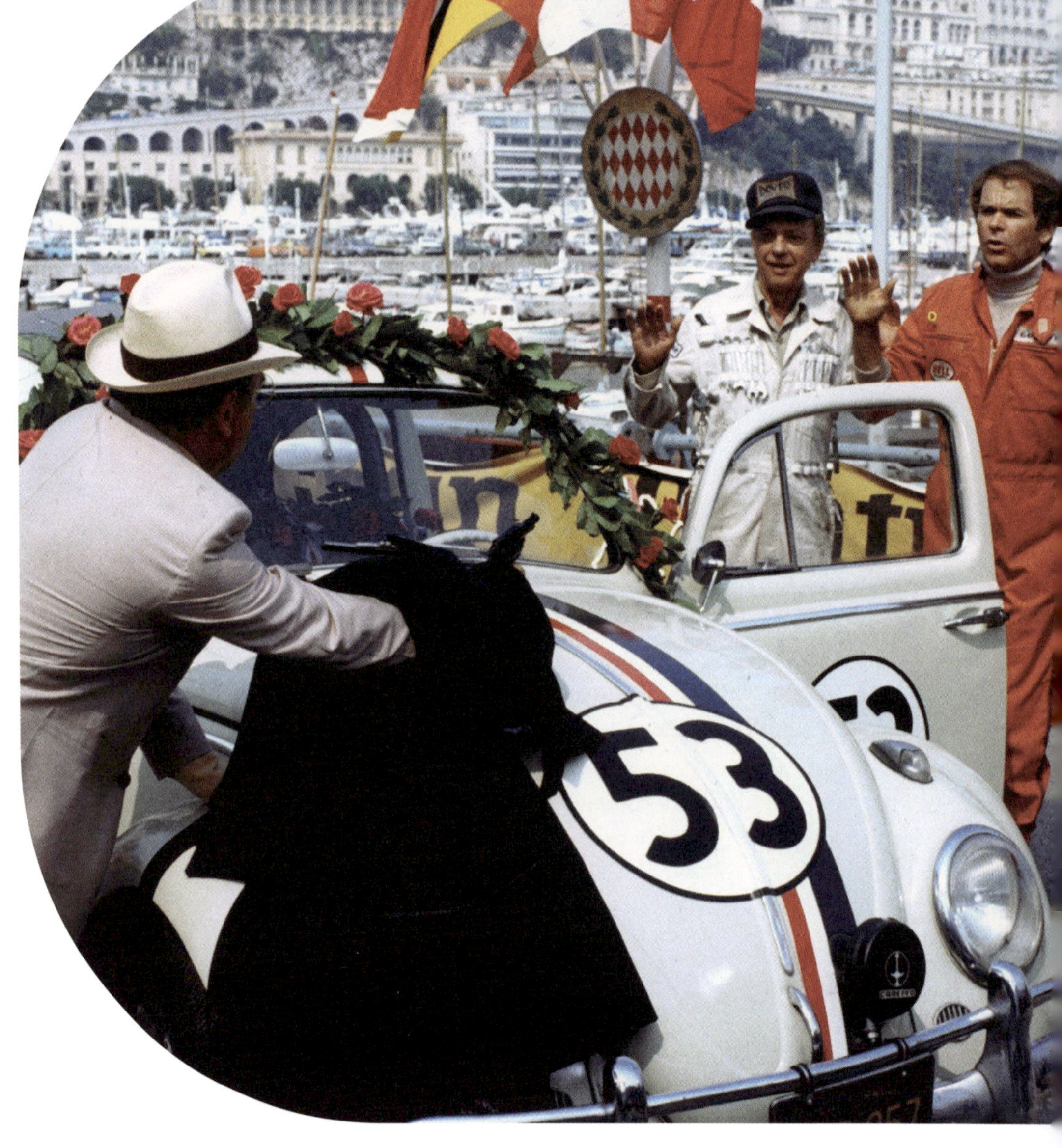

356er mit Überrollkäfig, ein roter Lancia Stratos und das sicherlich ungewöhnlichste Stück: ein Laser 917, eine Replik des Porsche 917.

Die Firma Elite Enterprises von Gary Knapp in Cokato, Minnesota hatte ab Anfang der 70er-Jahre Repliken von bekannten Marken wie Allard und eben Porsche angefertigt und wurde von Disney beauftragt, zwei metallicrote Laser 917 zu liefern, die vom Maus-Haus nach Frankreich geflogen wurden. Nach den ersten Aufnahmen, war Regisseur Vincent McEveety jedoch nicht glücklich über die Spiegelungen, die die Farbe

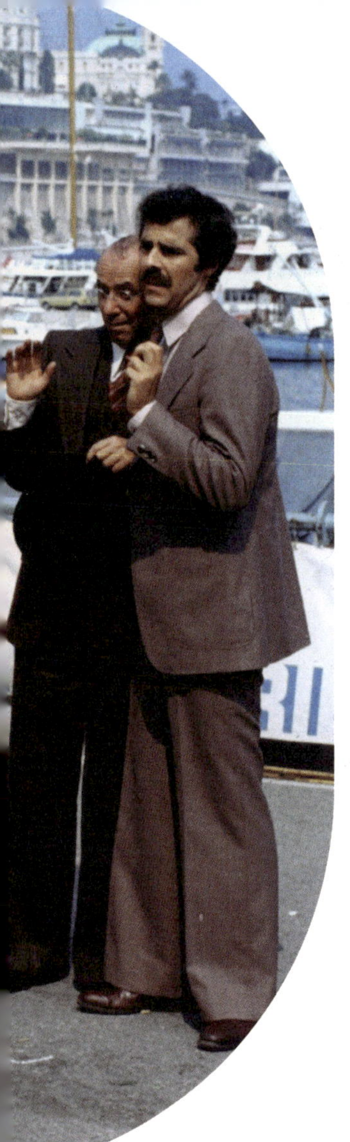

Dean Jones als Jim Douglas und Don Knotts und Wheeley Applegate nach dem Zieleinlauf in Monte-Carlo.

verursachte, so dass beide Fahrzeuge in einem matten rot neulackiert wurden. Im Film wurde der Wagen (zumindest in Studioaufnahmen) von Bruno von Stickle (dem in Bredenbek geborenen Schauspieler Hans Jörg Gudegast, der sich schon damals Eric Braeden nannte) gefahren. »Wenn Herbie in Fahrt ist, kann ihn nichts mehr aufhalten«, sagt Wheeley an einer Stelle, aber tatsächlich war es erneut ein Großeinsatz für die Stuntmen. Dazu gehörte auch der berühmte Carey Loftin, der schon bei »Grand Prix« und »Bullitt« dabei war, aber dennoch kollidierten zwei Porsche. Sie wurden durch einen BMW und eben den Lancia Stratos ersetzt. Die französische Polizei war sehr kooperativ, leitete den Verkehr um und errichtete Absperrungen, um die zahlreichen Schaulustigen nicht zu gefährden. Die Eingangsszenen entstanden an der Terrasse des prominenten Palais de Chaillot in Paris. Das Finale wurde tatsächlich in Monte Carlo gedreht. Dean Jones, der 1963 Werbespots für Ford gedreht hatte, schwärmte bereits elf Jahre vor dem Film von der Kulisse. Drei Fords wurden dort fotografiert. Einige seiner Kostüme aus dem Film wurden vom Disney Archiv als permanente Ausstellungsstücke an das »Miller Center for Communication Arts« der Asbury Universität in Wilmore, Kentucky ausgeliehen. Dean hatte dort studiert.

Bei der Premiere des Films »Der tolle Käfer in der Rallye Monte Carlo« wurde dem VW eine besondere Ehre zuteil. Am 11. Juli 1977 durfte er sein Profil in den berühmten Zement vor »Manns Chinese Theatre« in Hollywood drücken. 25 Lancia Sportwagen, und eine Reihe von Clowns und Cheerleadern waren ebenfalls zugegen. Seitdem ist der besondere Goodyear Reifenabdruck neben bekannten Filmgrößen wie Marilyn Monroe und Humphrey Bogart zu finden, und Bürgermeister Tom Bradley erklärte den Tag zum »Herbie Goes to Monte Carlo Day" in Los Angeles. Der Film wurde ein außerordentlicher Erfolg. Nicht zuletzt dank Dean Jones, dem Rennfahrer des ersten Teils, der Herbie geschickt an den anderen Mitbewerbern vorbei zum Sieg steuerte. Die drei Filme spielten bis dahin 210 Millionen Euro Kinobrutto ein. »Herbie« war

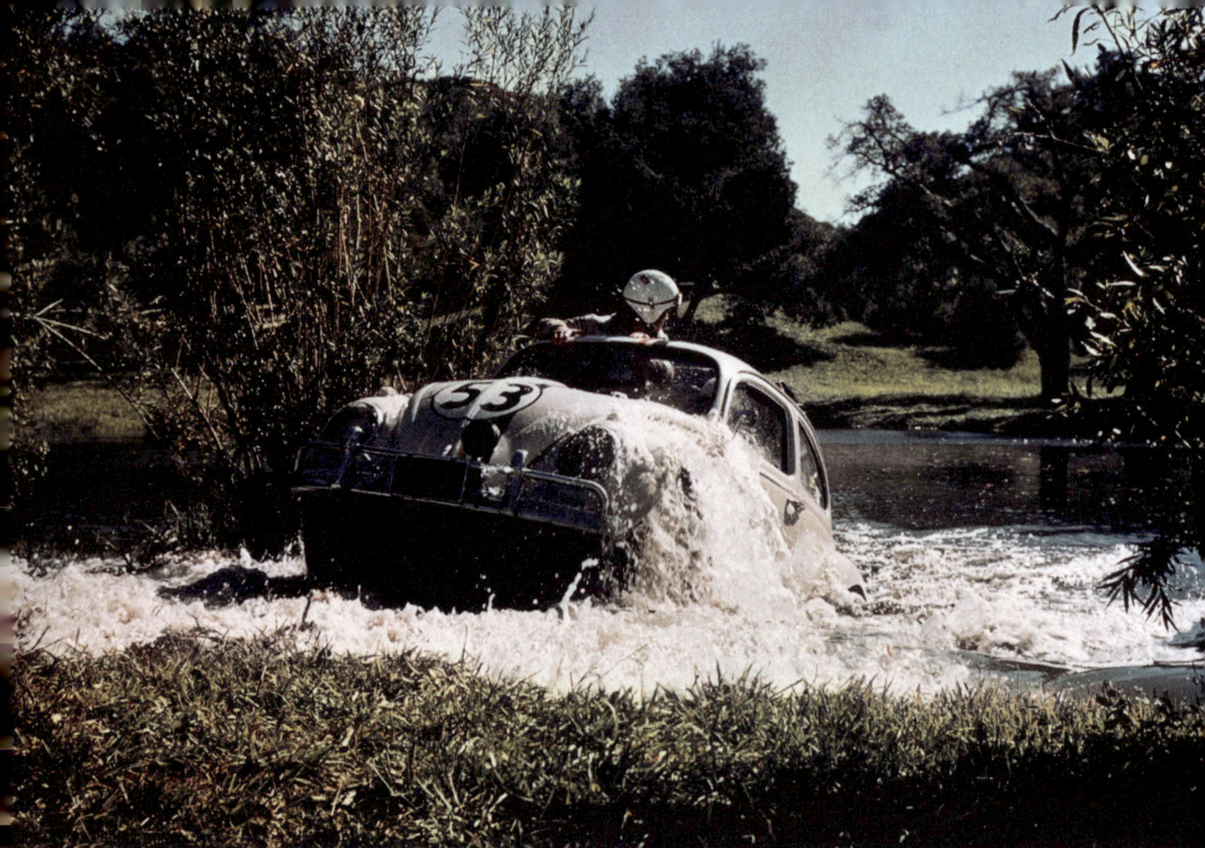

Auf dem Weg von Paris nach Südfrankreich musste Herbie so manches Hindernis überwinden.

endgültig in die Annalen der Filmgeschichte eingegangen. Die Produktionsfirma beschloss eine weitere Fortsetzung zu drehen.

»BEI DEM DING IST ALLES MÖGLICH« – HERBIE DREHT DURCH (1980)

Der dritte Film spielte mehr Geld ein als der zweite, doch die Macher der vorherigen Filme zogen sich zurück, so dass der Kanadier Don Tait das Drehbuch schrieb. Ein Rennen wie schon im zweiten Teil spielte keine Rolle, auch wenn Herbies Teilnahme am »Großen Preis von Brasilien« mehrfach erwähnt wurde. Das Ergebnis war dementsprechend mäßig.

Unbeschadet der Tatsache, dass am 19. Januar 1978 der letzte in Europa gebaute Käfer in Emden vom Band lief, setzte man weiterhin auf den Abenteuergeist und die knuffige Form des Oldies. Am 19. September 1979 berichtete »Variety«, dass die Dreharbeiten am 9. Oktober beginnen und dieses Mal Mexiko und Südamerika als Schauplätze dienen würden. Dazu zählten Puerto Vallarta, Tijuana, Guadalajara und der Panama Kanal. Es wurde sogar bekanntgegeben,

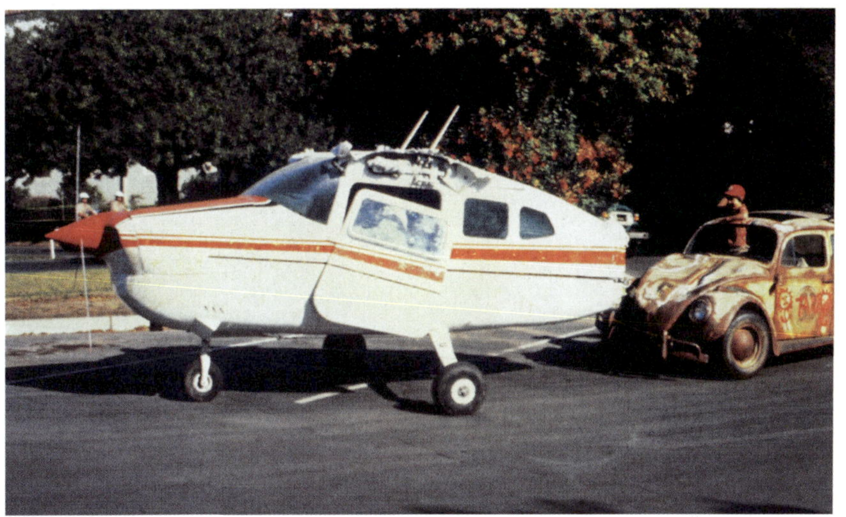

1980 zählte unter anderen ein Sportflugzeug (Cessna 185) zu den Gegnern Herbies.

dass dieses Mal 26 »speziell ausgerüstete VW's für komplizierte Stunts« umgerüstet würden, die alleine ein Budget von 334.000 der insgesamt zehn Millionen Dollar verschlingen. Die deutsche Presseabteilung ließ verlauten, dass die Produzenten damals durchschnittlich 12.000 Mark für die Präparierung pro Käfer ausgaben. Nach 54 Drehtagen hatte das Team am 4. Januar 1980 alles im Kasten, und am 6. August kam der Film in die US-Kinos.

Dean Jones sagte erneut ab, weil er das Drehbuch als nicht attraktiv empfand und sollte damit wieder eine weise Entscheidung fällen. In der Geschichte geht es um Pete, angeblich einen Neffen von Jim Douglas und seinen Freund David, die im mexikanischen Puerto Vallarta »einen alten Rennwagen« abholen sollen, der Pete geschenkt wurde. »Ein Rennwagen ist Herbie wirklich nicht«, sagt Pete und leider gibt es im ganzen Film nicht mal eine Verfolgungsjagd. Stattdessen geht es vorwiegend um den kleinen Waisenjungen Paco, der David und auch einem von drei Gangstern die Brieftasche abgenommen hat. Im weiteren Verlauf dreht es sich mehr und mehr um die Tricks des damals Elfjährigen, der Polizei und den Verfolgern zu entkommen und leider spielt der Zufall, so häufig eine Rolle, dass man sich fragt wer bloß dieses Drehbuch abgenommen hat. Hinzu kommt, dass Herbie, Pete und David mit dem Luxusliner »Sun Princess« nach Panama reisen und der Film fast zu einem Drittel auf dem Schiff spielt, wo sowohl eine gewisse Louise, ihre Enkelin Melissa als auch Kapitän Blythe noch in die zähe Story integriert werden.

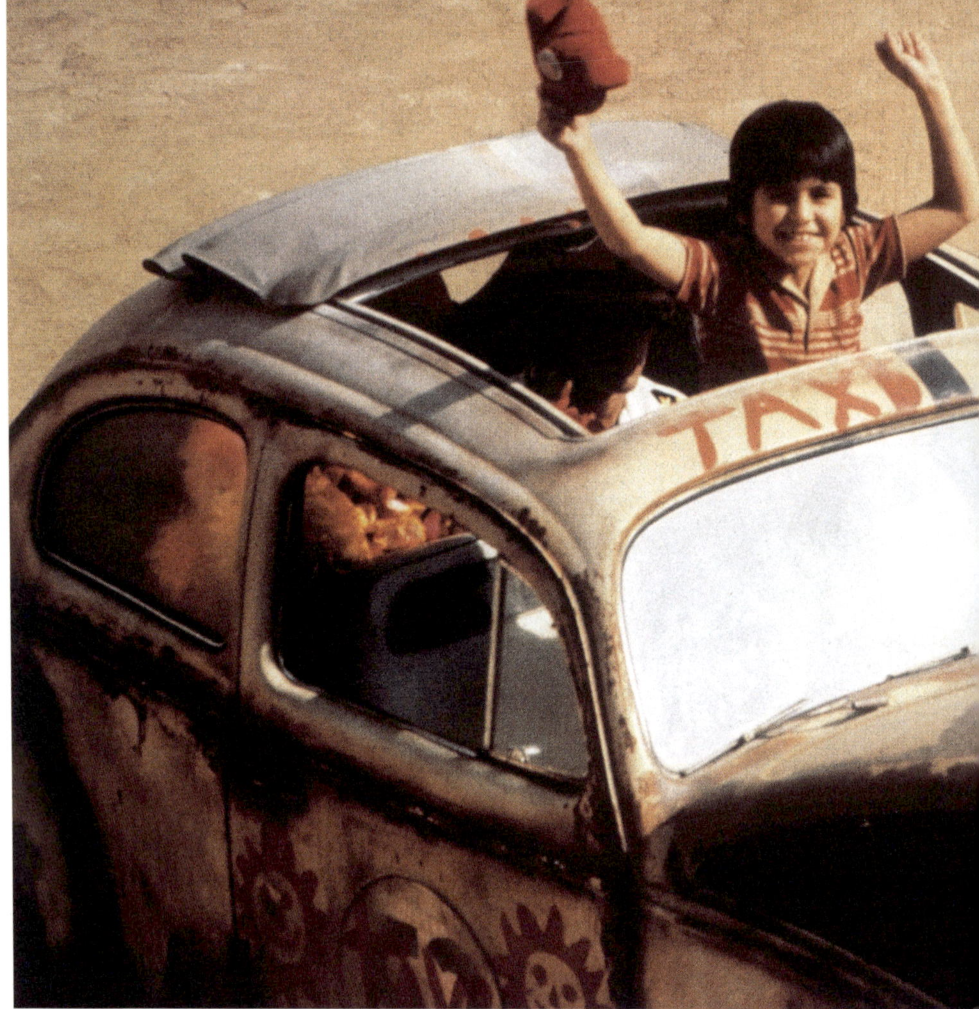

Interessanterweise wird der Wagen dort von Bord geworfen, bekommt so die Gelegenheit den Panamakanal zu »durchschwimmen« und ziemlich verrostet wieder aus dem Wasser aufzutauchen. Der »Rost« war nur aufgemalt. Die 26 verwendeten Käfer überhaupt zu finden, war nicht einfach, denn es gab kaum noch Wagen, die für den Film in Betracht kamen. Die europäische Produktion war eingestellt, in Mexiko, Brasilien, Nigeria und Südafrika liefen Käfer jüngerer Baureihen vom Band, also musste Special Effects Chef Danny Lee suchen: »Wir haben Anzeigen in Tageszeitungen gesetzt. Es dauerte Wochen bis wir alle zusammen hatten.« Acht Techniker sorgten für die Umrüstung.

HERBIE GEHT BADEN

Im Verlauf der Handlung wurde ein VW ins Meer geworfen, wenn auch ohne Motor, Getriebe und Interieur, der immer noch auf dem Meeresgrund

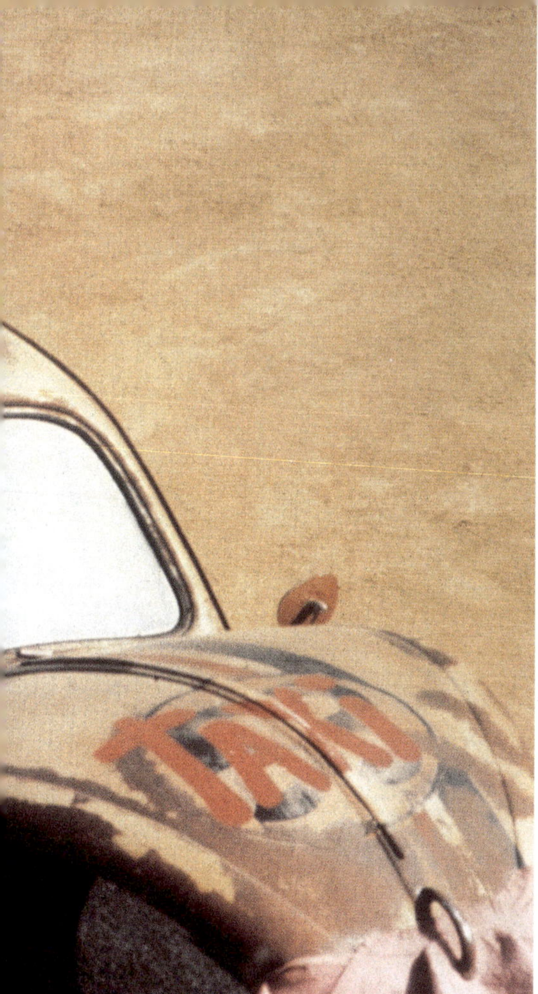

1980 erlebt der kleine Waisenjunge Paco mit Herbie Abenteuer in Südamerika.

liegt – irgendwo zwischen La Paz und der Baja California, falls jemand danach suchen will. Die Schwimmszenen gelangen dank einer luftdicht verschweißten Karosserie, genau berechneten Luftkissen unter dem Boden, hängenden Bleigewichten und einem versteckten Außenbordmotor, da man Angst hatte, dass ein an Kabeln gezogener Wagen die unter Wasser befindlichen Anlagen des Panamakanals beschädigen könnte. Gedreht wurde von einem Floß aus. Außer dem obligatorischen Hochstart, beweist Herbie dieses Mal, dass er auch als Taxi fungieren und es mit einem Stier aufnehmen kann. In dem Moment wo sich der VW vor dem Tier aufrichtet, ist nur seine Front zu sehen, weil hinter seinem Heck ein Kompressor steht, der hydraulisch eine Stange bewegt, die unter dem Wagen versteckt ist. In den Aufnahmen in denen der Käfer alleine fährt, sorgt ein ferngelenkter Motor für Gradlinigkeit. Danny Lee baute ihn vor den Fahrersitz und verband ihn mit dem Lenkrad. Er selbst lenkt den Wagen per Funk und kann so auch Gas geben. Schalten muss er nicht. Der VW verfügt über ein Automatikgetriebe. Wenn sich der Schaltknüppel bewegt ist das nur ein optischer Trick.

In weiteren Szenen wird Herbie komplett mit Bananen verkleidet, kann damit sogar werfen und ist in der Lage, die Gangster dank auf- und zuklappender Motorhaube zu stoppen: Er schnappt nach dem Leitwerk eines Kleinflugzeugs. »Hoffentlich kann er nicht auch fliegen«, sagt einer von ihnen dazu. »Bei dem Ding ist alles möglich«, erwidert ein weiterer. Geflogen ist er tatsächlich nicht, aber abgestürzt. Das Einspielergebnis war mit gerade mal 17 Millionen Dollar (andere Quellen: 18) eine herbe Enttäuschung für den Disney Konzern. So verging ein Vierteljahrhundert ehe man den liebenswerten Käfer, zumindest im Kino,

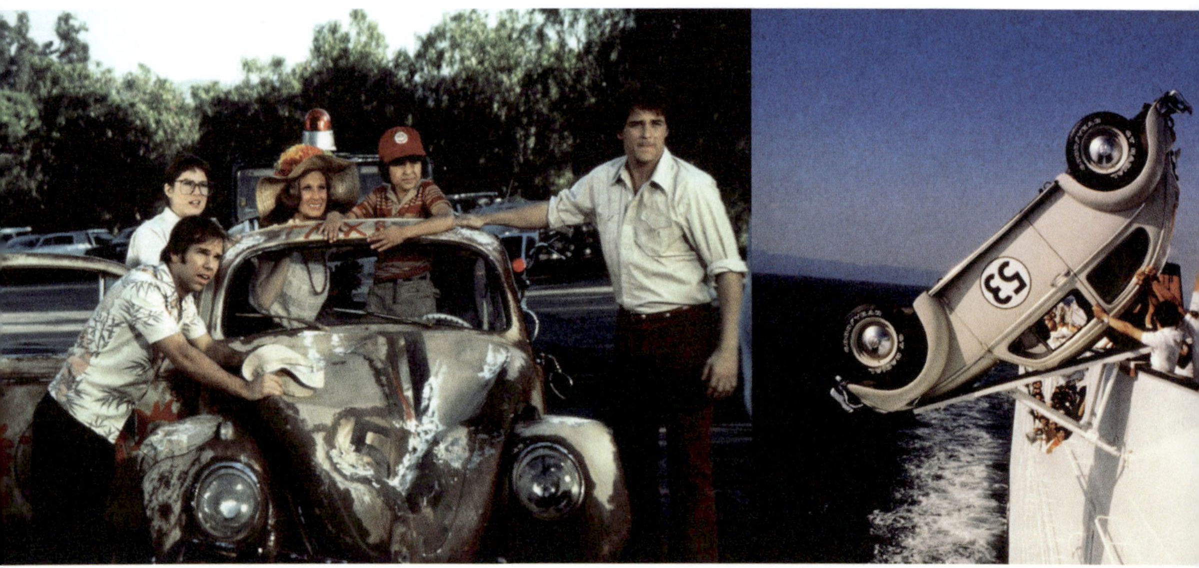

Das Team um Regisseur Vincent McEveety ließ Herbie immer abstrusere Abenteuer erleben. Der Sturz von einem Kreuzfahrtschiff zählte ebenso dazu, wie eine Fahrt durch den Panama-Kanal.

wieder zum Leben erweckte. Zuvor entstanden eine TV-Serie und ein TV-Film.

Am Leben erhalten wurde das Interesse an dem »tollen Käfer« aber auch noch auf andere Weise. Bis zum Jahr 1990 war Herbie Teil der Parade im Magic Kingdom in Disneyworld. Im März 1999 wurden die Gebäude 6 und 7 des »All Star Movie Resort« Hotel in Florida dem Wagen gewidmet und später in das Disney-MGM Studiogelände integriert. Die Besucher waren auf dem Fahrzeug herumgeklettert. Fünfmal so große Fahrzeug-Skulpturen wie ein Original Käfer, zierten die Front, die nachts auch noch beleuchtet war. Rennmotive, übergroße Werkzeuge und eine ebensolche Filmklappe gehörten ebenfalls dazu.

Ein Marketing Gag des Maus-Hauses ging jedoch gründlich schief. Zur Eröffnung der Tour durch die Disney MGM Studios im Mai 1989 wurde auf der Residential Street ein Herbie platziert, der sich nicht nur auf die Hinterreifen stellen und Rauch verströmen, sondern auch die Türen und Hauben öffnen sowie Wasser verspritzen sollte, wenn die Besucher daran vorbeifuhren. Unglücklicherweise kam es zu einem elektrischen Kurzschluss und er brannte komplett aus. Auf einen Ersatz wurde verzichtet.
Die nicht gerade spannende Geschichte verhinderte zunächst eine fünfte Mission Herbies. »Der Drehbuchautor schrieb eben alles in die Story hinein, was ihm so einfiel. Es war eine Ansammlung von Effekten, die wir dann realisieren

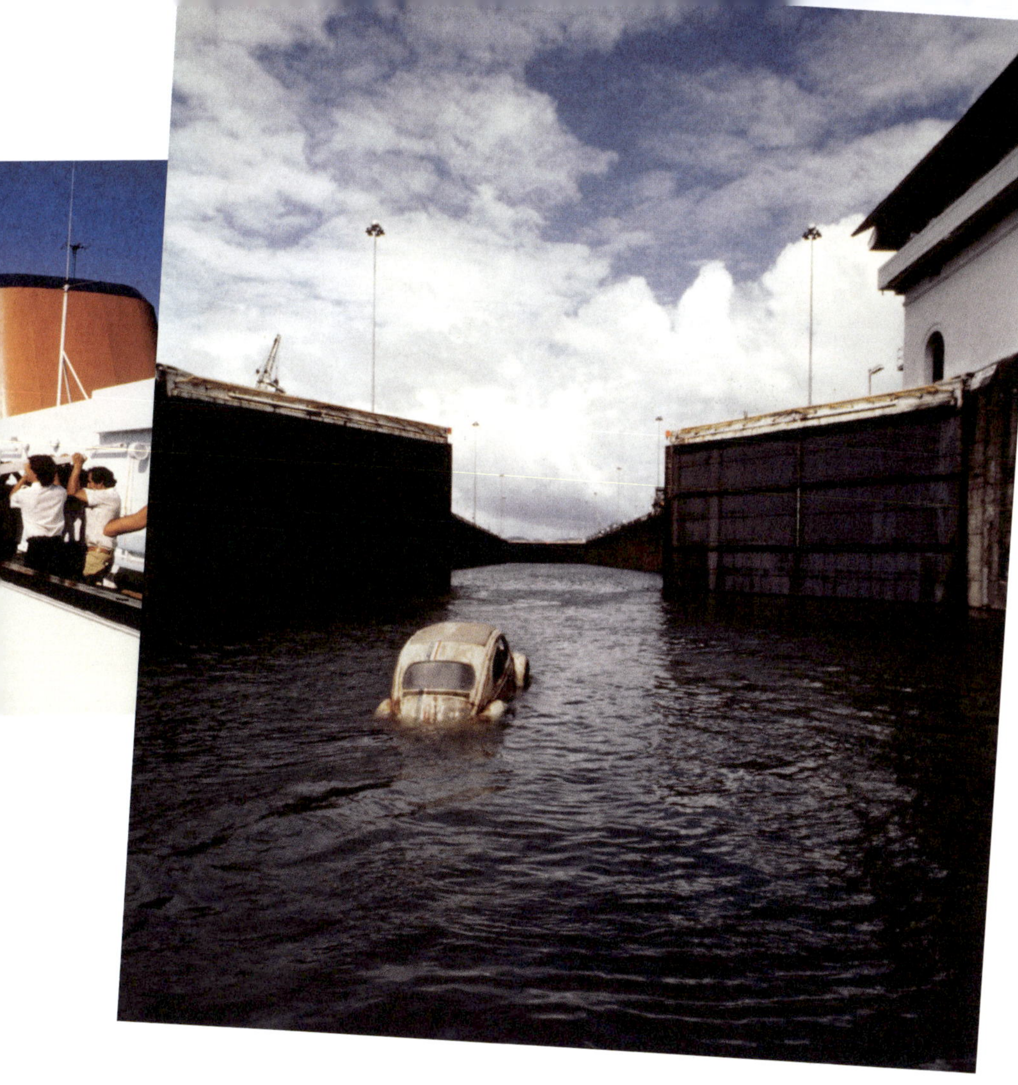

mussten. Er wusste wohl auch, dass das Wort `unmöglich´ in unserem Sprachgebrauch nicht vorkam, aber die große Familienunterhaltung war es wohl dann nicht mehr«, bemerkt Danny Lee zum Abschluss der Reihe.

Walt Disney Productions verkaufte die TV-Rechte an »Warner Bros. Television«, die eine Fernsehserie konzipierten, die bei uns nie gesendet wurde. Lediglich der TV-Film »Ein toller Käfer kehrt zurück« aus dem Jahr 1997 versuchte das prominent gewordene Blech wieder zu beleben.

Einige der »überlebenden« Käfer wanderten in Privatsammlungen und Automuseen. Außerdem hatte »Herbie«, also der Wagen mit dem bekannten Kennzeichen OFP 857, einen Gastauftritt in dem 1970 entstandenen Film »Die Millionen Dollar Ente«.

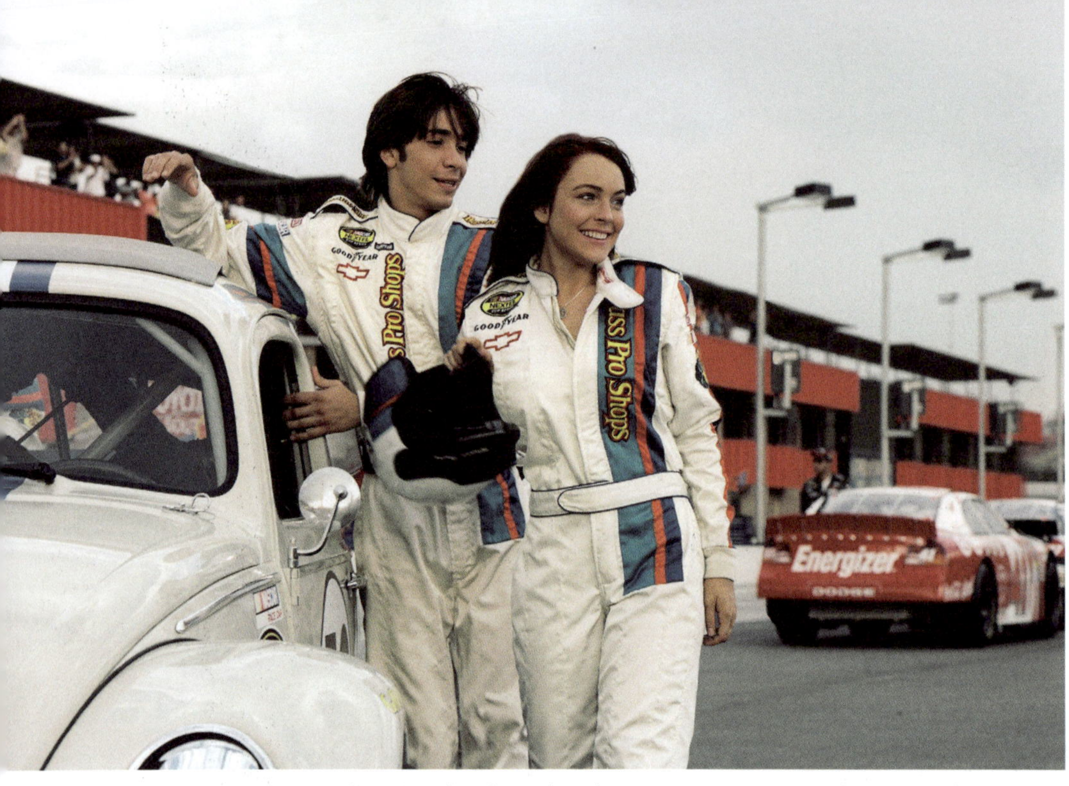

Justin Long als Kevin und Lindsay Lohan als Maggie Peyton: Die Stars des 2005er-Films.

»OKAY HERBIE, BRINGEN WIR ES ZU ENDE« – »HERBIE FULLY LOADED – EIN TOLLER KÄFER STARTET DURCH« (2005)

Platz 53 bei einem Rennen. Es ist ein Tiefpunkt in der Renngeschichte des tollen Käfers. Damit, und erneut mit einem Zusammenschnitt aus Rennszenen aus dem ersten Film, beginnt »Herbie Fully Loaded« (so der Originaltitel), in dem Lindsay Lohan, Michael Keaton und Matt Dillon die Hauptrollen spielen. Im Jahr 2000 berichtete »Variety«, dass Disney an einem neuen Film mit dem Titel »Herbie & Millie« arbeitet. Aber erst 24 Jahre nach dem letzten Kinoabenteuer setzten sich drei amerikanische und ein britischer Autor an ein Drehbuch, um dem Wagen und dem Franchise neues Leben einzuhauchen. Nach Aussagen von zweien von ihnen: Thomas Lennon und Robert Ben Garant, wollten sie den »schmalzigen und kitschigen« Teil der alten Filme auslassen und platzierten die Story daher in die Straßenrennen des San Fernando Valley und einer »Macho Welt«. Aber eine »Fast & Furious« Variante ist es dann doch nicht geworden (sh. dazu mein Buch: »Fast, Fierce & Furious« aus demselben Verlag). Witzigerweise hat aber zumindest ein Originalauto aus der Reihe einen Gastauftritt. Auf dem Schrottplatz auf dem Herbie gefunden wird, steht auch der verunfallte Dodge Charger (mit Nr. 86 an der Seite) aus dem Film »The Fast and the Furious«, der 2001 in die Kinos kam.

Obwohl der erste Drehbuchentwurf vom damaligen Disney-Boss Bob Iger abgesegnet wurde, kam es anschließend zu diversen Meinungsverschiedenheiten mit einem im Konzern zuständigen Mitarbeiter. So entstanden immer wieder Überarbeitungen, die die ursprüngliche Idee mehr und mehr veränderten. Zu Anfang sollten Herbies Aktionen und Kräfte sehr subtil und raffiniert ausgetüftelt dargestellt werden, im Laufe der Zeit zunehmen und sich so steigern. Im endgültigen Drehbuch nahmen Fantasy und Albernheiten zu. Im Film geht es darum, dass die von Lohan gespielte Maggie sich zum Collegeabschluss von ihrem Vater Ray (Keaton) einen Wagen aussuchen darf – auf einem Schrottplatz. Herbie, der dort abgestellt wurde, ergreift seine Chance und Maggie spürt schnell, dass der Wagen ein Eigenleben entwickelt. Ihr Schulfreund Kevin (Justin Long) arbeitet den Käfer auf. Er gewinnt sogar ein illegales Rennen gegen den NASCAR Fahrer Trip Murphy (Dillon). Doch der will eine Revanche und es kommt auch noch zu Auseinandersetzungen mit Maggies Vater.

»ER WAR FRÜHER MAL EIN RENNAUTO«

Der Drehbeginn war der 2. August 2004 in Los Angeles unter dem Arbeitstitel »Herbie«. Am 4. und 5. September diente das Rennen »2004 Pop Secret 500« auf dem California Speedway als Kulisse. Auch während der Runden der Pace Cars der Target House 300, einer NASCAR Xfinty Rennserie, war das Drehteam aktiv. Rennwagen aus der »Nextel Cup Serie« sorgten für eine stimmige Atmosphäre aber ihre Logos wurden ebenso entfernt wie die von Bierbrauer Budweiser. Bloß keine Alkoholwerbung im Familienprogramm. Dann doch lieber Promotion in eigener Sache. Neben Reifensponsor Goodyear, der schon seit 1969 dabei war, ist Maggie rein zufällig eine frühere Reporterin des Disney-Kanals Reporterin ESPN und Mid America Works darf für seine VW-Ersatzteile werben. Der deutsche Autobauer ist außerdem mit einem silbernen Touareg vertreten und einem gelben New Beetle, für den Herbie natürlich romantische Gefühle entwickelt. Nur warum »Turbo« auf dem Heck steht erklärt sich nicht. General Motors lieferte Chevrolet Corvette und Pontiac GTO Fahrzeuge. »Er war früher mal ein Rennauto«, heißt es fast wortgleich wie schon im zweiten Film. Und wie auch schon früher, spritzt Herbie mit Öl. Der bekannte Hochstart ist ebenfalls wieder dabei, aber auch Neues ist zu sehen. Die Scheibenwaschanlage macht Widersacher Trip nass, Herbie überholt ihn im Rennen sogar rückwärts und geht auch mal vorne hoch. Mit dem linken Außenspiegel zerkratzt er den Wagen des Konkurrenten, macht fast spielerisch einen Monster Truck platt, fährt mal auf der Leitplanke (wofür allein vier VW-Käfer verwendet wurden) und nutzt einen Zaun als Fahrstrecke. Ein Rennauto ist

er wohl immer noch.
Viele bekannte Pop-Stücke wie »It's Magic« der schottischen Band Pilot, »Hello« von Lionel Richie und selbst der alte Steppenwolf Klassiker »Born to be Wild« aus »Easy Rider« sind im Film zu hören, wenn auch in einer Cover-Version von Money Suzuki. Sie kommentieren die Handlung. Selbst Lindsay Lohan, damals gerade mal 19 Jahre alt, singt. Sie entpuppte sich im wahren Leben als Fan deutscher Autos, wenn auch nie ein VW dabei war. Zu ihren Fahrzeugen zählten (nur schwarze) Audi A 5, Mercedes SL und ein Porsche Carrera S Cabriolet, ein Panamera und ein 911er Coupé mit Schiebedach.

Wirklich sehr kauzig ist eine, computergenerierte Kamerafahrt unter die Fronthaube und in den arbeitenden Motor des Oldies kurz vor einem Start, wo doch jeder weiß, dass die Wolfsburger Ikonen mit Heckmotoren ausgerüstet waren. Ebenso skurril ist der Meilenstand von 55555, der sich im Laufe des Films nie verändert. Sind die Käfer gar nicht gefahren? Nach Aussagen von Regisseurin Angela Robinson kamen 37 VW-Käfer zum Einsatz. Das Volo Cars Automuseum im amerikanischen Illinois gibt die Anzahl mit 35 Stück an - sie haben einen davon. Es ist derjenige, der als »Beinahe-Wrack« von Maggie auf dem Schrottplatz gefunden und dann mit Hilfe ihres Freundes Kevin restauriert wird. Er ist in der Hinsicht speziell, weil sich in ihm Dutzende Motoren und Steuerungen sowie über elf Kilometer Kabel verbergen, die von sechs Mitarbeitern bedient wurden, damit Herbie seine Tricks durchführen kann. Dank einer Schaltanlage kann Herbie die Haube und die Türen öffnen, die vordere Stoßstange bewegen, die Antenne und die Sonnenblenden auch, die Scheinwerfer drehen und mit ihnen zwinkern.

Gedreht wurde in Kalifornien und Vancouver wo die Wagen sich diversen Bearbeitungen unterziehen mussten. Das galt übrigens auch für die Hauptdarstellerin Lindsey Lohan. Da vor allem die Kurven des Wagens im Vordergrund stehen sollten, wurden die ihrer Oberweite nachträglich digital reduziert ...

Bevor am 19. Juni 2005 in Los Angeles die Premiere gefeiert wurde, gab es eine Reihe von Previews für die alle Gäste mit dem Namen »Herbie« oder »Herbert« Freikarten bekamen. Am ersten Wochenende in den USA kam trotz einem Massenstart in 3.521 Kinosälen lediglich ein Einspielergebnis von 12,7 Millionen Dollar zusammen. Insgesamt waren es 144,1 Millionen, dreimal so viel wie das Budget. »Okay Herbie, bringen wir es zu Ende«, sagt Maggie kurz vor dem letzten Rennen, nicht wissend, dass dies das (vorläufige?) Ende der gesamten Filmreihe war.

WAS IST AUS DEN WAGEN GEWORDEN?

Bei den zahlreichen Stunts haben einige der Käfer etwas abbekommen, einige wurden nicht mehr gebraucht und

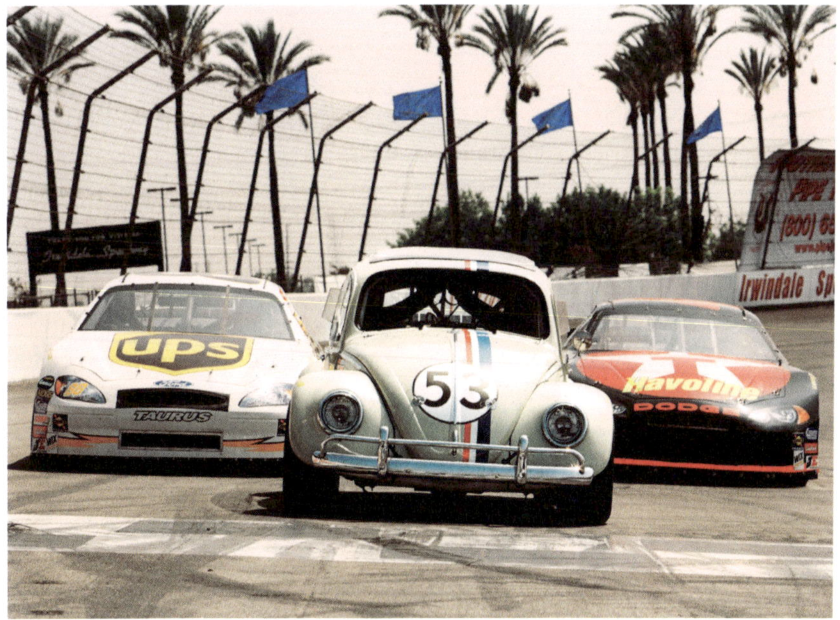

Ein Käfer fährt allen davon: Herbie vor 2005er Ford Taurus.

wurden anonym verkauft, wieder andere landeten in Museen oder privaten Sammlungen. Einer der 26 Käfer, der in den ersten vier Filmen mitgewirkt hat, ist u.a. durch die in die hintere Stoßstange eingesetzte Nr. 15 zu erkennen. Der Wagen verfügt über weitere Besonderheiten. Ein Schiebedach gibt es im eigentlichen Sinne nicht. Das entsprechende Teil ist fest mit dem Dach verschraubt und lässt sich nicht öffnen. Er hat ein verstärktes Chassis und verstärkte Aufnahmen für die Fronthaube, damit man diese hydraulisch bewegen kann. »Da lag jemand auf dem Beifahrersitz, um die Hebel von innen zu betätigen, damit die Haube sich beim Kampf mit dem Bullen in dem vierten Film nach oben und unten bewegen hat«, sagt Traugott Grundmann. Dem VW-Sammler aus Hessisch Oldendorf gehört der Wagen. Er erwarb ihn von dem Franzosen Jacky Morel aus Cap Ferret, der ihm 20. Oktober 2010 die Authentizität bestätigte. Morel hatte ihn 1988 in Kalifornien von Mark Bruto, der bei Bugsforyou (BFY) arbeitete, erworben. Der hatte ihn bei Disney Productions ersteigert.

Im Dezember 2014 tauchte bei ebay ein sogenannter »blind drive car« auf, der im zweiten und dritten Film verwendete wurde. Es ist einer der Wagen, der ferngesteuert und somit »für sich alleine« fährt. Auch »Giselle«, der Lancia Montecarlo, sowie ein Öl spritzender Herbie wurden

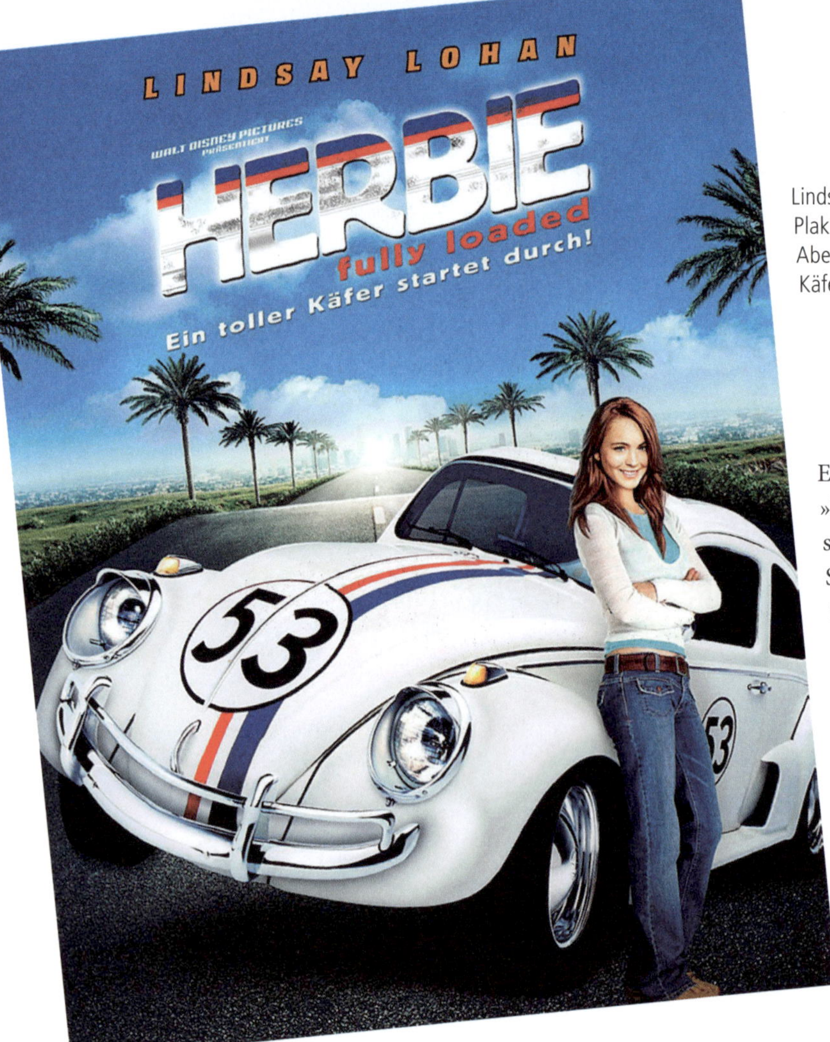

Lindsay Lohan auf dem Plakat zum (vorerst) letzten Abenteuer des tollen Käfers.

versteigert.

Als das Vegas Car Museum, auch bekannt als die Imperial Palace Car Collection, am 31. Dezember 2017 in Las Vegas schloss, wurde dort ebenfalls ein Herbie angeboten. Einer von angeblich elf Wagen aus dem ersten Film stand eine Zeitlang im AACA Museum in Hershey, Pennsylvania. Er gehört Eigentümer Tory Alonzo. Der stark verbeulte Wagen wurde von ihm fahrtüchtig gemacht. Nach Angaben des Museums existieren weltweit nur noch drei aus dem Film.

Ein Wagen aus dem »Monte Carlo« Film steht im »Hollywood Star Cars Museum« in Gatlinburg, Tennessee. Drei der Wagen, die in »Herbie Fully Loaded« verwendet wurden, stehen im Volo Auto Museum in Illinois, zwei in Kalifornien: einer mit einem modifizierten Motor für die Rennszenen ist im Petersen Automotive Museum in LA und einer im »Electric Dreams« Geschäft in El Segundo. Die größte Sammlung von Original-Herbies gehört dem Holländer Marc Wegh, Chef des Porsche Centrum Gelderland in Heteren. Er besitzt sechs Fahrzeuge.

Seit Ende der 60er-Jahre haben sicherlich über 100 Käfer »Herbie« gespielt und zumindest einige davon sind noch erhalten. Sie haben ihn zu dem gemacht, was er bis heute ist: ein toller Käfer.

»EIN TOLLER KÄFER« – FILM- UND FERNSEHREIHE:

1969 Ein toller Käfer (The Love Bug) R: Robert Stevenson
1974 Herbie groß in Fahrt (Herbie Rides Again) R: Robert Stevenson
1977 Der tolle Käfer in der Rallye Monte Carlo (Herbie Goes to Monte Carlo) R: Vincent McEveety
1980 Herbie dreht durch (Herbie Goes Bananas) R: Vincent McEveety
1982 Herbie, The Love Bug (TV-Serie, fünf Folgen) R: Bill Bixby (2 Folgen), Vincent McEveety (2 Folgen), Charles S. Dubin (1 Folge)
1997 Ein toller Käfer kehrt zurück (The Love Bug) R: Peyton Reed (TV-Film)
2005 Herbie Fully Loaded – Ein toller Käfer startet durch (Herbie Fully Loaded) R: Angela Robinson

EINSPIELERGEBNISSE DER REIHE (MEHRERE QUELLENANGABEN):

Ein toller Käfer (1969)	50,5 / 51,2 Millionen Dollar - bei einem Budget von 4,2 - 5 Millionen Dollar
Herbie groß in Fahrt (1974)	31,7 / 38,2 Millionen Dollar
Der tolle Käfer in der Rallye Monte Carlo (1977)	28 / 29 Millionen Dollar
(DVD-Titel: Ein toller Käfer in der Rallye Monte Carlo)	
Herbie dreht durch (1980)	17 / 18 Millionen Dollar

Nach Angaben der Presseabteilung von Disney wurden bis dahin 420 Millionen Mark umgesetzt

Herbie Fully Loaded – Ein toller Käfer startet durch (2005)	144,1 Millionen Dollar - allerdings bei einem Budget von 50 Millionen Dollar

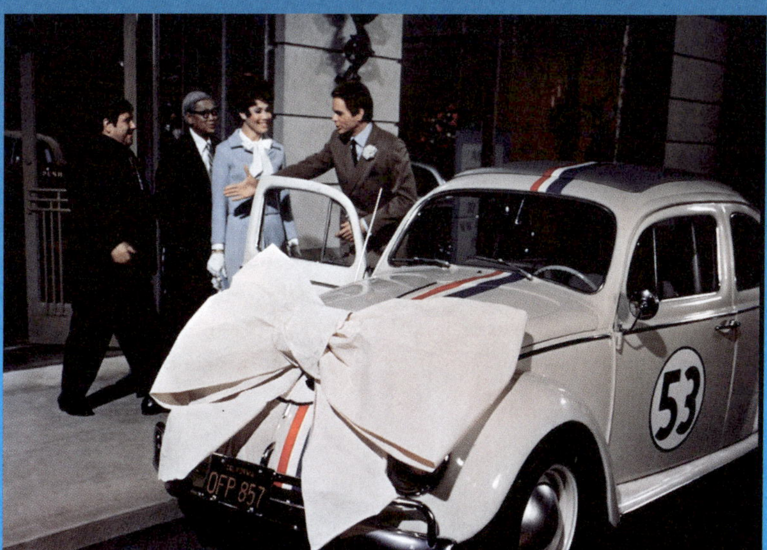

EINE RESTAURIERUNG IM »SCHNECKENTEMPO« - DER APOLLO GT AUS »EIN TOLLER KÄFER« (1969)

»Herbie« ist aber nicht der einzige automobile Star des Films. Auch die Geschichte seines Widersachers, der im Film »Thorndyke Special« genannt wird, ist ungewöhnlich und sehr unterhaltsam.

Im Verlaufe der Handlung besucht Rennfahrer Jim Douglas das Autohaus »Thorndyke« in San Francisco und findet dort nicht nur Gefallen an der attraktiven Verkäuferin Carole (Karola in dt.), sondern auch an einem zweisitzigen gelben Sportwagen, der sich auf einem Präsentierteller dreht. Der »Thorndyke Special« wird in der Geschichte vom Eigentümer gefahren und liefert sich, vor allem beim letzten Rennen in Riverside einen unerbittlichen Kampf mit dem Käfer. Verwendet wurden dafür zwei Wagen vom Typ Apollo GT, die der Amerikaner Max Balchovsky von der Firma Hollywood Motors für die Dreharbeiten präparierte. Zwei von nur 88 gebauten.

Die Idee für den Wagen hatten der Ingenieur Milton Brown und sein Partner Newt Davis. Sie wollten einen US-Sportwagen mit italienischen Genen und entsprechendem Design erschaffen. Dafür begeisterten sie den Chef der Turiner Firma Intermeccanica Frank Reisner. Die ersten Linien wurden von Ron Plescia gezeichnet und später von dem Designer Franco Scaglione überarbeitet. Reisner lieferte zwei Karossen pro Monat. Im kalifornischen Oakland wurden die Autos komplettiert, und der Prototyp stand im Januar 1963 auf der »Los Angeles Motor Show«. Der fertige Wagen verfügte über einen 3,5 Liter Aluminium V8 Motor von Buick mit Vierganggetriebe und leistete 190 PS. Im Schaufenster von Milton Browns Autohandel »International Motorcars of Oakland« wurde der Apollo 3500 GT schnell zu einem Hingucker und selbst dessen Preis von 7.105 Dollar schien angemessen. Damit war er teurer als ein Jaguar E-Type für 5.500 Dollar und günstiger als ein Ferrari 250 GT. Genau diese Konkurrenten hatte Brown im Visier, der einen »amerikanischen Ferrari« erschaffen wollte. Später kamen neun Cabrios (Apollo Spyder) und ein stärkerer Fünfliter Apollo 5000 GT mit 250 PS heraus, doch schon Ende 1964 häuften sich die finanziellen Schwierigkeiten und die Produktion stoppte. Im Folgejahr übernahm die texanische Firma »Vanguard Motors Corporation«, doch ein großer Erfolg war dem Unternehmen auch nicht beschieden.

Nach Ende der Dreharbeiten im Juli 1968 verlor sich die Spur der beiden im Film verwendeten Wagen (Kennzeichen: RHR 312), bis bei ebay USA im Februar 2004 ein 1965er Apollo GT in einer Anzeige

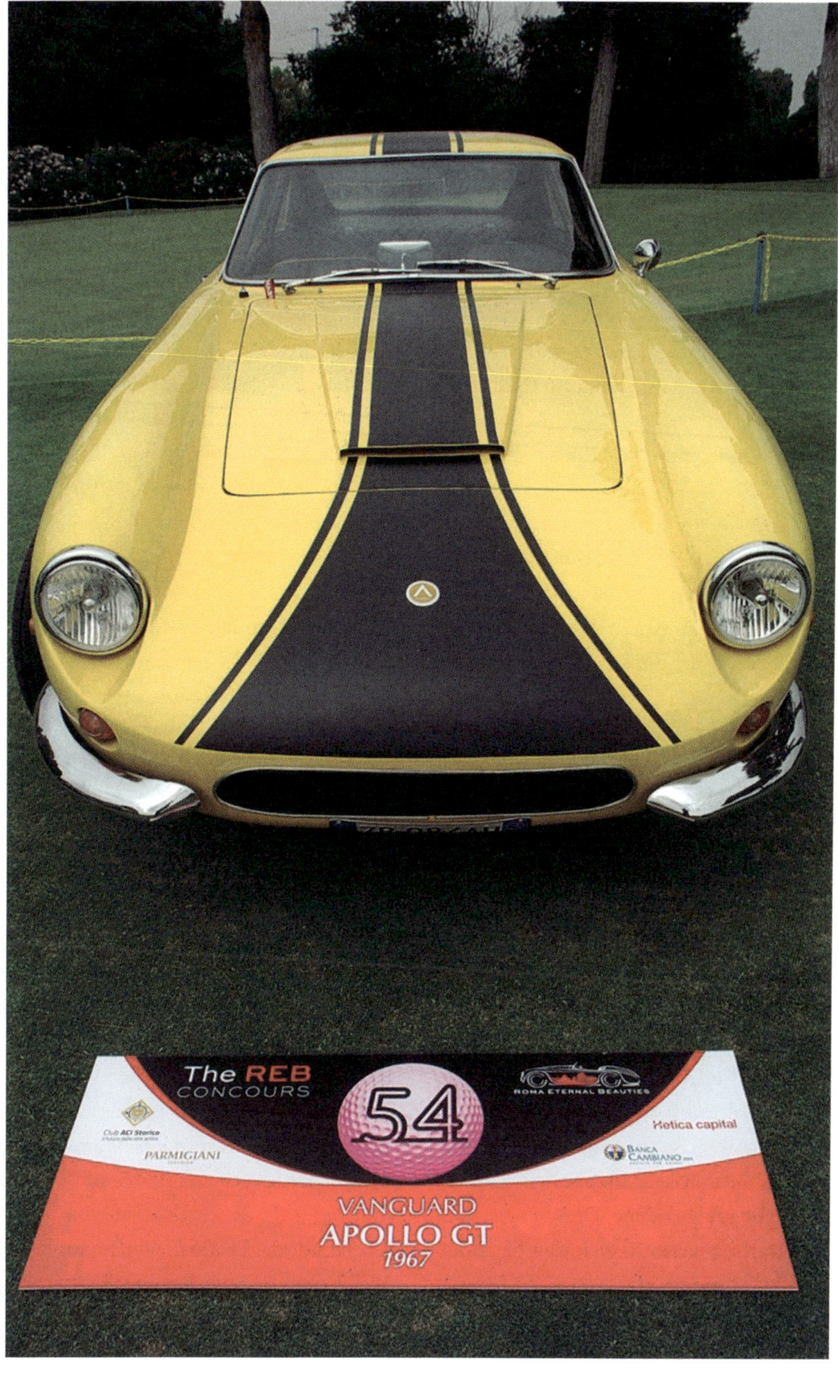

Frisch restauriert präsentierte sich der Apollo GT 2021 auf dem REB Concours.

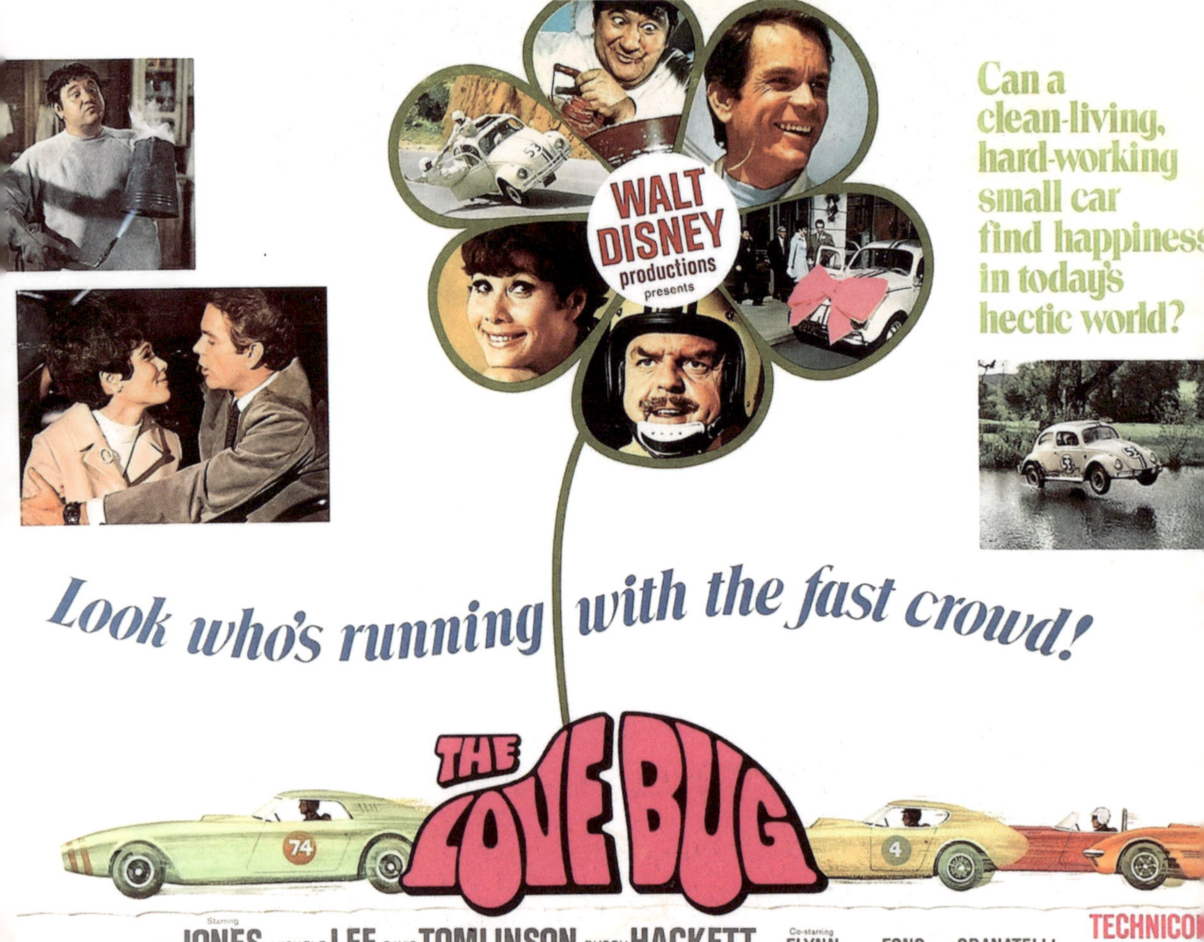

Auf dem Filmplakat von 1968 versteckte sich der Apollo GT unter der Startnummer 4.

erschien, die für den Interessenten John B. zu einem spannenden Abenteuer wurde. Auf den dazugehörigen Fotos war lediglich die Hülle eines Wagens zu sehen, dessen Außenhaut aus einer hellgrauen Grundierung bestand und zahlreiche Beulen und Roststellen aufwies. In der Beschreibung wurde außerdem eine stark beschädigte rechte Tür erwähnt, die nur unzureichend repariert worden war. Außer den beiden fehlenden Sitzen war auch der meiste Teil der Innenausstattung nicht dabei. Dazu zählten auch die Frontscheibe und die zwei hinteren kleinen Seitenscheiben. Motor und Getriebe waren separiert aber fest miteinander verzurrt, und ein paar Kisten mit Teilen gab es noch dazu. Besonders unangenehm war, dass die Bodengruppen herausgeschnitten und durch schlecht verarbeitete verzinkte Platten ersetzt worden waren. Mit anderen Worten: das Ganze war ein Wrack. Dennoch erwarb der Interessent den Haufen, der mal ein seltenes Auto war und wurde mit einer kostenlosen Lieferung von Texas in den Norden von Michigan belohnt. Dort übernahm er das riesige Drama und brachte es in seine Heimat ins kanadische Toronto.

Der mehr oder weniger stolze neue Eigentümer begann mit den Recherchen der Geschichte des Wagens und suchte nach Teilen. Währenddessen schaute er sich den Film »Ein toller Käfer« mehrfach an und entdeckte, dass es durchaus Parallelen der Unfälle und Beulen in der Story zu denen gab, die sein rollendes Etwas hatten. Nach weiteren intensiven Nachforschungen, fand er heraus, dass sich unter der Grundierung etwas gelbe Farbe zeigte und nur zwei der 88 Stück in Gelb ausgeliefert worden waren. Der Haufen Unglück in seiner Garage war also tatsächlich eines der beiden Original Filmfahrzeuge. So verwarf er seine ursprüngliche Idee den Wagen in kastanienbraun (maroon) zu lackieren. Der Käufer ermittelte, dass Balchovsky den einen der beiden Apollo GT umfangreich umgebaut hatte. Dazu zählten der Motor, das Getriebe und die Bremsen, da das Drehbuch eine Reihe von Rennszenen und Kollisionen vorsah. Genau diese Umbauten halfen dem Käufer nun dabei seinen Wagen zu identifizieren und zu beweisen, dass es der Filmwagen war, führten aber auch zu vielen Problemen, denn der Apollo GT musste immerhin acht Unfälle über sich ergehen lassen. Es folgte eine Restaurierung im »Schneckentempo«, wie John B. später zugab.

Mehr als neun Jahre danach, im August 2013, erfolgte dann der Ritterschlag, denn der frisch restaurierte gelbe Apollo GT mit der schwarzen Nase und der Rennnummer 14 (ehemals »Thorndyke Special«) erschien im erlauchten Kreis von 17 weiteren Apollos beim »Concorso Italiano« anlässlich des 50. Jubiläums der Marke. Zu Gast waren auch der Schöpfer des Wagens Milton Brown, der erste Designer Ron Plescia und Paula Reisner, die Witwe des Gründers von Intermeccanica Frank Reisner.

Als John B. einen anderen Wagen der Firma Intermeccanica in einer Scheune entdeckte, entschloss er sich den raren Apollo GT anzubieten und den neuen Fund zu restaurieren. Am 18. August 2023 kam das seltene Stück mit der Chassis Nr. 1052, dem 300ci OHV Buick V-8 Motor mit 250 PS und dem Viergang-Getriebe beim Auktionshaus Bonhams unter den Hammer. Lot 73 der Qual Auction in Carmel erzielte 165.200 Dollar. Der zweite gelbe Wagen ist übrigens weiterhin verschwunden. Hoffen wir also, dass John B. den auch noch irgendwo findet. Den zu restaurieren dürfte ein noch schwierigeres Unterfangen sein, denn er wurde für die Dreharbeiten an mehreren Stellen aufgeschnitten – man brauchte Platz für den Kameramann.

DIE HÖCHSTEN PREISE, DIE FÜR MOVIE CARS BEZAHLT WORDEN SIND (1930 – 1978)

Marokko, 1930 Der Wagen gehörte mal Marlene Dietrich	Rolls-Royce Phantom I Transformal Phaeton	$ 742.500	03.2015 Bonhams
Laurel und Hardy Filme für MGM (1941 – 1944)	Ford Model T	$ 35.000	Profiles in History 2011
Geneviève, 1953	Darraq	$ 244.000	Brooks 1993
Wie herrlich eine Frau zu sein, 1956	Ferrari 375 MM Berlinetta	$ 4.620.000	08.2002 RM-Sothebys
Rote Linie 7000, 1965	Shelby Cobra Daytona Coupé	$ 7.685.000	08.2009 Mecum Auctions
Thomas Crown ist nicht zu fassen, 1968	Ferrari 275/GTS/4 NART Spyder	$ 3.960.000	08.2005 Gooding & Co.
	Rolls-Royce Silver Shadow	$ 70.200	11.2006 Bonhams
Ein toller Käfer, 1969	VW Käfer	$ 21.000	Kruse 2007
Ein toller Käfer, 1969	VW Käfer-Replik	$ 23.100	RM 2008
	Ferrari 250 GT LWB Berlinetta	$ 6.710.000	08.2012 RM Auctions
Der tolle Käfer in der Rallye Monte Carlo, 1977	VW Käfer	$ 66.000	Scottsdale 2012
Der tolle Käfer in der Rallye Monte Carlo, 1977 und Herbie dreht durch, 1980	VW Käfer	$ 126.500	04.2015
Ein toller Käfer, 1969	Apollo GT	$ 165.200	2023 Bonhams
Vermutlich aus den Filmen: Der tolle Käfer in der Rallye Monte Carlo, 1977 und Herbie dreht durch, 1980 Dekoration aus dem Restaurant Planet Hollywood in Las Vegas	VW Käfer	$ 212.500	12.2022
Le Mans	Porsche 908 Group 6, Prototyp	$ 3.419.215	11.2014 Bonhams
	Porsche 917 K	$ 14.080.000	08.2017 Gooding & Co.
	Ferrari 512 S	ca. $ 10.000.000	04.2018 Händler
	Ford Gulf GT 40	$ 11.000.000	08.2012 RM Auctions
	Porsche 911S Steve McQueen	$ 1.375.000	2011 RM Auctions
American Graffiti, gefahren von Harrison Ford 1973	Chevrolet von 1955	$ 25.300	05.2005 Bonhams
Grease, 1978	Ford »Grease Lightning«	$ 88.500	05.2005 Bonhams

Diese Liste bezieht sich vordringlich auf die Autos, die in diesem Buch behandelt werden. Movie Cars aus anderen Filmen, die hohe Preise erzielten, werden in den nächsten Büchern gewürdigt.

WER SPIELTE WEN? - DIE FAHRZEUGE UND IHRE DOUBLES

Das eine Movie Car pro Film gibt es (fast) nie. Filmproduktionen kaufen so gut wie immer mehrere Fahrzeuge an, oder lassen sie herstellen, um sie für verschiedene Aufnahmen einzusetzen. So gibt es zumeist das sogenannte »Hero Car« – für die Stars und Außenaufnahmen des Wagens. Dann einen oder mehrere Wagen für die Innenaufnahmen der Akteure im Fahrzeug – oder auch nur Teile dieses Wagens, wenn der Rest des Wagens nicht zu sehen sein muss. Häufig genug, wird dafür das Dach aufgeschnitten / vergrößert. Für Fahrszenen werden die Wagen sehr häufig auf Transporter gestellt und / oder gezogen. Außerdem gibt es so gut wie immer Fahrzeuge für die verschiedenen Stunts, die z.B. mit besseren Stoßdämpfern, Überrollkäfigen und / oder Verstärkungen aller Art ausgerüstet werden, um der Stuntfahrerin oder dem Stuntfahrer mehr Sicherheit zu bieten.

Da es also fast immer der Fall, dass ein Fahrzeug von mehreren Fahrzeugen »gespielt« wird, hier eine Statistik der Fahrzeug Doubles:

Das große Rennen, 1965	Leslie Special: 4 Fahrzeuge Hannibal 8: 5 Fahrzeuge
Ein toller Käfer, 1969	VW Käfer: 6 bis 9 Fahrzeuge (andere Quellen: 26 - 30 Fahrzeuge) Apollo GT: 2 Fahrzeuge
Herbie dreht durch, 1980	VW Käfer: 26 Fahrzeuge (nach Quellen vom Disney-Archiv selbst sollen mehr als 50 Wagen den VW Käfer in den ersten vier Filmen gespielt haben.)
Herbie Fully Loaded, 2005	VW Käfer: 35 - 37 Fahrzeuge

BILDNACHWEISE

AFP via Getty Images (114, 133, 134, 145); Allstar Picture Library Limited. / Alamy Stock Foto (56-57, 62, 107, 152, 160, 171, 176); Archiv mbv (112); Archive Photos/Getty Images (81); Barbara Schmidt (4, 6); Brownie Harris/Corbis via Getty Images (121, 122); Buyenlarge/Getty Images (11, 23); CBS via Getty Images (130-131, 132, 136); Cinema Center Films/National General Pictures/Sunset Boulevard/Corbis via Getty Images (142); Cinematic / Alamy Stock Foto (166); Clarence Sinclair Bull/John Kobal Foundation/Getty Images (36); Collection Christophel / Alamy Stock Foto (156, 181); Dave Bjerke/NBCU Photo Bank (124); David Livingston/Getty Images (42); Edward Miller/Keystone/Getty Images (46); Entertainment Pictures / Alamy Stock Foto (167); Erich Andres/United Archives via Getty Images (148); Ferrari (126 (3x)); FilmPublicityArchive/United Archives via Getty Images (21, 64, 89, 98-99, 101, 105, 141, 164, 165, 179); Freddie Cole/Daily Mirror/Mirrorpix via Getty Images (78-79); George Rinhart/Corbis via Getty Images (110); getty Images/Bettman (8-9, 11, 14, 58, 67, 77, 84, 120, 125, 151); GM (85); Graphic House/Archive Photos/Getty Images (73); Henri Bureau/Sygma/Corbis/VCG via Getty Images (139); Hulton Archive/Getty Images (12, 16, 34, 35, 80); Impress Own/United Archives via Getty Images (162); ISC Images & Archives via Getty Images (00, 18-19, 103, 123, 128); Jacky COOLEN/Gamma-Rapho via Getty Images (72); Jean-Louis URLI/Gamma-Rapho via Getty Images (76); John Kobal Foundation/Getty Images (39); John Springer Collection/CORBIS/Corbis via Getty Images (77); Leo Fuchs/Getty Images (76); LMPC via Getty Images (21, 22, 23, 24, 36, 30, 31, 44-45, 76, 52, 54, 68, 86-87, 162, 168); Maximum Film / Alamy Stock Foto (180); Maximum Film / Alamy Stock Foto (182); Metro-Goldwyn-Mayer/Getty Images (2, 27, 90, 92, 94, 96); Michael Ochs Archives/Getty Images (119); Movie Poster Image Art/Getty Images (137); Moviepix/getty Images (40); Nissan (127); Pat Brollier/The Enthusiast Network via Getty Images/Getty Images (95); Paul Harris/ Getty Images (128); Paul Harris/Getty Images (75); Photo 12 / Alamy Stock Foto 49, 97, 169); RANK / CARLTON INTERNATIONAL MEDIA / RGR Collection / Alamy Stock Foto (50); RGR Collection / Alamy Stock Foto (17); Siegfried Tesche (4, 6, 7); Silver Screen Collection/Getty Images (13; 32-33; 82); Stafford Archive/Mirrorpix/Getty Images (163); Stanley Bielecki Movie Collection/Getty Images (134, 138); Sunset Boulevard/Corbis via Getty Images (100, 109, 116); TCD/Prod.DB / Alamy Stock Foto (159, 172, 176, 177, 182, 183); TIMOTHY A. CLARY/AFP via Getty Images (106 (2x)); United Archives GmbH / Alamy Stock Foto (28, 155, 174, 178); Universal Pictures/Getty Images (104, 106); WALT DISNEY / RGR Collection / Alamy Stock Foto (146-147, 170); Warner Bros./Courtesy of Getty Images (61, 70); ZUMA Press, Inc. / Alamy Stock Foto (129).

BIBLIOGRAFIE MOVIE CARS - BAND 1

Albert, Marvin H.: Das große Rennen rund um die Welt. Der Roman zum Film. München, 1965
Annakin, Ken: So You Wanna Be A Director? Sheffield, 2001
Barris, George, Dave / Fetherston, David: Barris TV & Movie Cars. Osceola, 1996
Buckley, Martin: Stars, Cars & Infamy. 100 stories of the bad, the daft and the deadly. St. Paul, 2003
Braunstein, Jacques: Stars & Cars. Mythical Pairings. Paris, 2016
Cebulash, Mel: The Love Bug. New York, 1969
Corman, Roger / Jerome, Jim: How I Made A Hundred Movies in Hollywood And Never Lost A Dime. New York, 1990
Curtis, Tony: Ich mag´s heiß. Die Autobiographie. Berlin, 1997
Freedland, Michael: Jack Lemmon. Seine Filme – sein Leben. München, 1986
Garner, James / Winokur, Jon: The Garner Files: A Memoir. New York, 2012
Heinzlmeier, Adolf / Menningen, Jürgen / Schulz, Berndt: Road Movies. Action-Kino der Maschinen und Motoren. Hamburg, 1985
Krause, William: Hollywood TV and Movie Cars. St. Paul, 2001
Lee, Raymond: Fit for the Chase. New York, 1969
Mann, Dave / Main, Ron: Races, Chases & Crashes. Osceola, 1994
Newman, Paul: Das außergewöhnliche Leben eines ganz normalen Mannes. München, 2022
Pratley, Gerald: The Cinema of John Frankenheimer. New York, 1969
Rauch, Siegfried: Unser Le Mans. Der Film. Die Freundschaft. Die Fakten. Bielefeld, 2017
Schrader, Halwart: Siegertypen bremsen nicht! Suderburg, 2023
Stone, Matt: James Garner´s Motoring Life. Forest Lake, 2014
Stone, Matt: Steve McQueen. Seine Motorräder, Seine Rennen. Stuttgart, 2020
Veysey, Paul: Motor Movies: The Posters. Tibberton, 2007
Widener, John: Lemmon a biography. London, 1977
Zimmermann, Dwight Jon: Motorlegenden – Steve McQueen. Stuttgart, 2019

DANKSAGUNG

Eckhart Bartels, Cecilia Copeland, Georg Dönni, Barbara + Andreas Dünkel, Traugott Grundmann, Wolfgang Günther, Dr. Christian Jenny, Eberhard Kittler, Wolfgang Kohrn, Herbert Linge, Dr. Andreas Ritter, Marc Wegh.

Außerdem bedanke ich mich erneut sehr, sehr herzlich bei der wundervollen Barbara Schmidt. Ohne sie wäre dieses Buch nicht dieses Buch.

DEMNÄCHST IN DIESEM THEATER: EINE VORSCHAU AUF WEITERE BÄNDE

Die Film-Autos von „Le Mans" (1971)	
Steve McQueen und seine Autos	
Prominente und ihre Autos	Nicolas Cage, James Coburn, Tom Cruise, Clint Eastwood, James Garner, Peter Sellers, Peter Ustinov, etc
Auto-Komödien	O Darling – Was für ein Verkehr / The Fast Lady (1962), 40 Millionen suchen einen Erben (1963), Monte Carlo Rallye (1969), Der fliegende Pauker (1961), Ein Pauker kann's nicht lassen (1963) etc.
Fantasy-Vehikel	• „Tschitti Tschitti Bäng Bäng" (1968): Das fliegende Auto • Die „Dudu" – Reihe (1971 – 1978): Der fliegende und schwimmende Käfer • Die „Ghostbusters" – Reihe (1984 – 2024): Die Ectomobile • Die „Zurück in die Zukunft" – Reihe (1985 – 1990): Der DeLorean • Michael J. Fox und seine Autos • Die „Transformers" – Reihe (2007 – 2023): Der Chevrolet Camaro • „The Green Hornet": Der Chrysler Imperial Black Beauty (2011)
Verfolgungsjagden	
Kampfwagen und Horror-Mobile	Die Autos, die Paris auffraßen" (1974) VW Käfer, „Teufel auf Rädern" (1977) Der Lincoln Continental Mark III, Die „Mad Max" – Reihe (1979 – 2024) Der Ford Falcon V8 Police Interceptor Pursuit Special, „Christine" (1983): Der Plymouth Fury, etc.
Auto-Diebe und Überfälle	
Auto-Tüftler, Konstrukteure und Erfinder	
Ein Mann und sein Auto / Eine Frau und ihr Auto	
Deutsche Auto-Filme	
Stuntmen und Stuntwomen	
Rennfahrerfilme	

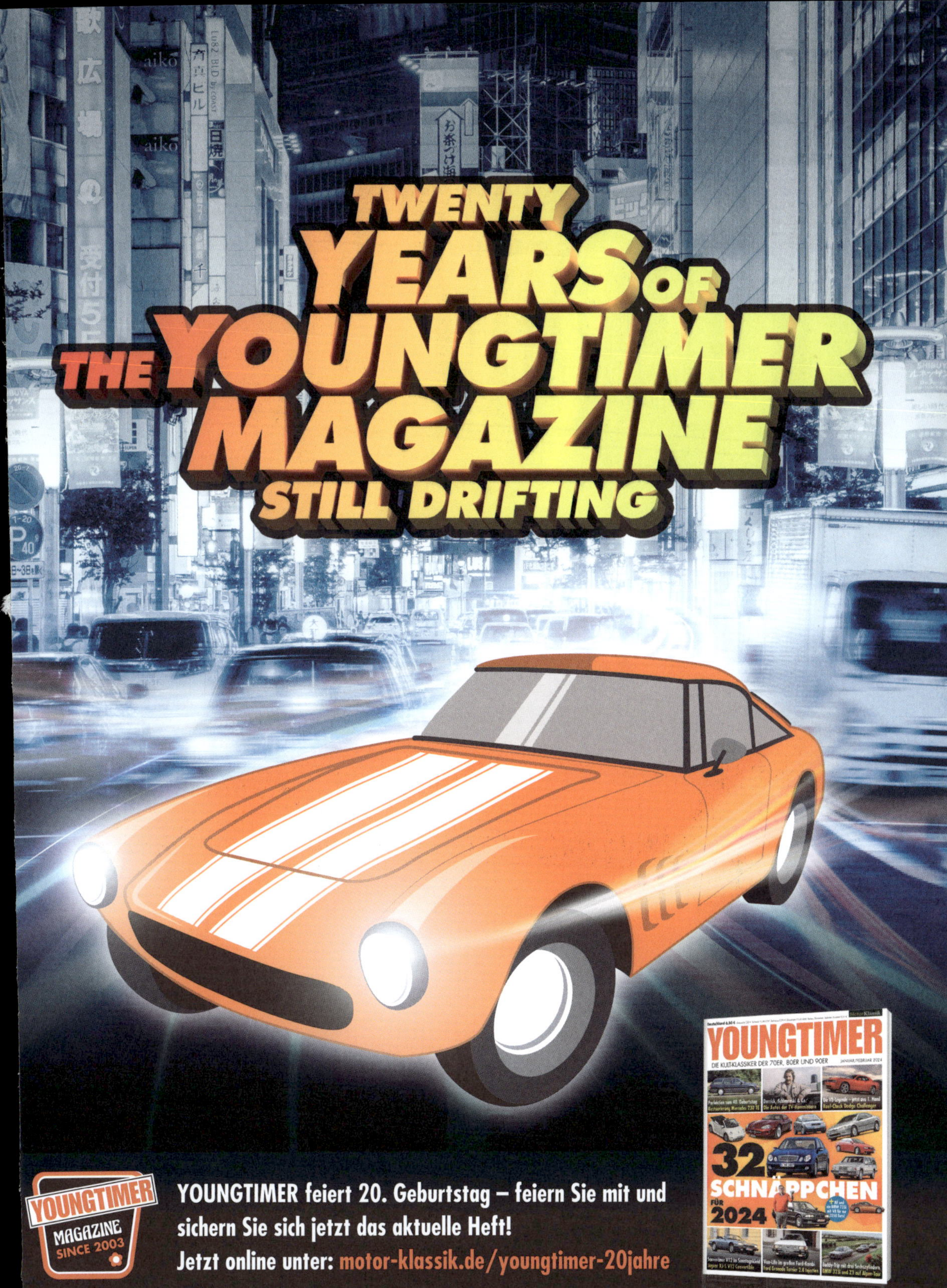

TWENTY YEARS OF THE YOUNGTIMER MAGAZINE
STILL DRIFTING
YOUNGTIMER MAGAZINE SINCE 2003
YOUNGTIMER feiert 20. Geburtstag – feiern Sie mit und sichern Sie sich jetzt das aktuelle Heft!
Jetzt online unter: motor-klassik.de/youngtimer-20jahre
YOUNGTIMER
DIE KULT-KLASSIKER DER 70ER, 80ER UND 90ER
32 SCHNÄPPCHEN FÜR 2024

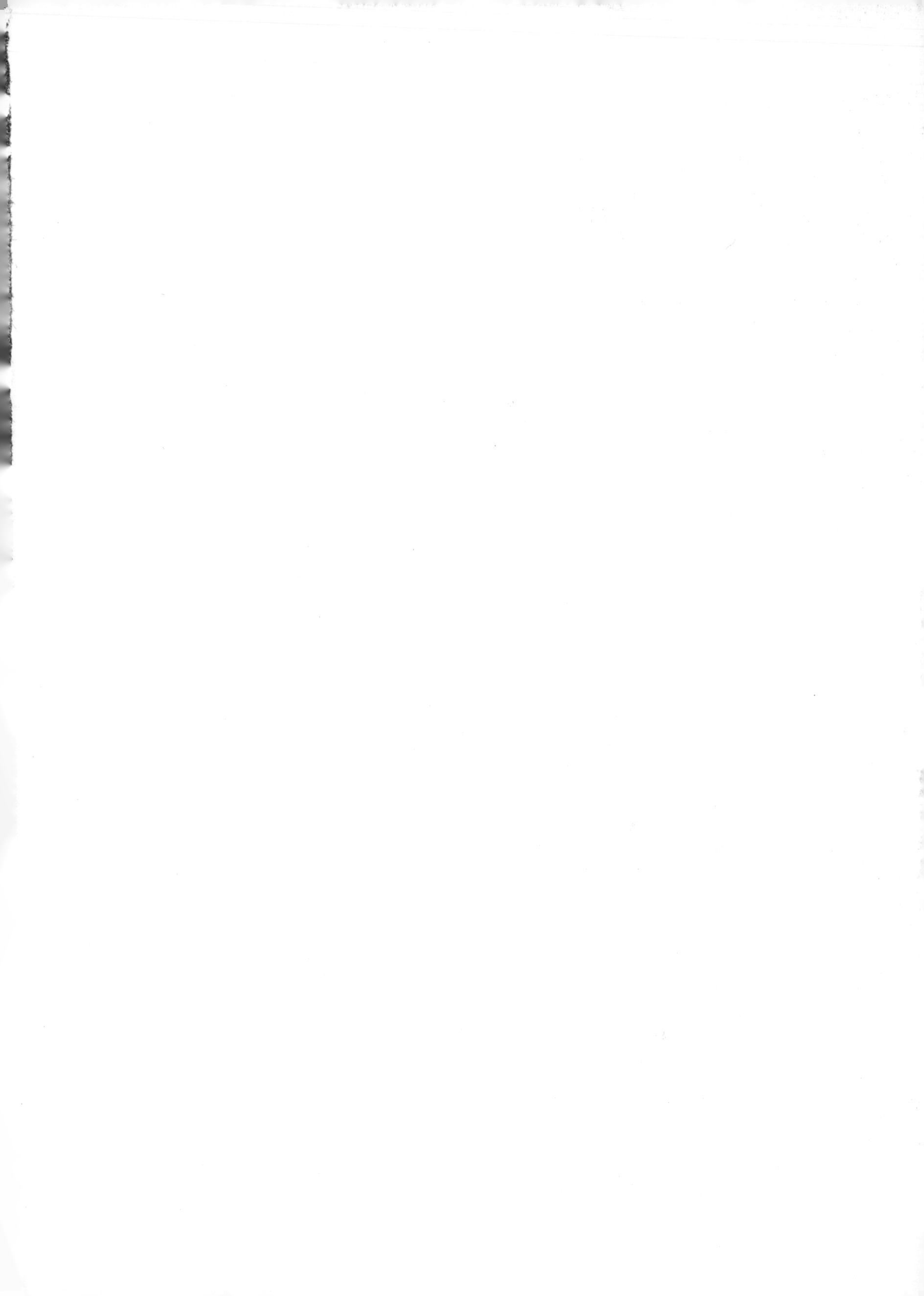

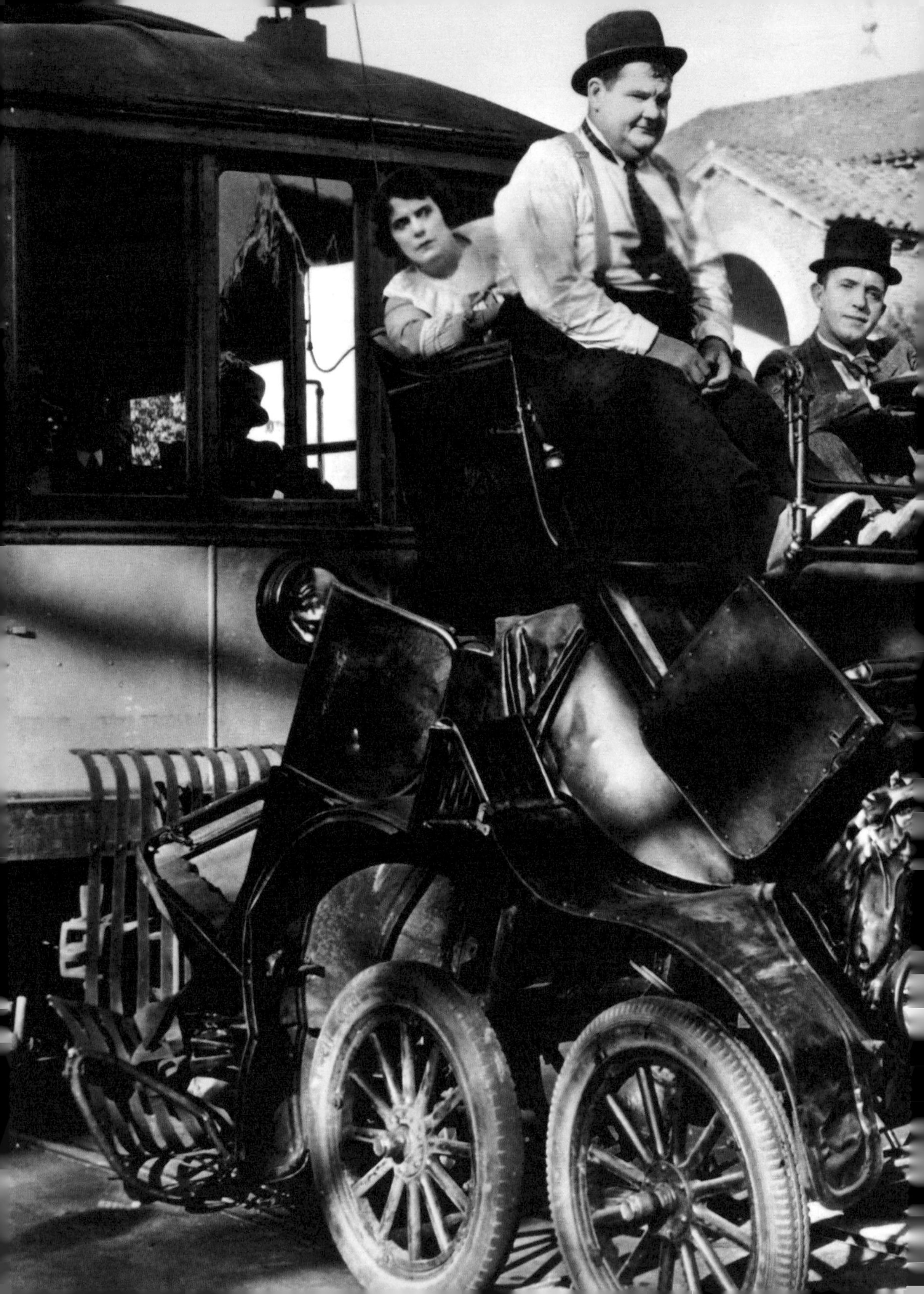